商事法律实务精要

THE ESSENCE OF COMMERCIAL LEGAL PRACTICE

文丰律师事务所 / 编著

法律出版社 LAW PRESS · CHINA
北京

图书在版编目（CIP）数据

商事法律实务精要／文丰律师事务所编著. -- 北京：法律出版社，2021
ISBN 978 -7 -5197 -5923 -0

Ⅰ. ①商… Ⅱ. ①文… Ⅲ. ①商法－研究－中国
Ⅳ. ①D923.994

中国版本图书馆 CIP 数据核字(2021)第 183083 号

商事法律实务精要
SHANGSHI FALÜ SHIWU JINGYAO

文丰律师事务所 编著

策划编辑 郑 导 曲 杰
责任编辑 郑 导 曲 杰
装帧设计 汪奇峰

出版发行 法律出版社
编辑统筹 学术·对外出版分社
责任校对 王晓萍 王语童
责任印制 陶 松
经 销 新华书店

开本 710 毫米×1000 毫米 1/16
印张 27.25 字数 426 千
版本 2021 年 10 月第 1 版
印次 2021 年 10 月第 1 次印刷
印刷 三河市龙大印装有限公司

地址：北京市丰台区莲花池西里 7 号(100073)
网址：www.lawpress.com.cn
投稿邮箱：info@lawpress.com.cn
举报盗版邮箱：jbwq@lawpress.com.cn

销售电话：010 - 83938349
客服电话：010 - 83938350
咨询电话：010 - 63939796

书号：ISBN 978 -7 -5197 -5923 -0
定价：115.00 元

凡购买本社图书，如有印装错误，我社负责退换。电话：010 - 83938349

商法案例的实证关切与商事律师的时代之问
（序　一）

自1979年全国人大颁布《中外合资经营企业法》以来的四十多年间，我国商事立法成就斐然，形成了由数十部法律、行政法规以及数以千计的行政规章组成的商事法律体系，以《公司法》等为代表的商事主体法体系，以《票据法》等为代表的商行为法体系，蔚为大观。奉行民商合一的《民法典》的颁布，更是提升与统合了商事法的一般规则，代表了商事立法的最新成就。在商事行政方面，近十年来的商事登记改革、公司资本制度改革以及优化营商环境建设取得了实质性的法治进展，商事法的自由、便捷与效率特性得到了更多的尊重，国务院发布的《优化营商环境条例》《商事主体登记管理条例》是对于这些改革举措的法治成就的立法总结。在商事司法方面，商事审判独立，商事审判独特的思维方式、裁判理念与原则方法渐次深入人心，商事仲裁更是取得了举世瞩目的成就，商事调解方兴未艾，商事审判、商事仲裁、商事调解已经发展为三足鼎立之势。在商法研究方面，40多年来经历了从无到有、从单薄到繁荣的历程，2001年中国法学会商法学研究会的成立，极大地推动了中国商法学研究的发展。所有这些成就，都体现了我国商事立法、商事行政、商事司法、商法研究的时代大发展，为新时代的市场经济发展创造更优的营商环境和商事生态。

在上述商事立法、行政、司法与研究的所有成就背后，一切的动力都来自我国数以亿计的商事主体（市场主体）的生动活泼的商事实践，是勤劳、创新意识强的各类商主体生动、智慧而丰满的商行为极大推动了我国商事法治建设，在短短实施多年的时间内丰富着我国商事法律实践经验，并反馈我国商事法治现代化事业。时人常云，我国用几十年的时间走过了发达市场经济体过去数百年的道路,此言如果成立,当首先用在商事法领域,是为共识。与民事主体的民事法律行为不同的是,在这些商主体的每一个商行为之背后,几乎都离不开商事律师的全盘的深度的运筹、设计、导引与参与,可谓沉浮枯荣,休戚与共。商法是一门实践性极强的法律部门,商法学是一门一直在创新发展的学问,商法集中折射着法律与商业的关系涵摄及射程,理应更加关注商业实践并反射于商事业务。从法律研究的角度,实验室式的教义学探究固然重要,但如仅限于此则为歧途,不能忽略且应该更多地着眼于商事法律实务问题的具象探索,以及商事裁判思维和理念的抽象考究。所谓源于实务,立于实证,归于事理。

正是基于近年来对商法学科实证研究的思考和呼吁,我花了极大的时间和精力针对具体案例的类型化问题搜集大量的裁判文书,进行归纳、总结、分析,并形成了一些学术论文发表,并计划撰写反映公司纠纷裁决实证研究的系列专著。该系列的首本已经出版,也即法律出版社 2021 年初出版的《公司诉讼类型化专题 24 讲(一)——公司大数据实证分析与裁判规则述评》一书,以期引起更多同仁重视案例的类型化实证研究在商法领域的运用。在写作过程中,我留意到国内不少专注商事诉讼、仲裁的律师事务所设有研究团队研究各类商事纠纷的裁决规则,尤其是对于最高人民法院、各地高级法院的商事纠纷裁决的类型化研究日隆。这是一个好现象,也是律师界走向专业化、精细化与学术化的重要体现,同时也是社会主义法治建设事业取得新成就的一个标志。之所以如此说,是因为我一直以为,律师是法律实施的最好践行者,律师也是全方位实践法律的最佳职业,同时也是最期待建成社会主义法治国家、法治社会、法治政府的群体,只有律师群体信仰了法律,肯花力气、时间与金钱去潜心研究裁判规则,法治事业才有了希望的根本。在这些律所中,有一家立足于郑州、辐射河南、面向全国的律师事务所引起我的关注,这就是河南文丰律师事务所。该所律师根植于本所办理的公司企业纠纷案例,不断地推出各类公司纠纷裁决规则的类型化分析报告,并连续十几年出版内部刊物,用于刊登这些研究成果。我浏览了文丰所的内部刊物,可谓研究材料是地域性的,研究眼光是全局性的,研究视野却是全球性的。这在商事法治尚在发展之中的中部地区而言,是难能可贵的。文丰所的商事案例系列实证研究报告,对我的写作颇有启发与帮助,我参考引用了其中的一些研究数据与案例。

近日,一直倾力支持青年律师专注搞实证研究的文丰律师事务所组织所里的同仁进一步加工这些材料,成就《商事法律实务精要》一书,嘱我供序言一篇,我不顾惶恐,欣然允诺。一则,我自己是这些研究成果的读者与受益者,理当有“荐举”之责;二则,我也推崇与沉浸于案例的类型化实证研究,深感同道不孤,甚有惺惜之感;三则,我数次亲耳听到河南省的民商法教学研究的领导者宁金成教授、田土城教授赞扬这家律所对于省内民商法研究多年来的支持,称赞他们蛮有法律信仰与学术研究投入的情怀,值得信任;四则,也感佩于一家地方律师事务所这么多年的坚持,令人感动,值得点赞。

回到本书,从结构上看,本书是一次公司法业务统领下的商事法律实务文章的结集,涵盖了公司治理、国资、涉外、私募基金、商业保理、融资租赁、房地产、建筑工程等业务领域,能够看出来这家律所的商事定位和前沿站位,在中部地区的法律服务市场能把这些前沿业务做起来,并持之以恒的坚持专业化研究与职业化应用,值得肯定。虽然由于文章由不同律师分别完成,在观点阐释和逻辑展开上也各具风格,理论展开的水准并不整齐,但终究都归结于实务效果,着眼于实践问题,也多是作为实务界法律人进行实证研究的一种尝试,我想这就是作为商事律师天生的理论紧密联系实务研究的组织基因吧。借此机会,也希望更多的司法机关、律师事务所等法律实务部门加大对理论研讨和学术滋养的重视,也期待更多的实务界法律同仁加入到对法律学科的实务切入、对法律问题的实证研究,以共同繁荣法律之学问,发展经世务实之志业。

是为序。

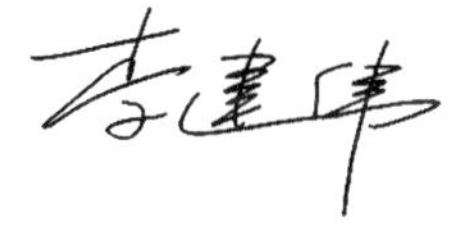

2021年9月21日中秋夜

序　二

初识文丰律师事务所，即感一股清新之风迎面扑来。他们队伍年轻，一群阳光、帅气、美丽、活泼的男孩女孩儿，朝气四溢、青春勃发。进一步交往，又窥见他们丰富的精神世界，他们有情怀、有追求、有理想、有社会担当。他们热心做公益，真心扶危困，不惟经济效益而图。更让人欣喜的是，文丰律师事务所充溢着浓浓的理论气息和学术氛围，他们有着非常高大上的学术会议厅；有着可以举办线下线上各种会议的先进设备和管理团队；数年来他们全员参与承办了大量的学术会议；律所内部定期举办民商事理论与实务研讨会，每季度出版一期本所律师论文集；通过微信公众号推送众多的案例解析与社会共享。他们的付出和努力获得了法律界的积极响应和大量点赞。作为一个以实务为主的律师事务所，学术活动之多、学术氛围之浓，理论研究之热堪比大学法学院，这些都有别于我见到的其他律师事务所。

商事活动基于自身特有的性质，充满着创新的冲动，蕴藏着强大的内在动能，无畏枪林弹雨，富于冒险精神，带动商事实践每时每刻都在孕育和产生创新，且异彩纷呈。商事活动是整个社会经济领域最活跃、最具变动性的领域。正因为如此，商法的理论总是落后于商事实践，商事法律制度的供给也总是难以满足日新月异的商事活动对规范的要求。这就必然要求立法工作者、法官、学者、律师高度关注，深入研究商事实践的发展，完善商法理论，科学解释现有的商事法律制度，及时满足商事法律规范的供给，保障商事实践活动的秩序。这是商法的独特之处，这个特点必然要求立法者、法官、学者、律师、商事法律服务工作者，既要研究商法理论，又要研究商事法律制度，更要了解和研究活跃的商事实践。虽然分工不同，各有侧重，但三者不可偏废其一，唯如此才能成为一个合格的商事法律工作者,这亦是商法的特性所决定的。正是基于这样的认知,一个主要从事商事法律实务的律师事务所如此重视学术研究与商法理论探索就显得极为难能可贵了。

《商事法律实务精要》一书是文丰律师事务所律师们数年来优秀研究成果的一个归集。该书融商事法律理论与商事法律实务于一体,文章囊括公司、投融资、房地产等商法的数个重要部门,辐射商法实务中的数个重要领域。这些来自商事法律实务一线律师的思考,裹带着新鲜的商法实践素材,提供了新的问题思考角度和新的研究方法,有益于拓展商法研究的视野。尽管有些文章学术上尚嫌稚嫩,个别理论观点尚不成熟,有些问题的分析尚待深入,但其活跃的思辨,结合实际的思考,贴近实践的认识以及勇于探索的可爱,总能让人受到启发。相信不管是律师同行,亦或法官学者,也包括在政府部门、企事业单位从事商事法律实务的工作者,都会阅之有益。

是为序。

宁金成

辛丑年白露于郑州

序　三

应邀为文丰律师事务所即将出版的《商事法律实务精要》作序之前，刚收到该所第53期《文丰律师》期刊。这是我多年来持续收到的、为数不多的一份律师业务研究内部刊物。

能够见证《文丰律师》的成长，我由衷地感谢这群始终坚守初心、坚定恒心、极具情怀的中青年律师。他们能够在繁忙的业务之余连续十几年按季度准时出版《文丰律师》，实属不易。

这本《商事法律实务精要》是他们从《文丰律师》近千篇文章中遴选出的，专门研讨商事领域热点、难点和重点问题的理论成果。作者根据最新的法律法规和业务实践，对原文进行了认真的修改、打磨和完善，确实是一本不可多得的理论和实务并重的研究成果。

在我看来，这本书具有以下两个特点：

一是"新"。首先是体例新。律师出版的著述并不少见。其要么是同一作者个人观点的集锦，要么是同一个主题下不同单位、不同作者的文集。这本书则是该所对同一专业领域中不同业务问题的集中探讨，较为少见。这得益于该所长期以来的商事法律专业定位。其次是内容新。无论是"公司篇"中的国企党建，还是"投融资篇"中的私募基金、融资租赁、保理业务，抑或是"房地产篇"中的项目并购、产权商铺等问题，均聚焦于近年来法律实务中的新问题和新思考。第三是观点新。文章对许多法律实务问题的探究和法学基本理论的梳理，往往切中肯綮，展现了较强的预判力。

二是"专"。首先是内容专注于商事业务。对一个超过百人规模的律所而言，能够始终专注于商事法律业务确实难能可贵。对读者而言，有关公司治理、投资融资、房地产业务、基础设施建设等方面的论述，定然具有专业需求。其次是文章严谨专业。其中，多数文章基础扎实、构思新颖、逻辑严谨、论证充分，具有较强的实操意义，非常值得推荐。

当然，从学术角度讲，本书有些文章的学术规范、理论深度、论证方法和文献引注等都还有较大的提升空间，主要体现出更多的实务性特点。

有感于后生可畏，为奖掖青年才俊，是为序。

田土城

2021 年仲春于郑州

目　录

一、公　司　篇

三、房地产篇

一、公司篇

（一）公司治理

公司治理司法干预的角度、维度和尺度

王登巍

公司治理长期以来更多关注股东与公司"三会一层"的结构控制和机制衡平，但由于我国公司立法原则性与公司实践复杂性的背离，导致大量公司纠纷在内部治理机制失效后司法的干预（裁判）甚至是介入（立案）仍缺乏科学的司法理念和统一的裁判思维。尽管最高司法机关先后颁布了5个司法解释文件，但仍难以统一公司纠纷的裁判尺度、满足公司纠纷解决的制度供给。

一、公司立法及治理定位

司法干预公司治理的逻辑包括两点：公司法律制度是司法干预的依据和基础，公司治理机制的失能则是司法干预的起点和前提。公司立法的本位决定司法干预的态度和立场，公司治理的模式则决定着司法干预的深度和路径。

1. 公司立法本位

公司立法存在三种模式，即家族本位、国家本位和公司本位。基于市场经济发育和发展历程，我国公司法立法经历了从政府严管到更多的市场化走向，形成国家本位基础上趋向公司自治更多尊重的特色本位。

1993年颁布的《公司法》不可避免地带着计划经济管制色彩的残留，无论是公司的主体形式还是组织形式都相对单一，公司自治的空间也颇为有限。

2005年以后版本的《公司法》则赋权色彩渐浓，体现出对公司自治更多的尊重和更大的制度空间，出现了较多条款的“章程另有规定的除外”或“全体股东另有约定的除外”。

2. 公司治理定位

个人认为，公司治理是指公司治理机关（主体），按照特定的治理规则和机制（内容），基于不同的治理模式（风格），对公司管控及营运关系（客体）施加影响，从而实现和维护公司利益相关各方的权益（目标）的体制和机制（属性）。

公司治理的定位在自然属性上应体现为公司自治，在法律属性上应归位于私法自治和意思自治。但受制于组织法属性尤其是我国糅合“经济法”的立法思维，对公司治理的立法态度表现出现实的纠结：法律制度上中华法系渊源于大陆法，但“公司”制度本身却脱胎于英美法系的血脉，英美法系下公司治理的自治性与经济法思维下管制的必要性混搭，在特殊时期甚至是通过行政手段而不是通过司法程序进行干预。

基于公司控制视野，公司治理可以分为4种模式：股东会中心、董事会中心、内部控制模式以及混合控制模式。

国有企业的公司治理又在公司治理主体、治理目标、治理维度、治理机制等4个方面有自身的特殊性（笔者曾专文《国有企业公司治理特殊性分析》加以阐述）。

二、公司治理司法干预的正当性

司法干预的正当性来源于公司治理的自治局限性和利益冲突的必然性。

1. 公司治理的局限

公司治理各方尽管是基于共同的良好意愿启动了公司治理，但不可否认，公司治理各方由于地位和立场的不同必然存在不同的角色定位和代议诉求，而且公司治理参与各方与公司相关各方的利益也必然会存在冲突。

（1）股东之间的利益冲突

股东之间的利益冲突起因于不同股东的角色、定位和功能等因素，如中小股东与大股东之间对于公司的控制力差异导致的利益冲突，如财务投资人、战略投资人、行业投资人与大股东之间的投资诉求差异导致的管控力度冲突，如单一企业主与集团企业主合资设立公司后双方对于目标公司的定位、战略不同导致治理诉求和治理功能不同。这些客观存在甚至天然存在的利益冲突，必然导致在公司治理层面股东之间、股东与公司之间的纷争和矛盾。

(2)公司治理机关之间的利益冲突

公司各治理机关虽均起端于股东,但基于不同属性和不同层级的法律关系产生了不同功能和角色,如股东(大)会基于信托关系产生了董事会、基于监督关系产生了监事(会),基于董事会的代理关系产生了经营层,基于经营层的雇佣关系产生了公司其他机构。

公司治理机关之间运行的基石是信义义务,信义义务尽管在逻辑上直接起源于董事对于股东(大)会的信义义务,但随着公司实践的发展,信义义务的责任主体、权利对象、责任标准和范围都在扩大:董事不仅对于股东负有信义义务,更对公司承担信义义务(尤其是英美法系更强调董事只应对公司本身负有信义义务,以强调董事对于股东整体而不是个体承担信义义务),随着公司社会责任理论的发展,董事对公司债权人、社区等在特定情形下存在信义义务。

信义义务的责任主体扩大到了控股股东,这也是股东代表诉讼、派生诉讼以及中小股东直接救济权的逻辑基础。

信义义务的责任内涵基于忠实义务和善管义务,判断责任的标准涵盖了主观和客观,但随着独立董事、外部董事等概念的发展,专业标准以及商业判断规则逐步得到了确认。

不同的公司治理机关基于信义义务在信托、监督、委托、雇佣等不同法律关系下运转,不同的法律关系必然触发和触动不同的法意和法益。

(3)公司不同价值功能的法益冲突

公司制度的产生来源于商业功能,但随着公司利益相关者理论的发展,股东有限责任与债权人保护机制得以建立,公司商业属性与公司的环保责任、社区责任的统一也日益完善,公司治理机制的价值功能日益复杂和多元,各种法益冲突在所难免,公司治理的外部干预也具有了必要性。

2. 司法干预的价值

(1)公司治理权力的"权利"平衡

公司治理在公司整体层面是一种组织法意义上的"权力",是由各个参与者共同让渡的商事"权利"组成的。但在公司治理利益相关者的个体层面,公司治理的权力存在对个体权利的损害风险,在法律层面就需要对公司治理加以限制从而体现利益衡平,如中小股东保护机制就是对"资本多数决"这一公司治理机制根本原则的限制,有限公司股东对外转让股权需要其他股东人数而非资本过半数同意也是基于人合性原则对资本权益的限制,公司法人格否认、股东特殊情形下的无限责任、一人公司的特殊规制等也是债权人保护机制所体现的利益衡平。

(2)个性化公司治理的一般性指引和示范

不同的公司治理体现着公司自治的不同性格和风格,尽管工商登记,甚至发改等部门在商事实践中存在不同程度地不当干预公司治理,但公司治理的自治属性是其本质,公司治理的差异化和个性化也必然是客观的、理所应当的。

公司相关各方作为商事活动的参与者,与一般民事活动主体相比具有更高的注意义务和责任基础,对于纠纷解决的公权导向和司法规则也自然会予以更多关注,因此,司法干预公司治理的具体司法解释乃至具体的个案判例,都会反向促进公司治理的行为规范和指引公司治理的规则设计。

(3)补充公司立法漏洞

公司立法的原则性、司法解释的滞后性、公司业务实践的繁杂性,导致大量的公司治理纠纷在学界以及不同的实务界争论不休,如大股东与董事会冲突后的诉讼问题、公司印鉴证照各方抢夺后的诉讼问题等。即便是司法解释已经有了不少基础规定,但更进一步的问题(如隐名股东问题中股权与股东资格是否为同一概念范畴及其分层次处理,如导致公司僵局的主体是否应当对股东或其他主体承担责任等问题),仍然缺乏统一和明确的规则。

在此情形下,作为公司司法干预的两个重要工具就显得价值非凡:一般性工具——司法解释,个性化工具——指导案例或者公告判例,都会为公司治理纠纷的解决提供依据和参考,从而不同程度地弥补立法漏洞、统一司法理念和裁判尺度。

三、司法干预的角度

司法干预的角度是由司法干预的理念决定的,这是逻辑原点和出发点。不同的理念和思维决定不同的干预角度,呈现不同的观点表达。

个人认为,司法干预公司治理的角度应着眼于商法理念和商法思维,这在我国民商不分的法律语境下尤为重要和迫切。商法理念和思维的缺乏是导致大量公司治理纠纷在学界和实务界众说纷纭、缺乏规则的重要原因。商法角度的核心包括两点:外部对商法外观主义的尊重和内部对公司人格独立性的尊重。

1. 民商不分下的商法思维

我国一直缺乏独立的商法体系,在民法的世界里用有限的商法思维来解决市场经济高度发达环境中的商法问题,商法的骨肉中流淌着民法的血脉。

这种矛盾和冲突在公司法领域尤其是公司治理领域尤为明显,一方面民法思维下更多关注的是本质和内容、是对实质公平的单向追求,而市场经济下对等的安全的立法倾斜以及司法对于效率原则的优先更多是商法思维的外观主义原则的体现,民商不分的法律环境决定了民商思维错乱的司法实践;另一方面我国的公司法不可避免地要适应全球经济一体化,借鉴市场经济发达的英美经验,而我国的公司法又不可避免地体现出中华法系中浓厚的大陆法系基因,不同的立法语境与公司业务实践现状日益分裂。

所以不仅在形式上公司业务实践中客观存在的“总经理”与来源于计划经济下厂长经理负责制下的“经理”不对接,公司“董事局主席”“总裁”“总监”等主体在公司法层面也找不到对应依据,投行及基金领域广泛存在的“董事总经理”等职位则更会造成公众甚至是很多法律人在“成文法”下的逻辑困惑。

在实体法层面,如对于股权确认与股东资格确认之间不同诉讼性质界定的法律适用混乱,股权取得与股权确认之间的法律逻辑错乱,谁投资谁受益的民法思维与商法外观主义的结果性抵触,都是公司的立法和司法供给在商法层面的局限与公司业务实践迅猛发展现状之间矛盾的体现。

2. 民法思维对公司治理干预的商法影响

过度局限于民法思维,会影响公司治理干预的商法理念。

结合业务实践,个人认为当前最突出的民法思维局限性主要表现在三个方面:婚姻关系、继承关系及合同关系。

(1)婚姻关系与公司治理

婚姻关系对于公司治理的商法影响主要包括:有限公司股权转让是否需要配偶认可,离婚分割财产是否涉及有限公司的股权本身,向配偶转让股权是否为向股东之外的人转让,股权及股权收益在夫妻共同财产中的界定等。

尽管最高人民法院《关于适用〈中华人民共和国婚姻法〉若干问题的解释(二)》已经作出了规定,上述及相关的其他问题在学界和实务界仍存在不同程度的争论,也存在不同结论的裁判文书。

(2)继承关系

由于法律规定较为明确,相对于婚姻关系,继承关系对于公司法的商法影响相对较小，但在有限公司与股份有限公司的不同继承关系，以及继承人与有限公司股东身份部分或者完全重合等特殊情形下仍然涉及民法与商法的综合适用和判断顺位的问题。

(3)合同关系

合同关系的认定和适用是对公司治理司法干预影响最为广泛的领域，一方面是公司治理主体之间本身会存在很多合同关系，另一方面公司治理的相关安排也会涉及对是合同文件还是治理文件的界定，再者各种交易的合同关系也可能会导致公司治理的不同结果。

由于合同相对性与商法外观主义的冲突，合同关系在民法思维下的诚信原则要求与公司治理在商法思维下的内外有别规则之间的冲突，合同法与公司法及相关司法解释之间的普通法与特别法的界定冲突，合同法律关系下的物权原因行为、物权法律关系下的物权行为以及公司治理中相关商事组织权利属性之间的冲突，都会导致对具体法律关系的界定和处理争论。

如有限公司的股东对内、对外转让股权合同的效力要求不同，股权转让合同本身的属性与股权取得结果之间的区别界定，不同的股权转让合同是否可以判决强制履行，股权归属的不同界定标准以及股东名册、出资证明书、公司章程、工商登记等文件的法律属性界定，股权取得与股东资格取得的法律差异，以及在代持股权关系中股权利益与股权归属、股东资格确认之间三个层面不同的法律认定和法律后果等，均涉及对公司治理的商法尊重问题，而上述大量客观存在的争论和不同的裁判标准及结果，都体现了仅局限于民法思维进行民法评价会影响对公司治理司法干预的商法判断。最高人民法院《关于适用〈中华人民共和国公司法〉若干问题的规定(三)》关于隐名股东问题、最高人民法院《关于适用〈中华人民共和国公司法〉若干问题的规定(四)》关于优先购买权保护问题等无疑都更好地体现了公司法理念。

除了前述三种法律关系外，在涉及国有企业相关问题时，国资监管的经济法思维也会与公司治理的商事法律关系形成冲突，甚至与相应合同法律关系的民法思维也会形成干扰，如国有资产、产权转让行为或增资行为相关法律关系效力的认定问题，以及国有企业党组织在公司治理中的法律责任界定和承担问题等。

3. 司法干预公司治理的商法思维

无论是公司治理所涉及的商事法律关系、民事法律关系还是行政法律关系,都应在先行其他法律判断后,最终以商法思维对待公司治理法律关系本身。即为公司治理的司法干预画一个商法的圈:先在圈外以非商法做普通审视,圈内则以商法做特殊审视,并甄别圈内圈外的不同规制后果,从而体现"内外有别"的法律特质。

如对出资协议、股东协议书解除或终止的不同要求,对股东会决议与股东协议书不同法律属性的界定、法律要求的认定以及法律后果的判断,对不同版本的公司章程或者公司治理文件的界定,以及对公司治理范围内的各种决议的无效、撤销、不成立的细分性界定,以及对工商登记机关的公司登记、备案等行政行为的司法审查,公司主体终止与公司诉讼主体问题的差别,都应当体现出对公司及其相关者的商法尊重,以及对公司治理自治属性的支持和保障。

四、司法干预的维度

如果说司法干预公司治理的角度体现的是思维和理念问题,那么司法干预的维度则决定着对公司治理干预的立场和动机。

1. 利益衡平是基本立场

现代企业制度下,公司已经不再仅仅是股东的投资利益载体,而是糅合了诸多相关者利益的综合体。

司法对公司治理的干预代表着公共权力的介入,而且是高于行政权的司法权。利益衡平不仅是法律的本身要义,同时也是司法干预公司治理的唯一动机。

2. 对中小股东的特别保护

资本多数决作为公司治理的基石,必然带来中小股东利益的特别保护问题。中小股东在公司治理中天然的弱势也必然要求对其予以特别保护,从而更多体现公司的整体利益和全体股东的综合利益。

股东派生诉讼以及损害赔偿机制的建立,司法解释对股东查账权范围的扩大,股东会决议效力多层面可诉性在司法解释中的确立,小股东在特定情况下可剥夺大股东资格的个别判例等,都体现着公司治理司法干预对中小股东的"特别"保护。

3. 对债权人的特殊保护

对债权人的保护是公司社会责任的一种体现,也是公司利益相关者理论发展的结果。但与中小股东的"特别"保护不同,个人认为司法干预对于公司债权人体现的应是“特殊”保护，即只有在特殊情形下才能予以保护，否则就应与公司之外的其他主体平等对待。

公司债权人的特殊保护主要体现在股东有限责任的限制（出资抽逃、虚假、不实、不当情形下的责任等）、公司不适当清算的责任、侵害债权的侵权责任界定、公司不同印鉴的效力责任界定、公司对外担保责任等方面。

五、司法干预的尺度

个人理解司法干预公司治理的尺度是一个限度和力度的问题，也就是在什么样的范围内干预、干预到什么程度。

1. 司法干预的限度

个人理解，司法干预的限度体现着干预公司治理的原则，决定着干预公司治理的时机。

（1）被动干预

司法干预公司治理首先是一种替代机制，即只有在公司治理机制本身失去功能或功能不足时司法才介入。

干预的被动性决定了合理的司法干预是对公司治理机制的良性互补。但司法干预的被动性并不意味着公司治理纠纷目前的各种立案或者审判缺陷的合理、正当，“不得拒绝裁判”是司法的一般属性。

（2）有限干预

司法干预公司治理的功能是有限的，司法干预不能否定或者破坏公司治理机制本身的良性运转，同时还应体现司法权对商事主体民法下契约自由或商法下公司自治的足够尊重，司法干预的目标是恢复公司治理机制的良性运转而不是改变或者扭转公司的治理行为，这就决定了公司治理的司法干预是有限干预。

2. 司法干预的程度

司法干预公司治理的限度是定性问题，而干预的程度则是定量问题，但在法律层面即便是法经济学恐也难以建立数学模型解决公司治理司法干预的定量程度问题。

从逻辑层面仍然可以根据干预的原则确定司法干预公司治理的“四至范围”。

（1）维护交易安全

交易是市场的原始功能，无论是公司治理的外部关系还是内部关系的法律适用,都应遵循维护交易安全的原则。物权大于债权虽然是民法的重要法理,但基于交易安全的要求却有了善意取得的制度设计。公司法的商法属性决定了更应体现外观主义和交易安全原则,不仅维护内部法律关系也要保护外部法律关系中各方的交易信赖。

比如在可检索的判例中,对于法定代表人违法刻制的印鉴,就区别公司治理与外部交易的不同要求从而认定交易合同有效,维护了交易相对方的交易安全。最高人民法院《关于适用〈中华人民共和国公司法〉若干问题的规定(四)》《民法典》《九民会议纪要》也都对公司相关纠纷规定了合同法与公司法两种范畴内的不同规制规则。

(2)提高交易效率

"效率优先兼顾公平"的司法理念体现了市场经济下的交易效率原则,这在商事活动中更甚。比如股东差额补足安排、对赌安排、增资优先权与股权转让优先权的不同界定、公司治理文件的效力问题、股东出资瑕疵与股东资格以及股权关系处理等,均应体现公司法"内外有别、双重标准"的商法要求。

(3)商业判断规则

商业判断规则是司法干预的实体标准。商业判断规则源自普通法的传统,是 1829 年美国路易安纳州最高法院在判决中首先使用的。

商业判断规则是确定司法介入和公司自治的刻度界限,司法应对公司治理各主体基于一般性的商业判断予以充分尊重。商业判断的本质在于对商事主体的经营判断予以尊重,不进行实质的司法干预,但并不影响基于特定主体权益保护视角下(如中小股东、债权人利益保护等),对于商事行为的合法性乃至合理性的审查评价。

(4)非讼机制的重要性

公司治理行为的商事属性,决定了大量的公司治理纠纷需要司法的快速评判,从而保证各方商事关系的确定性和公司运营的救济目的,相对于实体纠纷的诉讼程序,非讼程序的制度设计无疑更能满足大量的公司治理纠纷的本质需求。

我国司法制度目前只有两个非讼程序的设计:《公司法》关于记名股票的公示催告程序;最高人民法院《关于适用〈中华人民共和国公司法〉若干问题的规定(二)》所确定的公司强制清算程序。

最高人民法院《关于适用〈中华人民共和国公司法〉若干问题的规定(四)》

尽管在诉讼制度上(如公司治理决议的诉讼)进行了创新,但大量公司治理纠纷(如各种会议的召集、公司相关机构组成人员的任免、知情权行使等)均可以通过非讼程序的制度设计加以解决,从而满足该类公司治理纠纷的本质属性。在诉讼程序中出现公司治理纠纷,未得到及时、有效的解决,导致公司内外部引发更多的纠纷,丧失了司法干预的原价值和现实意义。

作者简介

王登巍律师,兰州大学法学学士、郑州大学法律硕士;河南省律师协会副会长,郑州市律师协会名誉会长;获得全国优秀律师、全国315个人荣誉奖章、河南省优秀律师、河南省司法行政系统劳动模范、郑州市十佳法律服务标兵、郑州律师行业特殊贡献奖等荣誉;担任河南省政府法律顾问、中共河南省委政法委案件评查员、郑州市政府法律咨询委员会副主任委员、郑州市政法队伍教育整顿特邀监督员、郑州市中级人民法院监督员、民革河南省委社会和法制委员会副主任,河南省法学会商法学研究会副会长、破产法研究会副会长、民法学研究会理事、郑州市人大代表,河南大学法学院硕士生导师、公司法研究中心副主任,郑州大学经济法律研究中心副主任,河南工程学院兼职教授、郑州轻工业大学校外导师等。执业定位于公司治理、并购重组、国资运营、投资融资、房地产等商事诉讼和非诉讼法律事务。

从《公司法司法解释(五)》谈
关联交易损害公司利益的司法救济

唐建科

一、公司法关于关联交易的现有规定

2019年4月,最高人民法院出台最高人民法院《关于适用〈中华人民共和国公司法〉若干问题的规定(五)》[以下简称《公司法司法解释(五)》],其中与关联交易有关的为第1条和第2条:

第一条　关联交易损害公司利益,原告公司依据公司法第二十一条规定请求控股股东、实际控制人、董事、监事、高级管理人员赔偿所造成的损失,被告仅以该交易已经履行了信息披露、经股东会或者股东大会同意等法律、行政法规或者公司章程规定的程序为由抗辩的,人民法院不予支持。

公司没有提起诉讼的,符合公司法第一百五十一条第一款规定条件的股东,可以依据公司法第一百五十一条第二款、第三款规定向人民法院提起诉讼。

第二条　关联交易合同存在无效或者可撤销情形,公司没有起诉合同相对方的,符合公司法第一百五十一条第一款规定条件的股东,可以依据公司法第一百五十一条第二款、第三款规定向人民法院提起诉讼。

在《公司法司法解释(五)》出台之前,《公司法》中关联交易相关的条款为第21条"公司的控股股东、实际控制人、董事、监事、高级管理人员不得利用其关联关系损害公司利益。违反前款规定,给公司造成损失的,应当承担赔偿责任"。然而,由于《公司法司法解释(五)》允许"符合公司法第一百五十一条第一款规定条件的股东"在公司没有提起诉讼的情况下,"依据公司法第一百五十一条第二款、第三款规定向人民法院提起诉讼”即股东代表诉讼。而《公司法》第151条又是针对第149条所述的情形的安排,有解读者据此认为第149条、第151条均是关联交易相关的条款。

本文认为,《公司法》第151条原本只适用于第149条所述的情形,与第21条并无直接关系。从相关情形看,第21条与第149条至少有以下三点不同:(1)规制对象不同,前者规制对象不仅包括董事、监事、高级管理人员,更将控股股东甚至实际控制人列为重点对象,因为实践中控股股东、实际控制人利用关联交易给公司造成损害的机会及后果的严重性往往甚于董事、监事、高级管理人员;后者仅包含董事、监事、高级管理人员。(2)侵权行为的表现不同,前者实施侵权行为的主要表现为利用关联关系,所谓“利用”,在主观上应当有损害公司利益的“故意”,后者实施侵权行为的主要表现为执行公司职务时违反法律、行政法规和章程的规定导致公司利益受损,强调造成损害的客观结果,未必有损害公司利益的主观故意。(3)是否以违反法律、行政法规或者公司章程规定为条件不同,前者不以违反法律、行政法规或者公司章程的规定为前提,即使履行了相关的信息披露、内部决策程序,只要给公司造成实质上的利益损失,就要承担赔偿责任;而后者以违反法律、行政法规或者公司章程的规定为前提条件,也就是说,董事、监事、高级管理人员如果严格依照法律、行政法规或者公司章程履行职务,即使给公司造成了损失,也不应受到责任追究,体现了商业判断原则。

本次出台的《公司法司法解释(五)》,将第151条的适用范围扩大到了第21条,使第21条和第151条成为关联条款,但仍不能据此认为第21条与第149条也属于关联条款,对于第151条而言,二者只是并列关系。

二、对待关联交易的基本态度

实践中,除上市公司等公众公司建立了专门的关联交易管理制度外,公司法层面仅规定控股股东、实际控制人对公司向其提供担保的决议应回避表决,日常规范的缺失导致关联交易往往沦为公司控股股东、实际控制人和管理层占用公司资源、损害公司利益甚至掏空公司的工具。然而,这并不能否认关联交易在正常情况下往往可以起到降低交易成本,稳定业务经营的有利作用。因此,即使在公司治理规则最严厉的资本市场,对关联交易也只能尽最大可能地规范而不能禁止。《公司法》第21条对于公司关联交易已经进行了原则性规定,从整体架构上明确了法律层面对于关联交易的基本态度,即法律不禁止关联交易的存在,但禁止利用关联关系损害公司利益。原《民法总则》及其后的《民法典》第84条也持相同态度。

一方面,《公司法司法解释(五)》对待关联交易的基本态度并未突破现行规定,其主要是针对司法实践中法院审理公司关联交易损害责任纠纷案件时,相关行为人往往以其行为已经履行了合法程序作为抗辩事由的具体现象作出统一回应,明确了即使关联交易已经履行了相应的披露、决策程序,但鉴于关联交易的核心要求是公允而非程序正当,如果交易结果不公允,实质上损害了公司利益,关联方不能仅凭相关的披露、决策程序作为免责事由。另一方面,《公司法司法解释(五)》赋予了关联交易损害公司利益更多的救济途径,将关联交易损害公司利益明确列入股东代表诉讼的范围,并将关联交易合同的无效、可撤销之诉纳入股东代表诉讼的范围,从而提高了对关联交易的可诉性。

三、关联关系的认定

(一)现有规范性文件的概况

从逻辑上讲,判断关联交易是否损害了公司利益,首先要判断相关交易是否属于关联交易,而判断是否属于关联交易的前提是判断交易相对方是否属于关联方。然而,《公司法》中除了提及"关联关系"外,对于何为关联方、关联关系并未作出更具体的规定。就目前各类规范性文件看,除了公司法以外,涉及关联方、关联交易概念的出处至少有国资委、财政部、证监会、银保监会、证券交易所等各个单位基于各自的监管领域、监管需要出台的部门规章及其他规范性文件。按照位阶主要列举如下。

(1)法律:《公司法》《企业国有资产法》。

(2)行政法规:《企业所得税法实施条例》《税收征收管理法实施条例》。

(3)部门规章:《上市公司信息披露管理办法》《上市公司重大资产重组管理办法》《企业会计准则第36号——关联方披露》《商业银行股权管理暂行办法》《保险公司关联联交易管理暂行办法》。

(4)交易所规则:《企业会计准则——关联方关系及其交易的披露问题解答》《深圳证券交易所股票上市规则》《上海证券交易所股票上市规则》《深圳证券交易所创业板股票上市规则》《上海证券交易所科创板股票上市规则》《关于规范上市公司与关联方资金往来及上市公司对外担保若干问题的通知》《公开

发行证券的公司信息披露内容与格式准则第 11 号——上市公司公开发行证券募集说明书》。

(二)关联关系的认定

尽管有上述规则,实践中关联方、关联关系的认定并不总是泾渭分明,归纳其原因主要在于一方面现有关于关联方认定的各类规范性文件多限于特定领域、特定角度,缺乏统一性的规范,认定规则不尽相同。而实践中同一个公司可能同时适用多个不同的规范性文件,例如,上市公司既需要适用财政部出台的企业会计准则,又要遵守证监会出台的上市公司有关规则,两者在具体标准上的不同给关联方的认定带来困扰。例如,根据《企业会计准则第 36 号——关联方披露》,母子公司之间构成当然的关联方。而按照《上市公司信息披露管理办法》的规定,上市公司的控股子公司并不属于关联方。更有甚者,交易各方依据各自领域内的规范性文件,对是否属于关联交易得出不同的结论,不仅对双方的交易过程产生不同的影响,也将给司法认定造成困扰。

另一方面,各个规范性文件的表述方式不同导致存在"语言不通"的情况,比较典型的情况如证监会《上市公司信息披露管理办法》将作为上市公司关联方的管理层表述为董事、监事及高级管理人员,对于关系密切的家庭成员,明确了其范围包括配偶、父母、年满 18 周岁的子女及其配偶、兄弟姐妹及其配偶,配偶的父母、兄弟姐妹,子女配偶的父母。而财政部《企业会计准则第 36 号——关联方披露》中对管理层的表述为"该企业或其母公司的关键管理人员",关键管理人员是指有权力并负责计划、指挥和控制企业活动的人员,其关系密切的家庭成员是指在处理与企业的交易时可能影响该个人或受该个人影响的家庭成员。导致两者难以实现精准对接,在认定关联方的范围时无法确信是否已经穷尽。

另外,众所周知,认定关联方及关联交易还应遵循"实质重于形式"的原则,在准确把握明文规定已属不易的情况下,给关联方的认定增加了更多的不确定性。

四、关联交易损害事实的认定

1. 关联交易损害的判断标准

在关联交易损害公司利益的案件中,除了认定关联方及关联关系外,证明关联交易造成公司利益损失的事实往往也并不容易。《公司法司法解释(五)》

明确规定,被告仅以关联交易已经履行了信息披露、经股东会或者股东大会同意等法律、行政法规或者公司章程规定的程序为由抗辩的,人民法院不予支持。这将促使此类案件中被告只能从关联交易的公允性、关联交易与损害后果之间不存在因果关系等方面进行抗辩。判断关联交易是否造成公司利益损失的核心标准是交易是否公允,但由于关联交易的种类繁多,不宜简单地以价格是否符合市场标准进行判断,而应综合交易价格、支付条件、支付期限、担保条件等各方面的交易条件判断交易是否公平。

此外,还要注意认定关联交易损害公司利益与正常的商业判断之间的边界,交易没有绝对公平,不能简单粗暴地认为价格偏离市场价就是损害公司利益。因为随着实践的发展,越来越多的关联交易呈现复杂化的趋势,或者有些关联交易之间甚至关联交易与非关联交易之间是一系列交易,不排除某项具体的关联交易或者阶段性的交易在表面上损害公司部分利益的可能,但更不能否认公司通过一系列交易追求的最终有利于公司整体利益的商业目的,抓住一点而置公司的长远利益或其他方面的利益于不顾,并不符合公司的整体利益甚至会因此破坏公司整体安排而真正损害了公司利益。

2. 因果关系的判断

侵权行为与损害结果间的因果关系是承担侵权责任的必要前提,在关联交易侵害公司利益案件中同样如此。例如,尽管关联交易合同文本不公允,但最终导致公司损失的原因是合同签署后在履行过程中出现其他不利因素,或者关联交易合同文本公允,但因市场发生变化导致公司一方甚至双方都利益受损的,不宜以此认定两者之间存在因果关系。

五、关联交易合同无效和撤销之诉

《公司法司法解释(五)》第2条规定:“关联交易合同存在无效或者可撤销情形,公司没有起诉合同相对方的,符合公司法第一百五十一条第一款规定条件的股东,可以依据公司法第一百五十一条第二款、第三款规定向人民法院提起诉讼。”本条将关联交易合同的确认无效和撤销纠纷纳入股东代表诉讼的范围。纳入股东代表诉讼的原因,正如最高人民法院民二庭有关负责人答记者问所说,目前我国法律体系下,公司作为合同一方,如果合同存在无效或者显失公平等可撤销情形,可以根据相关规定直接请求确认合同无效或撤销该合同。但是关联交易合同不同于一般的合同,是关联人通过关联关系促成的交易,而关联人往往控制公司或者对公司决策产生重大影响，即使合同存在无效或者可撤销的情形，公司本身也很难主动提出请求。故在关联交易中，有必要给予股东相应救济的权利。在公司不撤销该交易的情形下，符合条件的股东可根据法律规定提起股东代表诉讼，以维护公司利益，进而维护股东的自身利益。

关联交易既属于公司法范畴，也属于合同法范畴。《公司法》第16条、第124条，以及上海/深圳证券交易所股票上市规则等相关法律法规和规范性文件，要求上市公司关联股东、董事在关联交易表决中回避。然而，合同只有在违反法律、行政法规的效力性强制规定时，才符合认定无效的条件。尽管《公司法》要求公司为股东和实际控制人提供担保时，控股股东、实际控制人应当回避，但该条规定是否属于效力性强制规定仍然存疑，而其他证监会和交易所相关规章和规范性文件更不足以直接否定合同效力。因此，认定关联交易合同是否属于无效、可撤销的情形，其主要依据不在于公司法以及证监会等关于关联交易的特殊规范性文件，而仍需按照认定合同无效、可撤销的一般规则认定。

作者简介

唐建科律师，空军第一航空学院法学学士，投融资业务部主任；河南省律师协会公司法律专业委员会执委、郑州市律师协会公司法律业务委员会执委，河南省公司法专业律师、金融证券保险专业律师；河南省律师执业管理工作先进个人、郑州市优秀律师、郑州市司法行政系统优秀党员、郑州市律师行业优秀党务工作者；执业定位于公司证券、并购重组、投融资等法律事务。为华润河南医药有限公司、华润城市交通设施发展（郑州）有限公司、洛阳杜康控股有限公司、焦作中旅银行股份有限公司、河南省中豫文旅投资有限公司、河南五建建设集团有限公司、光大德尚投资管理（深圳）有限公司、郑州沃特节能科技股份有限公司、郑州大山教育科技股份有限公司、河南新奥能源发展有限公司等央企、国企及大型民营企业提供常年或投融资专项法律服务，处理了大量投融资、公司、房地产等领域的商事诉讼案件。

股东会决议属性界定与效力评价的法律检讨

王登巍

股东会决议是公司权力机关的意识达成，在公司治理文件体系中，是与章程出于同类主体但性质、功能不同的公司治理文件。对股东会决议属性的正确界定不仅影响其效力评价，也体现着不同的法律思维和法律逻辑。

一、股东会决议概念厘定

（一）股东大会决议的概念和法律特征

1. 概念

股东会决议是公司股东会作为权力机构按照法律和公司章程的规定履行其法定和规定的职权所形成的治理文件，包括普通决议和特别决议。

在一人公司情况下，因不设股东会则相应的股东会职权事项由股东决定，不存在股东会决议，而表现为股东决定。

2. 法律特征

（1）主体

股东会决议的主体是作为公司治理机构的“股东会”，是这一组织机构作出的“整体”意义上的“治理”行为，而非组成股东会的全体或过半股东在“个体”意义上“分别”作出的“合意”行为，是“表决”结果，而非“契约”成果。

这就决定了对其法律评价适用的应是公司法的思维和逻辑，而不应是合同法的思维和逻辑。

然而，司法实践或理论中以合同法思维评价股东会决议甚至直接将股东会决议等同于股东协议的情况并不少见，如河北省高级人民法院(2019)冀民再审144号判决，就改变了二审对股权转让的股东会决议无效的认定，认为“上述决议内容显示为公司股东会决议，但同时也是公司二股东何某涛、汪某斌对其所持公司股权转让和公司债务承担的协议约定”，从而判令支持受让方对股权变更登记的诉讼请求。

依公司法思维，股东会决议的法律规制不仅表现为行为法也表现为组织法，尤其针对公司组织机构治理行为的法律规范更多体现的是组织法色彩；但以合同法思维，强调的则是契约自由，正如前述错误判决所述，不违反法律和行政法规的强制性规定的，依法应予以保护。

在商法范畴，一个主体有着不同的商事身份，即便是基于同一个商事身份也会实施不同的商事行为，对其行为的法律评价不能一概而论，而应基于“外观主义”的商事识别从而进行内外有别的商法评价。比如作为一个自然人股东，他可以以公司法定代表人或者高管的身份实施公司的对外法律行为、构成职务代理或表见代理，也可以以股东身份进行股权转让实施对其财产及身份的处置行为，也可基于股东资格参加股东会行使股东自益权或者共益权进行表决(而非对股权这一本体权利的处分)。针对不同的法律行为，应当进行不同的法律评价。

因此，如果一个股东作出的行为是参加股东会而非转让财产，签署的文件是股东会决议而非股权转让协议，就不能认定为股权转让的交易行为，而只能认为是实施了对股权转让行为的表决，至于股权转让协议(包括口头协议等形式)是否成立、生效以及能否强制履行，则是合同法的规制范畴，而不能直接通过“股东会决议也是股东协议”加以裁判，否则不仅造成公司法与合同法的混同，也会导致在公司有多数股东的情况下作如此推理的逻辑障碍。

(2)内容

股东会是公司的权力机构、是公司治理机关，应当按照法律和章程规定的程序，在法律和章程规定的职权范围内运转，故股东会决议的内容不是“法不禁止皆可为”的包罗万象，而是组织法意义上的“职权法定”，从股东角度，参加股东会是基于股权而行使股东权利，从公司角度，股东参加股东会则是公司的治理行为。

(3)程序

基于组织法的属性,股东会的召开需要遵循法定或章程规定(而非合同法上的意定)的程序要求,召集人和主持人是特定主体,会议的通知和召集程序、出席人数或表决权数、表决权及其行使也要符合规定,否则就可能产生效力瑕疵。

(二)股东会决议与相邻概念辨析

1. 与公司行为

有文章将股东会决议定性为公司的意思表示,这是错误的,违背了商法的内外有别原则。股东会决议是公司的内部治理行为,只产生公司治理意义上的法律后果,它可能约束公司行为但不是公司行为的本身,不直接与公司的交易相对方设立、变更或终止某一种法律关系。

如果把股东会决议作为公司行为,就会导致公司治理行为的内部性与公司交易行为的外部性混同,从而无法理解最高人民法院《关于适用〈中华人民共和国公司法〉若干问题的规定(四)》[以下简称《公司法司法解释(四)》]第6条规定的:股东会决议被人民法院判决无效或者撤销的,公司依据该决议与善意相对人形成的民事法律关系不受影响。

《全国法院民商事审判工作会议纪要》(以下简称《九民会议纪要》)第27条关于股东代表诉讼的规定,就明确要求人民法院对调解协议需要审查是否为公司的意思表示,其中的依据就是股东会决议或董事会决议通过后,人民法院才能出具调解书予以确认。这正说明股东会决议是公司意思表示的前提和证据。

但股东会决议对公司行为和公司交易相对人会存在特定的法律影响:如股东会决议是公司特定对外行为的权力基础,如公司对关联交易、对外投资的规制和限制等,也是公司对外行为的效力前提,如公司对外担保行为;股东会决议同时也是判断公司交易相对人是否善意的重要依据,如公司担保法律关系中的主债权人。

2. 与股东协议

股东协议属于契约行为,由合同法规制;而股东会决议属于公司治理行为,由公司法规制。

其一,股东协议需要全体股东形成一致合意方为有效,而股东会决议则仅需要满足规定的表决权数量即满足有效的主观条件,部分股东的反对并不能约束股东会决议的效力。

其二,股东协议可以"约定"任何事项,而股东会决议则仅能对法律和章程的"规定"事项进行表决。

其三,股东协议产生民事法律意义上的合同责任,股东各方可以依据协议约定提起诉讼要求履约或追究违约责任,而股东会决议产生的是公司治理后果,违反股东会决议并不必然产生股东之间的法律责任,一般情况下产生的只是行为人与公司之间的责任,在具有明确法律规定的情形下才产生股东与股东之间的法律责任(如构成滥用股东权利),但并不属于违约责任而通常为侵权责任。

其四,股东协议可以为口头契约,但股东会决议为书面要式法律文件。

其五,股东之间的协议可能因为股东会不能形成决议或者违背股东会决议而不能实施,但并不因此影响该等合同的效力,而至于该等合同是否能够履行则需要遵循公司法的规定或安排进行公司法判断,而非依据协议各方的约定加以合同法判断。

比如《九民会议纪要》关于股权对赌协议的相关规定中,关于回购股份的约定、减资的约定或者关于利润保障的规定等事项,均对公司法和合同法进行不同范畴和领域加以规范和评价。

因此,股东会决议可能是股东协议的"缔约"过程,也可能是股东协议的"履约"程序,但不能是股东协议本身。

前文所述河北省高级人民法院的再审判决直接将股东会决议界定为同时具备股东协议的双重属性是错误的,既不符合商事法律的"内外有别"原则(股东会决议为公司内部的治理行为,股东协议则为公司体外的交易行为),也违背股东会决议本身的组织法文件属性和公司治理的行为属性。

我们在处理某一国有客户单位的并购项目纠纷时,发现该客户与目标公司的原股东在股东会决议中而非并购重组协议中约定了业务重组的安排:该客户承诺将其在河南的全部某单一品牌的销售业务下沉至目标公司,后由于该客户主管单位原因导致不能实施,原股东就以股东会决议为依据主张违约责任,显然该等下沉安排应当要么在并购重组协议中加以约定,要么由并购方与目标公司签署相关业务安排协议加以约定,由目标公司的治理机构——股东会——进行决议显然是难以产生合同法层面的法律后果,更谈不上违约责任。因此是在混合法律关系的商业交易中,应当针对不同的法律关系、选择适格的法律主体、以准确的法律关系安排适当的权利义务,并形成正确的法律文件的重要性,而不是把所有的法律关系、用单一的法律文件不分青红皂白地“一网打尽”。

3. 与公司章程

公司章程是公司的宪法性文件,对公司、股东以及公司的董、监、高均具有普遍的约束力;股东会决议则在知或应知的主体范围内,对于其职权范围内的事项具有约束力。

从两者的逻辑关系上,一方面,有限公司设立时制定章程需要全体股东一致通过、股份有限公司的章程则由发起人制定并经出席创立人大会的认股人所持表决权半数以上通过生效,对公司章程的修改则需要股东会依照特别决议规则作出,而不是全体股东签署,在特定情况下甚至无需修改公司章程;另一方面,股东会需要按照公司章程的规定规范运作,故公司章程是股东会决议效力评价的依据,按照《公司法》及《公司法司法解释(四)》,股东会会议召集程序、表决方式或者内容违反公司章程的,属于可撤销的股东会决议(程序瑕疵除外)。如果出席人数或者出席会议的股东所持表决权不符合章程规定的,结果未满足章程规定的表决权比例的,股东会决议则为不成立。

但从效力上,公司股东会决议在特定情形下也会具有与章程相同的公司治理效力,甚至是优先效力。如最高人民法院《关于适用〈中华人民共和国公司法〉若干问题的规定(三)》[以下简称《公司法司法解释(三)》]第 17 条规定,股东未履行或全面履行出资义务或抽逃出资的,公司可以根据股东会章程或者股东会决议对其股东权利加以限制;而《九民会议纪要》中关于对未按照约定出资的股东表决权限制问题,首先是根据章程规定,章程无规定的则按照认缴出资比例表决;但如果股东会决议作出了不同规定,则按照修改章程的条件判断但并不要求修改章程,符合修改章程表决权比例的即 2/3 以上,人民法院予以支持,这实际上肯定了股东会决议在特定事项上比公司章程的效力优先性。但该等股东会决议只按照决议的载明内容对特定事项具有规制力,不能适用公司章程的普适性。

从对两者的法律规制上,公司章程的规范内容需要区分组织规范、行为规范,还需要区分强制规范和任意规范,并结合具体事项的个案情况进行不同的法律评价，而且基于公司章程的特殊地位，法律对其的干预极其谨慎，甚至对于股东自益权、共益权之外的权利限制在股东本人签署该章程的情况下，也会予以认可（如最高人民法院发布的第96号指导案例，对于改制企业章程中对职工股的认定、转让甚至转让价格的限制，均予以认可）；但股东会决议只能按照法律、行政法规和章程的规定、审视其程序和内容，进行三种否定后果评价，法律对股东会决议的干预意愿相对要强于公司章程，从而实现中小股东的利益衡平。

公司章程的产生具有“契约”属性，但不同于股东协议的是，公司章程产生后的修改需要的是股东会特别决议这一公司治理行为，而非全体签署的契约行为；公司章程所记载的内容属于“规定”，对公司各方具有“准法律”的规范性效力，而股东协议所记载的内容则为约定，是合同各方的“意定”的范畴，受合同相对性约束，对合同之外的当事人包括未签约部分股东均不具有约束力。

4. 与股东意见

股东意见是公司股东的个体意思表示，而股东会决议则是股东个体意思表示集合后的结果，股东会决议形过程中股东投票进行表决的本身就是股东意见的表达。

但在特定情形下，股东意见与股东会决议是分开的：如股东对外转让股权时，一是需要其他股东过半数、而非过半表决权同意，而且此时股东意见的生效规则是人数多数决，而非资本多数决，仍受制于集合意见；二是股东放弃优先购买权，需要股东作出单一的独立意思表示，而不受制于资本或者人数的多数决。

二、股东会决议性质厘定

综合以上法律概念的比较，结合法律规定，股东会决议的行为性质可以归纳为以下几个方面：

1. 是法律行为

区别于《民法通则》对民事法律行为和民事行为的概念分设，《民法总则》以及《民法典》均对民事法律行为的概念两者合一，不再要求合法性，从而扩大了其内涵和外延。

这个变化就是《民法总则》第134条第2款将包括股东会决议在内的决议

行为纳入第六章民事法律行为:“法人、非法人组织依照法律或者章程规定的议事方式和表决程序作出决议的,该决议行为成立。”《民法典》在第 134 条第 2 款作了同样规定。

“决议行为”是从民事法律行为、多方民事法律行为和共同行为中逐渐发展出来的一个法律概念,属于团体法意义上的特殊民事法律行为,在理论上存在“法律行为说”和“意思形成说”两大争议。即便在《民法总则》《民法典》后,仍有学者对决议行为的立法界定持保留态度。

《民法总则》的颁布也直接导致了最高人民法院《公司法司法解释(四)》的推迟并将股东会决议和董事会决议纳入民事法律行为,杜万华大法官在该司法解释的新闻发布会上指出:“有观点认为,召开会议并作出决议,是公司意志的形成过程,而非公司的意思表示,因此,不属于民事法律行为,不存在是否成立的问题。我们认为,《民法总则》明确将包括公司在内的法人的决议行为,规定在民事法律行为制度中,对此《解释》应当严格贯彻。”

2. 是特殊的民事法律行为

《民法典》第 134 条第 1 款规定了单方民事法律行为、双方民事法律行为、多方民事法律行为,第二款规定了决议行为。

有学者认为,决议行为是多方法律行为的一种,这并不准确。[1] 毕竟公司存在一人公司、全资公司或者只有两个股东的情况,此时的决议行为就类似单方或者双方法律行为而非多方法律行为了。

而且,决议行为不同于第一款规定的各种民事法律行为,其不是基于“意思表示”成立,而是基于“议事方式”和“表决程序”成立,“议事规则”是依据,“表决程序”是路径,“表决”所形成的结果即“决议”才是法律行为。

故,决议行为与一般民事法律行为仍存在突出的区别是不可否认的,这也是《民法总则》将其与其他民事法律行为分款安排的原因。但尽管条文中出现了 10 次、并在“决议”等同的概念下使用了 8 次,即便到了《民法典》也尚未对其作出体系性的规范。

这就必然会导致法律的理解和适用问题:在特别法优先适用的前提下,一

---

〔1〕 王雷:《〈民法总则〉中决议行为法律制度的力量与弱点》,载《当代法学》2018 年第 5 期,第 3 ~ 14页。

般性民事法律行为的规制条款是否全部或者部分适用于决议行为(如意思表示真实尤其伪造签字是否必然导致行为无效?公序良俗、恶意串通等一般民事法律行为的规制规则是否当然适用等)?还是固守其团体性和程序正当性两大核心要素加以规制?尤其在民商合一的立法语境下,这必然会导致司法理念和理解上的不一致以及司法实践的不统一。

笔者认为,应当遵循"决议行为"的商法规则、尊重"决议行为"的议事职权和表决机制进行决议行为本身的法律评价,并基于内外有别原则和商事外观主义而另行判断该等决议行为对外所产生的法律关系的性质和效力。

三、股东会决议效力的法律评价结构

对于股东会决议的效力评价包括了《民法典》的一般规定、《公司法》的专门规定以及司法解释的补充规定指导案例及其他司法政策的参考规定。但《公司法》仅规定了决议行为的撤销制度,《公司法》规定了股东会决议的无效和撤销制度,而《公司法司法解释(四)》则建立了不成立、无效、撤销三种否定性评价机制。

(一)三种否定评价

一个完整的民事法律行为评价包括不成立/成立、生效/不生效、无效/有效/效力待定、可撤销或可变更等形态。《公司法司法解释(四)》最终建构否定性评价的是不成立、无效和撤销三种。目前的规则安排规定了基于无效和撤销的决议文件与善意第三人形成的民事法律关系不受影响,但未规定基于不成立的决议文件与善意第三人形成的法律关系的后果,基于内外有别和外观主义,善意相对人的信赖利益同样应当受到保护。

1. 不成立

严格而言,决议是否成立属于事实问题,而非法律评价问题,但决议成立与否的事实是基于法律或者组织法下的议事规则所规定的成立要件进行判断。

按照《公司法司法解释(四)》,决议不成立的情形包括:"(一)公司未召开会议的,但依据公司法第三十七条第二款或者公司章程规定可以不召开股东会或者股东大会而直接作出决定,并由全体股东在决定文件上签名、盖章的除外;(二)会议未对决议事项进行表决的;(三)出席会议的人数或者股东所持表决权不符合公司法或者公司章程规定的;(四)会议的表决结果未达到公司法或者公司章程规定的通过比例的;(五)导致决议不成立的其他情形。"

2. 撤销

与不成立和无效不同,决议在被撤销之前是有效的,在撤销后才溯及既往。

《民法总则》第 85 条,《公司法》第 22 条第 2 款规定了决议撤销制度,撤销权的提请主体是出资人(股东),撤销的实质要件有两个:会议召集程序、表决方式违反法律、行政法规、公司章程,或者决议内容违反公司章程。撤销权的时效是 60 日。

《公司法司法解释(四)》规定了排除情形:会议召集程序或者表决方式仅有轻微瑕疵,且对决议未产生实质影响的,人民法院不予支持。

但"轻微瑕疵"在这里就留下了适用漏洞,需要基于个案的具体情况进行判断,比如小股东即便参会并表决但对股东会决议的二分之一或者三分之二的通过没有任何影响,但小股东的表决权、知情权本身就是重要的权利保障,如果该等小股东不能参会、不能表决,就不能视为"轻微瑕疵",毕竟股东权本身就包括了社员权和财产权。故只有在股东权利具备行使可能性的前提下(如可以或已经收到通知),才存在"轻微瑕疵"的判断问题。

3. 无效

《公司法》第 22 条规定了决议的无效,即决议内容违反法律、行政法规。这里并没有区分法律规范的种类,基于民商事法律的一般原则,应当限定在强制性规范而不包括任意性规范,并且不能将决议行为与其他民商事行为进行混同或混合评价,如以下各种关于增资的股东会决议情形。

(1)以不合理价格内部增资

某客户单位鉴于监管要求,提请股东会表决增资议案,增资的价格低于公司净资产。尽管部分股东没有能力等比例增资,但是超过三分之二以上的股东仍然表决通过了增资协议。

经过案例检索,关于该等增资的股东会决议是否有效存在不同的裁判结果,认定为无效的裁判理由是决议行为损害了其他股东的合法权益。

这里就存在决议行为效力的认定与其他法律关系的分别认定问题。

首先,既然股东会增资的特别决议其程序和内容并不违反法律、行政法规和公司章程,就不能认定为无效或撤销。

其次,增资价格属于交易本身的公平与合理问题,在股东均有能力增资的情况下就不会损害任何股东的合法权益,而且在股东会作出增资决议时,任何股东当时均有权按照出资比例认缴增资。至于低价增资对无能力增资的股东权益客观上导致了损害后果，则属于股东会决议评价之外的法律问题。在未能获得足够表决权通过的情况下，不存在损害的问题；在获得足够表决权通过的情况下，未能增资的股东只能依照《公司法》第20条第1款和第2款的规定，针对低价增资行为导致的其股权所对应净资产部分的贬损，主张赔偿增资前后其股权比例所对应净资产价值减损的损失。

当然，如果增资属于超过三分之二以上股东的恶意行为（如恶意稀释小股东的股权比例、恶意加大对公司的控制权等），则应依照民事法律行为的一般规则甚至是诚实信用原则另行规制，但此时的一般规则所规制的不应是决议行为，而应是公司与增资股东的交易行为。

（2）向股东以外的人增资

股东对新增资本享有按照实缴出资比例的优先认缴权是《公司法》第34条赋予股东的法定优先权。

笔者认为，股东的优先购买权与认缴优先权在合同法角度和公司法角度都不尽相同：

股东优先购买权解决的是老“股东”转让股权问题。在公司法角度解决的是公司人合性保障，触发的是其他股东的优先购买权，要求的是其他股东过半数同意的“人数多数决”，尽管也要求过半数但不属于机关行为、不属于决议行为，是股东的个体意见表达；在合同法角度是股东之间的股权交易，资金在公司体外的流转。

股东的优先认缴权则解决的是“公司”新增注册资本问题，在公司法角度解决的是保证人合下的资合问题，尽管第三人的增资可能会间接破坏人合性，但基于公司的整体利益和全体股东的集合利益考量，应容忍“资合”在一定程度上对“人合”的减损，所以由股东会作出特别决议即可，是“资本多数决”的公司治理行为。股东作为个体只有表决权而无表达权，且在股东不行使优先认缴权的情况下可以允许第三方主体增资，甚至如果公司章程有规定的情况下可以经由股东会特别决议后直接由第三方主体增资；从合同法的角度，增资是公司与股东或投资人之间的出资交易而非股东与股东之间的交易，资金流向公司而非股东。

综合而言，老股东套现，是股东的个体利益实现，股东行使的是股权本身，而非“股权权利”的内容自益权或共益权，处分的是自身而非公司的民事权利，所体现的是纯粹人合原则；公司增资，则是公司整体利益及股东集合利益的要求，是公司治理行为，股东行使的是股权内容中的自益权，规制要求体现的是人合下的资合。但如果该等行为侵犯了股东的股权，则是股东民事权利的保护问题，而不是股东权利的保护。

但有学者认为，认缴优先权仅是对外部投资者的优先权，股东之间并没有优先权，[1]笔者认为，这有悖股东权利的构成，毕竟认缴增资权本身就是股东自益权的体现，如果允许股东之间可经2/3决议径行不对称增资或者仅部分股东享有增资权，不仅有悖股东平等原则，也会导致股东比例被肆意稀释从而影响表决权，不利于中小股东权益的特别保护。

向股东以外的人增资存在以下两种情形：

①直接允许外部投资人增资

在该等情形下，直接决议第三人对公司增资，该等情形下股东会决议不仅侵犯了原股东的优先认缴权，而且违背了有限公司的"人合性"，应当被界定为无效。除非是公司章程对此有允许规定。

但与侵犯股东优先购买权的股权转让协议不同，股东未经其他股东过半数同意、侵犯股东优先购买权签订的股权转让协议的效力判定，需要根据具体个例判定有效、无效、效力待定或可撤销《公司法司法解释(四)》只是去掉了征求意见稿中无效、撤销的文字，实际上就暗含了股权转让协议的效力评价不是公司法范畴的问题，体现了科学的公司法理念。而《九民会议纪要》则从正面进行了明确的商法理念阐释，但一般情况下是有效的，大概率是履约不能产生违约责任的问题；而第三人与公司签订的增资协议，并不因为同意增资的股东会决议无效而当然无效，但可能会因股东会决议无效后无法办理工商变更登记，从而导致履约不能。

即股东会决议无效是公司治理层面的问题，而增资协议的效力评价是合同法层面的问题，两者的逻辑连接是后者能不能履行的问题，以及履行后对产生的各种法律关系的救济问题。

---

[1] 王军：《有限责任公司股东增资优先认缴权解析》，载北京大学金融法研究中心主办：《金融法苑》(2019年第1期)，中国金融出版社2019年版，第79~103页。

②现有股东增资的剩余部分允许外部投资人增资

在该等情形下,并未有损害原股东的认缴优先权,股东会决议如果未违反法律、行政法规和公司章程,就不能归入无效或撤销的否定评价。

但外部投资人加入目标公司应有其合理性、必要性,增资价格也应公允合理,否则就可能产生大股东滥用股东权利损害其他股东利益的问题,或者增资交易本身触发恶意串通、关联交易、同业竞争等法律评价,以及触及其他影响增资协议在合同法层面的否定评价问题,甚至导致公司债权人或者部分股东申请人民法院撤销交易的问题。

前述因素都不是公司治理范畴下股东会决议的规制内容,故与股东会决议的效力评价无关。

4. 评价的适格性

(1)提请主体

根据公司法的规定,申请撤销股东会决议的原告主体资格仅限于股东。而申请认定决议不成立或无效的适格原告,《公司法司法解释(四)》将其界定为股东、董事和监事"等"。至于是"等"内还是"等"外,按照民事诉讼法的一般原理,只要具有法律上的利害关系就可以起诉但从公司法理来说,股东会决议(包括董事会决议)作为公司治理行为文件,公司治理外的其他主体很难与该等法律行为形成直接的利害关系,毕竟其他主体与公司相关的法律关系(如职工的劳动关系、债权人对侵害债权的诉讼等)具有相应的救济渠道,从而构成其他的诉因和诉讼行为。

(2)评价因素

根据可检索的多数判例,对股东会或者董事会决议的无效评价,应尊重商业判断规则,即原则上司法不干预公司的自治行为。

(二)两个评价维度

综合法律规定,对于股东会决议的否定评价是从程序和实体两个维度进行的。

在实体层面,是一个法律和行政法规的检视问题,在程序维度则是公司法作为组织法的体现,也是《民法总则》对"议事方式"和"表决程序"两大核心特征的体现。

作为组织法,表决程序和议事方式固然重要,但决议行为的"组织"程式特点和内涵并不仅仅局限于这两个要素，《公司法》及《公司法司法解释（四）》，也是从会议召集程序、表决方式这两个要素进行评价关注。

四、结　语

法律应当基于"决议行为"的特殊因素建立完整的关注链条，从而对决议行为进行更完善的规范和指引，如至少还应包括决议主体及其决议，即所审议的事项或内容是否符合作出决议机关的职权范围，如果超出职权范围相关主体是否有权主张否定性法律评价、主张什么样的否定性法律评价？上一级的决议机关如股东会能否审议下一级如董事会的职权事项，如能则该等事项的范围限度和机关的范围限度又如何界定？这些问题还需要更多的思考和讨论，并及时通过指导案例、司法解释或其他有价值的指导性审判文件统一裁判理念、裁判规则，从而指引和规范市场经济中的公司法实践。

作者简介

王登巍律师，兰州大学法学学士、郑州大学法律硕士；河南省律师协会副会长，郑州市律师协会名誉会长；获得全国优秀律师、全国315个人荣誉奖章、河南省优秀律师、河南省司法行政系统劳动模范、郑州市十佳法律服务标兵、郑州律师行业特殊贡献奖等荣誉；担任河南省政府法律顾问、中共河南省委政法委案件评查员、郑州市政府法律咨询委员会副主任委员、郑州市政法队伍教育整顿特邀监督员、郑州市中级人民法院监督员、民革河南省委社会和法制委员会副主任，河南省法学会商法学研究会副会长、破产法研究会副会长、民法学研究会理事、郑州市人大代表，河南大学法学院硕士生导师、公司法研究中心副主任，郑州大学经济法律研究中心副主任，河南工程学院兼职教授、郑州轻工业大学校外导师等。执业定位于公司治理、并购重组、国资运营、投资融资、房地产等商事诉讼和非诉讼法律事务。

事业合伙人机制的法律设计

张　凯

一、事业合伙人机制概述

公司在对项目进行投资时，为了激发员工的工作热情，通过制定事业合伙人激励机制，使员工参与项目的跟投，达到公司和员工共创价值、共享收益、共担风险的目的。事业合伙人机制适用于公司进行股权投资的项目，在房地产公司中较为常见，如复兴集团旗下的房地产公司于2012年公布实行了“事业合伙人机制”；碧桂园2013年推出“成就共享”激励计划，使项目负责人、项目执行者和企业“利益共享、风险共担”；万科2014年推出事业合伙人激励机制，要求员工和项目管理者在万科开发的项目中“利益共享、风险共担”；旭辉集团2014年启动项目跟投计划；新城控股2015年启动“新新之火，可以燎原”项目跟投机制，要求员工和企业“风险共享、收益共担”……

事业合伙人机制的实质即员工跟投机制，使每一个项目负责人跟投其所负责、开发的项目，让项目负责人与投资项目之间产生休戚与共的联系。事业合伙人机制的优势主要表现为：通过项目跟投，让职业经理人、区域负责人、项目负责人和员工成为项目公司的股东，将员工自身利益与项目的利益紧密地捆绑在一起，使员工以更加积极的心态投身到对项目的管理和运营中；事业合伙人机制的实施，在一定程度上降低了员工的离职率，有利于维护员工、高管的稳定性；通过跟投计划，促使项目负责人在投资项目前，对项目进行仔细勘察、核算项目资金、预算，确保自己投资的项目盈利更有保证；通过跟投计划，员工出的一部分资金，在一定程度上缓解了公司现金流的压力，跟投计划实施后，员工通过跟投能够获得跟投部分的效益。这个效益有固定的回报时间，让跟投者既能看得到效益，又能踊跃参与到项目跟投中。同时，项目负责人和员工通过跟投，能够拥有更多的决策权，获得更大的成就感，使他们跟投的热情更加高涨。

二、事业合伙人机制的模式设计

在实践操作中，企业在通过事业合伙人机制进行项目的跟投时，通常提前成立投资平台，该投资平台可以是有限合伙企业的形式，也可以是公司形式或信托计划的形式。具体模式如下。

（一）以有限合伙企业作为投资平台

通过有限合伙企业设立持股平台，是当下事业合伙人制度的典型模式。其基本架构为：实际控制人作为普通合伙人（General Partner，GP）（实践中，为了避免实际控制人承担无限连带责任，实际控制人通常会选择成立一家一人有限责任公司或其控股的公司作为普通合伙人）与其他事业合伙人共同设立有限合伙企业，如图1所示。

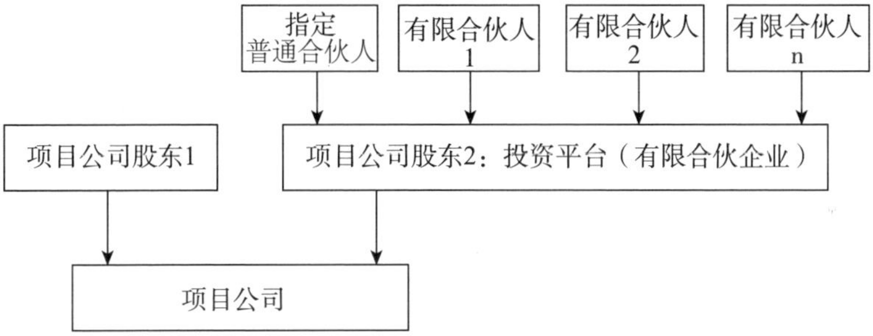

图1　有限合伙企业模式

（二）以有限公司作为投资平台

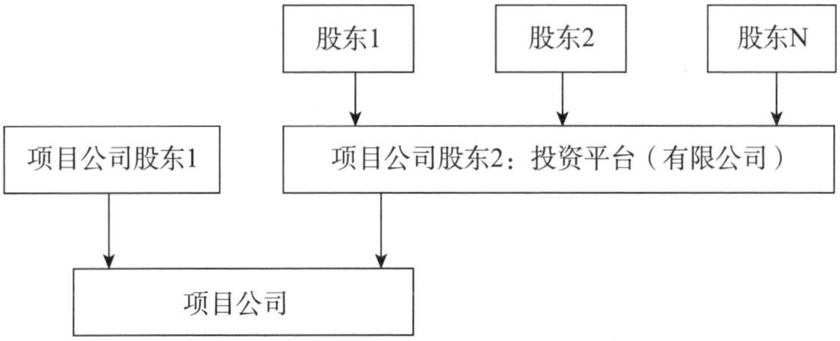

图2　有限公司投资平台模式

(三)以信托计划作为投资平台

1.委托人设立的信托计划直接作为项目公司的股东

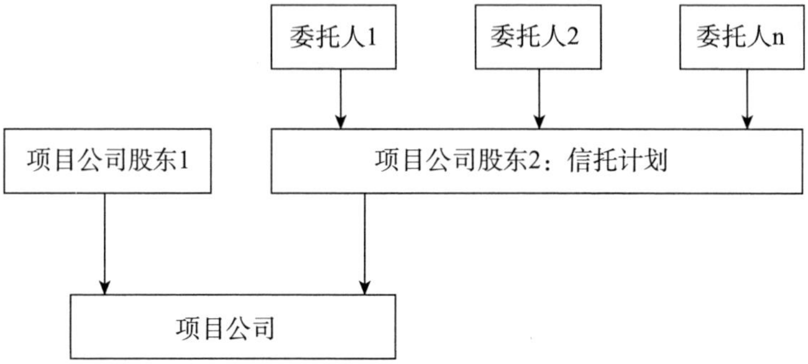

图3　信托计划投资平台模式之一

2.信托计划作为有限合伙人企业的有限合伙人(Limited Partner,LP)

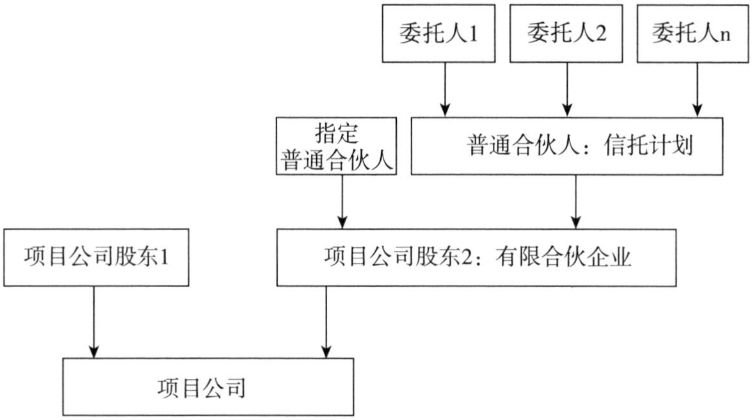

图4　信托计划投资平台模式之二

上述三种模式的共同点为:员工将跟投资金注入投资平台,再通过投资平台投入项目公司,间接成为项目公司股东,从而完成项目跟投。目前大多数公司采用的是以合伙企业作为投资平台的模式。合伙企业作为投资平台的优势主要有以下几个方面:

(1)《合伙企业法》中明确规定了可以退伙的几种情形;

(2)通过有限合伙人的有限责任,避免员工过大的损失;

(3)有限合伙人通过委托合伙企业行使全部投资者权利,并确认其代为行使投资者权利的行为对有限合伙人具有约束力,有限合伙人不干预合伙企业及所投资项目的管理及经营,不会发生各合伙人意见不一致的情形;

(4)合伙企业不是独立的纳税主体,仅对合伙人从合伙企业取得的投资回报征收个人所得税,因此,合伙企业可以为员工节约纳税。员工作为有限合伙人,投资以及投资收回均通过合伙企业实施,有限合伙人应自愿承担由此产生的有关税费,且合伙企业有权在有限合伙人收回投资时代扣代缴有限合伙人应承担的税费。

(四)有限合伙企业模式的实践操作

作为投资平台的有限合伙企业由普通合伙人和有限合伙人组成。普通合伙人对合伙企业的债务承担无限连带责任,有限合伙人以其出资额为限对合伙企业的债务承担有限责任。因此,普通合伙人通常由企业指定的公司或者自然人担任,跟投员工作为有限合伙人。合伙企业作为项目公司的股东,员工通过有限合伙企业间接持有项目公司的股权,和项目公司的其他股东共担分享、共享红利。

1. 合伙企业的人数

根据《合伙企业法》的规定,有限合伙企业由 2 个以上 50 个以下合伙人设立。因此,作为有限合伙企业的投资平台,除公司已经指定的一名普通合伙人外,作为跟投主体最多可设置 49 个有限合伙人。但在实际操作时,为了避免合伙人入伙、退伙或其他事项需经全体合伙人签署合伙协议的麻烦,公司一般会控制有限合伙人的数量。有限合伙人人数较多时,可采用代持合伙企业份额的模式。关于普通合伙人的选择,在实践中有些公司会选择成立一家一人有限责任公司或其控股的公司作为普通合伙人,也可以通过企业能够控制的自然人作为普通合伙人。从税收层面来讲,选择自然人作为普通合伙人能减轻税收负担,但无法避免该自然人发生离异、继承事件影响合伙企业作为投资平台的稳定性,影响事业合伙制度的顺利推进。

2. 其他应遵循的原则

作为投资平台的合伙企业,其虽然是项目公司的股东,但不能是项目公司的大股东,它只是作为一个投资机构设立,需与公司作为一致行动人;此外,合伙企业不参与项目公司的管理,项目公司的管理仍由公司负责;不向项目公司派驻董事和其他管理人员;不影响项目公司的外在合作、放弃项目公司股权的优先购买权。

三、事业合伙人机制的其他内容

(一)激励对象范围的确定

公司在制定事业合伙人相关制度时,需考虑哪些员工必须作为跟投人员与项目进行强制绑定,哪些人可以根据项目情况自愿进行跟投,实践中可以将项目经理、项目核心人员、项目评审小组负责人等与项目成功起到关键作用的员工作为强制跟投人员。例如,万科规定项目的一线管理者和项目的核心人员必须对项目进行跟投;员工可以自愿跟投;公司的董事、监事、管理人员限制跟投,同时规定跟投人员的资金限额,强制跟投的员工有投资下限,即员工跟投必须要占多大比例;自愿跟投的员工有跟投上限,即员工跟投不能超过多少比例。碧桂园的"同心共享"计划明确规定集团董事、副总裁、中心负责人和项目经理必须要对项目进行跟投。蓝光规定总部一级职能部门中心总经理级别及以上人员、区域公司及城市公司经营班子人员、其他关键人员(包括但不限于营销负责人、工程负责人、设计负责人、成本负责人、财务资金负责人、项目负责人)为强制跟投人员。

公司在选择跟投人员时,建议明确为已经与公司签订劳动合同的正式员工,避免员工在试用期期间进行了项目跟投,未过试用期还要面临转让其跟投权益的麻烦。关于员工的投资资金,公司与员工签署相关协议时,员工应承诺其投资的资金来源合法,且为自有资金,并非向不特定对象募集;员工是实际委托人,不存在其他人主张享有员工投资权益的情形。员工在支付资金时,应在银行委托单或者转款凭证上注明"员工姓名+项目名称"。公司应要求员工将资金从自己的银行账户转至公司指定的银行账户。如以他人名义支付或分笔支付的,公司有权将该款项退回原账户,视为员工未完成款项交付。

(二)投资范围及投资比例

公司在制定事业合伙人相关制度时,需明确投资范围及投资时间,如投资范围可以拟定为公司以招拍挂、并购方式取得的项目;跟投员工需在项目取得后多久将资金支付至公司指定账户。关于投资时间,除了需明确具体时间外,还应明确逾期投资的违约责任。可以约定员工逾期缴款时,要按照一定的标准计算违约金;逾期超过一定天数的,公司有权取消员工的投资资格。例如,金地集团规定所有跟投者必须在项目投资决策后的一个月内或者企业支付第一笔土地出让金前提供跟投资金。如果跟投资金不到位,则追究投资者的违约责任。

公司在进行项目投资时,一般期限较长,为了避免在项目进行期间,员工要求退款或转让其相关权益,建议要求员工对公司出具承诺,承诺在投资项目期间,不以任何理由申请公司退还任何投资款,不会对内对外转让其委托投资平台投资产生的权益或在该等权益上设定任何权利限制或者使其产生任何权利瑕疵。

(三)收益分配

当项目获得利润时,投资者可以对所获得利润进行分配。但当项目亏损时,任何人都不能进行利润分配。这种回报机制也彰显了事业合伙人“利益同担,风险共享”的原则。

分红的前提:在投资项目预计盈利,实现投资项目现金流归正且合伙企业投资项目公司的所有股东自有资金回笼,即项目公司偿还所有贷款、股东借款,其次是储存一定的运营资金,存储的资金能够充分保证项目公司接下来几个月的正常运营。

(四)退出机制(内部调动、员工离职)

1. 内部调动

如员工在关联公司间调动或整个集团体系内调动,原已参与的投资项目可以不作调整。

如员工的调动之日晚于项目获取之日,可以按原岗位参与投资;如调动之日早于项目获取之日,按新项目参与投资。已缴款完毕的投资项目,调动后不再调整。

2. 员工离职

员工作为事业合伙人期间,如发生离职情况,必须退出其参与的投资平台,应将作为事业合伙人的权利义务无条件转让给公司指定主体,配合公司签署《离职员工事业合伙投资转让协议》。

员工离职时,若投资的项目公司预测有盈利,则转让价格应包括员工投资资金及根据其实际投资时间(员工投资款支付到指定账户时间至员工离职之日)按一定的年化利率计算退出收益,若员工投资资金已分配的,则转让价格不包含员工投资资金;若员工在职期间,存在有严重违反公司内部制度的行为或其他违法、违规行为导致被公司开除的,则转让价格不包含上述退出收益。合伙企业有权直接从上述收益中扣减员工应承担的税费。

员工离职时,若投资的项目公司预测有亏损,则员工应按其占项目公司的股权比例承担亏损。转让价格中应扣减其应承担的亏损份额,不足部分在员工各类薪酬奖金等应得款项中扣除。

(五)项目亏损的处理

项目公司在经营中可能由于各种原因(包括但不限于不可抗力、政策原因、经营失误等)影响员工从项目公司获取的收益,甚至产生亏损,员工作为实际投资人员,需承担投资风险。

若项目出现亏损,员工应按其占项目公司的股权比例承担亏损,员工弥补亏损的优先级如下:用其在本项目的投资资金本金承担;本项目投资本金不足以承担的,剩余亏损根据可能产生的分红承担;用员工当年在公司内未发放的各类奖金承担。上述款项如无法覆盖亏损的,超过部分亏损员工不再承担。

作者简介

张凯律师,河南大学金融学学士、西南政法大学法律硕士,投融资业务部副主任;为郑州投资控股有限公司、香港锦艺集团控股有限公司、河南万锦地产集团有限公司、郑州欣宇原房地产开发有限公司、百瑞信托有限责任公司、中国东方资产管理股份有限公司河南省分公司、中国工商银行股份有限公司河南省分行、中原航空融资租赁股份有限公司、河南来顺商业保理有限公司、深圳立潮商业保理有限公司、河南联创华凯创业投资基金管理有限公司、郑州千味央厨食品股份有限公司、河南省鸿启企业管理有限公司提供常年或专项法律服务;在诉讼领域,参与大量融资租赁、房地产、公司股权等类型案件处理。

表决权委托若干法律问题简析

周伟林

表决权委托,即指公司股东将其持有的公司股份对应的参与重大决策和选择管理者等参与性权利委托给他方行使的法律行为。实践中,表决权委托主要通过公司股东直接向受托人出具授权委托书或与受托人签订委托合同,约定由受托人代公司股东行使公司股份对应的表决权实现。《公司法》第 106 条规定"股东可以委托代理人出席股东大会会议,代理人应当向公司提交股东授权委托书,并在授权范围内行使表决权"构成了表决权委托的法律基础。公司股权对应的是财产权利和身份权利,身份权利包括作为股东参与重大决策和选择管理者的权利。

《上市公司收购管理办法》第 5 条第 1 款规定:"收购人可以通过取得股份的方式成为一个上市公司的控股股东,可以通过投资关系、协议、其他安排的途径成为一个上市公司的实际控制人,也可以同时采取上述方式和途径取得上市公司控制权。"这里就说明可以通过表决权委托的形式完成对上市公司的控制,通常这种形式是由于股份转让受限的情况下所采取的变通方式。

一、表决权委托的法律性质

《民法典》第 919 条规定,"委托合同是委托人和受托人约定,由受托人处理委托人事务的合同",而表决权委托合同即包括委托合同的内容。由于委托是民事法律关系中非常普遍的行为,涉及股权转让和控制权转让的表决权委托是商事委托法律行为,双方应当根据商事交易规则和习惯完成一系列的相关商事行为。商事委托一般为双务合同，表决权的让与也附加有财产收益权利的一系列安排，上市公司控制权的转移涉及其他股东的权利，应当履行披露义务。与表决权委托相关的有股份转让法律关系，股份质押法律关系，代偿法律关系，股东损害赔偿法律关系等。

上市公司股份转让的交易规则对限售股份、董监高减持股份的限制、关联交易关联股东有表决回避等要求，在控制权转移中所采取“协议转让＋表决权委托”的形式，一般由卖方将一部分流通股转让给买方或者买方之前就持有上市公司股份，卖方与买方签订表决权委托协议，将其所持上市公司限售股份对应的表决权、提名权等权利全权委托给买方行使，从而使买方获得对上市公司重大决策和选择管理者的决定性权利，在卖方限售股解禁或者解除限制后，各方可再办理相应股份的转让手续。

二、交易所对该行为的指引

2018年4月13日上海和深圳两个交易所同时发布了《上市公司收购及股份权益变动信息披露业务指引（征求意见稿）》（以下简称《上交所指引》《深交所指引》），但两个指引至今未正式发布。

两个指引均规定，在拥有权益的股份虽未达到已发行股份的5%，但成为上市公司第一大股东或实际控制人的，或者在第一大股东和第二大股东拥有权益的股份均达到或超过10%，且两者比例相差小于或等于5%时，投资者原则上应该进行特别的内容披露，主要是包括是否有意谋取上市公司控制权以及投资者未来6个月内的进一步增持计划等。与《上交所指引》不太一致的是，《深交所指引》增加了在涉及资金来源、产权结构等方面的合同或者安排时，投资者同时应当披露对上市公司控制权或者第一大股东及其控制地位存在重大影响的合同或者安排条款。这个就涉及表决权委托的安排。

《上交所指引》第21条规定，投资者通过签订一致行动协议、表决权委托等方式拥有上市公司权益的股份达到或超过5%的，应当约定一致行动或表决权委托期限。提前终止协议的，在原约定期限内，投资者仍应遵守原有的法定义务等；未约定一致行动或表决权委托期限的，在相关协议公告解除后12个月内，投资者仍应遵守原有的法定义务等。终止协议的，投资者仍应继续履行其在一致行动关系或表决权委托关系存续期间向上市公司或投资者作出的承诺义务。

投资者委托表决权的,受托人和委托人视为存在一致行动关系。

《深交所指引》采用不同的表达方式也规定了上述内容,要求一致行动人或表决权委托协议必须有明确期限。提前终止协议的,投资者仍应当在原有期限内遵守法定义务。终止协议的,投资者仍应履行承诺义务。此外,对于委托表决权的,委托人和受托人视为一致行动人。

三、表决权委托的相关法律问题

(一)表决权委托和一致行动的法律关系

股东将其持有部分股份的表决权委托给他人的,此时需得到一致行动人的确认。表决权委托协议和一致行动人协议是两个不同的意思表示,由于股份是可分的财产,虽然其财产权益和转让登记等受到限制的情况可能会有多种情形,但是,表决权委托和一致行动关系是两个不同的法律关系。指引仅规定委托人和受托人视为一致行动人,委托人可以部分委托其表决权。实践中还存在委托人除协议转让收购人的股份以及委托股份外,还持有上市公司一定比例剩余股份的情形。在这种情形下,委托人的本意在于就剩余股份按照自己的意愿独立行使表决权,若表决权委托必然构成一致行动关系,则委托人该如何就剩余股份行使表决权,此时能否和受托人表决意见不一致?表决意见不一致时,表决的法律效力该如何认定?受托人表决是否存在损害委托人权益,若损害委托人权益如何进行救济?此外,委托人在表决权委托之后增持的上市公司股份的表决权,是否亦受一致行动的限制?在指引没有正式发布的情况下,出现的法律问题需要我们在具体事件中具体分析。

(二)表决权委托解除的法律后果

关于委托的撤销情况,湖南康帅房地产开发有限公司、深圳天骛投资策划有限公司与湖南康帅房地产开发有限公司、深圳天骛投资策划有限公司委托合同纠纷[案号:最高人民法院(2015)民申字第990号]中法院指出:“虽然《中华人民共和国合同法》第四百一十条规定:‘委托人或者受托人可以随时解除委托合同。因解除合同给对方造成损失的,除不可归责于该当事人的事由以外,应当赔偿损失。’但是就案涉有偿合同而言,该条所规定的任意解除权可以基于合同当事人的合意予以排除。当事人通过合同就任意解除权不得行使的约定具有法律约束力,当事人均应按照约定履行自己的义务。案涉《委托合同》第四条甲方职责第三项约定,在合同签订生效后,康帅公司不再委托第三方或自行进行策划销售。因此,根据该项约定,自《委托合同》生效之后,康帅公司即不得再将《委托合同》的策划销售事务委托他人或者自行完成,既不再享有任意解除委托合同的权利。经查明,在天鹜公司已经完成了少帅府楼盘项目的前期策划、市场调查、项目定位等相关工作后,康帅公司并未将少帅府楼盘后期策划销售、组织工作交由天鹜公司来完成,而是自行销售,故康帅公司违反了《委托合同》关于康帅公司不再委托第三方或自行策划销售的约定,构成违约。一审、二审法院认定康帅公司构成违约,理据充分。"

固定期限内的委托事项,未经法定事由不得撤销。根据《全国法院民商事审判工作会议纪要》,"对于溯及既往可能会影响交易秩序的委托合同,应当认为合同解除仅向将来发生效力,不具有溯及力"。披露义务人披露后的表决权委托,双方都应当履行其作为特别投资人的法定义务,没有约定委托期限的,相关协议公告解除后 12 个月内,投资者仍应遵守原有的法定义务等。

(三)信息披露的义务

涉及控制权变更等情形,需要由披露义务人制作详式权益变动报告书并聘请财务顾问。

报告书将权益变动目的及批准程序,权益变动方式,涉及的资金来源及后续安排进行披露;将对上市公司的影响以及披露义务人同上市公司的交易进行披露,作为披露义务人的财务资料需要进行公告。

表决权委托应对委托期间的股份变动部分的委托,关联交易的回避表决等问题进行约定。上市公司控制权的变化不仅仅影响上市公司的经营决策,还直接影响其他股东的权益,在公司治理和后续安排部分,受托人都应该披露自己的承诺。

(四)表决权委托涉及的股东共益权

表决权委托是在股东的股份被限制交易等情形下对股东表决权利的一种协议安排,双方在表决权委托终止后,委托人可以对受托人行使权利期间是否诚实信用提起诉讼,受托人也可以对委托人在此期间没有履行其协议承诺追究其违约责任。上市公司的控制权对上市公司的影响深远,表决权委托成立的基础也是委托人和受托人行使股东共益权,如果发生因其他事项导致股东权利的丧失，则委托人的表决权委托将因该事项的发生导致表决权委托的提前终止，也将影响受托人的一系列安排，这些是需要更加深入分析研究的问题。

作者简介

周伟林律师，中南大学法学学士，诉讼仲裁业务部律师；执业定位于公司企业法律事务、房地产法律事务、矿产能源法律事务；具有丰富的商务谈判、公司治理、股权设计、诉讼经验。曾多次参与公司并购重组等业务，参与多种类型法律尽职调查项目和企业资本市场运作。先后为中国地质科学院郑州矿产综合利用研究所、河南日报报业集团有限公司、河南省国土资源开发投资管理中心、郑州投资控股有限公司、中国铝业河南分公司、中铝矿业有限责任公司、河南省国控基金管理有限公司、招商银行股份有限公司郑州分行等单位提供常年或专项法律服务；擅长矿产资源、房地产、合同等领域的纠纷处理。

一致行动相关安排法律问题

张晓松

一致行动安排在公司控制和上市公司收购领域,不仅有现实上的诱因,也有很强的经济上的合理性。由于该行为(抑或是事实)是投资者实现控制公司及最大限度行使股东权利的手段,有损害其他主体权益的可能性,因此受到法律的相应规制。本文通过梳理一致行动相关内容,发现问题并进一步研究学习,以期实现对公司控制有更加深入之理解。

一、相关法律规制

从相关法律制度的逻辑性和适用性上分析,一致行动制度是连结关联关系制度和信息披露制度的中间环节。对一致行动的判定一般建立在对关联关系和契约关系判定的基础之上。对"一致行动"或"一致行动人"规定的现行法律规范土要有以下几个。

1.《证券法》

2005 年 10 月 27 日修订的《证券法》第 86 条规定:"通过证券交易所的证券交易,投资者持有或者通过协议、其他安排与他人共同持有一个上市公司已发行的股份达到百分之五时……"其中"共同持有"4 个字被认为是在法律层面提出了一致行动人的概念。

2.《上市公司收购管理办法》

对"一致行动"明确规定的现行有效的法律规范为证监会《上市公司收购管理办法》,其中,第 83 条规定"本办法所称一致行动,是指投资者通过协议、其他安排,与其他投资者共同扩大其所能够支配的一个上市公司股份表决权数量的行为或者事实”。同时,该条还列举了上市公司的收购及相关股份权益变动行动中12种在无“相反证据”时推定构成一致行动人的情形。如投资者之间有股权控制关系,投资者受同一主体控制,投资者具有法定亲属关系、雇佣关系等。

3.《公司法》《全国中小企业股份转让系统挂牌公司信息披露细则》《企业会计准则第36号——关联方披露》等

通过《上市公司收购管理办法》第83条可知,认定为一致行动的情形主要有三种,即相关主体存在所列举的12种“关联关系”、通过协议安排以及其他关联关系。《公司法》第216条第3项、第4项,《全国中小企业股份转让系统挂牌公司信息披露细则(试行)》第32条、第48条第6项及《企业会计准则第36号——关联方披露》第4条关于实际控制人、关联关系的规定对一致行动的认定具有重要影响。

二、“一致行动”动机分析

所谓一致行动,狭义上指在上市公司收购过程中,两个或两个以上的收购人联合起来收购一个目标公司以及就收购时应承担的费用达成协议而进行的收购行为,也就是联合收购。广义上的一致行动不仅包括联合收购,还包括有限公司、股份公司股东在公司治理和行使股东表决权的过程中采取的共同行动。相关主体一致行动安排的动机主要有以下几个。

1. 合并报表

合并财务报表的合并范围应当以控制为基础予以确定。控制是指一个企业能够决定另一个企业的财务和经营政策,并能据以从另一个企业的经营活动中获取利益的权利。

对于企业集团来说,合并报表的控制基础是明确且有据可依的。但对于资本市场上并非企业集团但基于商业安排想通过编制合并报表来全面反映投资安排的盈亏情况、抵销关联交易带来的虚增利润和成本、防止人为虚增利润和成本的主体而言,“控制”基础并不明确。

通过一致行动安排,使有合并报表需求的相关主体之间存在“控制”基础,进而通过合并报表来实现财务上的控制或统一计算收支等目的。

2. 表决权控制

资本多数决是股东(大)会表决的一个基本原则。单个或少数股东在行使股东权利时，受持股比例的限制，往往无法通过表决权影响公司事务决策；为了对公司事务决策施加影响，反映自身利益，少数股东也需要联合起来与大股东相抗衡。

一致行动相关安排通过联合将个别股东手中的投票权集中起来，按照同一方向行使表决权，进而实现对公司表决权的控制。

3. 公司的控制

公司控制权主要体现在股东表决权、董事会席位、管理层任命权、公司印章、证照的管理等方面。股东表决权作为一种固有权、共益权，是股东权利的主要体现，居于股东权的核心。

在选择或罢免董事、监事、高级管理人员，确立公司的运营方式、决策重大事项等方面，投资者为实现对公司的管理和控制之目的，往往受限于资本多数决机制，而通过对表决权的控制进而实现对公司的控制，通过一致行动安排是可行之策。

4. 收购策略安排

上市公司收购是具有较高风险的资本运作活动，一旦收购失败，目标公司的股票价格则会出现下跌的趋势，收购者减持所持股票可能遭受巨大损失。在目标公司控股股东和管理层不合作的情况下，要在二级市场上购买目标公司股票以超过其控股股东的持股比例，则需要较强的经济实力。而且，为了避免股市大幅动荡，保护中小投资者利益，《证券法》对收购公司所持股票减持作出了限制。

上市公司收购者，很多并不具备直接通过二级市场购买股票这样的经济实力，为了达到控股比例，降低收购成本，规避收购风险，收购者往往通过一致行动安排，以便实现短时间收购上市公司之目的。

三、一致行动的法律要素

1. 主体

在上市公司的收购及相关股份权益变动活动中有一致行动情形的投资者，互为一致行动人。狭义上的一致行动人指联合收购人，广义上不仅包括联合收购人，还包括在股东投票权行使过程中采取共同行动的人。

《上市公司收购管理办法》第 83 条规定："如无相反证据，投资者有下列情形之一的，为一致行动人：（一）投资者之间有股权控制关系；（二）投资者受同一主体控制;(三)投资者的董事、监事或者高级管理人员中的主要成员,同时在另一个投资者担任董事、监事或者高级管理人员;(四)投资者参股另一投资者,可以对参股公司的重大决策产生重大影响;(五)银行以外的其他法人、其他组织和自然人为投资者取得相关股份提供融资安排;(六)投资者之间存在合伙、合作、联营等其他经济利益关系;(七)持有投资者30%以上股份的自然人,与投资者持有同一上市公司股份;(八)在投资者任职的董事、监事及高级管理人员,与投资者持有同一上市公司股份;(九)持有投资者30%以上股份的自然人和在投资者任职的董事、监事及高级管理人员,其父母、配偶、子女及其配偶、配偶的父母、兄弟姐妹及其配偶、配偶的兄弟姐妹及其配偶等亲属,与投资者持有同一上市公司股份;(十)在上市公司任职的董事、监事、高级管理人员及其前项所述亲属同时持有本公司股份的,或者与其自己或者其前项所述亲属直接或者间接控制的企业同时持有本公司股份;(十一)上市公司董事、监事、高级管理人员和员工与其所控制或者委托的法人或者其他组织持有本公司股份;(十二)投资者之间具有其他关联关系。……"

2. 一致行动的内容

一致行动协议的内容通常体现为:一致行动人同意在其作为公司股东期间,在行使提案权、表决权等股东权利时做出相同的意思表示,以某方股东意见作为一致行动的意见。整体上,主要是以下方面的内容:

(1)控制董事会

董事会是公司经营管理活动的执行机构,具有执行股东会决议、决定公司经营计划和投资方案等职权。董事会成员(尤其是董事长),作为公司经营管理事务的主要决策者,其人选深受每一位股东的重视。

鉴于董事会对于公司治理的重要性,投资者当然地会通过各种方式实现控制董事会的目的。而通过一致行动安排,投资者之间可以就相关董事的选举及董事长的产生达成一致意见,进而实现控制董事会的目的。

(2)控制股东会

一致行动安排会对股东一致意思表示的形成进行统一。通常,安排内容为:股东无条件与某一特定股东的意见保持一致,或在无法达成统一意见时以某一特定股东意见为准;或者约定一致行动协议的股东按照一定议事规则形成统一意见,最终实现对外的一致意志和行动。

(3)控制经营管理

作为公司股东,对公司的经营管理权是股东权利中的重要部分。而实现对公司经营管理的控制,不可避免地要以公司股东会、董事会决议等表决形式为载体。

根据《公司法》的规定,股东会有决定公司的经营方针和投资计划等职权,董事会有决定公司的经营计划和投资方案等职权。一致行动安排,通过对一致行动人之间的表决权意见进行统一,实现对股东会、董事会的控制,进而实现对公司经营管理的控制。

3. 一致行动的后果

股东权是一项涵盖表决权、收益权、经营管理权的综合性权利,而表决权是诸多权利实现的一种方式。通过一致行动安排,投资者能够实现对股东会的控制、对董事会的控制、对公司经营管理的重大事项的控制,进而实现对公司的经营管理控制。

对于上市公司及新三板公司出资人而言,通过一致行动安排,能够弥补自身作为收购方资金短缺、时间紧迫等问题,实现收购并控制公司的目的,降低收购风险。

四、一致行动认定存在的争议

1. 合伙企业能否认定为一致行动人

根据《上市公司收购管理办法》第 83 条第 2 款第 9 项的规定,持有投资者 30% 以上股份的自然人和在投资者任职的董事、监事及高级管理人员,其父母、配偶、子女及其配偶、配偶的父母、兄弟姐妹及其配偶、配偶的兄弟姐妹及其配偶等亲属,与投资者持有同一上市公司股份的,为一致行动人。

对此,上海精熙投资发展中心、夏某、王某等 5 名投资人在对中国证监会行政处罚的申辩中认为:《上市公司收购管理办法》第 83 条第 2 款第 9 项适用于公司,不适用于合伙企业,一致行动人是《上市公司收购管理办法》的概念。

证监会在《行政处罚决定书》(〔2016〕34 号)中认为:我会接受当事人提出的《上市公司收购管理办法》第 83 条第 2 款第 9 项不适用于合伙企业法律适用意见。但从合作关系、身份关系、资金关系以及交易“易联众”的趋同性来看,具有紧密的关联关系,应适用《上市公司收购管理办法》第 83 条第 2 款第 12 项“投资者之间具有其他关联关系”的规定,认定为一致行动人。

因此,对本案违法行为适用《上市公司收购管理办法》和《证券法》进行认定并适用《证券法》进行处罚是合法、恰当的。

2. 何谓“相反证据”

在一致行动认定上,对于何谓“相反证据”,《上市公司收购管理办法》并没有作出明确规定。由于我国不是判例法国家,证监会判案往往是由法条到案情,因此,对“相反证据”作出规定尤其显得重要,在实践中也比较难以把握。

例如,两个存在法定亲属关系的大股东,法定亲属关系是天然存在的,无论如何是辩解不掉的,在亲属关系的“铁证”面前,往往只能沦为证监会眼中的“狡辩”。更重要的是,由于未对何谓“相反证据”作出规定,投资者会陷入茫然无措的境地,不知道到底什么样的“相反证据”才能被证监会采纳,而证监会固守于成文法的规定,手持“举证责任倒置”的铁律,只要存在12种情形之一,即认定为一致行动人。

3. 国企认定为一致行动人的问题

很多国有公司都是国资委控制、管理的,全国的国资委都必须接受中央国资委的监管,这种权力的直接行使,更不用说其中存在广泛的合作、联营、投资,那么它们之间能否认定为一致行动人?

对此,《公司法》第216条第4款规定:“关联关系,是指……以及可能导致公司利益转移的其他关系。但是,国家控股的企业之间不仅因为同受国家控股而具有关联关系。”

《上海证券交易所股票上市规则》10.1.4规定:“上市公司与前条第(二)项所列法人受同一国有资产管理机构控制的,不因此而形成关联关系”;《深圳证券交易所股票上市规则》10.14规定:“上市公司与本规则10.13条第(二)项所列法人受同一国有资产管理机构控制而形成10.1.3条第(二)项所述情形的,不因此构成关联关系。”

所以说,在国有公司作为投资者的情况下,可以引用公司法及上市规则对关联关系的认定举出反证,以此否定国有公司之间的一致行动关系。

4. 违反一致行动协议的表决效力

能够形成一致行动的除了关联关系外,还可能因存在一致行动协议。在一致行动人未按照一致行动协议行使股东权利时,另一方能否主张违反协议一方的表决无效?

对此,江西省高级人民法院(2017)赣民申367号《民事裁定书》认为:股东在股东会表决时违反一致行动协议的约定的,股东会可直接根据一致行动协议的安排记票。

在判决理由中,江西省高级人民法院认为,上述协议(一致行动协议)是当事人真实意思表示,内容合法有效,且当事人已经实际履行了协议,当事人应当受协议条款约束。胡某(一致行动一方)对股东大会的各项议案均投同意票,虽然张某庆(一致行动一方)投的是反对票,但华电公司根据一致行动协议,将张某庆所投票计为同意票,形成华电股东会股字(2015)第6号股东会决议,该行为符合一致行动协议的约定。张某庆主张即使两份协议有效,也只能追究张某庆违约责任,不能强行将其反对票统计为赞成票的申请再审理由不能成立。

综上,一致行动无论是在公司治理之中还是上市公司收购过程中,都是作为相关投资主体达到控制公司股权的一种安排。相关投资主体在运用该制度的同时,应当履行信息披露、遵守一致行动协议等义务。

作者简介

张晓松,河南财经政法大学法学学士、辽宁师范大学法律硕士,公司业务部律师;执业定位于公司企业法律事务、商事诉讼法律事务;为郑州沃特节能科技股份有限公司、河南振兴房地产(集团)有限公司、濮阳天地人环保科技股份有限公司、河南恒旺盛源农牧股份有限公司、中旅银行、泰弘物业服务有限公司、河南省省立医院等提供常年法律顾问服务;为光大德尚投资管理(深圳)有限公司、开封国有资产投资经营有限责任公司、锦艺置业有限公司提供投融资项目法律尽职调查,为河南五建建设集团有限公司、中国东方资产管理股份有限公司河南省分公司、通许融信村镇银行等单位提供商事诉讼、非诉法律服务。

企业并购重组交易结构的税务影响

关迎霞

随着我国“互联网+”、“一带一路”、金融深化改革、产业转型升级等国家战略及倡议的确认,加之企业自身做大做强的愿景,并购作为市场资源优化配置的重要手段,在近些年的市场经济发展过程中异常火爆。律师在提供企业并购重组法律服务过程中,对交易结构的设计需要考虑多方面的因素,其中税务成本和税务风险的影响至关重要。

一、企业并购重组中常见的交易结构

2009年4月30日财政部、国家税务总局发布的《关于企业重组业务企业所得税处理若干问题的通知》(财税〔2009〕59号)明确了重组并购的含义,即“本通知所称企业重组,是指企业在日常经营活动以外发生的法律结构或经济结构重大改变的交易,包括企业法律形式改变、债务重组、股权收购、资产收购、合并、分立等”。本文只针对并购重组的形式进行分析,不涉及企业法律形式的改变。

企业并购与一般的商品交易行为不同。后者在交易活动中,买卖双方只需对一些诸如标的、数量、质量、价格或金额、履行方式、履行期限等一系列标准化内容进行谈判即可。企业不是一个静止的标准化产品,而是一个动态的开放系统,因此要对企业并购进行交易结构的设计,这是由并购交易的特性决定的。结合近些年来我国企业并购的相关案例,目前企业并购的交易结构主要有资产并购、股权并购、承担债务式并购、债权转股权并购等模式。

(一)资产并购

资产并购,是指并购方通过收购目标企业资产并运营该资产,不具有成为目标企业股东的目的。其交易主体是并购方和目标公司,通常不会影响目标企业的股东,也不会导致目标企业股权结构的变化,故其运作方式较为简单,仅对目标企业的资产进行正常的买卖即可,其优势在于可以有效规避目标企业常涉的债权债务、劳资关系、法律纠纷等问题。

(二)股权并购

股权并购,系指并购方通过协议购买目标企业的股权或认购目标企业增资的方式,成为目标企业股东,通常具有参与、控制目标企业的目的。其交易主体是并购方和目标公司的股东,交易标的是目标企业的股权,会导致目标企业股东层面的变动,但并不影响目标企业资产的运营。股权并购由于不涉及资产的评估,不需办理资产过户手续,故费用和时间成本较低,但需要承接并购前目标企业存在的各种法律风险,如负债、法律纠纷等。

(三)承担债务式并购

承担债务式并购,是指并购方以承担目标公司的债务为条件接受其资产获得目标企业控制权的方式。承债式并购本质上为资产并购,只不过有要求受让方承担转让方一定债务的前提。此类并购的目标企业多为资不抵债,通过并购方注入流动资产或优质资产,从而给目标企业以扭亏为盈的机会,是双方共赢的典型并购方式。

(四)债权转股权并购

债权转股权并购,是指最大债权人在企业无力归还债务时,将债权转为投资,从而取得企业的控制权的并购方式。与一般的债权转股权不同的是,债权转股权并购会产生债权人取得债务人企业的控制权的法律后果。这种并购方式既解开了债务链又充实了企业自有资本,可能会使债务人企业从此走出困境。

二、企业并购重组交易结构所涉税种

在上述的企业并购重组交易结构中,并购方和被并购方均可能成为某些税种的纳税人。具体而言,“营改增”之后企业并购重组会涉及增值税、企业所得税、土地增值税、契税、印花税、城建税和教育费附加(城建税和教育费附加为增值税、消费税的附属税,本文不再专列)等税费,其对应的法律法规和相关政策文件如下。

(一)增值税

企业并购重组活动所涉增值税的法律规范主要体现在《关于纳税人资产重组有关增值税问题的公告》(税总发〔2011〕13 号)、《关于全面推开营业税改征增值税试点的通知》(财税〔2016〕36 号)、《关于发布〈纳税人转让不动产增值税征收管理暂行办法〉的公告》(税总发〔2016〕14 号)等规范性文件之中。

(二)企业所得税

企业所得税是并购主体双方都会缴纳的重要税种,有关企业并购重组行为所涉企业所得税的规定数量也最多。主要包括《关于企业重组业务企业所得税处理若干问题的通知》(财税〔2009〕59 号)、《国家税务总局关于发布〈企业重组业务企业所得税管理办法〉的公告》(税总发〔2010〕4 号)、《关于非货币性资产投资企业所得税政策问题的通知》(财税〔2014〕116 号)、《关于促进企业重组有关企业所得税处理问题的通知》(财税〔2014〕109 号)、《非居民企业间接转让财产企业所得税工作规程(试行)》(税总发〔2015〕68 号)、《关于企业重组业务企业所得税征收管理若干问题的公告》(税总发〔2015〕48 号)、《关于非货币性资产投资企业所得税有关征管问题的公告》(税总发〔2015〕33 号)、《关于非居民企业间接转让财产企业所得税若干问题的公告》(税总发〔2015〕7 号)。

(三)土地增值税

并购过程中土地增值税仅是并购方需考虑缴付或合理规避的税种,《关于企业改制重组有关土地增值税政策的通知》(财税〔2015〕5 号)对并购方并购标的资产中涉及土地资产缴纳土地增值税问题作了专门规定。

(四)契税

《关于进一步支持企业事业单位改制重组有关契税政策的通知》(财税

〔2015〕37 号）文件是目前专门对企业并购重组所涉契税的规范性文件。

（五）印花税

关于印花税，由于一般涉及的数额很小，近些年国家对此调整的变动不大，《财政部、国家税务总局关于企业改制过程中有关印花税政策的通知》（财税〔2003〕183 号）文件目前仍然适用。

三、资产并购时应考虑的税务影响

资产并购在实际操作中可分为将单纯的资产转让和将资产以及与其相关联的债权债务、劳动力一并“打包”转让两种形式，两者所涉税负和享受的税收优惠存在较大差别。

（一）单纯的资产转让所涉税负

假设转让资产包括土地、厂房等不动产、机器设备、存货等动产，则“营改增”后会涉及增值税、土地增值税、契税、印花税等税种，转让方需按法定税率缴纳增值税、土地增值税、印花税，受让方需按法定税率缴纳契税、印花税，没有相关税收优惠政策。

（二）与债权债务、劳动力一并“打包”转让所涉税负

在不进行吸收合并的前提下，如果采用这种方式转让资产可以享受到多项税收优惠。

首先，在增值税方面，《国家税务总局关于纳税人资产重组有关增值税问题的公告》（国家税务总局公告 2011 年第 13 号）规定：“纳税人在资产重组过程中，通过合并、分立、出售、置换等方式，将全部或者部分实物资产以及与其相关联的债权、负债和劳动力一并转让给其他单位和个人，不属于增值税的征税范围，其中涉及的货物转让，不征收增值税。”《营业税改征增值税试点有关事项的规定》（财税〔2016〕36 号附件二）规定：“在资产重组过程中，通过合并、分立、出售、置换等方式，将全部或者部分实物资产以及与其相关联的债权、负债和劳动力一并转让给其他单位和个人，其中涉及的不动产、土地使用权转让行为，不征收增值税。”“打包”转让属于此种情形，可以不交增值税。

其次，在企业所得税方面，若资产并购具有合理的商业目的，不以减少、免

除或者推迟缴纳税款为主要目的，根据《关于企业重组业务企业所得税处理若干问题的通知》的规定，“打包”转让可以适用一般性税务处理，即“被收购方应确认资产转让所得或损失，收购方取得股权或资产的计税基础应以公允价值为基础确定”。鉴于“打包”转让属于资产与相关债权债务、劳动力一并转让，并购方与被并购方一般没有所得和损失，或者所得数额较小，故可以免缴或少缴企业所得税。

两种方式孰劣孰优，并购双方需根据实际情况，结合税务影响进行选择。

四、股权并购时应考虑的税务影响

从避税的角度来看，股权收购相对于资产收购在三个方面具有明显的税收优势：一是符合一定条件后可享受所得税递延纳税优惠；二是没有流转税税负；三是享受目标公司历史亏损带来的所得税减免。

（一）符合一定条件后可享受所得税递延纳税优惠

《关于企业重组业务企业所得税处理若干问题的通知》对满足一定条件的股权并购采取了特殊性税务处理的办法，具体包括并购目的必须合理，而非恶意并购或者以减免税为目的；并购方并购的资产不低于转让企业的75%且股权支付要超85%；重组后的一年内不允许对经营活动进行实质性变更等5个条件，《关于促进企业重组有关企业所得税处理问题的通知》更是进一步降低了适用这些条件的门槛，将上述条件中的75%降至50%。并购方应当尽量创造条件使股权并购能够适用特殊性税务处理，从而使被并购企业享受到企业所得税递延纳税，得到减少现金流支出的实惠。

（二）没有流转税负

由于股权收购不涉及动产、不动产以及无形资产的转让，不属于增值税和土地增值税的征税范围，所以，收购方可以有效避免资产收购中的增值税和土地增值税。

（三）能够享受目标公司亏损带来的所得税减免

企业并购重组过程中，如果被并购对象是亏损企业，那么收购方则可以用本期利润来弥补被收购企业的历史亏损，这样可以大幅减少收购方企业所得税税基,降低税式支出,从而减少税收成本。

五、承债式并购时应考虑的税务影响

承债式并购归根结底还是资产并购,双方依法承担资产并购的相关税负,但在所得税方面,鉴于其亦属于企业并购重组的方式,可以适用《关于企业重组业务企业所得税处理若干问题的通知》等一系列企业重组文件的规定。

实践中对承债式收购能否适用《关于企业重组业务企业所得税处理若干问题的通知》中特殊性税务处理存在争议,争议点主要是收购方承担的被收购方债务是否算非股权支付。《关于企业重组业务企业所得税处理若干问题的通知》明确规定"非股权支付,是指以本企业的现金、银行存款、应收款项、本企业或其控制企业股权和股份以外的有价证券、存货、固定资产、其他资产以及承担债务等作为支付的形式"。但笔者认为,把承担债务一概作为非股权支付的范畴有些过于苛刻,一般情况下的企业并购很难达到特殊性税务处理的股权支付比例要求。因此,如果将资产收购中,把收购资产时所附带的担保类负债等与资产直接相关的负债,不算作非股权支付的话,特殊性税务处理适用的门槛就会大大降低,将有助于激励更多并购方采用承债式并购方式进行企业重组。

另外,承债式并购在实践中多以零价格交易,这是交易双方协商一致的结果,是符合意思自治原则的,但从税法角度来看,会存在一个潜在的风险,即税务机关如认为交易价格不公允,会核定价格进行纳税调整。因此,对于资不抵债公司,并购方如果采取承债式并购时,最好请专业的评估机构对资产进行评估,根据评估价格与债务的比例来确定交易价格,尤其是涉及土地、房产、知识产权等资产,资产评估报告是进行纳税申报必须提交的必要文件。

六、债权转股权并购时应考虑的税务影响

债转股是债务重组的一种形式,一般适用《关于企业重组业务企业所得税处理若干问题的通知》第 4 条第 2 项规定的一般性税务处理,按债务清偿和股权投资两项业务,分别确认有关债务清偿所得或损失。

至于债转股并购能否适用特殊性税务处理。《关于企业重组业务企业所得

税处理若干问题的通知》第6条作出了明确规定："企业发生债权转股权业务，对债务清偿和股权投资两项业务暂不确认有关债务清偿所得或损失，股权投资的计税基础以原债权的计税基础确定。企业的其他相关所得税事项保持不变。"但不符合适用特殊性税务处理的5项条件。

总之，在并购实务中各类交易结构都会涉及税收相关问题，在对并购企业、并购方式、支付方式等方面的选择上，关注相关税务影响，合理进行一定的税收筹划，可以大大降低并购税负，提高并购收益。

作者简介

关迎霞律师，中国人民大学法学硕士，公司业务部兼职律师；河南财政金融学院法学院副教授、教学名师、金融法律实务方向学科带头人，多次获得河南省财政厅先进工作者称号，财政部会计评价中心特聘专家。关迎霞律师长期在高校从事法律研究与教学工作，具有丰富的理论与实践经验。执业定位于公司、财税等领域的诉讼和非诉讼法律事务。

(二)国资法务

国企党建的法律逻辑

王登巍

新时代国有企业改革和发展的最大特征就是进一步强化坚持党的领导和加强党的建设,而国有企业党建工作也日益从政治范畴延伸至法律、经济和管理的混合范畴,从法律视角研究国企党建工作已经成为必然的法务要求。

一、国企党建概念厘定

1. 党建的概念

党建是指党的建设,具体包括7个方面的建设:最初是指党的思想建设、组织建设和作风建设、党的十六大强调制度建设、党的十七大强调反腐倡廉建设、党的十八大强调纯洁性建设,2019年1月31日《中共中央关于加强党的政治建设的意见》又提出了政治建设,并将其界定为“党的根本性建设”,新《党章》要求党的建设以“党的政治建设为统领”。

2. 国企党建的概念

国企党建是党建工作在经济领域和国有企业的落地和具体化。坚持党的领导、加强党的建设,是我国国有企业的光荣传统和独特优势,是国有企业的“根”和“魂”。

坚持党的领导,不仅是党对国有企业在整体概念上的政治领导,更是指国企的党组织对国有企业在个体概念上的全面领导,并明确了国企党组织从政治核心转变为领导核心与政治核心的“双核心”功能定位,而新的《党章》将其归纳为“领导作用”,界定为“把方向、管大局、保落实”。

二、国企党建的法律化

1. 国企党建的法制化与法治化

国企党建工作的法律化包括国企党建自身层面的法制化,以及国企党建工作的全面法治化。

(1)党建工作法制化

1990 年 7 月《中国共产党党内法规制定程序暂行条例》的颁布和 1992 年 10 月“党内法规”写进新党章,确立了“党内法规”的制度体系,2013 年《中国共产党党内法规制定条例》则以党内“立法法”的属性构建了完备的党内法规体系。

“党内法规”概念的提出是党建法制化的重要标志,从“制度建设”到“法规建设”也是法治思维的彰显和体现。刘少奇在七大(1945 年 4 ~6 月)首次使用了“党的法规”概念,在《毛泽东选集》第一至四卷出版时将其在六届六中全会(1938 年 9 ~11 月)上所使用的“党规”概念修改为“党内法规”,并在 1955 年的党代会上第二次使用此概念。1981 年 6 月通过的《关于建国以来党的若干历史问题的决议》在正式文件中使用“党内法规”概念。

2016 年 12 月,《中共中央关于加强党内法规制度建设的意见》不仅明确加强党内法规建设是建设中国特色社会主义法治体系的重要内容,并且明确了党内法规的“法制架构”:以党章为根本,以民主集中制度为核心,以准则、条例等中央党内法规为主干,由各领域各层级党内法规制度组成的有机统一整体,完善“1 +4”的基本框架体系,即党章之下分为党的组织法规制度、党的领导法规制度、党的自身建设法规制度、党的监督保障法规制度四大法规板块。

(2)国企党建法制化

国企党建工作除了当然包括在整体党建工作体系中外,还基于国有企业改革自身的制度设计、国有企业党建工作自身的规范要求等,建立了完备的制度体系,也呈现“法制化”特点。

①主体多元。不仅有党中央直接制定(如《中共中央关于进一步加强和改

进国有企业党的建设工作的通知》),也有党中央与国务院共同制定(如《关于深化国有企业改革的指导意见》《关于完善国有金融资本管理的指导意见》),还有党中央各机关或者部门制定(如中共中央组织部《关于在深化国有企业改革中党组织设置和领导关系等有关问题的通知》、中共中央办公厅《关于在深化国有企业改革中坚持党的领导加强党的建设的若干意见》、中纪委《国有企业领导人员违反廉洁自律“七项要求”适用〈中国共产党纪律处分条例〉若干问题的解释》等)、党组织各部门与各政府部门党组织制定(如中组部、国务院国资委党委《中央企业党建工作责任制实施办法》《关于扎实推动国有企业党建工作要求写入公司章程的通知》等)、政府部门党组织与政府机关共同制定(如国务院国资委党委、国资委发布的《关于建立和完善中央企业职工代表大会制度的指导意见》)、党组织各部门与政府机关部门共同制定(如中共中央办公厅、国务院办公厅发布的《国有企业领导人员廉洁从业若干规定》《中央企业领导人员管理规定》)、政府或其部门制定(如国务院办公厅《关于进一步完善国有企业法人治理结构的指导意见》、国务院国资委《关于全面推进法治央企建设的意见》,监察部、人社部、国资委《关于国有企业领导人员违反廉洁自律“七项要求”政纪处分规定》)等。

②形式多样。除法律法规、党内法规、部门规章、地方规章、规范性文件外,还大量存在解释、政策性文件甚至是讲话精神等多种表现形式,以及要求国有企业参照或者比照执行的政策文件。

③维度多元。除了中央层面、地方层面两个维度体系外,还针对中央企业与一般国有企业、特殊类型的中央企业、特殊管理的中央企业(如国务院国资委直接监督管理的中央企业、中央其他部门监督管理的企业)、特殊业务的国有企业(如金融类、文化类企业)以及国有企业的功能分类等进行区分规范。

④内容庞杂。不仅有国有企业党建工作的总体要求,也有国有资产监管、国有企业治理、国有企业决策、国有企业运营管理、国有企业自身监督、职工民主制度等各个层面和环节的规范,还有对特殊人员(如国有企业领导人员及其特定关系人员管理)、特殊行为(如廉洁自律)、特殊事项(领导人员的出国出境、个人事项报告、退职后兼职,以及党建写入章程等)、特殊机制(如考核评价、经济责任审计、违规经营投资责任追究、党组织研究前置、党组织与公司治理机关双向进入交叉任职等机制)等。

(3)国企党建工作法治化

国企党建工作的法治化，表现为路径上的四“入”和结果上的五“全”。

四“入”，是指入“法”(1993 年《公司法》第 17 条以及 2005 年修订后《公司法》第 19 条对于党建工作的一般性和原则性规定)；入“章”(中共中央办公厅《关于在深化国有企业改革中坚持党的领导加强党的建设的若干意见》第一次提出“将党建工作总体要求纳入国有企业章程”后，中共中央、国务院《关于深化国有企业改革的指导意见》作为顶层设计文件再次予以明确，国务院国资委党委《关于加快推进中央企业党建工作总体要求纳入公司章程有关事项的通知》，中组部、国务院国资委党委《关于扎实推动国有企业党建工作要求写入公司章程的通知》，国务院办公厅《关于进一步完善国有企业法人治理结构的指导意见》，财政部《中央金融企业将党建工作要求写入公司章程修改指引》等文件又先后进行了细化和补充)；入“规”(规范性文件、政策性文件、上级要求等)；入“责”(党政纪责任、组织责任、管理责任等)，从而与公司治理相统一、与公司运营管理相融合。

所谓五“全”，则是在结果上，国有企业党建工作已经涵盖了国有企业治理、管理和经营的全结构、全方位、全环节、全流程、全要素，从而体现了党的十九大报告提出的“全面领导”作用。正如习近平总书记在全国国有企业党建工作会议上所言：中国特色现代国有企业制度，“特”就特在把党的领导融入公司治理各环节、把企业党组织内嵌到公司治理结构之中，明确党组织在公司法人治理结构中的法定地位，做到组织落实、干部到位、职责明确、监督严格；要明确党组织在决策、执行、监督各环节的权责和工作方式，使党组织作用组织化、制度化、具体化。

2. 自上而下

国企党建工作的自上而下一方面是从主体上自中央到地方的顶层推动，另一方面则是从对象上首先对中央企业进行规范和规制。如中组部、国资委党委《关于加强和改进中央企业党建工作的意见》《关于中央企业党委在现代企业制度下充分发挥政治核心作用的意见》《中央企业党建工作责任制实施办法》等。

3. 由虚而实

坚持党的领导、加强党的建设对于国有企业而言，基于不同社会阶段改革重点和发展方向,经历了党、政、企关系的变化甚至是迂回反复。

自1990年12月党的十三届七中全会《关于制定国民经济和社会发展十年规划和“八五”计划的建议》首次提出“企业党组织的政治核心作用”,直到2015年7月31日中共中央办公厅《关于在深化国有企业改革中加强党的建设的若干意见》提出“组织发挥领导核心作用和政治核心作用组织化、制度化、具体化”,完成了一个核心到两个核心的进阶。但2015年8月24日中共中央、国务院发布的《关于深化国有企业改革的指导意见》仍将国有企业党组织的作用界定为“政治核心”。

2016年10月,习近平总书记在全国国有企业党的建设工作会议上提出“发挥企业党组织的领导核心和政治核心作用”,而两个核心的作用归结起来就是“把方向、管大局、保落实”。

此后的各种文件就沿用了两个核心的概念。从政治核心到领导核心和政治核心的变化,不仅是从宏观、抽象、原则到微观、具体和详细,也不仅是强调政治意义、宏观经济意义上的党的一般领导到更加注重国企自身党组织对国企自身的领导,也是从强调党对国有企业的“政治”领导转为加强党对国有企业的“全面”领导,国企党组织的“领导核心”定位构成了新时代国有企业党建工作的最大特点。

2017年10月新《党章》规定:“国有企业党委(党组)发挥领导作用,把方向、管大局、保落实,依照规定讨论和决定企业重大事项。”可以看出,“领导作用”是国企党组织在新时代最为重要的功能。

三、国企党建融合“三务”属性

国有企业党建工作融合了党务、法务、商务的工作属性。

1. 党务属性

党务属性是国企党建工作的天然属性和政治属性,国有企业党组织作为党组织的组成形式,应当按照党内法规、党的政策文件以及相关要求做好党务工作。

《关于进一步加强和改进国有企业党的建设工作的通知》《关于在深化国有企业改革中坚持党的领导加强党的建设的若干意见》等均从党务工作视角进行了要求和规范,而中组部《关于在深化国有企业改革中党组织设置和领导关系等有关问题的通知》,中组部、国资委党委《关于加强和改进中央企业党建工作的意见》《关于中央企业党建工作责任制实施办法》等类的文件要求,则无疑更是对党务工作属性的充分体现。

2. 法务属性

国企党建相关的文件,对国企党组织发挥领导核心与政治核心作用的具体内容、机制、保障等进行了制度安排,并通过将党建工作写入公司章程奠定了国企党组织在公司治理中的合法地位和合法路径,以及相关的国资监管责任、党政监督机制等,均使得国企党建工作融入了浓厚的法律属性。如国务院办公厅《关于建立国有企业违规经营投资责任追究制度的意见》《中央企业领导人员管理规定》《国有企业领导人员廉洁从业若干规定》《党政主要领导干部和国有企业领导人员经济责任审计规定》等文件所建立的党政纪和法律责任追究机制和体系。

3. 商务属性

按照国有企业党建工作要求,国企党组织不仅作为合法主体参与公司治理,还要坚持党管干部、党管企业,国有企业"三重一大"的决策机制,以及相关政策文件明确要求的国企党组织的审议是董事会、经理层对重大事项表决的前置程序。党组织对国有企业公司治理以及重大经营管理事项的参与,使得国企党建工作具备了商务属性。

四、国企党建决定"三合"判断

国企党建工作决定了国有企业及其从业人员行为或事项合法、合规、合理的价值取向。

1. 国有企业应有"三合"意识

基于国有企业的所有制层面的"公有"属性,与资本市场(公开性)、金融业务(公众性)一样,对国有企业及其从业人员的行为和事项的价值判断,不仅要有合法性的最低价值要求,还应符合合规性、合理性两个更高要求的价值判断,具备合法、合规、合理的意识和理念。

2. 国企党建决定"三合"判断

国有企业党建工作的党务、法务、业务属性的融合,决定了国企党建对于相关事项和行为的价值判断上,具有影响甚至决定因素。尤其是一岗双责、一案双查、巡视巡查、经济责任制审计等机制的建立,以及廉洁从业、重大事项报告、纪检监察等制度的构建,无疑对国有企业及其从业人员的合法、合规、合理性判断都具有影响甚至是决定作用。

五、国企党建的法律维度

1. 本体建设

党建工作写入公司章程使得国企党建的自身建设具备了法律属性。党建工作责任制的建立则从本体层面对国企党建建设提出了系统要求,并将党建工作纳入了国企的考核评价体系。

《中央企业党建工作责任制实施办法》进一步明确了党建工作的责任主体和责任体系,企业党组织履行主体责任、党组织书记承担第一责任、专职副书记承担直接责任、纪检负责人履行监督执纪问责责任,班子成员分工负责、职能部门牵头抓总、相关部门齐抓共管;《中央企业领导人员管理规定》则将党建工作纳入央企领导班子考核评价范畴,明确党建工作考核每年开展 1 次,中央企业党组每年初向上级党组织报告上年度党建工作情况,党委常委会每年向全会专题报告党建工作情况,党组织领导班子成员定期向本企业党组织报告抓党建工作情况,实行党组织负责人党建工作述职评议考核制度;《中共中央关于加强党的政治建设的意见》也规定了国有企业的党建工作要求,并将党的政治建设工作情况作为巡视巡查和监督检查的重要内容。

2. 公司治理

公司治理是国企党建工作的重要切入点,也是国企党组织发挥领导核心作用、政治核心作用的“法律”路径。

从十八届三中全会的决定,到国企改革文件的最顶层设计文件,以及国企改革文件中的具体文件,尤其是《关于进一步完善国有企业法人治理结构的指导意见》(国办发〔2017〕36 号),都将国企党组织参与公司治理的措施及保障作为重点,坚持党的领导与公司治理的统一结合是现代企业制度的中国特色,也是新时代国企改革最根本的政治标志。

(1) 双向进入、交叉任职机制

国有企业的党组织与董事会、监事会、经营层等治理机构交叉任职、双向进入是公司治理层面的制度创新。

国企党组织负责人兼任董事长，中央企业的总经理一般担任党组织副书记并进入董事会，应当专责抓党建工作。中央企业的董事会成员（不含职工董事、外部董事）、总经理、内设监事会负责人、纪检负责人应进入企业党组织，1～2名经理层副职可以进入党组织。纪检负责人可列席董事会和董事会专门委员会的会议。

（2）党组织事先研究和决策干预机制

习近平总书记在全国国有企业党的建设工作会议上提出：在决策程序上，要明确党组织研究讨论是董事会、经理层决策重大问题的前置程序，重大经营管理事项必须经党组织研究讨论后，再由董事会或经理层作出决定。

“三重一大”制度的规定本身，就明确要求国有企业的董事会或者未设董事会的经理班子研究“三重一大”事项时，应事先与党委（组）沟通，听取意见。河南省的相关规定则要求企业决策机构不少于24小时与党组织进行沟通。

按照目前的国企党组织的决策干预设计，党组织有两种方向的干预：要求国企董事会或经理层撤销或者缓议某一事项；要求国企董事会或者经理层提出某一事项的决策要求。

3. 决策机制

除了公司治理意义上“三会一层”的决策机制以及国资监管语境下的“三重一大”决策机制外，国有企业整体的决策机制上还有着外部的特殊机制要求。

国企党建工作不仅体现为党组织在公司治理和“三重一大”决策机制上的全面介入和全面领导，也体现在外部决策机制上的领导和参与。

国有企业的外部决策机制包括报批、报备（事先报备、事后报备）、核准、批准等，外部决策机构通常包括履行出资人职责的机构和业务主管部门两类。但自从强化党的建设以来，除了国资监管机构和业务主管部门本身决策中党的领导作用体现外，国有企业的领导人员管理和薪酬管理（之前还包括对外投资的备案管理，但河南省政府对省管企业对外投资监管制度改革后交由一级企业决策，但郑州市的对外投资监管仍要求备案或报批）都直接包括了上级党组织的介入，主要包括外部党组织的组织部门和纪检部门。

（1）一般重大事项决策

中共中央《关于进一步加强和改进国有企业党的建设工作的通知》中规定，国有企业党组织参与的重大决策性事项包括：经营方针、发展规划、年度计划，企业的重要改革方案。而且明确规定公司制企业党组织参与重大问题决策的范围,一般指提交股东会、董事会审议决定的问题,即权力机构和决策机构的职权事项。

中组部、国资委党委《关于中央企业党委在现代企业制度下充分发挥政治核心作用的意见》的规定还包括:企业贯彻执行党的路线方针政策、国家法律法规和上级重要决定的重大举措;企业发展战略、中长期发展规划;企业生产经营方针;企业资产重组、资本运作、大额投资中的原则性和方向性问题;企业重要改革方案的制定、修改;企业合并、分立、变更、解散以及内部管理机构的设置、调整;提交职代会讨论的涉及职工利益的重大事项;涉及企业政治责任和社会责任方面采取的重要措施。

(2)国企的领导人员管理

按照中共中央办公厅《关于在深化国有企业改革中坚持党的领导加强党的建设的若干意见》,"党管干部"不仅体现为国企党组织在国有企业选人用人中的领导和把关作用,还包括上级党组织及其组织部门、国有资产监管机构党委的作用。

国企领导人员存在干部管理权限,也存在分层分类的管理。如河南省在省管企业管理文件中将其区分为省管重要骨干企业和省管骨干企业,省管重要骨干企业的正职(除商业一类企业总经理外)由省委直接管理,而省管骨干企业的正职(商业一类企业总经理除外)则由省政府国资委或其他履行出资人职责的机构(主要是财政部门)党组织管理。经理层副职由企业党委会和董事会管理,其他班子成员由省政府国资委党委或其他履行出资人职责机构的党组织管理。但对省管重要骨干企业的副职"任免前"要报省委组织部备案,省管骨干企业副职在"任免后"报省委组织部备案。

而且,对于国有企业领导人员还有着对职位和职数的管理。

国有企业的纪检负责人,也有着特殊的管理要求和程序,其提名和考察由上级纪委会同组织部门为主。

对于国有资本投资公司和运营公司,并明确要求上级党组织及其组织部门、国有资产监督机构党委要加强对两类公司的领导人员的管理。

(3)国企的薪酬管理

国企的薪酬管理并非仅按商事法律的规定由董事会或经营层决策,还需要遵循特殊的监管规定。

中央企业负责人的薪酬分配、薪酬管理政策、在岗平均工资等要接受中组部、人社部、国家发改委、国资委等部门的指导监督，中央企业负责人的薪酬制度还要接受中组部、国资委、财政部、审计署等部门的监督检查。河南省对省管企业薪酬的相关规定更加具体，并且在监督检查部门中增加了省委金融工委，省属国有企业职业经理人的薪酬结构和水平由董事会确定后报薪酬审核部门备案。

(4)特殊企业的重大事项管理

对于金融和文化业态的国有企业，以及一些功能类的国有企业，通常都会有特殊的监管要求。如河南省《省属文化企业国有资产重大事项管理办法(试行)》对于省属文化企业，就区分不同事项，由河南省委宣传部、省财政厅会同进行审核、审批、备案管理。审核事项由两部门审核后报省政府批准，审批事项由省委宣传部同意后财政厅批复，备案事项则同时报两个部门。

(5)党组织与董事会或经营层意见不一致的事项

国有企业董事会或经营层拒不接受党组织意见或不予纠正的，国有企业党组织应当及时向上级党组织报告。

4. 经营管理

党建工作在国有企业的具体经营管理活动中也有体现，主要包括年度经营计划、财务预决算、资产重组和资本运作重大事项、招投标活动、考核评价、民主评议、关系职工权益事项、法治国企建设等，都明确要求国有企业党组织的参与。

如中共中央《关于进一步加强和改进国有企业党的建设工作的通知》明确要求国有企业党组织参与的经营管理事项包括：年度计划、重大技术改造、技术引进方案、财务预决算、中层以上管理人员的选拔使用和奖惩、重要管理制度的制定和修改。中组部、国资委《关于中央企业党委在现代企业制度下充分发挥政治核心作用的意见》则规定了更为细化的内容。

5. 监督机制

按照国企改革的制度设计文件，国有企业的监督体系包括内部监督和外部监督两大体系，内部监督体系包括国企党组织、国企纪检监察、监事会、审计(对董事会而非经理层负责)、巡视、法律、财务等部门的监督、职工民主监督以及企业集团对子企业的纵向监督和业务板块的专业监督;外部监督体系则包括上级党组织监督、上级纪检监察机构监督、人大常委会监督、政府监督、出资人监督、外派监事会监督、巡视巡查监督、外部审计监督、社会监督等。主要的监督机制则包括廉洁从业机制、巡视巡查机制、审计机制、监督会商机制等。

其中廉洁从业机制是以中共中央办公厅、国务院办公厅 2009 年 7 月 1 日《国有企业领导人员廉洁从业若干规定》为基础,中纪委 2008 年 6 月 6 日发布的《国有企业领导人员违反廉洁自律"七项要求"适用〈中国共产党纪律处分条例〉若干问题的解释》和监察部、人社部、国资委 2009 年 1 月 23 日发布的《关于国有企业领导人员违反廉洁自律"七项要求"政纪处分规定》,以及中纪委 2012 年 2 月 4 日《违反〈国有企业领导人员廉洁从业若干规定〉行为适用〈中国共产党纪律处分条例〉的解释》三个配套文件建立的重要的反腐倡廉机制。要求将廉洁从业制度纳入国企章程,并明确党委(党组)书记、董事长、总经理为主要责任人。建立党委统一领导、党政齐抓共管、纪委组织协调、部门各负其责、职工群众积极参与的领导体制和工作机制。

审计机制则包括政府部门公共审计、出资人审计、企业内部审计、社会审计四重结构,实现企业国有资产审计监督的全覆盖,坚持离任必审、完善任中审计、探索任期轮审,探索建立国有企业经常性审计、专项审计制度。其中公共审计则主要是中办、国办《党政主要领导干部和国有企业领导人员经济责任审计规定》,以及中纪委、中组部、中央编办、监察部、人社部、审计署、国资委《党政主要领导干部和国有企业领导人员经济责任审计规定实施细则》所建立的审计机制。

6. 责任追究

国有企业的责任追究体系包括对国有企业及其从业人员尤其领导人员的责任追究,体现在庞杂的党内法规、法律法规、政策性文件和规范性文件中。

责任追究的形式则包括党纪责任、政纪责任、组织责任、管理责任、行政责任、刑事责任、民事责任等。

除了《企业国有资产法》《监察法》《中国共产党纪律处分条例》《中国共产党巡视工作条例》《中央企业领导人员管理规定》《国有企业领导人员廉洁从业若干规定》等党内法规、法律法规外,还有《关于建立国有企业违规经营投资责任追究制度的意见》《中央企业违规经营投资责任追究实施办法(试行)》《领导干部报告个人有关事项规定》《领导干部个人有关事项报告查核结果处理办法》等文件,通过党政纪责任、组织责任、管理责任等特殊责任形式,以及一案双查、一岗双责、巡视巡查、纪检监察等特殊追究制度,建立了国有企业区别于其他企业的责任追究体系。

六、国企党组织行为的法律边界

(一)现有规定

国有企业党组织发挥领导核心、政治核心两大作用的规定,主要体现在《中共中央关于进一步加强和改进国有企业党的建设工作的通知》,中组部、国资委党委《关于中央企业党委在现代企业制度下充分发挥政治核心作用的意见》,中共中央办公厅《关于在深化国有企业改革中坚持党的领导加强党的建设的若干意见》,中共中央、国务院《关于深化国有企业改革的指导意见》,以及国务院办公厅《关于进一步完善国有企业法人治理结构的指导意见》。

总结上述文件,关于国有企业党组织介入国有企业的决策、执行、监督等存在原则性规定和具体规定两个层面的内容。

1. 原则性规定

国企党组织的角色定位从政治核心进阶到领导核心与政治核心两大核心,通过强制性政策要求以及党建入章程等路径,国企党组织在公司治理中的合法地位得以确立,国企党组织与其他公司治理主体之间“明确权责边界,做到无缝衔接,形成各司其职、各负其责、协调运转、有效制衡的公司治理机制”。

国企党组织的整体定位包括三大职责和三大统一:把方向、管大局、保落实;政治领导、思想领导、组织领导有机统一。

2. 具体规定

国企党组织具体参与公司行为的规定,主要体现在中共中央1997年1月24日发布的《关于进一步加强和改进国有企业党的建设工作的通知》以及中组部、国资委党委2013年2月26日发布的《关于中央企业党委在现代企业制度下充分发挥政治核心作用的意见》以及“三重一大”制度文件中,而其他文件则多为原则性规定和交叉任职、双向进入的规定,而非关于“边界”内容的规定。

1997年的文件区别两类企业加以规定:公司制企业和非公司制企业;整体定位上,国企党组织参与企业重大问题决策是一种组织行为,对关系企业改革、发展、稳定的重大问题提出意见和建议;参与内容上,公司制企业一般是指股东会和董事会的决策事项,非公司制企业则包括五项:经营方针、发展规划、年度计划和重大技术改造、技术引进方案;财务预决算、资产重组和资本运作中的重大问题;中层以上管理人员的选拔使用和奖惩;企业的重要改革方案和重要管理制度的制定、修改;涉及广大职工切身利益的重要问题。

2013 年《关于中央企业党委在现代企业制度下充分发挥政治核心作用的通知》则规定了中央企业党委参与重大问题决策的 9 项内容,并要求中央企业党委在该范围内根据企业实际确定参与决策的具体内容:企业贯彻执行党的路线方针政策、国家法律法规和上级重要决定的重大举措;企业发展战略、中长期发展规划;企业生产经营方针;企业资产重组、产权转让、资本运作、大额投资中的原则性和方向性问题;企业重要改革方案的制定、修改;企业合并、分立、变更、解散以及内部管理机构的设置、调整,下属企业的设立和撤销;企业中高层经营管理人员的选聘、考核、薪酬、管理和监督;提交职工代表大会讨论的涉及职工切身利益的重大事项;企业在特别重大安全生产、维护稳定等涉及企业政治责任和社会责任方面采取的重要措施。

"三重一大"制度则规定了董事会、未设董事会的经理班子研究"三重一大"事项,应事先与党委(组)沟通,听取意见。

中共中央办公厅、国务院办公厅《关于在中央企业开展落实董事会职权试点工作的意见》,以及国务院《关于推进国有资本投资、运营公司改革试点的实施意见》《改革国有资本授权经营体制方案》,均明确提出:党组织的研究讨论是董事会、经理层决策重大经营管理事项的前置程序。

可以看出,国企党组织参与的事项从"决策事项"向经营管理"重大事项"扩大,从事先沟通、听取意见向"前置程序"转变。

(二)法律边界的探讨

1. 两个核心是根本

国有企业加强党的建设旨在实现国企党组织领导核心和政治核心作用,尤其是将"领导核心"前置体现出全面加强党的领导的根本要求。坚持党的领导,则体现为"政治领导、思想领导、组织领导的有机统一"。

因此,国企党组织对于"重大事项"参与的首要目的,就是确保党的路线方针政策、法律法规、上级重大决定在国有企业的贯彻落实,这也是国有企业党组织政治属性和政治功能的体现。

2. 三项职责是原则

相关文件将国有企业党组织参与经营管理重大事项的职责确定为“把方向、管大局、保落实”，这也应当成为国有企业党组织参与重大事项的基本原则，“方向”和“大局”是“决策”的正向界定，“落实”则是“监督”和“执行”层面的功能体现。

3. 双向管控是路径

国有企业党组织一方面是从基于国有企业“应当怎样”的维度，保证党的路线方针政策、国家法律法规、上级重大决定的落实以及国有企业的规范运转、职工权益的合理保障；另一方面也从“不应当怎样”的监督视角加强反腐倡廉、巡视巡查、责任追究等工作，从而实现对国有企业的经营管理加以正当、合理、必要的管控。

4. 商业判断是围栏

国企党组织参与重大经营管理事项包括两个层面：党组织自身的前置研究，党组织成员通过交叉任职、双向进入董事会和经理层行使权力，并且党组织成员个人在表决时必须贯彻落实党组织的决定。

那么党组织作为一个整体组织，在研究商业事项中是否具有商业判断的职责和能力？

个人认为，党组织作为政治主体，对于重大经营管理事项的研究和决定，应当是基于其三大职责从现有法律和政策所明确要求的“应当怎样”和“不应当怎样”两个维度进行判断，而不应当包括经济属性的“商业判断”维度。商业判断应当是商业属性的治理主体的职责范围，也是其承担商事法律责任的逻辑前提（民事赔偿、行政处罚甚至是刑事责任）。

但作为党组织的个体成员，因为交叉任职和双向进入而具有了双重的属性和身份，其在作为董事会和经理层组成成员表决时，就具有了商业判断的职责和能力，当然也因此产生了商业判断的责任。

现代企业制度下，商业判断是公司股东会、董事会、监事会、经理层等经济属性的商事主体所垄断的治理和管理权力，司法对公司治理的干预也一直以尊重商主体的商业判断为边界。

5. 权责统一是逻辑

基于法律规定，董事会成员对于董事会的决议所承担的是连带民事责任(除非明确反对并记录在卷)，而经理层作为高级管理人员也对其经营管理行为可能会向公司、股东、债权人等承担民事赔偿责任。作为党组织，如果其对重大经营管理事项的决定存在错误该承担什么责任？本文认为，作为党组织成员和国有企业领导干部所承担的责任，从逻辑和理论层面上只能是党政纪责任、组织责任和管理责任，而承担民事赔偿责任的法律和逻辑基础只能是其高级管理人员的身份。

因此，从权责相统一的角度，国有企业党组织对于重大经营管理事项的决定，只能是“政治领导、思想领导、组织领导有机统一”下的“把方向、管大局、保落实”，并因此产生了党政纪责任、组织责任和管理责任，而不应当包括民商事责任等法律责任所对应的“商业判断”。

作者简介

王登巍律师，兰州大学法学学士、郑州大学法律硕士；河南省律师协会副会长，郑州市律师协会名誉会长；获得全国优秀律师、全国315个人荣誉奖章、河南省优秀律师、河南省司法行政系统劳动模范、郑州市十佳法律服务标兵、郑州律师行业特殊贡献奖等荣誉；担任河南省政府法律顾问、中共河南省委政法委案件评查员、郑州市政府法律咨询委员会副主任委员、郑州市政法队伍教育整顿特邀监督员、郑州市中级人民法院监督员、民革河南省委社会和法制委员会副主任，河南省法学会商法学研究会副会长、破产法研究会副会长、民法学研究会理事、郑州市人大代表，河南大学法学院硕士生导师、公司法研究中心副主任，郑州大学经济法律研究中心副主任，河南工程学院兼职教授、郑州轻工业大学校外导师等。执业定位于公司治理、并购重组、国资运营、投资融资、房地产等商事诉讼和非诉讼法律事务。

国有企业公司治理与党建

牛范淇

一、国有企业公司治理主体及机制

(一)股东会

1. 国有独资企业

国有独资企业(含国有独资公司和国有法人出资设立的一人有限责任公司)不设股东会,由出资人行使股东会职权。对董事会实现规范运作且外部董事占多数的国有独资企业,出资人可授权董事会行使股东会的部分职权。

2. 混合所有制企业

混合所有制企业坚持同股同权、同股同责、同股同利,国有股东按照有关法律及公司章程等规定,对股权多元化企业履行股东职权。股权多元化企业的国有股东依法委托代表参加企业股东会会议,受托代表必须根据国有股东的授权发表意见并参与表决。对国有控股企业,国有股东委派或推荐的董事、监事在企业董事会和监事会中要占据多数,在企业法定代表人和外派财务总监等关键岗位人员配置方面要体现话语权,在公司章程及股东会议事规则中要体现和落实国有股东的控制权,同时要依法保障其他中小股东的合法权益。对国有参股企业,国有股东以所持股权比例及公司章程的有关规定,委派或推荐董事、监事、财务总监等产权代表,并通过完善公司章程或各项制度设计,防止其他股东侵害国有股权益。

各级出资人或股东委派的董事、监事等产权代表,按照法律法规、公司章程和有效授权履行职权,对出资人或股东负责,不得损害国有权益。国有独资企业董事会和监事会定期向出资人提交工作报告，并接受出资人的考核和评价。股权多元化企业中代表国有股东权益的董事、监事、财务总监等产权代表，要定期向国有股东报告履职情况，国有产权代表在履职过程中涉及的重大事项，应及时同国有股东进行沟通，充分听取意见，并在议事和表决过程中，体现国有股东意志。国有产权代表对发现的其他股东或企业可能侵害国有股东权益的行为，应及时报告国有股东，以维护国有权益。

（二）董事会

国有企业董事会建设不仅是国有企业建立现代企业制度的重要标志，也是国有企业公司治理规范化的重要因素，更是一直以来国有企业改革的重点、难点和焦点。一方面，董事会建设是公司法下“信托”理论的重要载体，是所有者和经营者分离的必然结果；另一方面，公司治理的核心就是“三会一层”的制度建设和衡平运转，而董事会作为公司的决策机构（《民法总则》则将其界定为执行机构），不仅是股东会的信托承载，也是经营层的权力基础，还是监事会的平行机构；同时，肇始于 1992 年的国有企业改革，一直致力于现代企业制度的建设，但时至今日仍然有部分国有企业并未完成公司制改造而游离于《公司法》之外。即便在改造后的公司制国有企业中仍有部分企业尚未建立董事会，或者虽名义上有董事会却未有实质运作，甚至是仅有董事长、却没有其他董事会成员的怪局。这也是新一轮国有企业改革明确将董事会建设作为重心的原因。

1. 国资监管语境下的国有企业董事会建设

基于立法法理，公司法作为商事普通法，对国有企业的规制属于一般性和原则性的规定，更多的则是由国有企业的特殊法来加以规制和规范的。

（1）国资监管的立法体系

《企业国有资产法》是国资监管的第一部也是唯一的基本法，《企业国有资产监督管理条例》则是国资监管的立法核心，并纵向和横向“链接”了其他各个繁杂的法律、法规、规章、规范性文件。

纵向是指包括国家层面、地方层面、部门层面的垂直“立法”结构，横向则是按照国有企业或国有资产可能涉及的业务、管理、监督、评价等模块进行的针对性或交叉性立法，如法律层面的《预算法》《资产评估法》，行政法规层面的《国有资产评估管理办法》《国有企业监事会暂行条例》，部门规章层面的《国有企业及国有控股企业领导人员任期经济责任审计暂行规定》《企业国有产权交易操作规则》《企业国有资产交易监督管理办法》等。

(2)国资监管法律规范对国有企业董事会的基本规定

国资监管相关法律规范对国有企业董事会建设的规定主要包括对董事、监事、高级管理人员的任职条件进行特殊规定、扩大和细化了董事兼职的禁止和限制、规范履职行为、规范关联交易制度细化了国有企业董事的法律责任,针对国有企业董事的任职禁入、特别类型国有企业的董事会建设专门出台了相应的规范性文件。

(3)国资监管法律与改革政策的混合

党的十八届三中全会以后,国有企业改革政策及文件先后密集出台,基本完成了中央确定的"1 + N"制度体系建设。但在这些制度建构的过程中,既有部门规章,也有政策性文件;不仅有党的政策性文件,也有各级党委和政府联合发布的政策性文件,从而体现出了法律规范与政策性文件双轮驱动的结构,表现为国资监管法律规范与国有企业改革政策的并行甚至混合的特殊形态,如国务院国资委发布的《中央企业违规经营投资责任追究实施办法》、国务院国资委、财政部、中国证监会联合发布的《上市公司国有股权监督管理办法》,甚至河南、上海等地制定的混合所有制改革操作指引,尽管毫无疑问是一种法律规范性文件,但也更毫无疑问地带有浓厚的政策性文件属性。

2. 新一轮国企改革语境下的国有企业董事会建设

党的十八届三中全会开启了新一轮的国企改革,以 2015 年 8 月 24 日发布的中共中央、国务院《关于深化国有企业改革的指导意见》为引领的国有企业改革文件和法律规范体系,对董事会建设作出了更为体系化的规定。

中共中央、国务院《关于深化国有企业改革的指导意见》作为最高指导文件,在完善现代企业制度部分,将"推进董事会建设"作为"健全公司法人治理结构"的"重点",要求充分发挥董事会的决策作用。

(1)明确董事会的决策地位和新的国企公司治理结构

提出了新一轮改革下公司治理中,"董事会决策作用、监事会监督作用、经理层经营管理作用、党组织的政治核心作用",不仅明确了董事会的决策地位,也提出了新的公司治理关系。

但在《民法总则》中,把营利法人的"董事会"定义为执行机构,这与公司法意义上的决策机构相悖,而且与经理层的属性定位也存在冲突。并且,在法人的"一般规定"部分,《民法总则》将法人的董事或者理事成员界定为"清算义务人",设定了清算义务。不过,在但书部分又规定"法律、行政法规另有规定的,依照其规定”,在公司法领域内,有限公司的全体股东和股份有限公司的董事会是清算义务主体。

(2)强调董事会的内部制衡安排

国有独资和全资公司董事会除均应有职工代表外,外部董事应占多数,加强外部董事队伍建设,强化董事会和董事的考核评价和管理。

(3)董事会建设与党组织建设的结构安排

确立国有企业党组织的“政治核心作用”,在完善公司治理结构的层面强调党的领导。

党组织建设与董事会建设搭建“双向进入、交叉任职”的领导体制。党组织书记与董事长一般由一人担任,总经理与董事长原则上则应分设。

3. 国有企业董事会建设的法律与政策安排

根据现行的法律规定,结合新一轮国有企业改革的制度文件要求,本文认为,国有企业董事会建设主要应该包括以下相关的法律和政策安排。

(1)董事会的法律属性

董事会是公司的决策机构,对股东(会)负责,董事会的职权基于法律和章程的规定产生。但国有独资公司的董事会根据授权可以行使股东会部分职权,从而决定公司的重大事项,具备了权力机构的部分功能。

(2)董事会在公司治理结构中的功能定位

新的国有企业公司治理机构中,董事会是决策机构,对股东会负责、接受监事会监督。国有独资公司则要建立年度工作报告制度,其董事长为当然的法定代表人。

(3)董事会与“三重一大”决策机制的关系

2010年6月5日,中共中央办公厅、国务院办公厅发布的《关于进一步推进国有企业贯彻落实“三重一大”决策制度的意见》规定,在国有企业应全面建立“三重一大”这一特殊的决策机制。

在国有企业公司治理中,董事会行使决策功能,但董事会的决策程序和机制应当满足“三重一大”制度的要求。而“三重一大”决策机制涉及的事项和内容要比董事会决策事项广泛。

(4)董事会建设与其他政策性文件的要求

除了“三重一大”制度外,董事会决议事项还会涉及其他的政策性要求,而不仅仅是法律法规要求,如监察部、人社部、国务院国资委2009年1月23日发布的《关于国有企业领导人员违反廉洁自律“七项要求”政纪处分规定》、中纪委、中组部、监察部2009年7月1日发布的《国有企业领导人员廉洁自律的规定》等政策性文件，对于国有企业具体的决策和经营管理活动规定了禁止行为，对于国有企业领导人离职或者退休后的活动以及其配偶、子女及其他特定关系人的行为进行了规范，并规定了相应的法律和党政纪责任。

(5)董事会的结构性特殊安排

国有企业的董事会结构具有诸多的特殊性要求，除了职工董事外，还有以下内容。

①董事会人数

根据《关于国有独资公司董事会建设的指导意见》，国有独资公司要求董事原则上不少于9人。《国务院关于推进国有资本投资、运营公司改革试点的实施意见》要求国有资本投资、运营公司的董事会也不少于9人，由执行董事、职工董事、外部董事组成。

②董事的产生

除了职工董事是选举产生外，国有独资公司的董事是委派制，董事长和副董事长是指定制。

关于职工董事，根据中华全国总工会的《关于进一步推行职工董事、职工监事制度的意见》《关于加强公司制企业职工董事、职工监事制度建设的意见》，职工董事应当符合以下特殊要求：与公司存在劳动关系；高级管理人员和监事不得兼任；高级管理人员的近亲属不得兼任。

《国有独资公司董事会试点企业职工董事管理办法(试行)》规定：公司党组织负责人、未兼任工会副主席的党委副书记、纪委负责人不得作为职工董事候选人。

《企业民主管理规定》则明确应当将工会主席、副主席作为职工董事、职工监事的候选人人选。

③外部董事

国务院国资委《关于国有独资公司董事会建设的指导意见(试行)》系统构建了外部董事和专职外部董事制度。外部董事除董事薪酬外，不得在公司获得其他任何形式的其他收入或者福利。

《关于在省管企业建立专职外部董事制度的意见》规定了省管企业外部董事的主要职责、任职条件、遴选方式、管理方式及考核评价、薪酬待遇等事项。

(6)董事会机构的特殊安排

《关于加强和改进企业国有资产监督防止国有资产流失的意见》要求设置由外部董事组成的审计委员会,国务院办公厅《关于进一步完善国有企业法人治理结构的指导意见》则要求国有企业董事会设立三个专门委员会:提名委员会、薪酬与考核委员会、审计委员会,职责定位为董事会的咨询机构。其中薪酬与考核委员会、审计委员会的组成人员应由外部董事组成。国务院《关于推进国有资本投资、运营公司改革试点的实施意见》要求两类公司的董事会应设立五个专门委员会,包括战略与投资委员会、提名委员会、薪酬与考核委员会、审计委员会、风险控制委员会,与国务院办公厅《关于进一步完善国有企业法人治理结构的指导意见》不同,该文件则规定专门委员会负责在董事会的授权范围内开展工作,属于董事会的职能组成部分,协助董事会履行职责。

需要注意的是,国务院办公厅《关于加强和改进企业国有资产监督防止国有资产流失的意见》要求国有企业的审计部门对董事会负责,而不是对经理层负责,并且要求董事会审议和批准企业的年度审计计划和重要的审计报告,增强董事会运用内部审计规范运营、管控风险的能力。

(7)董事会的运转机制

根据国务院办公厅《关于进一步完善国有企业法人治理结构的指导意见》等制度性文件,国有企业的董事会的特殊运转机制包括:与党组织的结合,其中国有资本的两类公司实行党组织讨论程序前置、集体审议、独立表决、个人负责的决策制度,重大事项信息公开和对外披露制度、董事会决议跟踪落实以及后评估制度及董事会和董事的年度和任期考核制度;董事的派出和任期管理制度等。

(8)董事会的责任机制

除党政纪责任外,基于相关制度性文件,董事会及其成员还应承担以下责任:①董事的信用记录纳入全国信用信息共享平台,违约失信的按照规定在"信用中国"网站公开;②董事会决议违反法律法规或者公司章程、股东会决议,致使公司遭受严重损失的,应依法追究有关董事责任,投赞成票和弃权票的董事个人承担直接责任(包括赔偿责任);③董事对行使职权的后果负责,对失职、失察、重大失误等过失承担责任。

(三)监事会

国有企业监事会建设不仅是国有企业建立现代企业制度的重要标志,也是公司治理规范化的重要内容,更是监管机构监督国有企业的重要抓手和制度落脚点。

第十三届全国人民代表大会通过的国务院机构改革方案将国有企业领导干部经济责任审计和国有重点大型企业监事会职责划入审计署,参照上述改革方案,各地陆续开展的机构改革方案也将监事会职责划入审计部门,对派出的审计监督进行整合优化,构建统一高效的审计监督体系。

1. 国资监管法律规范对国有企业监事会的基本规定

(1)职能定位

《国有企业监事会暂行条例》、《国有重点金融机构监事会暂行条例》及河南省政府办公厅《关于向省管国有企业派出监事会的实施意见》(豫政办〔2001〕45号,以下简称《派出监事会意见》)明确监事会以财务监督为核心,监事会与企业是监督与被监督的关系,监事会不参与、不干预企业的经营决策和经营管理活动。

郑州市人民政府办公厅《郑州市国有企业监事会建立暂行办法》(郑政〔2008〕17号,以下简称《监事会建立办法》)规定监事会以资产监督为核心,以财务检查为手段,监督对象包括在工商管理局(现在的市场监督管理局)注册的企业化管理的事业单位。

(2)外派监事会

本级政府或国资监管部门向国家出资企业外派出监事会,国家出资企业的国有企业内设监事会根据《公司法》的相关规定组成,但监事会主席由上级母公司依法提名、委派。

外派监事会中监事任职资格、任命程序及监事会主席的职权具体如下。

①专职监事和兼职监事

监事会成员包括专职监事和兼职监事。《国有企业监事会暂行条例》《国有重点金融机构监事会暂行条例》《派出监事会意见》规定从有关部门和单位选任的监事为专职监事,有关部门、单位派出代表所任监事和职工代表监事为兼职监事。《监事会建立意见》则规定,国资委选任或调用的监事为专职监事,职工代表监事为兼职监事。

国务院国资委2008年颁布的《国有企业监事会兼职监事管理暂行办法》对职工代表监事的资格条件(任职三年以上、大学学历或中级以上职称、35岁以上)、产生程序、负面清单(财务、经营部门人员均不得担任)作出规定,但该规定已废止。

②回避

监事会主席和专职监事实行回避原则，不得在其曾经管辖的行业、曾经工作过的企业或者其近亲属担任高级管理职位的企业的监事会中任职。

《中华全国总工会关于加强公司制企业职工董事制度、职工监事制度建设的意见》还规定了高级管理人员的近亲属不宜作为职工监事人选。《企业民主管理规定》规定，公司设有工会的，工会主席、副主席应为职工监事的候选人，党委书记、专职党委副书记不宜作为职工监事候选人。

③连任

监事会成员每届任期三年，其中监事会主席和专职监事不得在同一企业中连任。

④任命程序

《公司法》规定的监事会主席及职工代表大会均通过选举的方式产生，其中国有独资公司的监事会主席由国有资产监督管理机构从监事会成员中指定。其他类型国有企业的监事会主席人选按规定程序确定后，还需政府批准；专职监事由监事会管理机构任命；职工代表监事由职工民主选举产生后，还应当报监事会管理机构批准。

⑤监事会主席职权

《公司法》规定，监事会主席的职权主要包括召集和主持监事会会议。国有企业的监事会主席则是一个“实职”，其职责包括：召集、主持监事会会议，负责监事会的日常工作，审定、签署监事会的报告和其他重要文件及其他职责。

（3）履职方式

河南省政府国资委在外派监事会立法层面作出了积极努力。为推动外派监事会对企业“三重一大”事项由“事后监督”转变为“当期监督”，进一步落实《河南省人民政府国有资产监督管理委员会关于进一步加强和改进省管国有企业外派监事会工作的意见》相关要求，河南省政府国资委于2017年出台《省派监事会对省管企业“三重一大”决策事项监督实施办法（试行）》，明确规定省管企业召开党委会、董事会等涉及“三重一大”决策事项的会议，应提前将会议时间和会议议程告知监事会主席，确保监事会主席或主席委派的监事按时列席会议，注重推动省管企业在“三重一大”决策过程中把“党委会”前置程序落到实处。该办法规定并要求省管企业应优化管控模式，探索向出资子公司实施“委派监事”制度。

2. 机构改革语境下的国有企业监事会建设

对审计监督力量进行整合优化，构建统一高效的审计监督体系，是国家治理现代化的重要措施。虽然国家审计在一定程序程度上克服了“内部人控制”的现象，但国资监管不能依赖国家审计一种方式。

以北京市为例，根据北京市出台的机构改革方案，由于相应职责划入市审计局，故市国资委撤销了审计工作处、市国有企业监事会工作办公室（监事会工作处）。为履行监督职责，市国资委设立了监督处，主要职责是：负责有关监督成果的利用工作，分类处置、督办和深入核查，监督检查发现移交的问题，对共性问题组织开展专项核查，组织开展国有资产重大损失调查，提出有关责任追究的意见建议；协助指导所监管企业的内部审计工作。

从机构设置看，出资人履行的监督职能主要包括保证国有资产的保值增值，更多的是侧重于以管资本为重点，以积极股东身份，着重对企业章程、治理结构、重大决策等事项监督。审计署监督则更多的是财务监督，从监督周期看，审计机构的审计以财务年度为周期，而国资委的监督则是持续性的监督。

（四）经理层

1. 经理层决策事项及人事安排

经理层负责企业的日常生产经营管理，执行董事会决议，向董事会负责。在任职上，减少董事会和经理层成员之间的交叉任职，董事长与总经理原则上分设，除总经理外，其他经理层成员一般不进入董事会。国有独资企业集团公司总经理由董事会选聘，并报组织部门和国资监管机构备案，股权多元化企业总经理由董事会选聘。

2. 总法律顾问

董事会审议事项涉及法律问题的，总法律顾问应列席会议并提出法律意见。配备具有法律专业背景的专职监事，将企业合规经营、依法管理作为当期监督的重要内容。总法律顾问应当全面参与经理层的经营管理活动，充分发挥法律审核把关作用。中央企业报请国资委审批事项涉及法律问题的，应当出具总法律顾问签字的法律意见书。在确保规章制度、经济合同、重要决策法律审核率 100% 的同时，通过开展后评估等方式，不断提高审核质量。

3. 总会计师

委派至国有企业的总会计师参与企业经营决策，总会计师提出的专业审核意见，作为提交董事会决策的必备要件。企业任免财务部门负责人、重要子企业总会计师，以及对其实施评价、考核和奖惩时，应当听取委派的总会计师的意见。

(五)职代会

国资委党委、国资委于2007年下发的《关于建立和完善中央企业职工代表大会制度的指导意见》中首次明确职工代表大会的职权包括审议建议权、审议通过权、监督评议权、民主选举权及法律法规赋予职代会的其他权利。意见明确职代会在公司治理中行使职工民主管理权，具体体现在以下两个方面：

1. 决策重大事项

企业重大决策必须向职工代表通报，企业重大改革措施出台前必须广泛征求职工意见，涉及职工切身利益的重大事项，必须提请职工代表大会审议通过。国有独资、控股企业改制为非国有企业的方案，必须提交职工代表大会讨论，其中职工安置方案要经过职工代表大会审议通过后方可实施。

2. 实施民主评议

职工代表大会民主评议的对象主要是国有独资企业、国有控股企业(含国有独资金融企业和国有控股金融企业)及其分支机构的领导班子及成员。企业领导班子和主要负责人必须向职工代表大会报告履行职责和廉洁自律的情况，并由职工代表进行民主评议。

二、国有企业公司治理与党的建设

1. 党建工作入章程

国有企业应当在章程中明确党建工作的总体要求，将党组织的机构设置、职责分工、工作任务纳入企业的管理体制、管理制度、工作规范，明确党组织在企业决策、执行、监督各环节的权责和工作方式以及与其他治理主体的关系，使党组织成为公司法人治理结构的有机组成部分，使党组织发挥领导核心作用和政治核心作用组织化、制度化、具体化。

2. 参与重大事项决策

国有企业党组讨论、决定的重大事项，应当与公司法、企业国有资产法等法律法规相一致，并与公司章程相衔接。经营管理方面事项一般按照企业内部治理结构由董事会或者经理层决定，涉及国家宏观调控、国家发展战略、国家安全等重大经营管理事项的，应当经党组研究讨论后由董事会或者经理层作出决定。

国有企业党委(党组)、董事会、未设董事会的经理班子等决策机构要依据各自的职责、权限和议事规则,集体讨论决定“三重一大”(重大决策事项、重要人事任免、重大项目安排、大额资金运作)事项,防止个人或少数人专断。要坚持务实高效,保证决策的科学性。“三重一大”决策制度的执行情况,应当作为巡视、党风廉政建设责任制考核的重要内容和企业领导人员经济责任审计的重点事项。

党委参与重大问题决策的具体程序一般是:(1)企业党委召开党委会(或常委会,下同)对董事会、经理层拟决策的重大问题进行讨论研究,提出意见和建议。党委认为另有需要董事会、经理层决策的重大问题,可向董事会、经理层提出。(2)进入董事会、经理层尤其是任董事长或总经理的党委成员,要在议案正式提交董事会或总经理办公会前就党委的有关意见和建议与董事会、经理层其他成员进行沟通。(3)进入董事会、经理层的党委成员在董事会、经理层决策时,要充分表达党委意见和建议,并将决策情况及时向党委报告。(4)进入董事会、经理层的党委成员发现拟作出的决策不符合党的路线方针政策和国家法律法规,或可能损害国家、社会公众利益和企业、职工的合法权益时,要提出撤销或缓议该决策事项的意见,会后及时向党委报告,通过党委会形成明确意见向董事会、经理层反馈。如得不到纠正,要及时向上级党组织报告。

3. 双向进入、交叉任职的领导体制

河南省委组织部、省政府国资委《关于进一步规范省管企业领导人员职位从严管理职数的建议》明确了国有企业领导人员的职位,并参考资产、营收等要素确定领导人员职数幅度和参考依据。

《关于加强和改进省管企业领导人员管理工作的意见》将省管企业分为省管重要骨干企业和省管骨干企业两个层级,并按照管少管好企业正职、下放企业副职管理权限的原则对省管重要骨干企业、省管骨干企业正职、副职管理权限进行划分,并完善股份制企业领导人员管理体制。

符合条件的国有企业党组(党委)领导班子成员可以通过法定程序进入董事会、监事会、经理层,董事会、监事会、经理层成员中符合条件的党员可以依照有关规定和程序进入党组(党委);经理层成员与党组(党委)领导班子成员适度交叉任职;董事长、总经理原则上分设。党组(党委)书记、董事长一般由一人担任。开展中央企业领导体制改革试点,试点的中央企业董事会成员(不含外部董事、职工董事)、总经理、内设监事会主席(监事长)、纪检组组长(纪委书记)应当进入党组(党委),1 ~2 名经理层副职可以进入党组(党委)。

三、党组织与其他治理机关的关系

1. 党组织与董事会的关系

党组织与董事会的关系是新一轮国企改革的重大机制创设。

(1)党组织是国有企业公司治理的法定主体

与公司法的一般性规定不同,在国有企业的公司治理中,党组织是公司治理的法定主体,并且通过公司章程这一“宪法性”文件予以实现。

(2)党组织在公司治理结构中具有特殊地位

党组织是公司治理的政治核心、领导核心,党组织要“把方向、管大局、保落实”。

①党组织与董事会“双向进入”“交叉任职”

党组织成员进入董事会、董事会中的党员进入党组织,实现了党组织的领导作用、政治作用。

改革文件均要求党组织负责人一般兼任董事长,国务院办公厅《关于进一步完善国有企业法人治理结构的指导意见》明确要推进中央企业党组织专职副书记进入公司董事会。

国务院《关于推进国有资本投资、运营公司改革试点的实施意见》作为国有资本投资、运营公司的专门文件,明确要求国务院直接授权的两类公司应当设立党组织,纪检监察机关向两类公司派驻纪检监察机构。

②党组织的领导作用与董事会职能相融合

在国有企业的重大决策、选人用人、薪酬分配等职权中,也要求坚持党管干部原则与董事会依法选择经营管理者、经营管理者依法行使用人权相结合,“明确党组织在企业决策、执行、监督各环节的职责和方式”。

国务院办公厅《关于进一步完善国有企业法人治理结构的指导意见》规定公司党组织纪检负责人可以列席董事会、董事会专门委员会的会议。

近一个时期以来,大量的中央企业甚至省管企业均通过修改公司章程,从而明确公司党组织的事先审议通过是董事会对重要事项决策的前置条件。国务院《关于推进国有资本投资、运营公司改革试点的实施意见》则规定两类公司的重大经营事项,党组织研究讨论是董事会、经理层决策的前置程序,这也是第一次以正式规范性文件予以规定。

2. 党组织与监事会的关系

党组织与监事会的关系，主要体现在对国有企业经营事项形成“监督合力”。外派监事会的职责列入审计机构后，有利于充分发挥纪检监察、巡视、审计等监督作用。履职层面，国有企业监事中的党员每年要定期向党组（党委）报告个人履职和廉洁自律情况。上级党组织对国有企业纪检组组长（纪委书记）实行委派制度和定期轮岗制度，纪检组组长（纪委书记）要坚持原则、强化监督。纪检组组长（纪委书记）可以列席董事会和董事会专门委员会的会议。

3. 党组织与经理层的关系

国有企业经理层一般控制在 5 人以内。党组织与经理层的关系主要体现在交叉任职及参与重大事项决策方面。

符合条件的国有企业党组（党委）领导班子成员可以通过法定程序进入董事会、监事会、经理层，董事会、监事会、经理层成员中符合条件的党员可以依照有关规定和程序进入党组（党委）；经理层成员与党组（党委）领导班子成员适度交叉任职。目前部分中央企业已经启动试点，试点的中央企业总经理应当进入党组（党委），1 ~ 2 名经理层副职可以进入党组（党委）。

党委参与经理层重大问题决策的主要程序一般是：企业党委召开党委会对经理层拟决策的重大问题进行讨论研究，提出意见和建议。党委认为另有需要经理层决策的重大问题，可以向经理层提出。进入经理层尤其是任总经理的党委成员，要在议案正式提交总经理办公会前就党委的有关意见和建议与经理层其他成员进行沟通。进入经理层的党委成员在经理层决策时，要充分表达党委意见和建议，并将决策情况及时向党委报告。进入经理层的党委成员发现拟作出的决策不符合党的路线方针政策和国家法律法规，或可能损害国家、社会公众利益和企业、职工的合法权益时，要提出撤销或缓议该决策事项的意见，会后及时向党委报告，通过党委会形成明确意见向经理层反馈。如得不到纠正，要及时向上级党组织报告。

4. 党组织与职代会的关系

（1）维护职工合法权益

企业党组织要支持和保证职工代表大会依法行使各项职权，要监督劳动合同制度的执行，推行平等协商和集体合同制度，建立协调稳定的劳动关系和劳动关系预警协调机制。党委（党组）要定期听取职代会工作情况的汇报，切实加强对职代会工作的领导，指导协调企业各有关方面，及时研究解决职代会制度建设中遇到的问题,落实企业工会的人员编制,充分发挥职代会应有的作用;要定期组织企业负责人进行法律法规、现代企业管理等知识的培训,提高他们的民主管理意识;要加强督导力度,促进企业健全完善民主管理的各项机制,扎实提高企业民主管理工作的水平。

(2)民主评议

职工代表大会民主评议国有企业领导人员工作要在企业党委(党组)领导下,由职工代表大会主席团主持进行,职工代表大会应建立民主评议专门委员会(或专门小组),负责职工代表大会交办的民主评议事项及监督检查民主评议结果落实等情况。

作者简介

牛范淇律师,吉林大学工学学士、兰州大学法律硕士,公司业务部副主任;郑州市律师行业优秀共产党员;执业定位于国有资产运营、资本市场/证券、私募股权与投资基金组建及运作、并购重组、国有资产运营等领域诉讼和非诉讼法律服务,为河南省国土资源开发投资管理中心、河南省国有资产经营集团有限公司、河南中原金控有限公司等提供资产重组、并购、混改专项法律服务,为大山教育(870106)、健康岛(838076)、沃特节能(871464)等多家企业提供新三板挂牌、定向发行、终止挂牌专项法律服务,为郑州市国投资产管理有限公司、河南赛领资本管理有限公司、河南农开投资基金管理有限责任公司等基金筹备、设立及备案提供法律服务,代理大量公司、投融资、不良资产等领域重大疑难案件。

国有企业合规管理法律解构

王登巍

企业的合规建设，主要来源于三个层面的驱动：外部环境（主要是国内和国外的经济环境、法治环境）的避害需求，企业自身的治理、管理与管控要求，企业相关者的利益保护需要。

如果说“中兴事件”“华为事件”对中国企业和公众在价值和文化层面进行了一次“合规”洗礼，那么，世界银行 2018 年 7 月对两家中国工程公司发布项目禁令、美国司法部 2018 年 11 月专门公布针对中国企业的工作计划以及诸多具体的合规案例，则让中国企业在制度安排层面又认识到了“合规”的专门化和普适性，一系列带有“合规”标题的法律规范文件陆续出台，也让“合规管理”日益成为一个独立、专业和专门的管理和法律的课题。

一、“合规”厘定

（一）“合规”概念

梳理各种含“合规”名称的规范性文件，“合规”的概念有以下 5 类表述。

（1）企业的经营活动与法律、规则和准则相一致；

（2）公司及其从业人员的经营管理行为符合法律法规、监管规定、公司内部管理制度以及诚实守信的道德准则；

（3）企业及其工作人员的经营管理和执业行为符合法律、法规、规章及其他规范性文件、行业规范和自律规则、公司内部规章制度，以及行业公认并普遍遵守的职业道德和行为准则（也即“法律、法规和准则”）；

(4)企业及其员工的经营管理行为符合法律法规、监管规定、行业准则和企业章程、规章制度以及国际条约、规则、商业惯例等要求；

(5)组织遵守了适用的法律法规及监管规定，也遵守了相关的标准、合同、有效治理原则或道德准则。

以上概念的区别主要在于三个方面：一是合规行为的主体，是组织还是包括其员工；二是合规行为的对象是企业的经营活动（经营管理行为），还是包括员工的从业行为；三是合规的标准是法律、法规、准则，还是还包括企业章程、内部规章制度、道德准则、商业惯例、国际条约等一切可能触发风险的规则。

其中最宽泛的概念是2018年12月29日颁布的国标《合规管理体系指南》以及2018年12月26日七部委印发的《企业境外经营合规管理指引》。与其他概念相比，前者包含了符合“合同、有效治理原则”的要求，后者增加了符合“商业惯例”的要求。

（二）“合规”解析

1. 合规概念的正反要义

为区别“合规”与“风险管理”，有人主张：合规偏重于应该怎么做，而风险管理则偏重于不要做什么。

笔者认为，“合规”既然是指对广义上的法规、规定、规则、规章、规范甚至是规矩（政策要求）和规律（商业惯例）等“义务”（《合规管理体系指南》称其为“合规要求或合规承诺”）的“符合”，那么，其本身就应当包括对“积极义务”的“遵守”与“消极义务”的“不违反”两个方面。因此，“合规”并非仅指应当做什么，还包括不应当做什么、不能做什么。而且，从“合规”的起源看，也正是从反腐败、反贿赂、反欺诈、反垄断、反不正当竞争等消极方面起源并完善起来的。同样，风险管理也不仅包括不能做却做的风险，也包括了应该做却没去做的风险。因此，合规未必就没有风险，但不合规则有风险。

2. 合规管理与风险管理、法律风险管理

从文义上，合规管理就是为了防范或防控“合规风险”开展的有组织有计划的管理活动，而合规风险则是组织风险的构成成分，是没有遵循广义的“规”引发法律责任、受到相关处罚、造成经济或声誉损失以及其他负面影响的可能性。

但是风险管理的内涵不仅仅包括合规风险管理，GB/T23694—2013《风险管理术语》（ISO Guide 73:2009, IDT）将风险界定为“不确定性对目标的影响”，风险管理则是指“在风险方面，指导和控制组织的协调活动”。

银监会发布的《行业银行合规风险管理指引》《商业银行操作风险管理指引》《银行业金融机构全面风险管理指引》等文件，将银行的风险管理的对象界定为信用风险、市场风险、流动性风险、操作风险、国别风险、银行账户利率风险、声誉风险、战略风险、信息科技风险以及其他风险，其中“操作风险”不包括策略风险和声誉风险。合规风险与上述列举的“风险”存在交叉。

GB/T27914—2011《企业法律风险管理指南》，将企业法律风险界定为“基于法律规定、监管要求或合同约定，由于企业外部环境及其变化，或企业及其利益相关者的作为或不作为，对企业目标产生的影响”。

可以看出，企业法律风险的概念要小于合规风险、合规风险的概念则小于风险。

因此，从职责上，企业的法务部门在风控角度侧重的是法律风险的控制，风控部则不仅是对法律风险还有其他各种风险要素的管控，而合规部门则更侧重于“合规要素”风险管控的组织和协调工作但并非直接的管理部门，合规文件将其称为“牵头”部门。

但在实操层面，企业一般不会也没有必要对法务、合规和风控这三个部门清晰界定应然的职责或者概念，而是基于企业整体情况或某个阶段运营和管理需要进行个性化或者功能化的岗位设置、职责分工。

3. 合规管理与内部控制

内部控制从理论上应该是管理和法律的概念，但在制度建设层面更多的是财务（含审计）层面的概念，企业内部控制在法律视角的理论研究和实务工作却明显不足。

除了金融及资本市场业务层面的《商业银行内部控制指引》《证券公司投资银行类业务内部控制指引》以及两个交易所的《上市公司内部控制指引》等法律文件外，内部控制的法律文件基本上都是财政部单独或者主导发布的内部控制规范文件。最为系统的“立法”起源就是 2001 年财政部发布的《内部会计控制规范》，然后是 2008 年财政部、中国证监会、审计署、中国银监会、中国保监会五部门联合发布的《企业内部控制基本规范》，当时还仅是在上市公司层面要求实行。2010 年五部委又颁布了更为完整的《企业内部控制配套指引》，包括 18 项具体的应用指引以及《企业内部控制评价指引》《企业内部控制审计指引》，从而将内部控制规范文件架构化、体系化。

内部控制的首要目标就是“保证企业的经营管理合法合规”，并且强调“以法制为推动”。因此，内部控制目的包括“合规”但并不仅仅是“合规”，与合规管理同样也存在交叉。七部委的指引基于“全面性原则”，也明确要求在“决策机制、内部控制、业务流程等各个方面”体现“合规管理”。

(三)“大合规”的法律要义

在更广泛的意义上使用和理解合规概念，不仅更有助于企业的规范运营和风险管理，也更能让与合规相关的内外部主体准确厘定各自在合规建设中的角色定位和功能发挥，避免合规就是合规部门的事情，甚至“合规”管理等同于“合法”管理的错误认识。毕竟，合法只是最低限度的合规，而且合规也不仅仅包括合法的维度。

本文认为，“大合规”至少包括以下几个维度的扩大。

1. 合规主体的扩大

不仅包括企业自身及其员工，还应当包括企业的利益相关者，如企业的股东、实际控制人等，甚至相关的政府机构。

2. 合规标准的扩大

综合各种合规性文件的要求，合规的“规”，包括内外部的各种“规”而不仅仅是企业常说的“外法内规”，外部的“规”也同样包括：法律规范、监管规定、行业准则、技术规则、国际条约、合同、制度规章、道德规范、商业惯例等，作为国有企业，同时还必然包括党的政策文件、纪律要求等，如对国有全资和控股企业关于党组织建设的规定、国有从业人员和党员领导干部廉洁自律的规定等这些“政治规矩”。

3. 合规对象的扩大

合规性文件将合规的管理对象界定为企业的经营管理行为和人员的从业行为，但在大合规的概念下，还应当包括利益相关者实施的与企业合规性有关的行为。即除了企业及员工的行为合规要求外，还包括公司治理行为的合规、公司并购重组的合规、公司对外投资的合规、一级国有企业对所属子企业的管控合规等。例如，《公司法》对于股东的相关要求(出资要求、出资转让要求等)，比如《商业银行股权管理办法》对入股商业银行的主体资格以及实际控制人、一致行动人、关联方的规制要求，以及国资监管机构、业务主管部门对于国有企业经济法思维下的“垂直”监管等也都对企业相关者的有关行为提出了规范要求。

4. 合规组织的扩大

合规性文件对于合规建设组织结构的规定可以归纳为“四位一体”和“三道

防线”。

所谓“四位一体”，是指治理层、合规条线、业务条线、其他部门的共同参与。其中合规条线则包括合规委员会、合规管理负责人、合规管理部门、合规岗位等。

《保险公司合规管理办法》第四章“合规管理”确立了“三道防线”的框架，即条线（部门和分支机构）防线、合规防线（合规部门和岗位）和内审防线。从一般企业的合规建设看，可以理解为业务、合规、保障三类机构的协同防线。

因此，合规管理不仅仅是企业合规管理部门一个机构的工作，合规管理部门的定位只是“牵头部门”。诸多文件均将合规管理的最终责任主体明确为“董事会”这一决策机构，合规建设的直接责任主体则是业务条线部门。

因此，合规建设的组织结构是董事会领导的、合规管理部门牵头、业务与保障条线结合的，全员、全流程、全要素的“全覆盖”结构。

二、合规管理的法制渐进

一方面，合规管理是因为“外部监管”而被动产生的；另一方面，合规管理又是被“风险管理”所反向催生的。具体到我国的合规管理建设，可以总结为“从分散到专门化、从标准到法律化、从特殊行业到特殊企业以及特殊领域”的特点。

（一）“合规”的专门化

企业的合规建设并非自始就成为“专门”的概念，更多的是在相关的监管文件中要求“合规”，侧重的是外部监管视野和风险管理视角。

合规的专门化是从金融领域开始的。1992 年国家审计署、中国人民银行《对金融机构贷款合规性审计的实施方案》也是基于“审计”监管的路径，对于贷款业务的合规性提出要求。专门的“合规”立法是从 2006 年 10 月 25 日的《商业银行合规风险管理指引》开始的，体现的是“风险管理”的视角。此后，2007 年 9 月《保险公司合规管理指引》（已被 2016 年 12 月的《保险公司合规管理办法》废止）、2008 年 7 月《证券公司合规管理试行规定》（已被 2017 年 6 月的《证券公司和证券投资基金管理公司合规管理办法》废止）、2018 年 3 月《银行业金融机构从业人员行为管理指引》等都开始从合规的“管理”层面加以规范，中国证券业协会 2017 年 9 月 8 日也颁布了《证券公司合规管理实施指引》这一更具有操作特点的行业规则。“合规管理”日益脱离“风险”这个单一立场的限制而体现出专门化、科学化、体系化的特点。

在国有企业领域也同样是从“监管”的视野和“风险管理”的立场到“合规”

的专门化和专业化的，如国务院办公厅2016年8月《关于建立国有企业违规经营投资责任追究制度的意见》是从6类54种情形的追责入手规范国有企业的“不合规”行为，2006年6月的《中央企业全面风险管理指引》以及金融、资本市场诸多的风险管理文件均是从“风险管理”的立场规范企业经营管理行为的。2018年11月2日国务院国资委发布的《中央企业合规管理指引（试行）》以及2018年12月26日七部委联合印发的《企业境外经营合规管理指引》都是从合规管理的正向视角进行专门规范。

（二）合规管理的标准化与法律化

合规管理相关的标准最重要的是两个：国际标准组织ISO于2014年12月15日颁布的ISO 19600：2014《合规管理体系指南》和我国于2017年12月29日颁布的GB/T3570—2017。与此相关的其他标准还包括GB/T23694—2013《风险管理术语》、GB/T24353《风险管理原则与实施指南》、GB/T27914—2011《企业法律风险管理指南》等。

国家标准包括强制性和推荐性两类，其中GB/T类则为全文推荐类。推荐性标准虽然只是具有倡导性，但一方面一旦承诺遵守或者引入相关合同等法律文件或者被认定为商业惯例等就具有了约束力，另一方面如果按照相关标准进行了建设和认证则可能会成为企业减轻或者免除相关责任的重要事由。如美国量刑委员会《针对组织的联邦量刑指南》、美国的《反海外腐败法》以及英国的《反贿赂法》，都将企业建立完善有效的合规管理体系作为可以减轻处罚的直接理由。

1. 国际到国内的路径

如同金融行业借鉴相关的国际条约和规则的合规要求一样，我国的合规建设相关标准也是直接落地了有关的国际标准，如《合规管理体系指南》《风险管理术语》《风险管理原则与实施指南》等，均是ISO相关标准的国内化落地。

2017年6月12日深圳市市场监督管理局发布的《反贿赂管理体系深圳标准》（被业内称为“深圳标准”），也是借鉴了2016年10月ISO 37001《反贿赂管理体系要求及使用指南》的相关内容。

2. 标准与立法的双向驱动

在合规管理的标准出台之前及之后，金融领域的合规管理专门立法一直在不断完善，涵盖了合规管理、风险管理、内部控制、公司治理、从业人员行为管理等事项；《中央企业全面风险管理指引》《企业法律风险管理指南》等标准化文件也在引导和规范着企业的经营管理行为。一方面,标准作为倡导性文件对企业的合规管理起到了示范作用,而法律文件则以其强制性从正反两面规范着企业的合规管理;另一方面,法律文件根据阶段性的客观情况适时吸收了标准化的内容,从而将相关的标准揉入法律文件。

3. 特殊行业、特殊企业以及特殊领域的先行先试

我国目前关于合规的制度建设反垄断领域主要集中在一个行业、一种企业和两类领域,即金融行业、国有企业和海外经营领域。

(1)金融行业的公众性决定了合规的重要性

金融业务的高度社会性决定了事关社会公众的利益,其行业特殊性决定了高度关注风险。社会公众性与高风险性的叠加,决定了金融领域是最先实施合规管理法制化的行业。

(2)国有企业的公有性决定了合规管理的必然性

国有企业属于全民所有,一方面事关全民利益,另一方面所有者与所有者代表、出资人和出资人代表四者之间及其与经营者之间的天然分离,体现了不同于一般公司下信托和代理关系的复杂结构,也就为各种不合规风险提供了生存和生长的空间。

因此,基于前述公众性和公有性,金融领域出台了商业银行、保险公司、证券公司、证券投资基金公司的合规管理法律文件,国务院国资委继2014年明确提出将企业合规管理列入中央企业法制工作新五年规划后,在2015年《关于全面推进法治央企建设的意见》、2016年《关于在部门中央企业开展合规管理体系建设试点工作的通知》等基础上,2018年11月国务院国资委出台了《中央企业合规管理指引(试行)》,与其2006年6月6日发布的《中央企业全面风险管理指引》呼应,从而将中央企业的合规管理从政策文件上升为法律文件,并要求中央企业"根据"指引制定实施细则,倡导地方国资监管机构"参照"指引积极推进所出资企业的合规管理工作。

(3)国际环境的现实压力决定了将"境外经营"作为合规立法的重点领域

继《中央企业合规管理指引》后,2018年12月26日国家发改委牵头外交部、商务部、中国人民银行、国资委、国家外汇管理局、全国工商联等七部委联合印发了《企业境外经营合规管理指引》(以下简称《合规管理指引》),当然,该指引旨在"供企业参考"。这不仅与《中央企业合规管理指引》将"海外投资经营行为"作为"合规管理重点"相呼应,也是"合规管理"很大程度受制外部国际环

境压力的现实反应,该指引所称的"境外经营"主要包括"对外贸易、境外投资、对外承包工程"三大重点业务以及"境外日常经营"四个方面。

(4)新监管时代的反垄断合规

进入新监管时期以来,对头部企业的规范和规制成为强监管的重点对象,国务院反垄断委员会针对反垄断领域法律风险于2020年9月11日发布了《经营者反垄断合规指南》,"对经营者反垄断合规作出一般性指引,不具有强制性"。

(三)"合规"的刑法尝试

"合规不起诉"制度是最高人民检察院直接推动的合规制度刑法尝试,最早可以追溯到2015年的浙江省岱山县人民检察院办理的伪造增值税专用发票、虚构抵押物案,从而将合规建设带入司法领域。2021年4月,最高人民检察院在第一期试点工作基础上颁布了《关于开展企业合规改革试点工作的方案》,并于6月3日会同司法部、财政部发布《关于建立涉案企业合规第三方监督评估机制的指导意见》,标志着合规不起诉制度的进入制度化和体系化发展阶段。

合规不起诉制度的第二期试点范围,从第一期的六个基层检察院扩大到十个省级检察院,并由该省级检察院自行确定1~2个基层检察院作为试点。在具体适用的规则和制度上,目前仍多以内部文件形式出现,最高人民检察院也公布了部分典型案例加以引导。

三、国有企业合规管理法务的特殊性

1. 合规管理的政治属性

国有企业的所有制属性,决定其除了一般企业的经济属性外还具有特殊的政治属性,这在国有企业的合规管理中也必然会有所体现。

主要表现在以下方面。

(1)合规问题会触发政治问题

一般企业的合规可能更多产生的是法律责任、经济责任或者管理责任,而国有企业的合规问题可能还会引发相关单位或人员的行政责任、政治责任或监察责任,尤其是在当前更多要求党组织与公司的其他治理和管理机关交叉任职、双向进入的环境下。

(2)合规评价包括政治评价

国有企业对于合规事项或者合规问题的检视或者评价标准,不仅有法律、管理和经济角度的标准,还应包括政治视角的评价,如某些事项可能产生的社会影响、政治影响、国际影响等，如改制改革中的员工安置问题，如国有单位从事金融创新或者其他具有广泛社会影响活动的审慎性等。

(3)合规价值包含政治导向

企业合规管理的本原价值是企业管理的科学化和企业行为的规范化，而国有企业的合规管理除了经济、管理、法律层面的导向外，也必然包含政治导向，尤其是在日益强化国有全资和国有控股企业的党建工作的语境下。如有关部门相继出台要求在国有全资和控股企业的公司章程中写入党组织建设的内容，以及加强对境外上市国有企业的实质性管控等。

2. 合规管理中的政策属性

国有企业的合规管理在全环节都包含对各种“政策性文件”示范性遵守尤其是对党的政策性文件的纪律性遵守。

党的政策性文件，不仅包括各级党组织单独发布的文件，也包括各级党组织会同其他机构发布的文件，还包括党的相关部门如中央组织部、中央办公厅、中央纪律委员会等单位发布的政策性文件。如关于领导干部及其配偶子女的廉洁自律规定以及经商办企业的规制性要求，如“三重一大”的决策机制等，均构成了合规管理的行为要求和具体内容。

也就是说，国有企业的合规管理的“规”，必然包括党的各种政策性文件甚至非文件形式的要求和规矩。

3. 合规管理的党组织要素

中央企业的合规管理组织结构包括董事会、监事会、经理层，根据国有企业党组织建设的相关要求，党组织相关成员与这些结构是交叉任职和双向进入，而且要在国有全资及控股企业的相关环节和程序中体现出党的领导，企业的党组织也就必然会成为合规管理的重要机构，国有企业的合规管理决策、实施、监督等环节也必然有着党组织的意志体现。

在问责程序中，国有企业除了审计部门和机构外，还会有本级和上级党组织、纪检监察机构的参与以及巡视机制的落实。所以，国有企业的合规管理问责还包括党政问责要素，这对于国有企业的高级管理人员而言可能更为重要和现实。

4. 合规管理的特殊法要素

国有企业除了受到一般企业的商法规制外，还存在国资监管下的经济法规制。除《企业国有资产法》外，国务院、财政部、国资委或者其他主体还颁布了体系庞大的特别法律规范文件或者要求，涵盖资产评估、资产处置、改革改制、关联交易、对外担保、对外投资、并购重组、招投标等具体环节和事项，这些都构成了国有企业合规管理的特殊法律要素。

四、国有企业合规管理的法务结构

法律结构通常是指法律规范的价值、原则、概念和规范，以及法律关系中相关的主体、客体和内容以及与之相关的对象等概念。

根据《中央企业合规管理指引（试行）》，国有企业的合规管理体系的法务结构主要包括：

1. 目标与宗旨

《企业法律风险管理指南》将目标和宗旨定义为“方针”，指最高管理者发布的组织的宗旨和方向，可以理解为《中央企业合规管理指引》中董事会确定的“合规管理的战略规划”，无论是在管理意义上还是法律角度上，目标与宗旨都决定着合规管理的其他事项。类似于法律规范中的法律价值和导向。

2. 原则

《中央企业合规管理指引》明确了中央企业的合规管理体系建立和健全的基本原则，包括“全面覆盖、强化责任、协同联动、客观独立”四大原则。其实还应结合中央企业的法制化建设要求以及国有企业监管的特殊要求，体现国有企业合规建设中坚持党的领导、维护国有资产和国有资本安全的原则，以及合理性原则。

七部委的指引则将合规管理的原则界定为“独立性、适用性、全面性”三大原则。

3. 主体

《中央企业合规管理指引》将合规管理的主体界定为全员参与，并在“强化责任”的原则下，规定建立“全员合规责任制”，要求明确管理人员和各岗位员工的合规责任并督促有效落实。

4. 对象

《中央企业合规管理指引》将合规管理的对象界定为“企业和员工经营管理行为”，贯穿决策、执行、监督的全流程，《企业境外经营合规管理指引》则将基于“全面性原则”，要求合规管理覆盖所有业务领域、部门和员工，要求企业贯穿“决策、执行、监督、反馈”各个方面，体现“决策机制、内部控制、业务流程”等各个环节。

5. 内容

《中央企业合规管理指引》将合规管理的内容界定为制度制定、风险识别、合规审查、风险应对、考核评价、合规培训等，并称之为“管理活动”，体现出有组织和有计划两个特点。

《中央企业合规管理指引》则包括了“合规管理要求、合规管理架构、合规管理制度、合规管理运行机制、合规风险识别评估与处置、合规评审与改进、合规文化建设”7 个方面的内容，更为完整和科学。

五、国有企业合规管理的法务体系

参考《中央企业合规管理指引（试行）》以及《合规管理指引》等文件，国有企业合规管理的法务体系可以总结为以下 5 个方面的内容：

（一）合规文化建设

《合规管理体系指南》将合规文化定义为：贯穿整个组织的价值观、道德规范和信念，与组织的结构和控制系统相互作用，产生有利于合规成果的行为准则。《中央企业合规管理指引》从合规文化的培育和推广两个方面倡导合规文化。

合规文化首要的是合规意识，自觉的合规意识是合规建设的思想基础，在中国特色的官本位下，国有企业领导和领导机构的合规意识对于国有企业的合规建设更为重要。从某种意义上讲，合规意识就是“我要合规”。

合规理念则是合规意识的细化和行为自觉，也是合规意识在具体的决策、经营、管理行为以及相关和活动中的具体体现。合规理念就是“我能合规”的文化氛围。

合规价值则是企业合规文化的导向，是在企业价值观中嵌入“合规”要素，从而在企业的各种制度建设和具体活动中追求合规、崇尚合规、合规价值就是“我合规”。

《中央企业合规管理指引》明确合规文化是企业文化的重要内容，合规是企业经营理念和社会责任的重要内容，并要求将企业文化传递利益相关方，这也是第一次明确合规建设涉及“利益相关方”。

（二）合规组织建设

合规组织是合规管理的主体，按照《合规管理体系指南》，合规组织包括组织自身、相关方、最高管理者、治理机构、员工、合规团队、监管机构。

《中央企业合规管理指引》规定的合规管理组织则包括治理机关、专门机关、管理机关、保障机关以及外部监督机关的“4 +1”架构体系,《中央企业合规管理指引》则从合规治理结构、合规管理机构、合规管理协调三个方面规定了“合规管理架构”,同样体现的也是“4 +1”架构,但外部机构布局不仅包括外部监管机构还包括与其他第三方的沟通协调,更为宽泛。

1. 公司治理机关

公司治理机关是指董事会、监事会和经理层。

董事会作为决策机构,负责批准企业合规管理战略规划、基本制度和年度报告,推动完善合规管理体系,任免合规管理负责人、决定合规管理牵头部门的设置和职能、研究决定合规管理的重大事项、按照权限决定违规人员的处理等。

监事会作为监督机关,负责监督董事会的决策与流程合规性、监督董事和高级管理人员的合规管理履职情况、对有重大合规风险责任的董事和高级管理人员建议罢免、向董事会建议撤换合规管理负责人。

经理层作为执行机关,负责建立健全合规管理组织架构、批准合规管理具体制度、批准合规管理计划、确保合规制度执行、明确合规管理流程、确保合规要求融入业务领域、及时制止纠正不合规经营行为、按照权限追究违规人员或提出处理建议等。

2. 专门机关

《中央企业合规管理指引(试行)》明确要求中央企业设立“合规委员会”,与企业法治建设领导小组或反向控制委员会合署,承担合规管理的组织领导和统筹协调工作,研究决定合规管理重大事项或提出意见建议,指导、监督和评价合规管理工作。但该委员会与董事会或者经理层的关系如何界定和区分,文件并没有予以明确。《中央企业合规管理指引(试行)》称其为“合规管理体系的最高负责机构”。

《中央企业主要负责人履行推进法治建设第一责任人职责规定》中对党组织书记的职责中第1项明确“……促进党委(党组)充分发挥把方向、管大局、保落实的重要作用,成立法治建设领导机构……”从文字理解法治建设领导小组应该是企业党组织推动成立的机构。

《中央企业全面风险管理指引》则明确“风险管理委员会”为董事会下设的专门委员会。

3. 管理机关

管理机关包括合规管理负责人、合规管理牵头部门、业务部门,《中央企业合规管理指引(试行)》则将合规管理牵头部门定义为"合规管理部门",更多的是在强调合规管理机构及岗位的独立性。

(1)合规管理负责人

《中央企业合规管理指引(试行)》规定合规管理负责人由董事会任免(但并未明确为公司高级管理人员),负责组织制订合规管理战略规划、参与企业重大决策并提出合规意见、领导合规管理牵头部门开展工作、向董事会和总经理汇报合规管理重大事项(双头报告)、组织起草合规管理年度报告。《中央企业合规管理指引(试行)》则提出了"首席合规官"的概念。

(2)合规管理牵头部门

合规管理的工作部门定义为"牵头"部门,说明合规管理工作的综合性、体系化,而非某一个部门的工作也非仅仅涉及某一类的事项。

《中央企业合规管理指引(试行)》规定,法律事务机构或其他相关部门为合规管理的牵头部门,组织、协调和监督合规管理工作,为其他部门提供合规支持。

合规管理法律文件多要求合规负责人及部门与业务条线之间的独立性。

(3)业务部门

按照合规管理法律文件以及相关的标准化文件,业务(含分支机构)是合规管理的日常机构,也是直接责任主体。《中央企业合规管理指引(试行)》要求业务部门按照合规要求完善业务管理制度和流程,主动开展合规风险识别和隐患排查,发布合规预警,组织合规审查,及时向合规管理牵头部门通报风险事项,妥善应对合规风险事件,并做好本领域的合规培训和商业伙伴的合规调查等工作。

(4)保障机关

有的合规文件将内部审计机关作为合规管理的第三道防线,注重的还是内部控制和财务监督角度。在"大合规"视野下,不仅仅是内部审计部门,监察、法律、内控、安全生产、质量、环保、知识产权、招投标管理等部门也都是合规管理的参与者,同时也是保障者和监督者。

(5)外部监督机关

作为国有企业,不仅受到内部机关的合规监督,还基于国资监管的特殊性受到外部的监督,如上级党组织、国资监管机构、政府主管机关、外派监事会、审计机关和外部审计机构的监督等，以及“阳光国企”语境下的舆论监督。

(三)合规制度建设

合规建设自身也需要制度的建立、健全和完善，制度建设是合规自身的内部“立法”。按照《中央企业合规管理指引》的规定，制度的“立法主体”包括董事会“批准企业合规管理基本制度”和经理层“批准合规管理具体制度规定”。《中央企业合规管理指引(试行)》则从“合规行为准则、合规管理办法、合规操作流程”三个层次规定了合规制度建设的具体要求，其中合规行为准则是基础和依据，合规管理办法则是针对特定主题或者特定风险领域以及特定行业和地区的合规要求制定的具体制度，而合规操作流程则是前述两项内容的细化要求。

综合合规管理的法律文件，合规制度应当包括以下关键要素：

(1)基本制度应当明确管理目标、基本原则、机构设置及职责，违法违规行为及合规风险隐患的报告、处理和责任追究；

(2)要求建立考核制度、合规问责制度、诚信举报制度等；

(3)制度本身应当进行合规性审查；

(4)覆盖决策、执行、监督、反馈、考核、评价全环节全流程；

(5)关注重点领域、重点环节和重点人员；

(6)其他事项。

《中央企业合规管理指引(试行)》提出的重点领域包括市场交易、安全环保、产品质量、劳动用工、财务税收、知识产权、商业伙伴、其他共八大重点领域；重点环节则包括制度制定、经营决策、生产运营、其他四大环节；重点人员则包括管理人员、重要风险岗位人员、海外人员、其他人员四大人员，并对中央企业的海外投资经营行为作出专门规定。同时要求基于法律法规、准则等外部环境变化，及时评估相关影响，更新相关制度和流程。

不同的国有企业，由于所处行业、产业或者区域不同，个性化的合规管理的重点、难点和焦点，也应在一般合规管理制度基础上做出专门的制度安排，这也是七部委指引所述“适用性”原则，体现合规管理的“操作性和有效性”。

(四)合规机制建设

《中央企业合规管理指引(试行)》在第五章“合规管理运行机制”中从“合规培训、合规汇报、合规考核、合规咨询、合规信息举报与调整、合规问责”6 个方面进行了操作性的机制规定。

根据《中央企业合规管理指引(试行)》,国有企业的合规管理机制可以总结为以下6个方面的内容:

1. 协作机制

《中央企业合规管理指引(试行)》明确了合规管理的协作机制,合规管理部门的“牵头”定位也更精准体现了这一机制,四位一体、内外协同、全员参与、全环节覆盖。七部委的指引则在“合规管理架构”一章中专门规定了“合规管理协调”,包括合规管理部门与业务部门分工协作、与其他监督部门分工协作、与外部监管机构沟通协调以及与第三方沟通协调4个方面。

2. 问责机制

鼓励合规、惩处违规是合规价值文化的主要表现,建立问责机制也是制度得以落地的必要保障,更是国资监管的组成部分。

3. 预警机制

风险识别与风险预警是风险管理的行为表现,也是合规管理的要义。《中央企业合规管理指引》要求全面系统梳理经营管理活动中的合规风险,对风险发生的可能性、影响程度、潜在后果等进行系统分析,对于其中的典型性、普遍性和可能产生较严重后果的风险及时发布预警。

《中央企业合规管理指引(试行)》则从合规风险识别、评估和处置三个方面对合规风险管理进行了细化。

4. 审查机制

合规审查机制就是在制度制定、重大决策、重要合同、重大项目等经营管理行为中把合规审查作为必经程序和前置程序。《中央企业合规管理指引(试行)》将其称为“咨询与审核机制”,并要求企业针对高合规风险领域规定强制合规咨询范围。同时要求对于复杂或专业性强且存在重大合规风险的事项,合规管理部门应按照制度规定听取法律顾问、公司律师意见,或委托专业机构召开论证会后再形成审核意见。

5. 评价机制

《中央企业合规管理指引》要求把合规管理情况纳入各部门和企业负责人的年度考核,细化评价指标,评价机制不仅提升合规意识,也将合规管理纳入了企业的整体评价体系。

《中央企业合规管理指引(试行)》则要求合规考核应全面覆盖企业的各项

管理工作，合规考核结果应作为企业绩效考核的重要依据。

6. 报告机制

报告机制包括临时报告和年度报告。根据《中央企业合规管理指引（试行）》，发生较大合规风险事件，合规管理牵头部门和相关部门要及时报告，重大事件还应向国资委和相关部门报告。年度报告则由合规管理牵头部门在每年年底全面总结合规管理工作起草年度报告，并经董事会审议通过后报送国资委。

金融机构的合规管理法律文件也规定了类似的报告机制。《中央企业合规指引（试行）》中的“合规汇报”要求则相对较低，仅规定了定期向决策层和高级管理层的定期报告以及重大不合规风险的及时报告。

（五）合规管理流程

结合《中央企业合规管理指引（试行）》和《合规管理体系指南》，国有企业的合规管理流程，如图1所示。

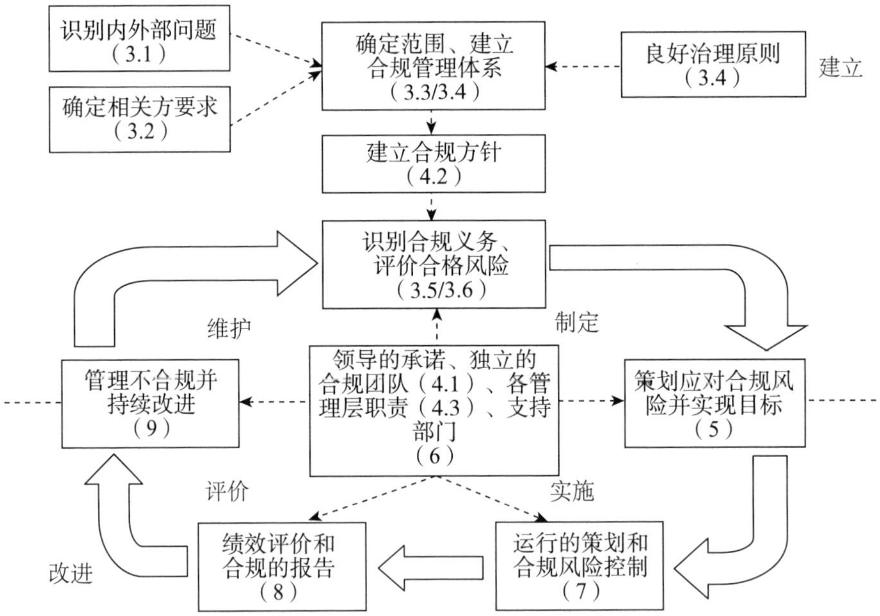

图1　合规管理体系流程

制定战略规划、方针，确定合规管理目标，确定体系的范围，建立合规管理组织，建立合规管理的一般和专项的管理制度和流程，合规审查，风险识别与预警,评估改进,问责及评价,合规培训。而《中央企业合规管理指引(试行)》还规定了合规审计,要求企业审计部门应对合规管理执行情况、合规管理体系的适当性和有效性等进行独立审计。这类似于企业的内部控制评价,但似乎加重了“合规性建设”的整体财务负担。

在ISO合规管理体系流程图中,识别合规义务、评价合规风险、策划应对合规风险并实现目标、运行的策划和合规风险控制、绩效评价和合规的报告、管理不合规并持续改进这“六大事项”与“四大主体”(领导的承诺、独立的合规团队、各管理层职责、支持部门)之间,由制定、实施、评价、维护这“四大行为”链接,从而形成了“持续循环”的合规管理体系。

作者简介

王登巍律师,兰州大学法学学士、郑州大学法律硕士;河南省律师协会副会长,郑州市律师协会名誉会长;获得全国优秀律师、全国315个人荣誉奖章、河南省优秀律师、河南省司法行政系统劳动模范、郑州市十佳法律服务标兵、郑州律师行业特殊贡献奖等荣誉;担任河南省政府法律顾问、中共河南省委政法委案件评查员、郑州市政府法律咨询委员会副主任委员、郑州市政法队伍教育整顿特邀监督员、郑州市中级人民法院监督员、民革河南省委社会和法制委员会副主任,河南省法学会商法学研究会副会长、破产法研究会副会长、民法学研究会理事、郑州市人大代表,河南大学法学院硕士生导师、公司法研究中心副主任,郑州大学经济法律研究中心副主任,河南工程学院兼职教授、郑州轻工业大学校外导师等。执业定位于公司治理、并购重组、国资运营、投资融资、房地产等商事诉讼和非诉讼法律事务。

国有企业认定与资产交易再探讨

牛范淇

《企业国有资产交易监督管理办法》(以下简称《国有资产管理办法》)关于“国有及国有控股企业、国有实际控制企业”的规定并非首创,而是对2012年生效并实施的《国家出资企业产权登记管理暂行办法》(以下简称《产权管理办法》)“出资人”概念的进一步强调和延续。国有企业认定与产权登记息息相关,并指导企业国有资产的交易行为。

一、国有企业认定与国有产权登记

对于国有非金融企业,是否纳入产权登记范围取决于国有企业的认定及其属性。国家所有的权益不仅因国有对企业的投资所产生,还因国有“持股”行为及/或“控制力”产生。

2003年财政部回复公安部对国有企业认定的《财政部关于国有企业认定问题有关意见的函》指出,“对国有股权处于相对控股的企业,因股权结构、控制力的组合情况相对复杂,如需纳入‘国有公司、企业’范畴,须认真研究提出具体的判断标准”。当然,该复函并非基于国资监管的一般范畴。

国务院国资委于2009年出台的《产权管理办法》首次明确规定国家出资企业拥有“实际控制权”的境内外各级企业及其投资参股企业应当纳入产权登记范围,并进一步规定所谓“实际控制权”是指国有出资企业直接或间接合计持股比例超过50%,或者持股比例虽未超过50%,但为第一大股东,并通过股东协议、公司章程、董事会决议或其他协议安排能够实际支配企业行为的情形。

因此,《国有资产管理办法》以“国有实际控制企业”概念实现监管全覆盖的规定并非首创,而是对立法原则的延续,并且《国有资产管理办法》对“国有及国有控股企业、国有实际控制企业”的概念与《产权管理办法》关于“出资人”的规定基本一致,《国有资产管理办法》中“政府部门、机构、事业单位”的概念大于《产权管理办法》中“履行出资人职责的机构”的概念。《国家出资企业产权登记管理工作指引》(以下简称《登记工作指引》)中亦明确“履行出资人职责的机构”简称为“国家出资人”,各级人民政府以及政府授权履行出资人职责的机构、部门按照国家出资人填报信息。

二、公司法外观主义与国资监管的实质认定

(一)出资与持股

《国有资产管理办法》第 4 条第 2 款、第 3 款以“出资”和“持股”为纽带作为认定国有企业的依据,第 4 款则以“实际控制”作为认定国有企业的依据。结合国资业务法律实务,应当对因出资、持股形成的权益分别探讨。

1. 既出资又持股

国有资本出资是认定国有企业属性的根本,国有资本出资形成的权益无论是否嵌套资产管理计划或以代持方式持有,均应当被认定为国有资产。因此政府部门、机构、事业单位、单一国有及国有控股企业实际出资并直接或间接持股的企业,且符合《国有资产管理办法》第 4 条的相关规定,则该企业应当被认定为国有企业。

2. 仅持股未出资

实践中存在国有单位持股但未实际出资或仅部分出资的情况,比如以资产管理计划(含契约型基金、代持)等方式投资上市公司或非上市股权,代持方或资产管理计划的管理人为国有企业,该被投资企业是否应当被认定为国有企业应当结合出资方式及登记方式综合判断。

(1)未披露资管计划持股

在国有单位为资管计划的管理人或代持方的情况下,被投资企业登记的股东为国有单位。基于商事外观主义,该等情形下,国有单位不仅履行对被投资企业的出资义务、持有被投资企业股权,而且实际管理资管计划并直接承担超出资管计划约定范围的股东义务(该等义务包括但不限于后续实缴出资义务、清算责任等),如在外观上符合《国有资产管理办法》第 4 条的规定,被投资企业

即应当被认定为国有企业。

此外,如上述被投资企业未认定为国有企业,国有单位实质出资形成的国有股权存在被"解释"为实际股东为资管计划或为第三方代持的可能,增加了监管套利空间。

(2)披露资管计划持股

与上述情况不同,如国有单位管理的资管计划以直接或间接的方式(如该资管计划、契约型基金已在中国证券投资基金业协会进行备案且写入章程或协议中)披露为实际出资人,国有单位管理该等出资持有的权益实质为国有单位的表外业务,其管理的权益也不应当被认定为国有资产。

3. 民营资本控股但未完全实缴

混合所有制企业中存在民营资本控股,但民营资本与国有资本未按认缴出资比例同比例出资的情况,导致国有资本实缴出资超过实缴出资总额的50%。

上述情况下的混合所有制企业是否应当被认定为国有企业存在一定争议。本文认为,对《产权管理办法》《国有资产管理办法》中的规定均不应做扩大解释。国有"股权""持股"比例均应当被视为认缴出资形成的股权,而不应以实缴论。民营资本认缴未实缴并不影响民营资本的股东资格,企业的国有属性不因民营资本未实缴发生改变。

4. 合伙企业的国有属性

《国有资产管理办法》以"股权""持股"作为定义国有"企业"的维度,存在国有合伙份额的合伙企业是否应当参照《国有资产管理办法》被认定为国有企业应从立法和实践两个层面考量。

立法层面,首先,虽然《上市公司国有股权监督管理办法》(以下简称《股权监管办法》)首次明确"国有出资的有限合伙企业不作国有股东认定,其所持上市公司股份的监督管理另行规定",但该条款系针对上市公司国有股权监管所设,直接套用至非上市公司缺乏制度支持。其次,该条款明确"其所持上市公司股份的监督管理另行规定",在另行规定未出台前,国有出资的有限合伙企业即便不作国有股东认定,其资产交易仍应谨慎处理。

实践层面,国有股划转社保基金规定未废止前,存在国有创业投资企业被认定为国有股东,其持有的权益被划转的情况。特别是《国有资产管理办法》出台后,虽然存在国有控股企业未被认定为国有股东的个别案例[如北京国投协力股权投资基金(有限合伙)、双流英菲尼迪聚源创业投资中心(有限合伙等)],但多数国有份额超过50%的有限合伙企业按照《国有资产管理办法》的规定被认定为国有股东,进而履行国有股划转义务。

因此,国有出资的有限合伙企业应当参照《国有资产管理办法》的规定认定国有属性,以减少套利空间。

(二)投资层级

为进一步减少国有资产监管盲区和漏洞,各级国有资产监管部门相继规定国有企业对外投资原则上不得超过三级。在基金或资管计划成为国有企业重点投融资方式的背景下,国有企业投资的基金或资管计划是否应当被认定为对投资层级限制的突破可以参考《产权管理办法》及《登记工作指引》的相关规定进行分析。

《产权管理办法》规定,企业为交易目的持有的为赚取差价从二级市场购入的上市公司股权或近期内(一年内)出售而持有的其他股权不进行产权登记。

《登记工作指引》进一步明确,为了近期内(一年内)出售而持有的其他股权,是指企业以短期获利为目的而持有的、按照会计准则应当计入"交易性金融资产"科目的股权。

参照上述规定,国有企业为单个项目或产业发展投融资而参与的私募基金或资管计划具有工具价值,应不视为对投资层级的突破。

三、金融机构、政府出资产业基金资产交易

1. 金融机构产权登记及交易

国有金融企业资产处置不适用《国有资产管理办法》。关于国有金融资产处置的规定主要包括《金融企业国有资产转让管理办法》(财政部令第54号)、《财政部关于贯彻落实〈金融企业国有资产转让管理办法〉有关事项的通知》(财金〔2009〕178号)、《关于进一步明确国有金融企业直接股权投资有关资产管理问题的通知》(以下简称《资产管理通知》)等。

《资产管理通知》第8条规定,国有金融企业(持有金融许可证)通过对非公开发行上市企业股权进行的不以长期持有为目的、非控股财务投资的行为所形成的股权类资产,不属于金融类企业国有资产产权登记的范围。

《资产管理通知》第9条规定,按照投资协议约定的价格和条件、以协议转让或股权回购方式退出的,按照公司章程的有关规定,由国有金融企业股东(大)会、董事会或其他机构自行决策,并办理股权转让手续;以其他方式进行股

权转让的,遵照国有金融资产管理相关规定执行。

《资产管理通知》第 8 条虽然规定财务性投资不属于金融类企业国有资产产权登记的范围,但依据“持股”及“控制力”原则,结合《资产管理通知》第 9 条对不属于国有资产产权登记范围的退出机制进行特殊规制,针对国有金融企业,不属于国有资产产权登记范围不等于该等持股行为不会对被投资企业认定为国有企业产生实质影响,并且该等产权退出仍应履行相应的决策程序。

此外,依据《资产管理通知》第 9 条,在金融企业投资时的投资协议中已经约定退出方式的,方可经相关机构决策后协议处置。如在金融企业投资时的投资协议中未约定退出方式的,仍应按照《金融企业国有资产转让管理办法》及《财政部关于贯彻落实〈金融企业国有资产转让管理办法〉有关事项的通知》处置资产。

2. 政府出资产业基金

《国有资产管理办法》第 66 条规定,政府设立的各类股权投资基金投资形成企业产(股)权对外转让,按照有关法律法规的规定执行。

根据上述规定,政府出资产业基金投资形成的产权不直接适用《国有资产管理办法》。在为推进财政资金基金化改革而制定的各层级政府出资产业基金规范性文件中均明确政府出资收益可以“适当让利”的背景下,政府出资产业基金投资形成的权益“灵活”交易制度供给仍显不足。结合政府出资产业基金的设立目的及运作方式,《上海产业转型升级投资基金管理办法》关于“政府投资基金形成的股权,投资时在投资协议及相关合同中载明退出条件和退出方式的,可以按照合同约定退出”的规定或许有一定的借鉴意义。

目前通说认为,政府出资产业基金中政府(委托其控制的投资平台出资)对该基金的出资在一定情况下可以“协议”转让或退出,但政府出资产业基金本身被认定为国有企业的,该基金对外投资的产权进行交易时仍应按照《国有资产管理办法》的相关规定执行。

3. 明股实债

《产权管理办法》规定,为了近期内(一年以内)出售而持有的其他股权不进行国有产权登记。

《登记工作指引》进一步明确,为了近期内(一年内)出售而持有的其他股权,是指企业以短期获利为目的而持有的、按照会计准则应当计入“交易性金融资产”科目的股权。

参照上述规定,国有资本以“明股实债”的方式投资,股权投资部分如在近期内(一年内)出售,符合以短期获利为目的而持有的条件,直接按照协议转让存在一定合理性和法规依据。如股权投资部分在短期内未有出售,国有资本以投资的实质为“明股实债”为由,股权投资部分交易时未进场交易的,目前缺乏制度支持。

此外,虽然目前基金业协会未明确规定私募股权投资基金不得以明股实债的方式开展投资运作,但洪磊会长在《防范利益冲突、完善内部治理推动私募基金行业专业化发展》的主题演讲中表示明股实债、明基实贷产品存在合规问题。

虽然私募基金产品备案时不要求提供投资协议等文件,但不排除后期基金业协会出台规定予以规范,如明股实债型投资后期存在纠纷的,该等投资方式可能会被公开化,进而对管理人运营产生不利影响。

作者简介

牛范淇律师,吉林大学工学学士、兰州大学法律硕士,公司业务部副主任;郑州市律师行业优秀共产党员;执业定位于国有资产运营、资本市场/证券、私募股权与投资基金组建及运作、并购重组、国有资产运营等领域诉讼和非诉讼法律服务,为河南省国土资源开发投资管理中心、河南省国有资产经营集团有限公司、河南中原金控有限公司等提供资产重组、并购、混改专项法律服务,为大山教育(870106)、健康岛(838076)、沃特节能(871464)等多家企业提供新三板挂牌、定向发行、终止挂牌专项法律服务,为郑州市国投资产管理有限公司、河南赛领资本管理有限公司、河南农开投资基金管理有限责任公司等基金筹备、设立及备案提供法律服务,代理大量公司、投融资、不良资产等领域重大疑难案件。

国有企业协议增资法律分析

胡珍珍

一、国有企业的四种形态

《企业国有资产交易监督管理办法》(以下简称《国有资产监管办法》)规定,国有企业被划分为以下4种类型:(1)国有独资企业(公司),是指政府部门、机构、事业单位出资设立的国有独资企业(公司);(2)国有全资企业,是指政府部门、机构、事业单位、国有独资企业(公司)直接或间接合计持股为100%的国有全资企业;(3)国有控股企业(子企业),是指政府部门、机构、事业单位、国有独资企业(公司)、国有全资企业单独或共同出资,合计拥有产(股)权比例超过50%,且其中之一为最大股东的企业;国有独资企业(公司)、国有全资企业、国有控股企业拥有股权比例超过50%的各级子企业;(4)国有实际控制企业,是指政府部门、机构、事业单位、单一国有及国有控股企业直接或间接持股比例未超过50%,但为第一大股东,并且通过股东协议、公司章程、董事会决议或者其他协议安排能够对其实际支配的企业。

二、国有企业协议增资

(一)法律依据

根据《国有资产监管办法》第45条规定:"以下情形经同级国资监管机构批准,可以采取非公开协议方式进行增资:(一)因国有资本布局结构调整需要,由特定的国有及国有控股企业或国有实际控制企业参与增资;(二)因国家出资企业与特定投资方建立战略合作伙伴或利益共同体需要,由该投资方参与国家出资企业或其子企业增资。”

第46条规定：“以下情形经国家出资企业审议决策，可以采取非公开协议方式进行增资：(一)国家出资企业直接或指定其控股、实际控制的其他子企业参与增资；(二)企业债权转为股权；(三)企业原股东增资。”

(二)审批部门

《国有资产监管办法》第34条规定：“国资监管机构负责审核国家出资企业的增资行为。其中，因增资致使国家不再拥有所出资企业控股权的，须由国资监管机构报本级人民政府批准。”

第35条规定：“国家出资企业决定其子企业的增资行为。其中，对主业处于关系国家安全、国民经济命脉的重要行业和关键领域，主要承担重大专项任务的子企业的增资行为，须由国家出资企业报同级国资监管机构批准。增资企业为多家国有股东共同持股的企业，由其中持股比例最大的国有股东负责履行相关批准程序；各国有股东持股比例相同的，由相关股东协商后确定其中一家股东负责履行相关批准程序。”

(三)审核文件

《国有资产监管办法》第47条规定：“国资监管机构批准、国家出资企业审议决策采取非公开协议方式的企业增资行为时，应当审核下列文件：(一)增资的有关决议文件；(二)增资方案；(三)采取非公开协议方式增资的必要性以及投资方情况；(四)增资企业审计报告、资产评估报告及其核准或备案文件。其中属于第三十八条(一)、(二)、(三)、(四)款情形的，可以仅提供企业审计报告；(五)增资协议；(六)增资企业的国家出资企业产权登记表(证)；(七)增资行为的法律意见书；(八)其他必要的文件。”

需要特别注意的是，采取非公开协议方式对国有企业进行增资时，要求签署审核增资行为的法律意见书。

(四)审计、评估报告

《国有资产监管办法》第38条规定“企业增资在完成决策批准程序后，应当由增资企业委托具有相应资质的中介机构开展审计和资产评估”。增资企业应以经核准或备案的资产评估结果为基准确定交易价格，交易价格不得低于评估结果。

《国有资产监管办法》第38条同时也规定了可以依据企业最近一期的审计报告确定企业资本及股权比例，无需资产评估的4种情形：(1)增资企业原股东同比例增资的；(2)履行出资人职责的机构对国家出资企业增资的；(3)国有控股或国有实际控制企业对其独资子企业增资的；(4)增资企业和投资方均为国有独资或国有全资企业的。

三、国有企业协议增资的批准主体

(一)如何界定“因国有资本布局结构调整需要”和“因国家出资企业与特定投资方建立战略合作伙伴或利益共同体需要”

根据《国有资产监管办法》的规定，非公开协议增资需报国资监管机构批准，导致国家不再拥有所出资企业的控制权的，需要报同级人民政府批准。可见，对国有企业非公开协议增资的批准机构为国资监管机构及同级人民政府。

如果属于国有资本布局结构调整和国家出资企业与特定投资方建立战略合作伙伴或利益共同体，则可以根据同级人民政府出具的关于被增资企业(目标公司)根据该投资方的战略需要的会议纪要或相关文件的规定，认定可以进行非公开协议增资的情形。

由同级人民政府文件对于上述两种情况进行认定，且经同级国资监管机构批准，对非公开协议增资行为加以规范。

(二)关于“国家出资企业直接或指定其控股、实际控制的其他子企业参与增资；企业债权转为股权；企业原股东增资”的规定

《国有资产监管办法》的立法初衷是“企业国有资产交易应当遵守国家法律法规和政策规定，有利于国有经济布局和结构调整优化，充分发挥市场配置资源作用”。国有资产交易以公开进场交易为原则，以非公开协议交易为例外，这是《国有资产监管办法》的总体要求。之所以规定该三种情况可以非公开协议增资，是因为该三种情况并不会导致公司人合性的较大变化，只是在资合性的股权比例上产生变动，且该股权比例变化并不会导致国有资产流失的风险。因此经国家出资企业审议决策，可以采取非公开协议方式进行增资。

四、小　结

国有资产交易以公开进场交易为原则，以非公开协议交易为例外，这是《国有资产监管办法》的总体要求。国有企业非公开协议增资方式能发挥市场资源配置，提高交易效率，节约交易成本，是原则与灵活方式的有效结合。

作者简介

胡珍珍律师，郑州大学法学学士、法学硕士，投融资业务部律师；执业定位于国资运营、公司治理、投融资等诉讼和非诉讼法律事务；先后为深圳市创新投资集团有限公司、河南红土创盈投资管理有限公司、郑州百瑞创新资本创业投资有限公司、河南大河财立方传媒控股有限公司、河南中原云大数据集团有限公司、郑州投资控股有限公司、郑州市产业引导基金管理有限公司、《大河报》社、大河传媒有限公司、河南农开投资基金管理有限责任公司、深圳华信股权投资基金管理有限公司、中国建筑第七工程局有限公司、河南省中小企业投资担保股份有限公司、大山教育（09986.HK）、昊昌精梳（872793）、焦作力合（832243）等单位提供常年或专项法律顾问服务，参与大量投融资、公司等领域纠纷处理。

国有合伙企业的法律规制

毕国庆

2018年5月16日,国务院国有资产监督管理委员会、财政部、中国证券监督管理委员会发布了《上市公司国有股权监督管理办法》(以下简称《股权监管办法》),该文件对持有上市公司股份的有限合伙不认定为国有企业。该规定再次引发国有合伙企业的产权转让、增加合伙份额和资产转让是否适用《企业国有资产交易监督管理办法》(以下简称《国有资产监管办法》)的讨论,在此对该问题进行简要分析。

一、国有合伙企业的界定

1.《国有资产监管办法》对国有合伙企业的界定

《国有资产监管办法》第4条规定:"本办法所称国有及国有控股企业、国有实际控制企业包括:(一)政府部门、机构、事业单位出资设立的国有独资企业(公司),以及上述单位、企业直接或间接合计持股为100%的国有全资企业;(二)本条第(一)款所列单位、企业单独或共同出资,合计拥有产(股)权比例超过50%,且其中之一为最大股东的企业;(三)本条第(一)、(二)款所列企业对外出资,拥有股权比例超过50%的各级子企业;(四)政府部门、机构、事业单位、单一国有及国有控股企业直接或间接持股比例未超过50%,但为第一大股东,并且通过股东协议、公司章程、董事会决议或者其他协议安排能够对其实际支配的企业。"

尽管《国有资产监管办法》未明确适用于国有合伙企业,但该文件对"国有及国有控股企业、国有实际控制企业”的界定采用了“企业”而非“公司”的提法，应当认为该文件适用于国有合伙企业。

根据上述规定，以下合伙企业应当认定为国有企业：(1)全部为国有资产出资的；(2)国有资产单独可控制的合伙份额超过50%的；(3)国有资产可控制的合伙份额合计超过50%，且其中之一为第一大合伙份额持有人的；(4)国有资产可控制的合伙份额合计未超过50%，但为第一大合伙份额持有人且可以实际支配的。

2.《股权监管办法》对国有合伙企业的界定

《股权监管办法》第78条规定：“国有出资的有限合伙企业不作国有股东认定，其所持上市公司股份的监督管理另行规定。”根据上述规定，持有上市公司股份的有限合伙不应认定为国有股东。

本条规定需要注意两点：(1)该条文仅适用于“持有上市公司股份”的“有限合伙”，不适用于“非持有上市公司股份”的有限合伙，也不适用于持有上市公司股份的“非有限合伙企业”；(2)该条规定仅适用于“上市公司国有股权变动行为”，不适用于其他交易行为；若某有限合伙既持有上市公司股份，又持有非上市公司股份，则仅在其持有的上市公司股份变动时不认定为国有企业，其他情况仍应当认定为国有企业。

需要注意的是，《股权监管办法》实施前，国有合伙企业均认定为国有股东并需履行划转义务，这也表明国资监管部门认定合伙企业属于国有企业，应当适用《国有资产监管办法》的规定。例如，西安通源石油科技股份有限公司2010年12月31日在深圳证券交易所交易系统挂牌上市时，上海联新投资中心(有限合伙)持有其15.41%股权，上海市国有资产监督管理委员《关于西安通源石油科技股份有限公司国有股权管理有关问题的批复》(沪国资委产权〔2010〕55号)，认定上海联新投资中心(有限合伙)为国有股东，需履行国有股划转义务。

二、国有合伙企业的法律适用

1.《股权监管办法》的适用范围排斥《国有资产监管办法》的适用

如上所述，《国有资产监管办法》适用于国有合伙企业，而《股权监管办法》则规定国有合伙企业不作国有股东认定，二者存在一定的矛盾。《国有资产监管办法》的发文单位为国务院国有资产监督管理委员会和财政部，由国务院国有资产监督管理委员会主任办公会议审议通过(报国务院同意);而《股权监管办法》的发文单位为国务院国有资产监督管理委员会、财政部、中国证券监督管理委员会(报中央全面深化改革领导小组同意),同样由国务院国有资产监督管理委员会主任办公会议审议通过。两者均属于部门规章,效力层级相同。

因此,根据“新法优于旧法”的法律适用原则,《股权监管办法》排斥了《国有资产监管办法》的适用范围,即对于“持有上市公司股份”的“有限合伙”,适用《股权监管办法》,其他国有合伙企业适用《国有资产监管办法》。

2.《股权监管办法》代表国资监管的新趋势,但不应作扩大化解释

《股权监管办法》代表了国资监管部门的倾向性意见,但由于《国有资产监管办法》未做任何修改,此外,若国有合伙企业适用《股权监管办法》,则可能会导致国有企业选择性采用设立有限合伙企业的形式进行投资以规避国资监管。因此,从国有资产监管的角度看,在未有明确规定的情况下,不应将《股权监管办法》的适用范围作扩大化解释。

三、《国有资产监管办法》对合伙企业国有产权转让的法律规制

1. 合伙企业国有产权的认定

《国有资产监管办法》第3条规定“履行出资人职责的机构、国有及国有控股企业、国有实际控制企业转让其对企业各种形式出资所形成权益的行为(以下称企业产权转让)”属于企业国有资产交易行为。根据该规定,合伙企业国有产权转让亦即合伙企业的国有资产认缴(含实缴)合伙份额的转让。

需要注意的是:(1)此处系“合伙企业国有产权转让”而非“国有合伙企业产权转让”,即不论该合伙企业是否为国有合伙企业,只要是合伙份额为国有产权的,该等份额的转让就应当受到《国有资产监管办法》的规制;(2)本处是合伙份额的变动,而非合伙持有的股份的变动,因此,不适用《股权监管办法》,《股权监管办法》仅适用“有限合伙持有的上市公司股份的变动”。

2.《国有资产监管办法》对合伙企业国有产权转让方式和价格的法律规制

《国有资产监管办法》第13条规定:“产权转让原则上通过产权市场公开进行。”第17条规定:“产权转让项目首次正式信息披露的转让底价,不得低于经核准或备案的转让标的评估结果。”第32条规定:“采取非公开协议转让方式转让企业产权,转让价格不得低于经核准或备案的评估结果。”

根据上述规定,《国有资产监管办法》对合伙企业国有产权转让方式以“进

场公开转让”为原则,以“非公开协议转让”为例外;转让价格以“不低于评估结果”为原则,以“低于评估结果”为例外。

例如,中财荃兴资本管理有限公司、中财金控投资有限公司将其持有的共青城中财奇虎金控互联网产业投资中心(有限合伙)8000万元人民币有限合伙份额(合计占总份额的20%)转让,即在上海联合产权交易所进场交易,转让标的评估值为13447.67万元人民币,转让价格为15000万元人民币。

3.《国有资产监管办法》对合伙企业国有产权转让审批程序的法律规制

除内部审批程序外,《国有资产监管办法》对国有合伙企业产权转让的外部审批程序规定为第7条、第8条,审批权限,如表1所示。

表1 《国有资产监管办法》规定的外部审批权限

序号	产权转让事项	审批机构
1	国家出资企业的产权转让事项。	国资监管机构。
2	因产权转让致使国家不再拥有所出资企业控股权的。	国资监管机构的本级人民政府。
3	国家出资企业子企业产权转让事项。	国家出资企业。
4	主业处于关系国家安全、国民经济命脉的重要行业和关键领域,主要承担重大专项任务子企业的产权转让。	国家出资企业的同级国资监管机构。

注:转让方为多家国有股东共同持股的企业,由其中持股比例最大的国有股东负责履行相关批准程序;各国有股东持股比例相同的,由相关股东协商后确定其中一家股东负责履行相关批准程序。

由于合伙企业一般不涉及控股权,且主业一般主要为投资,不属于国家安全、国民经济命脉的重要行业和关键领域(其对外投资转让见本文国有合伙企业的资产转让),因而,国有合伙企业产权审批机构一般不涉及表1中第2、4两项。

四、《国有资产监管办法》对国有合伙企业增加合伙份额的法律规制

1.国有合伙企业增加合伙份额的认定

《国有资产监管办法》第3条规定“国有及国有控股企业、国有实际控制企业增加资本的行为(以下称企业增资),政府以增加资本金方式对国家出资企业的投入除外”属于企业国有资产交易行。根据该规定,政府直接出资的国有合伙企业(如政府引导基金等)增加合伙份额不适用《国有资产监管办法》,而国

有及国有控股企业、国有实际控制企业出资的国有合伙企业增加合伙份额则适用《国有资产监管办法》。

2.《国有资产监管办法》对国有合伙企业增加合伙份额方式和价格的法律规制

《国有资产监管办法》对国有合伙企业增加合伙份额方式和价格的规定与前述合伙企业国有产权转让的规定基本类似。即以“进场公开转让”为原则，以“非公开协议转让”为例外；增加合伙份额价格以“评估结果或审计结果”为基础，但存在以下几种例外情况。

(1)可以不进场、不评估(依据最近一期审计报告)的情形。以下情形可以履行决策程序后，依据评估报告或最近一期审计报告，确定合伙企业合伙份额：增加合伙份额企业原合伙人同比例增加合伙份额的；履行出资人职责的机构对国有合伙企业增加合伙份额的；增加合伙份额的合伙企业和其投资方均为国有独资或国有全资企业的。

(2)可以不进场但需要评估的情形。以下情形经国家出资企业审议决策后，可以采取非公开协议方式增加合伙份额：国家出资企业直接或指定其控股、实际控制的其他子企业参与增加合伙份额；有限合伙企业的债权转为合伙份额；有限合伙企业原合伙人增加合伙份额。

3.《国有资产监管办法》对国有合伙企业增加合伙份额审批程序的法律规制

除内部审批程序外，《国有资产监管办法》对国有合伙企业增加合伙份额外部审批程序的规定与上述国有合伙企业产权转让的外部审批程序规定基本相同，此处不再详细阐述。

4.《国有资产监管办法》对国有合伙企业增加合伙份额法律规制的例外

《国有资产监管办法》对国有合伙企业增加合伙份额的法律规制属“国有出资认购享有合伙份额的优先认购权”时，适用《国有资产监管办法》规定的交易程序；当属“国有及国有控股企业、国有实际控制企业享有合伙企业的增加合伙份额事宜的决定权”时，则适用《国有资产监管办法》规定的审批程序。

(1)国有合伙企业增加合伙份额的优先认购权。由于我国《合伙企业法》并未规定增加合伙份额时其他合伙人有优先认购权，仅规定了新合伙人入伙需要全体合伙人同意。但该权限与优先认购权系两个不同的权利，不同意新合伙人入伙并不代表可以优先认购合伙份额。实践中，优先认购权条款一般在合伙协议中约定。

因此，若合伙协议中约定了合伙人的优先认购权，国有合伙企业增加合伙份额则应适用《国有资产监管办法》;若合伙协议未约定合伙人的优先认购权,则即使该合伙为国有合伙企业,其增加合伙份额也不适用《国有资产监管办法》。

(2)国有合伙企业增加合伙份额的决定权。《合伙企业法》规定"合伙人按照合伙协议的约定或者经全体合伙人决定,可以增加或者减少对合伙企业的出资",根据该规定,增加合伙份额的决定权属于全体合伙人或应当按照合伙协议确定。因此,若国有及国有控股企业、国有实际控制企业不享有合伙企业的增加合伙份额事宜的决定权,则即使该合伙为国有合伙企业,其增加合伙份额的审批程序不适用《国有资产监管办法》。

五、《国有资产监管办法》《股权监管办法》对国有合伙企业资产转让的法律规制

1. 国有合伙企业资产转让的认定

《国有资产监管办法》规定,"企业一定金额以上的生产设备、房产、在建工程以及土地使用权、债权、知识产权等资产对外转让"均应在产权交易机构公开进行。因此,国有合伙企业持有的物权、债权、股权、知识产权等均属于国有合伙企业资产,该等资产的对外转让均适用《国有资产监管办法》。

2.《国有资产监管办法》对国有合伙企业资产转让的方式、价格、审批程序的法律规制

《国有资产监管办法》对国有合伙企业资产转让的方式规定为:进场公开转让为原则,非公开转让为例外,对于转让的价格未明确规定,国有合伙企业资产转让的审批程序,如表 2 所示。

表 2 《国有资产监管办法》规定的转让审批权限

序号	产权转让事项	审批机构
1	进场公开转让	国有合伙企业内部决策,同级国资委备案
2	非公开转让的	逐级报国家出资企业审核批准

3.《股权监管办法》对国有合伙企业资产转让的法律规制

由于《股权监管办法》规定,"国有出资的有限合伙企业不作国有股东认定",因此,有限合作企业持有的上市公司股份转让,应当遵守上市公司股份转让的交易规则,而不必进场交易。

六、设计交易结构时对《国有资产监管办法》的考虑

1. 合伙企业是否属于国有合伙企业

在前述构成国有合伙企业的四种情形中，全部为国有资产出资的，将被认定为国有合伙企业。对于第四种情形，应考虑第一大合伙份额持有人是否为非国有资产出资及是否可以实际控制合伙企业；对于第三种情形，应考虑第一大合伙份额持有人是否为非国有资产出资；对于第二种情形，可以考虑将国有资产单独可控制的合伙份额拆分为两个不同的主体控制，且保持第一合伙份额持有人为非国有资产，如表 3 所示。

表 3　国有企业的四种合伙情形及变通方式

序号	合伙份额情形	变通方式
1	全部国有资产出资。	无
2	单独控制合伙份额超过 50% 的。	变单独控制为共同控制，且保持第一合伙份额持有人为非国有资产。
3	(1)国资控制的合伙份额合计超过 50%； (2)其中之一为第一大合伙份额持有人。	第一大合伙份额持有人为非国有资产出资(可以合并非国有出资合伙人)。
4	(1)国资产控制的合伙份额合计未超过 50%； (2)但为第一大合伙份额持有人且可以实际支配合伙企业的。	(1)第一大合伙份额持有人为非国有资产出资； (2)国资不可实际支配合伙企业。

注：国资是否可以实际支配合伙企业，可以从普通合伙人设置方面进行考虑。

2. 国有合伙企业增加合伙份额的方式、价格和审批

在合伙企业设立后，可能面临增加合伙份额的，要考虑合伙企业的增加合伙份额是否需要进场交易、增加合伙份额的定价方式及国资审批问题。此时，除注意前述“可以不进场、不评估(依据最近一期审计报告)的情形”和“可以不进场但需要评估的情形”外，还需注意以下问题。

(1)是否赋予合伙份额持有人优先认购权。由于合伙人并不享有合伙份额的法定优先认购权，若未赋予合伙人额持有人优先认购权，则通过增加合伙份额，可能导致国有合伙企业的性质发生变化。

(2)是否赋予国有合伙持有人的增加合伙份额决定权。由于合伙人共同享有合伙份额的决定权，且如上所述，合伙份额的增加可能导致国有合伙企业的性质发生变化，因此，在合伙协议中设定增加合伙份额的决定人和决策机制至

关重要。若国有合伙份额持有人参与决定该等事项或能够单独决定该等事项，则：第一，该等事项需要按照《国有资产监管办法》履行审批程序；第二，该等事项放弃表决权可能导致国有合伙份额持有人承担相关责任。

七、国有合伙企业形式的基金是否属于金融类国家出资企业的说明

有人认为，基金采取国有合伙企业（此处仅指股权投资企业）的，在基金业协会备案后，属于金融类国家出资企业，其产权转让、增加合伙份额及资产转让不适用《国有资产监管办法》。此种观点值得商榷。《私募投资基金管理人登记和基金备案办法（试行）》（中基协发〔2014〕1 号，2014 年 2 月 7 日实施），而《关于进一步明确国有金融企业直接股权投资有关资产管理问题的通知》[（财金〔2014〕31 号），发布于2014 年6 月6 日（印发之日起30 日后施行）]，但财政部文件并未明确基金的金融机构属性。基于谨慎的考虑，应当认定，财政部文件中“金融业务许可证”不包括基金备案，基金也不属于金融类国有企业。

此外，2018 年 5 月 16 日发布的《股权监管办法》规定：（1）金融、文化类上市公司国有股权的监督管理，国家另有规定的，依照其规定；（2）国有出资的有限合伙企业不作国有股东认定。可见，国资委将基金和金融类公司进行区分的意图十分明显。因此，基于谨慎的考虑，不应当认为国有合伙企业的基金属于金融类国有企业。

作者简介

毕国庆律师，兰州大学法律硕士，投融资业务部副主任；河南省律师协会公司战略发展委员会执行委员、河南省律师协会公司证券委员会执行委员；九三学社郑州市委员会社会与法制专业委员会委员；执业定位于投融资法律业务、国有企业法律服务；办理河南硅烷科技发展股份有限公司新三板挂牌及员工持股和定向增发项目、郑州城建集团投资有限公司和郑州高新国有资产经营有限公司城投债、非公开定向融资工具、公司债券（深交所）、中国汽车工业工程有限公司收购和重组新兴福田建筑工程有限公司、新晋高速（块村营至营盘）、G107 官渡黄河大桥、焦作—荥阳黄河大桥 PPP 项目等，参与大量商事诉讼仲裁业务。

国有企业招投标采购特殊法律问题

牛范淇

国有企业是招标采购市场使用国有资金招标采购的重要主体，在进行工程建设、产业引进等方面扮演着举足轻重的角色。国有企业招标采购项目多、资金规模大、影响面广，规范国有企业招投标行为对营造公开、公平、公正的市场竞争环境具有至关重要的作用。本文从招投标及采购范围、国有企业招投标采购特殊性、法律责任等方面分析国有企业招投标涉及的法律问题。

一、必须招标的工程项目

（一）必须招标工程项目立法沿革

2000 年《招标投标法》颁布实施之后不久，国家计委（现"国家发改委"）依据《招标投标法》第 3 条第 2 款的授权，制定了《工程建设项目招标范围和规模标准规定》（以下简称《建设项目标准规定》），并成为建设工程领域施工、设计、监理、材料采购是否必须进行招标的指导文件。

2014 年 3 月，国务院法制办公布《工程建设项目招标范围和规模标准规定（修订送审稿）》，公开征求对必须招标的工程项目的范围和规模标准的修改意见。

2018 年 3～5 月，国务院和国家发改委先后发布国务院《关于〈必须招标的工程项目规定〉的批复》（国函〔2018〕56 号）、《必须招标的工程项目规定》（发改委〔2018〕第 16 号令）（以下简称《招标项目规定》），对必须招标的工程项目的规模和性质作了规定，《建设项目标准规定》同时作废。

2018年6月6日，经国务院批准，国家发改委颁布实施《必须招标的基础设施和公用事业项目范围规定》（发改法规规〔2018〕843号）（以下简称《招标项目范围规定》），进一步对《招标项目规定》中未明确的“不属于本规定第二条、第三条规定情形的大型基础设施、公用事业等关系社会公共利益、公众安全的项目”作了详细的规定。

（二）必须招标工程项目范围

结合《招标项目规定》及《招标项目范围规定》，使用国有企业资金，并且该资金占控股或者主导地位的大型基础设施、公用事业等关系社会公共利益、公众安全的项目符合以下标准的，必须招标。

勘察、设计、施工、监理以及与工程建设有关的重要设备、材料等的采购达到下列标准之一的，必须招标。

（1）施工单项合同估算价在400万元人民币以上；

（2）重要设备、材料等货物的采购，单项合同估算价在200万元人民币以上；

（3）勘察、设计、监理等服务的采购，单项合同估算价在100万元人民币以上。

同一项目中可以合并进行的勘察、设计、施工、监理以及与工程建设有关的重要设备、材料等的采购，合同估算价合计达到前款规定标准的，必须招标。

大型基础设施、公用事业等关系社会公共利益、公众安全的项目包括煤炭、石油、天然气、电力、新能源等能源基础设施项目；铁路、公路、管道、水运，以及公共航空和A1级通用机场等交通运输基础设施项目；电信枢纽、通信信息网络等通信基础设施项目；防洪、灌溉、排涝、引（供）水等水利基础设施项目；城市轨道交通等城建项目。

（三）关联方之间的发包

国有企业是否可以直接将应当招标的项目发包给关联方一直存在争议。2018年4月实施的《江苏省国有资金投资工程建设项目》规定，针对国有企业使用非财政性资金建设的经营性项目，如建设单位控股或者被控股的企业具备相应资质且能够提供设计、施工、材料设备和咨询服务的，建设单位可以直接发包给其控股或者被控股的企业。本文认为上述规定具有必要性和合理性。

二、国有企业的特殊规定

(一)国有企业

1. 必须招标采购的项目范围

2018年7月,郑州市国资委颁布《郑州市市管企业招标采购监督管理暂行办法》(以下简称《暂行办法》)。《暂行办法》实施以前,郑州市市管企业招标管理工作规范性文件为《郑州市国资委关于加强市管国有企业招标管理工作的意见》(郑国资〔2011〕54号,以下简称《招标管理意见》),但《招标管理意见》对郑州市市管企业必须招标项目规定得并不明确。

例如,《招标管理意见》第4条第1款规定:"……办公机具等货物的采购,单项合同估算价在100万人民币以上的,招标活动由招标监督工作领导小组授权市国资委纪检监察部门组织监督。低于以上标准的,其招标活动可由各市管企业纪检监察部门或企业内设监督部门组织监督。"

《招标管理意见》对办公机具应当招标的"下限"未有明确规定,《招标管理意见》发布时尚未失效的《建设项目标准规定》亦不要求办公机具的采购进行招标。因此,根据上述规定,办公机具等货物的采购单项合同估算价不足100万元的项目是否应当招标并不明确。

2013年4月,河南省政府国资委颁布《河南省省管企业招标采购监督管理办法》(以下简称《管理办法》)。为回避国有企业是否适用政府采购相关规定等问题,《管理办法》及《暂行办法》直接明确立法目的为规范企业"招标采购"行为,并对河南省省管企业及郑州市市管企业规定了统一的招标采购范围,即采购单项合同预算金额100万元人民币(含本数)以上的工程建设项目和货物或50万元人民币(含本数)以上的服务,应当以招标方式采购。

在《招标项目规定》已经实施的情况下,参照《管理办法》制定的《暂行办法》并未相应调整应当以招标方式采购的项目标准。

除上述规定外,《国务院办公厅关于建立国有企业违规经营投资责任追究制度的意见》还规定在固定资产投资方面,如购建项目的,仍应当履行招标程序,且不得干预或操纵招标。

2. 违规行为

《管理办法》及《暂行办法》均对可以邀请招标、可以不进行招标、省管企业违规招标行为(24 项)、规避招标(3 项)、串通投标(6 项)、投标人相互串通投标(11 项)等情况进行了明确具体的规定。

3. 其他

(1)三重一大

《管理办法》及《暂行办法》均规定企业招标采购应当列入"三重一大"决策事项,企业每年向国资委上报的工作报告中应当包括招标采购情况的专门内容。

(2)备案

《管理办法》及《暂行办法》均规定企业应当在每年第一季度将上半年招标采购目录报国资委备案,作为纪检监察部门实施监督监察的依据。

(3)保存期限

《管理办法》及《暂行办法》均规定应当对招标活动进行档案管理,招标采购档案的保存期限从招标采购结束之日起至少保存 15 年,档案资料包括招标记录、招标预算、招标文件、评标标准、投标文件、评标委员会名单、评标报告、定标文件、合同文本、质疑答复、投诉处理及其他有关文件、资料。

(4)纳入公共资源交易平台体系,推动实现在线监管

2018 年 5 月,河南省财政厅、发改委、审计厅、国资委、金融办等六单位联合下发《关于进一步加强和规范省管企业招标投标活动管理的通知》(以下简称《招标管理通知》),《招标管理通知》除规定采取邀请招标方式需履行内部决策程序并应由项目审批、核准部门认定外,还明确省管企业招标投标项目属于公共资源交易活动,应当按照"应进必进"原则统一纳入公共资源交易平台体系交易,实现在线监管。

(二)国有金融企业

2018 年 2 月,财政部印发《国有金融企业集中采购管理暂行规定》(以下简称《暂行规定》)。《暂行规定》对获得金融业务许可证的国有企业、国有金融控股公司、国有担保公司和其他金融类国有企业以及实行会员制的金融交易场所以合同方式有偿取得纳入集中采购范围的货物、工程和服务的行为予以规定。

2001 年实施的《关于加强国有金融企业集中采购管理的若干规定》规定国有金融企业一次性采购价值在 100 万元(含 100 万元)以上的,须采取集中采购的方式。《暂行规定》则没有直接规定国有金融企业采取集中采购方式的项目标准,而是要求国有金融企业成立集中采购管理委员会确定企业集中采购目录及限额标准。

参照政府采购的相关规定,国有金融企业集中采购的方式包括招标、邀请招标、竞争性谈判、竞争性磋商、询价等多种方式。

三、法律后果

(一)工程建设项目违反规定的法律后果

1. 民商事后果

(1)应当招标而未招标

长期以来,《建设项目标准规定》是法院审理建设工程施工合同时认定合同效力的重要依据。根据《最高人民法院关于审理建设工程施工合同纠纷案件适用法律问题的解释》(以下简称《建设工程司法解释》)第 1 条相关规定,建设工程必须进行招标而未招标或者中标无效的,建设工程施工合同无效。

(2)串通投标、以行贿手段中标

《招标投标法》第 53 条规定,投标人相互串通投标或者与招标人串通投标的,投标人以向招标人或者评标委员会成员行贿的手段谋取中标的,中标无效。

(3)以他人名义投标

《招标投标法》第 54 条规定,投标人以他人名义投标或者以其他方式弄虚作假,骗取中标的,中标无效,给招标人造成损失的,依法承担赔偿责任。

(4)排斥依法推荐的中标人

《招标投标法》第 57 条规定,招标人在评标委员会依法推荐的中标候选人以外确定中标人的,依法必须进行招标的项目在所有投标被评标委员会否决后自行确定中标人的,中标无效。

(5)泄露信息影响中标结果

《招标投标法》第 52 条规定,依法必须进行招标的项目的招标人向他人透露已获取招标文件的潜在投标人的名称、数量或者可能影响公平竞争的有关招标投标的其他情况的,或者泄露标底的,并影响中标结果的,中标无效。

2. 行政法律后果

《招标投标法》第 49 条(应当招标而未招标)、第 50 条(招标代理机构违规)、第 51 条(排斥投标人)、第 52 条(泄露招标信息)、第 53 条(串通投标)、第 54 条(以他人名义投标)、第 55 条(招标前谈判)、第 56 条(评标委员会合规)、第 57 条(依法推荐中标人外确定中标人)、第 58 条(转让、分包)、第 59 条(阴阳合同)规定了工程建设领域违反招标投标相关规定的行政责任。《招标投标法实施条例》第六章进一步细化了责任认定的具体情形和处罚标准。

3. 刑事法律后果

《招标投标法》规定工程建设项目违反招投标规定,可能构成犯罪的情况包括:

(1)招标代理机构泄露信息或与招标人、投标人串通的;

(2)投标人泄露信息;

(3)投标人串通投标或与招标人串通,投标人向招标人或评标委员会行贿;

(4)投标人以他人名义投标或者以其他方式弄虚作假;

(5)评标委员会成员收受投标人的财物或者其他好处的;

(6)对招标投标活动依法负有行政监督职责的国家机关工作人员徇私舞弊、滥用职权或者玩忽职守的。

(二)国资监管的特殊后果

1. 应当招标而未招标

《管理办法》、《暂行办法》及《暂行规定》并未规定应当招标而未招标情形下签署的相关合同是否有效。笔者认为,上述规定或办法应当属于基于国有企业运营、国有资产监督管理要求的管理性规定,而非效力性规定,除建设工程施工合同外,其他类型项目应当招标而未招标的,签署的相关合同并不当然无效。

2. 责任追究

《管理办法》《暂行办法》均规定了违反招投标相关规定的行政责任,并要求按照河南省委办公厅、河南省政府办公厅《关于〈国有企业领导人员廉洁从业若干规定〉的实施办法(试行)》(豫办〔2010〕20 号)第 26 条的相关规定减发相应的绩效薪金。

国务院办公厅《关于建立国有企业违规经营投资责任追究制度的意见》不仅根据工作职责列举认定直接责任、主管责任和领导责任的情形，还进一步细化了根据资产损失程度、问题性质等进行责任追究处理的具体方式。

作者简介

牛范淇律师，吉林大学工学学士、兰州大学法律硕士，公司业务部副主任；郑州市律师行业优秀共产党员；执业定位于国有资产运营、资本市场/证券、私募股权与投资基金组建及运作、并购重组、国有资产运营等领域诉讼和非诉讼法律服务，为河南省国土资源开发投资管理中心、河南省国有资产经营集团有限公司、河南中原金控有限公司等提供资产重组、并购、混改专项法律服务，为大山教育（870106）、健康岛（838076）、沃特节能（871464）等多家企业提供新三板挂牌、定向发行、终止挂牌专项法律服务，为郑州市国投资产管理有限公司、河南赛领资本管理有限公司、河南农开投资基金管理有限责任公司等基金筹备、设立及备案提供法律服务，代理大量公司、投融资、不良资产等领域重大疑难案件。

国企员工严重失职行为的刑法界定

王明启

作为社会主义市场经济的支柱,国有企业往往资金实力雄厚且多分布于国民经济的重要领域和关键行业,在保护国家经济安全、维护市场经济秩序方面发挥了举足轻重的作用。然而,对于某些国有企业,特别是大型国有企业来说,一旦出现“决策失误”,这些失败的投资经营行为就有可能给国家和人民带来数以百亿甚至千亿计的财产损失。

与此同时,作为市场经济主体之一的国有企业,其经营行为本身就属于蕴含着商业风险的市场行为,不可能做到完全避免出现投资经营风险,实现国有资产的保值增值,但合理化的商业风险不应成为相关责任人渎职行为的理由,相关责任人仍然应当对自己的“失职行为”承担相应的法律责任与不利后果。例如,《企业国有资产监督管理暂行条例》第 41 条规定,造成企业国有资产重大损失或被判处刑罚的,终身不得担任任何国有及国有控股企业的负责人。除此之外,对于因“严重失职行为”造成国有资产重大损失,相关负责人及直接责任人员则很有可能面临构成国企员工渎职犯罪的刑事法律风险。

一、“严重失职行为”的认定标准

(一)“严重失职行为”的主观认定标准

国企员工渎职类犯罪(包括国有公司、企业人员失职罪,签订履行合同失职被骗罪)属于典型的过失犯罪,要求行为人在主观上存在疏忽大意或过于自信的过失心态,其犯罪的成立不可避免地对行为人的注意义务提出了要求。正如前所述，在当前市场经济的大环境下，国有企业想要做到始终保持国有资产保值增值、决策正确无误并得到充分实施显然是难以实现的。因此，立法者对于国企员工渎职类犯罪注意义务的设定本身就不是以该禁止行为可能引发的所有法益侵害结果为目的的。换言之，设定国企员工渎职类犯罪的目的只是防止国企员工因严重失职而造成的国有资产亏损，而并不是全面禁止国有企业对外从事市场经营活动从而防止国有资产流失，即不能因为对外投资经营行为有可能引发国有资产损失的风险就否定国有企业对外投资经营行为的意义。只要行为人尽到了足够的注意义务，哪怕依然产生风险甚至造成实害结果，依然不能认定为过失。

例如，对于一项重大的经营投资决策，公司领导严格执行“三重一大”集体决策程序，但由于市场风险的存在，经营行为仍然出现了问题，给国家带来了损失。那么此时，对外经营活动的失败更多的是由于市场风险导致的，相关责任人员已经尽到了合理的注意义务，我们就不能将经集体表决后的决策失败行为认定为领导的渎职行为。原因在于市场风险是客观存在、不可避免的。此时的实害结果（经营失败，国有资产亏损）与注意义务的违反（决策错误或轻度的失职）并不具有刑法上的因果关系，不能认为是因为行为人没有尽到相应的注意义务才引发了犯罪后果；换句话说，行为人的行为处于法律容许的风险范围内，即使行为真的造成了实害结果，也是能够被法律允许的，行为人也不应当承担刑法上的不利后果，即行为人的行为此时就不具有非难可能性，不应当承担相应的刑事责任。

（二）“严重失职行为”的客观认定标准

“严重失职行为”在本质上来说就是未履行其应尽职责，包括决策、经营、执行等各个阶段的渎职行为。在客观上常表现为放弃履职或不当履职，从而导致未发现重大的经营决策风险；应当预测到经营决策风险但未能预见，或者虽然已经预测到经营决策风险但却轻信可以避免并未采取有效防范措施从而导致重大的投资经营损失等，都应当认定为“严重失职行为”。对于“严重失职行为”的界定，应该从多个方面进行把控。

首先，失职的前提一定是具有相应的职责。如果行为人不具备相应的职责时，其也就没有义务履行相应的责任，最终国有资产亏损所带来的不利后果就不应当由其承受。

其次，失职行为在客观上表现为未履职或不当履职。对于失职行为的判断应该着眼于整个履职过程，不能因为行为人在某一个时间节点履行了某一项义务就认为其已经完成了全部的注意义务。相反，只有将行为人的行为代入整个履职过程进行综合评价，才能准确地认定行为人对注意义务的违反程度和履职情况的完成度。例如，在张某涉嫌国有公司企业员工失职案中，张某作为某国企下属物流公司法定代表人，在履行与 A 公司《贸易物流服务协议》过程中，违反集团和公司的规章制度，对仓储货物监管问题未经班子成员集体研究、未向集团公司党委报告，听从社会律师的意见，做出放弃监管的决策，最终导致公司遭受巨额损失。如果选取该案的部分节点来看，张某听取外部律师的建议，当然也是部分履行管理职责的体现。但更为重要的是，张某作为物流企业的负责人，其必然熟悉整个行业运作流程和行业监管风险。此时，法律就必然对其防范化解运营风险提出了更高的要求。也就是说，法律对于作为法定代表人的张某在注意义务这一点上提出了比普通外部律师更高的要求。在 A 公司多次要求物流公司商讨监管、转仓问题的情况下仍放弃其监管职责，甚至仅需拨打报警电话或者转移仓储货物就可以避免或挽回损失的情况下，依然采纳外部律师的意见而放弃监管，最终使物流公司遭受巨额损失。其行为完全属于已经认识到放弃物流监管行为可能引发的风险，但仍轻信可以避免该风险最终导致国有资产遭受巨额损失的典型行为。

最后，失职行为必须要达到严重的程度。轻微的失职行为仅属于工作失误，并不会构成犯罪，失职行为必须达到值得刑法处罚的严重程度，但目前对于失职行为严重程度的界定并没有明确的法律规定，在由司法部门结合具体个案的影响程度及涉案金额综合判断是否构成严重失职。如果个案行为带来的社会影响较为恶劣或者给国家利益造成了重大损失的，就极有可能会被以国企员工渎职类犯罪定罪处罚。

二、“严重失职行为”可能涉嫌的罪名

（一）国有公司、企业人员失职罪

《刑法》第 168 条规定，国有公司、企业人员失职罪，是指国有公司、企业的工作人员，由于严重不负责任或者滥用职权，造成国有公司、企业破产或者严重亏损，致使国家利益遭受重大损失的行为。

值得注意的是，该罪的犯罪主体并不限于刑法意义上的国有企业工作人员。最高人民法院、最高人民检察院《关于办理国家出资企业中职务犯罪案件

具体应用法律若干问题的意见》(以下简称《应用法律若干意见》)第4条规定:“国家出资企业中的国家工作人员在公司、企业改制或者国有资产处置过程中严重不负责任或者滥用职权,致使国家利益遭受重大损失的,依照刑法第一百六十八条的规定,以国有公司、企业人员失职罪或者国有公司、企业人员滥用职权罪定罪处罚……”由于刑法意义上的国有公司一般仅包括国有独资公司而不包括国有控股和参股公司,但根据《企业国有资产法》的规定,国有出资企业包括“国家出资的国有独资公司、国有独资企业,以及国有资本控股公司、国有资本参股公司”。因此,此处根据《应用法律若干意见》第4条的规定,在一定程度上扩大了国有公司、企业人员失职罪的主体范围,将国有控股或参股公司中的国家工作人员也纳入了本罪的范围。例如,在游某祥受贿、签订、履行合同失职被骗、国有公司、企业、事业单位人员失职案[案号:(2018)闽08刑终33号]中,被告人游某祥虽然属于刑法意义上的国有公司员工,但依然符合本罪的犯罪主体要求。法院在裁定书中认定:龙岩城发贸易有限公司是国有控股企业法人,被告人游某祥担任龙岩城发贸易有限公司董事、总经理,是该公司的法定代表人,是在国有公司、企业中从事公务的人员,依法以国家工作人员论。

根据本罪的立案标准,具有下列情形之一的,应当追诉:(1)造成国家直接经济损失数额在50万元以上的;(2)致使国有公司、企业停产或者破产的;(3)造成恶劣影响的。

(二)签订履行合同失职、被骗罪

根据《刑法》第167条的规定,签订、履行合同失职被骗罪,是指国有公司、企业、事业单位直接负责的主管人员,在签订、履行合同过程中,因严重不负责任而被诈骗,致使国家利益遭受重大损失的行为。不同于前罪,本罪的犯罪主体范围更为限缩,仅限于国有公司、企业、事业单位直接负责的主管人员。

需要注意的是,本罪要求,只有因严重不负责任被诈骗致使国家利益遭受重大损失的,才能成立本罪。而且,此处的“被诈骗”也并不以对方当事人的行为被法院判决已经构成诈骗罪为前提。

根据本罪的立案标准,有下列情形之一的,应当追诉:(1)造成国家直接经济损失数额在50万元以上的;(2)造成有关单位破产,停业、停产6个月以上,或者被吊销许可证和营业执照、责令关闭、撤销、解散的;(3)其他致使国家利益遭受重大损失的情形。金融机构、从事对外贸易经营活动的公司、企业的工作人员严重不负责任,造成100万美元以上外汇被骗购或者逃汇1000万美元以上的，应予立案追诉。

在(2017)赣71刑终14号案件中，被告人陈某勇最终被认定签订履行合同失职被骗罪不成立。原因在于福州铁路运输检察院指控：2012～2013年，被告人陈某勇作为厦钢公司的总经理、法定代表人，在签订、履行合同过程中违反有关管理规定，不认真履职，严重不负责任，未督促下级对业务对象进行资信审查以及对钼铁产品进行有效质量检验，导致厦钢公司在与尚某公司、海珀公司的采购、销售340吨钼铁产品贸易中被骗，造成了巨额的财产损失。其行为构成签订履行合同失职被骗罪。但检察院提供的证据显示：被告人陈某勇在前期洽谈过程中参与整个合同的谈判过程且根据该公司合同的审批流程，由总经理陈某勇最后负责审批，部分重要合同要上报总公司钢铁事业部审批。虽然陈某勇在业务审批表中签字，但该由于合同业务的验收审查工作并非由被告人陈某勇负责且公司钢铁事业部也在业务评审表中披露出了风险。因此，法院最终认为被告人陈某勇签订履行合同失职被骗中负有直接责任的事实不清，证据不够充分，不能认定其构成签订履行合同失职被骗罪。

从(2017)赣71刑终14号案件的判决中我们可以看到，严格执行内部审查流程、适当的合规制度能够有效阻却国企员工失职行为的刑事违法性。换句话说，由于陈某勇履行了重要合同上报审批的程序，上级部门也对合同风险作出了明确提示，才避免了让陈某勇最终承担构成签订履行合同失职被骗罪的严重后果。

三、国企员工刑事法律风险防范

(一)切实履行企业内部合规程序

《省政府国资委关于全面推进法治国企建设的实施意见》(豫国资文〔2017〕81号)曾明确提出国有企业要通过健全依法决策机制强化企业合规经营管理。国企员工尤其是高管人员应当重视有关决策程序，对于重大经营决策事项及时提交决策会议讨论决定，避免出现“一言堂”。同时，对于可能涉及重大法律风险的事项，一定要做好充分的法律分析论证，确保各种经营措施于法有据，必要时候，应当邀请企业总法律顾问参与分析论证并在法律意见书上签字确认以确保内部程序合规。正如(2017)赣71刑终14号案件展现出来的裁判思维那样，在已经完全履行过风险论证、集体决策等内部合规程序的前提下，即使将来决策的实施状况出现问题也不能认定行为属于“严重失职”。

（二）强化企业监管机制

企业运营的风险并不仅限于决策，在决策事项运营过程中，更是会面对一系列的商业风险。国企高管人员应当进一步深化法律风险的防范机制，做到全流程法律风险管理。按照民主集中制原则做到事前有调查，事中有研判，事后有跟踪小结。通过定期对合同履行情况进行核查，形成工作反馈机制，特殊事项在经营过程中更是应明确到人，强化内部流程控制。同时，借助企业内部监督体系，加强对履行情况的监督管理。一旦发现决策实施可能会出现重大问题，应及时提交决策会议讨论研究决定，从多角度对决策事项进行管理，杜绝和防范运行过程中的法律风险。

（三）加强法治教育，提高员工刑事法律风险意识

复杂的制度背后总是需要人来实施的。无论前期的合规程序、监管机制设计得多么合理，若不能落地，那么依然无法保障国有企业的运营。定期对员工开展法律培训，通过典型渎职犯罪刑事案例的解读发挥对员工的警示作用，提高其法律素养，认识到行为可能产生的损害后果，才能在最大限度上减少国企员工渎职行为的出现。

作者简介

王明启律师，西南政法大学法律硕士，公司业务部律师；执业定位于公司法律事务、商事诉讼法律事务；为郑州自来水投资控股有限公司、郑州楷润市政工程设计有限公司、上海尚诚消费金融股份有限公司、中国东方资产管理股份有限公司河南省分公司不良资产收购项目等提供常年法律顾问服务或专项法律服务，处理大量民刑交叉、股权争议、不良资产等相关案件。

(三)公司涉外法务

香港上市中可变利益实体(VIE)协议相关法律问题

朱　丹

一、可变利益实体(Variable Interest Entities, VIE)架构

2003年1月,美国财务会计准则委员会(Financial Accounting Standards Board, FASB)颁布了第46号解释函(FIN46)“可变利益实体的合并”(Consolidation of Variable Interest Entities),可变利益实体(VIE)是指根据第46号解释函(FIN46)规定需要合并的实体。简单的说,尽管一个实体与另一实体不存在股权上的控制关系,但前者的收益和风险均完全取决于后者,则前者构成后者的可变利益实体,这时双方报表应当合并。合并报表是实现境内权益境外上市的会计前提。

可变利益实体来源于上述美国会计准则的相关规定,也称“协议控制”模式。一般操作方式为:当事人以其设立和控制的境外公司(BVI、Cayman或Hongkong公司)名义,返程设立外商独资企业,并以外商独资企业(WFOE)名义,通过排他性管理咨询或技术服务协议等系列协议(包括业务经营协议、独家服务协议、股权质押协议、资产质押协议和股东表决权委托协议等)控制境内运营公司(运营公司持有行业牌照和经营许可资格)的全部经营活动,进而取得境内运营公司的主要收入和利润。通过上面的一系列安排,运营公司的资产、收入和利润均归属境外公司,被境外公司合并报表用于境外上市,如图1所示。

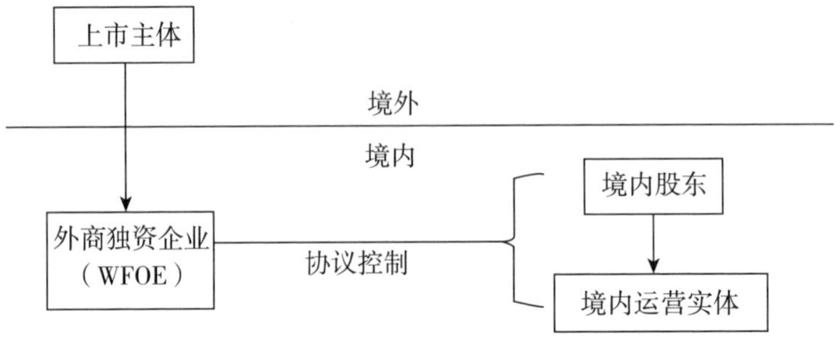

图1　可变利益实体上市流程

二、可变利益实体协议主要内容

可变利益实体协议通常包括以下几个：

（一）独家管理顾问及业务合作协议

该协议由外商独资企业与境内实体及其股东签署，主要约定内容为：

外商独资企业拥有专有权利向中国运营实体提供企业及教育管理咨询服务、知识产权许可服务以及技术及业务支持服务。

未经外商独资企业许可境内经营实体不可订立任何可能影响其资产、责任、权利或经营的交易。

外商投资企业有权为人中国运营实体的董事、总经理财务总监以及其他高级管理层。

中国运营实体同意向外商独资企业支付全部收入（扣除成本、开支、税项及相关法律法规规定必须储备或保留的款项）作为服务费。

（二）独家认购权协议

该协议由外商独资企业与境内实体的股东签署，主要约定内容为，在法律允许的条件下外商独资企业有权以中国法律允许的最低价格购买境内实体的股权。

（三）股权质押协议

该协议由外商独资企业与境内实体的股东签署，主要约定内容为，境内实体股东将其持有的股权全部质押给外商独资企业。

（四）授权书

境内实体股东不可撤销的将其股东权利全部授权给外商独资企业行使。

（五）配偶承诺函

境内实体自然人股东的配偶承诺对于签署协议或文件的认可，避免后期产生纠纷。

三、香港联交所对可变利益实体架构的态度

(一)审核原则

香港证监会分别于2011年11月、2012年8月、2013年11月、2014年4月及2015年8月多次更新了有关可变利益实体结构的上市决策(LD43－3)。总体来说,目前联交所对于可变利益实体结构总的审核原则是:需审核上市主体的业务(包括可变利益实体结构的采用)是否符合所有适用的法规及规定。如上市主体的保荐人及董事均能提出有利的资料证据(包括中国法律顾问及有关申报会计师的专业意见),清楚证明上市主体实际上已符合所有相关中国法规及规定,则一般来说上市主体不会因为可变利益实体结构的理由而被视作不适宜上市。

(二)审核标准

对于可变利益实体结构,除了一般性地根据《上市规则》进行的审核外,联交所还将额外采用以下具体审核标准:

1. 可变利益实体结构的设计应严格限制于上市主体的业务,以及应当把与相关中国法规出现冲突的可能性减至最低,上市主体须尽可能证明已确实尽力遵守相关法规。

2. 可变利益实体协议的采用只限于解决禁止或限制外商投资的问题才会获批准。例如,在相关政策规定境外投资者只可通过合资形式营运相关的限制性业务,外资占投资总额及股权的比例应低于50%的情况下。

3. 在实际可行的情况下,上市主体应当取得有关监管部门的监管确认。如无法取得此等监管确认,上市主体的中国法律顾问需表明其已采取所有能够采取的行动或步骤以达到其出具的法律意见。

4. 联交所将普遍审查与上市主体有关的所有相关事实及情况,包括审查上市主体的合法及合规记录(如有)、管理机制及企业管治常规、其在维护股东权益方面的纪录以及为确保上市主体符合所有适用法规的财政资源。

(三)审核中提出的具体问题和工作

在审核过程中,联交所一般会要求上市主体和保荐人做如下工作:

1. 提供其在业务营运中采用可变利益实体协议的原因。

2. 当相关法律法规允许上市主体无需采用可变利益实体协议方式经营业务时,取消可变利益实体协议安排。境内运营主体的登记股东必须承诺,在不抵触相关法律及规例的前提下,在取消可变利益实体协议时,境内运营主体的

登记股东必须将其收到上市主体在收购境内运营主体的股份时所付出的全部代价交回上市主体。

3. 确保结构性合规,例如要求签署授权文件,即境内运营主体股东授予上市主体董事及其继任人行使境内运营主体的登记股东所有权利。

4. 若相关法律及规例具体订明不容许外商投资者使用任何协议或可变利益实体结构去控制或营运个别限制外商投资业务(如中国的网络游戏业务受中国新闻出版总署第13号通知权1归管),中国法律顾问对可变利益实体协议的意见中必须包括一项正面确认,确定有关可变利益实体协议的使用并不违反该等法律及规例,或确定有关可变利益实体协议不会在该等法律及规例下被视为失效或无效。

四、可变利益实体架构的风险

(一)存在违约风险

可变利益实体架构的本质是通过协议控制境内运营实体,并通过协议将运营实体的收益归上市主体所有,那么,既然是协议就存在违约风险,特别是实际控制人的不诚信可能导致可变利益实体协议得不到履行甚至被解除,这将给上市主体的其他股东造成巨大损失。

(二)可变利益实体结构合法性存在争议

1. 可能会因以合法形式掩盖非法目的被认定为无效

华懋金融服务有限公司与中国中小企业投资有限公司关于民生银行股权纠纷一案中,最高人民法院判决认为,本案当事人一方华懋公司为香港金融服务公司,在经济贸易活动中应当作为境外机构实施管理;其委托境内企业中小企业公司投资入股的中国民生银行为中国内地金融机构。我国现行的金融法规对于境外公司向内地金融机构投资作出了明确的规定。华懋公司委托中小企业投资入股民生银行的行为,显然违反了内地金融管理制度的强制性规定。从双方签订和履行合同的整个过程可以看出,当事人对于法律法规的强制性规定是明知的,双方正是为了规避法律规定,采取"委托投资"的方式,使得华懋公司的投资行为表面上合法化。双方的行为属于《民法通则》和《合同法》规定的"以合法形式掩盖非法目的"的行为。因此,双方签订的《委托书》、《补充委托书》、《借款协议》和《补充借款协议》均应认定无效。

尽管该案件与红筹上市没有直接关联,但均属于协议控制的范畴,因此,如果协议控制的目的是为了规范强制性的管理制度,则可能被认定为无效。

2. 认定有效的情形

长沙亚兴置业发展有限公司与北京师大安博教育科技有限公司合同纠纷一

案,最高人民法院认为,《外商投资产业指导目录》及《商务部实施外国投资者并购境内企业安全审查制度的规定》系部门规章,而非法律和行政法规,可变利益实体(VIE)协议并未违反法律法规的强制性规定。同时最高人民法院咨询教育部政策法规司,得到的回复是,外资通过与内资企业的股东签订合同方式控制民办学校,并非直接参与学校办学与管理,相关活动不属于《中外合作办学条例》的调整范围。但是,最高人民法院亦向教育主管部门建议,对可能存在的外资变相进入义务教育领域,并通过控制学校举办者介入学校管理的行为,应当予以规范,并通过行政执法对违法行为予以惩戒。就此,法院已向教育部发出司法建议,建议其在行政审批及行政监管过程中,对此予以依法规范,以维护社会公共利益和教育安全。

通过以上案例可以看出,可变利益实体(VIE)协议是否有效一个关键的因素在于是否违反或为了规避强制性管理的规定。目前仅是个案指导,并未有相关规定对哪些领域可以适用协议控制予以明确,因此,理论上可变利益实体(VIE)协议的合法性并未得到肯定。

作者简介

朱丹律师,西安理工大学法学学士、重庆大学经济法硕士、英国杜伦大学法律硕士(LLM),文丰所主任;河南省律师协会国际法律专业委员会副主任、河南省法学会民法学研究会常务理事、郑州市律师协会涉外法律业务委员会主任;河南省优秀律师;河南省公司法专业律师、涉外法律服务专业律师;担任河南省经济法学研究会副会长、河南省法学会商法研究会副秘书长、河南省法学会破产法学研究会常务理事、河南省财政厅PPP项目推介专家(法律类)、河南大学硕士生导师,最高人民检察院民事行政专家咨询委员会委员;为河南省委党校、国药控股河南股份有限公司、河南农开投资基金管理有限责任公司、郑州投资控股有限公司等数十家中央企业、省市国有企事业单位以及大型企业集团提供常年或专项法律顾问。执业定位于国有资本运营、公司治理、商事诉讼、并购重组、境外上市业务、投融资以及涉外法律事务,参与大量投融资、外商投资、公司、房地产等领域重大复杂疑难案件的处理。

“一带一路”视阈下国有企业境外投资法律风险管理

郭　杰　秦华代

一、问题的提出

2013 年 9 月，习近平总书记提出了建设“新丝绸之路经济带”和“21 世纪海上丝绸之路”的合作倡议，依靠中国与有关国家既有的双多边机制，借助既有的、行之有效的区域合作平台，旨在借用古代丝绸之路的历史符号，高举和平发展的旗帜，积极发展与沿线国家的经济合作伙伴关系，共同打造政治互信、经济融合、文化包容的利益共同体、命运共同体和责任共同体。

为了积极响应习近平总书记的要求，2015 年 3 月，国家发展改革委、外交部、商务部联合发布了《推动共建丝绸之路经济带和 21 世纪海上丝绸之路的愿景与行动》，致力于亚、欧、非大陆及附近海洋的互联互通，建立和加强沿线各国互联互通伙伴关系，构建全方位、多层次、复合型的互联互通网络，实现沿线各国多元、自主、平衡、可持续的发展。“一带一路”必须加强与沿线有关国家的沟通磋商，在基础设施互联互通、产业投资、资源开发、经贸合作、金融合作、人文交流、生态保护、海上合作等领域的国际合作与交流。

我国为了推动“一带一路”倡议的贯彻与实施，通过政策支持、资金扶持等措施，积极鼓励，大力支持我国企业到“一带一路”沿线国家进行投资贸易、交流合作、互联互通、友好交往。在所有合作交流中，其中投资贸易合作是“一带一路”建设的重点内容，“一带一路”沿线国家应该通过通力合作，着力研究解决投资贸易便利化问题,消除投资和贸易壁垒,构建区域内和各国良好的营商环境,同沿线国家和地区共同商建自由贸易区,激发释放合作潜力,做大做好合作“蛋糕”。

经过近几年的发展建设,“一带一路”建设取得了丰硕的成果,截至2018年底,中国已与25个国家达成了17个自贸协定,24个国家建立了82个境外经贸合作区,与“一带一路”参与国贸易额达1.27万亿美元。通过境外经贸合作区的方式,中国的投资达364.8亿美元,带动了当地的20多万个就业岗位。中国企业对沿线国家的投资累计已经超过1000亿美元,对外承包工程超过7200亿美元。[1]

在“一带一路”建设中,尽管我们民间资金的直接投资规模很大,对投资所在国的经济发展也起到了良好的推动作用,但总体而言,特别是基础设施投资,由于建设周期比较长、投资金额特别大、法律风险和市场风险特别多、境外直接投资人才困乏、政治风险不确定等原因,导致了民间资金投资意愿不太强烈。因此,在对外投资过程中,国有企业实际上处于“一带一路”建设国际投资交流与合作主力军的地位,而且在今后的几年中这种地位可能也很难动摇。如中巴经济走廊,中国承诺到2030年前投资金额不少于350亿美元,中国化学工程集团与俄罗斯天然气开采股份有限公司、俄罗斯波罗的海化工综合体项目的总承包合同,合同金额近千亿元人民币,中马友谊大桥、亚吉铁路、瓜达尔港等,投资金额都是数百亿美元。

企业进行境外投资,有助于企业在国际的范围和更广的领域合理配置资源。国有企业作为我国经济命脉的重要支柱,其进行的境外投资既有利于国有资产的保值、增值,也有利于我国综合实力的提升,可以为国际社会创造更大的价值,同时这也是我国作为世界第二大经济体对国际社会所尽的义务,也有利于我国国有企业消化过剩产能,完成产业转型升级,这无论是对我国经济发展,还是对国际社会来讲都是非常重要和关键的内容。如今随着“一代一路”的深入发展,以及全球化进程的推进,国有企业的境外投资意愿更加强烈,国际投资活动将更加频繁。但是,国有企业产权毕竟属于国家的经济发展至关重要。因

---

〔1〕 参见田冠军、郑灵曦:《“一带一路”倡议下国有企业境外投资社会责任监管体系构建》,载《财会月刊》2019年第5期,第171~176页。

此，国有企业在进行境外投资过程中，不仅要受到国内境外投资相关法律法规的约束，也要受到国有资产管理相关法律法规的约束，还要受到投资所在国法律法规的约束。

二、我国对境外国有资产监管的立法现状

我国对国有资产实行分级管理制度，即中央和地方各级国资委分别代表国家行使出资人职责。与此管理制度相对应，我国对境外国有资产监管的法规或者规范性文件主要包含三个层面。

1. 国家立法机关及国务院有关国有资产监管立法

国家立法机关关于国有资产监管最主要的立法是《企业国有资产法》，这部法律是由中华人民共和国第十一届全国人民代表大会常务委员会第五次会议于2008年10月28日通过，自2009年5月1日起施行。在这部立法中，明确指出立法的目的是“加强对国有资产的保护”，[1]国有资产主要是指国家对企业各种形式的出资所形成的权益，其所有权国属于国家所有即全民所有。该部法律在国有企业履行出资人职责的机构、关系国有资产出资人权益的重大事项、企业改制、资产评估、国有资本经营预算、国有资产监督等方面作出了明确规定，又特别规定了履行出资人职责的机构有不当行为时，对其直接负责的主管人员和其他直接责任人员依法给予处分；履行出资人职责的机构的工作人员玩忽职守、滥用职权、徇私舞弊，尚不构成犯罪的，依法给予处分。履行出资人职责的机构委派的股东代表未按照委派机构的指示履行职责，造成国有资产损失的，依法承担赔偿责任；属于国家工作人员的，并依法给予处分等。国有企业在“一带一路”建设中，其对外直接投资行为事关国有资产的安全，国家有关部门应当对其有关事项进行监督。

同时，为建立适应社会主义市场经济需要的国有资产监督管理体制，进一步搞好国有企业，推动国有经济布局和结构的战略性调整，发展和壮大国有经济，实现国有资产保值增值，2003年5月13日国务院第八次常务会议讨论通过《企业国有资产监督管理暂行条例》，并于2011年1月和2019年3月进行了两次修改。该行政法规就国有企业的监管做了进一步的规范，其主要

---

[1] 参见《国有资产管理法》第1条。

目的仍然是通过对国有企业的监管,避免国有企业资产流失,实现国有企业的保值增值。

上述法律法规不仅适用于企业境内国有资产的监管,也适用于企业境外国有资产的监管,国有企业在参与"一带一路"建设,进行境外直接投资过程中,由于建设周期长,投资金额大,利润回收慢,风险大,监管部门更应该对此加以监管,以预防可能会出现的法律风险。

2. 中央部委关于国有资产监管的部门规章

除了国家层面效力等级比较高的法律和行政法规之外,国务院国有资产监督委员会、财政部等国家部委先后出台的一系列国有资产监管的部门规章或规范性文件,这些部门规章或规范性文件,有些是普遍适用于境内、外国有资产管理,有些则是专门针对境外国有资产管理而制定的文件,如《境外国有资产管理暂行办法》《境外国有资产产权登记管理暂行办法》等。这些部门规章相对于法律和行政法律而言,数量更多,对国有资产监管的规定也更加详细,而且也易于操作,这也是目前我国国家机关对国有企业参与"一带一路"建设过程中为防止国有资产流失或者安全更为直接的法律依据。

3. 地方法规对国有企业资产监管规定

为了能更好地履行对本地区国有企业进行监管的职责,除了国家层面的立法之外,地方各级人民政府或者国有资产监督管理机构针对地方国有资产监管的特点而制定的普遍或专门适用于境外国有资产监管的规章或规范性文件,地方人民政府或者国有资产监督管理机构制定的规章或文件对其监管范围内的国有资产具有直接约束力。

以上三个文件从不同层面对我国境外国有资产监管进行了概括或专项的规定,构成了我国境外国有资产监管的基本法律体系。

三、国有企业境外投资规制体系

在具体操作层面,国有企业境外投资不仅要符合上述三个层面法律、法规或规范性文件的规定,在国有企业境外投资过程中,以下几项国有资产监管制度与境外投资也密切相关。

1. 境外投资管理制度

我国对企业境外投资主要进行 4 个方面的管理:一是发展改革部门的境外

投资核准管理,二是商务部门的涉外管理,三是外汇部门的外汇管理,四是国资部门的国资管理。从各级国有资产监督委员会有关投资管理的文件来看,通常还有下述管理制度。

(1)年度投资计划或投资预算的管理

为了更好地履行监督职责,防止国有资产流失,各级国有资产监督委员会都要求其监管范围内的企业编制年度投资计划或者年度投资预算报告,并要求必须在规定时间内向其报送。年度投资计划应包括总投资规模、资金来源、主业与非主业投资规模、主要投资项目的情况等,当然也包括国有企业参与"一带一路"建设中对"一带一路"沿线国家的直接或者间接的国际投资交流和合作,监管部门以此掌握企业投资的动态及发展趋势,对一些风险特别大,或者不符合国家投资方向,或者可能会违反投资项目所在国有关法律,甚至有可能会对我国外交事业造成一定影响的投资行为及时进行制止、预警,以避免可能出现的风险。

(2)投资项目的核准或者备案管理

对某些特殊类型的投资,如能源化工、港口、公路交通,或者投资金额超大,如瓜达尔港项目、马来西亚高铁项目、皇京港深水港项目等,或者资金投向的领域需要国家外交予以配合等,国务院或者国有资产监督管理机构要求企业对具体投资项目按照不同的划分标准向国有资产监督管理机构申请核准或者备案,特殊类型的还需要经国务院批准,如《企业国有资产监督管理暂行条例》第5条的规定。[1]

另外,《企业境外投资管理办法》中规定对敏感类项目实行核准管理。对其中的非敏感类项目,中方投资额3亿美元及以上的,投资主体应当将有关信息告知国家发展改革委,但无需备案。2018年1月31日,国家发展改革委发布

---

[1] 国务院代表国家对关系国民经济命脉和国家安全的大型国有及国有控股、国有参股企业,重要基础设施和重要自然资源等领域的国有及国有控股、国有参股企业,履行出资人职责。省、自治区、直辖市人民政府和设区的市、自治州级人民政府分别代表国家对由国务院履行出资人职责以外的国有及国有控股、国有参股企业,履行出资人职责。其中,省、自治区、直辖市人民政府履行出资人职责的国有及国有控股、国有参股企业,由省、自治区、直辖市人民政府确定、公布,并报国务院国有资产监督管理机构备案;其他由设区的市、自治州级人民政府履行出资人职责的国有及国有控股、国有参股企业,由设区的市、自治州级人民政府确定、公布,并报省、自治区、直辖市人民政府国有资产监督管理机构备案。

《境外投资敏感行业目录(2018 年版)》,界定了敏感行业。2017 年 8 月,国家发展改革委、商务部、人民银行、外交部发布《关于进一步引导和规范境外投资方向的指导意见》,界定了鼓励开展的境外投资、限制开展的境外投资、禁止开展的境外投资的界限。

(3)风险评估论证制度

风险评估论证是国有企业对外投资的一个重要程序,就如前述所言,由于国有企业对外投资时可能会遇到很大风险,因此,国家或者某些地方的国有资产监督管理机构往往要求对境外投资项目在可行性研究过程中,必须组织专家对投资地区的政治、经济、法律、文化等环境因素进行充分评估论证,论证未通过或存在重大争议的项目不得进入决策程序,对违反该论证程序进行对外投资的,应追究相关责任人的责任。《企业国有资产法》第 36 条规定:"国家出资企业投资应当符合国家产业政策,并按照国家规定进行可行性研究;与他人交易应当公平、有偿,取得合理对价。"《中央企业境外投资监督管理办法》(商务部令 2014 年第 3 号)对此也有类似的规定。

(4)重大事项报告制度

要求国有企业对境外投资中的重大事项及时向国资委报告,并形成制度。如《中央企业投资监督管理暂行办法》第 11 条明确规定了企业对重大投资事项应当及时向国资委报告。[1] 一些地方还为此专门制定了一些地方法规,如《北京市关于国有及国有控股企业重大事项报告制度的暂行规定》规定了企业的发展战略、规划,对外投资、担保,国有股权转让,涉及企业经营发展战略的重大生产经营行为、事件,企业主要经营者及其他高级管理人员持有股份(票)情况等必须在规定的时间内上报国有资产监督管理机构。其他还有《舟山市市属国有企业重大事项报告制度》《贵阳市国有企业重大事项报告制度》等。

---

〔1〕 参见《中央企业投资监督管理暂行办法》第 11 条规定:"企业对以下重大投资事项应当及时向国资委报告:(一)按国家现行投资管理规定,需由国务院批准的投资项目,或者需由国务院有关部门批(核)准的投资项目,企业应当在上报国务院或国务院有关部门的同时,将其有关文件抄送国资委。(二)企业投资项目实施过程中出现下列情形的,应当重新履行投资决策程序,并将决策意见及时书面报告国资委:1. 对投资额、资金来源及构成进行重大调整,致使企业负债过高,超出企业承受能力或影响企业正常发展的;2. 股权结构发生重大变化,导致企业控制权转移的;3. 投资合作方严重违约,损害出资人权益的。(三)需报告国资委的其他重大投资事项。"

总结以上制度可以看出,国有资产监督管理部门对境外投资的管理更多侧重于投资前或投资中的风险防控,其目的在于最大限度地防止投资决策失误导致的国有资产流失。

2. 境外国有资产基础管理制度

相对于投资管理制度而言,境外国有资产基础管理制度则更侧重于事后管理,是对国有资产投资形成的境外资产实行事后监管。

境外国有资产基础管理的主要内容包括产权界定、产权登记、资产统计和资产评估等内容,国家针对各项基础管理工作制定了专门的文件。如《境外国有资产管理暂行办法》第11条规定,中央管理的境外企业的重大资本运营决策事项需由财政部或由财政部会同有关部门审核;必要时上报国务院批准。第24条规定,境外机构发生分立、合并、整体出售、撤资、解散或申请破产情形时,须报境内投资者审核批准,并及时进行清算,清理财产和各项债权、债务,同时办理境外国有资产产权注销登记。清理后归中方所有的财产、收入,按照国家有关规定,及时由其投资者足额收回,并报国家有关部门备案。

在产权界定方面,《境外国有资产管理暂行办法》对境外国有资产的范围进行了界定,"是指我国企业、事业单位和各级人民政府及政府有关部门(以下简称境内投资者)以国有资产(含国有法人财产,下同)在境外及港、澳、台地区投资设立的各类企业和非经营性机构(以下简称境外机构)中应属国有的下列各项资产"。[1] 同时,《国有资产产权界定和产权纠纷处理暂行办法》第6条也明确界定了国有资产的权利主体的范畴,中华人民共和国是国有资产所有权的唯一主体,国务院代表国家行使国有资产的所有权,国家对国有资产实行分级分工管理,国有资产分级分工管理主体的区分和变动不是国有资产所有权的分割和转移。

在产权登记方面,针对境外国有资产产权登记的特殊性,相关部门制定了专门的《境外国有资产产权登记管理暂行办法》和《境外国有资产产权登记管理

[1] 国有资产的范围包括境内投资者向境外投资设立独资、合资、合作企业或购买股票(或股权)以及境外机构在境外再投资形成的资本及其权益;境内投资者及其境外派出单位在境外投资设立非经营性机构所形成的国有资产;在境外以个人名义持有的国有股权及物业产权;境外机构中应属国家所有的无形资产;境外机构依法接受的赠与、赞助和经依法判决、裁决而取得的应属国家所有的资产等内容。

暂行办法实施细则》,国有资产监督管理委员会成立后又制定了相关业务办理规则,对国有资产的产权登记等内容作出进一步的细化。如《境外国有资产产权登记管理暂行办法》第 23 条规定,凡占有、使用国有资产的境外机构,都必须按照《境外国有资产产权登记管理暂行办法》和实施细则的规定由境内投资者及时办理境外国有资产产权登记。境外产权登记表及有关资料是境内投资者向外汇管理部门申办登记和投资外汇资金汇出手续的必备文件。向境外投资的货物出境时,收发货人或者其代理人应当主动向海关提交境外产权登记表,并接受海关的监管。

在资产统计方面,主要的依据有《企业国有资产统计报告办法》。在资产评估方面,除了《国有资产评估办法》以及后续的相关规定外,国务院国资委制定了《企业国有资产评估管理暂行办法》,对国有资产的评估作了详细规定。

3. 绩效评价及考核制度

绩效评价及考核制度长期以来一直是国有资产监管部门对企业及其经营者的经营进行监管的重要手段,是建立国有企业激励与约束机制的基础。绩效评价主要是对企业经营管理能力和经营成果的评价,是考察企业管理层水平的重要手段。[1] 国务院国资委相继制订了《中央企业综合绩效评价管理暂行办法》《中央企业综合绩效评价实施细则》《中央企业负责人经营业绩考核暂行办法》,对中央企业绩效评价和业绩考核的相关内容作了系统规定,地方各级国资委也先后建立了自己的绩效评价和考核体系。如《中央企业综合绩效评价管理暂行办法》第 1 条立法宗旨就明确指出,其立法的目的是"为加强对国务院国有资产监督管理委员会履行出资人职责企业的财务监督,规范企业综合绩效评价工作,综合反映企业资产运营质量,促进提高资本回报水平,正确引导企业经营行为,从而做到国有企业保值增值"。该暂行办法还具体就开展企业综合绩效评价工作应当遵循的原则、评价内容与评价指标、评价标准与评价方法、评价工作组织、评价结果与评价报告、工作责任等内容作了规定。这是我国目前在"一带一路"建设中,国有企业进行境外直接投资时最为重要的管理制度之一。

---

〔1〕 参见高宇:《国有企业境外直接投资监管法律研究》,载《上海社会科学院》2019 年第 4 期,第 60 ~ 69 页。

四、对加强境外国有资产监管的建议

加强境外国有资产监管主要是为了防止境外国有资产的流失，其核心还是要解决权责分明问题，应该把重点放在现代公司治理结构的建立和完善以及企业内部利益机制的构造上。除此之外，作为国有资产的监管者，应重点建立准确、透明的企业信息形成及传递途径，让更多的主体参与到境外国有资产的监管中。

1. 规范境外企业的治理模式，建立科学的公司治理结构

公司章程作为公司内部的"宪法"可以对法律强制性规范以外的内容作出规定，从而理顺公司治理结构，加强企业管理，对此无论是《公司法》，还是《企业国有资产管理法》，抑或是其他《国有及国有控股企业重大事项报告制度的暂行规定》等法律、法规都对此有明确规定。

董事会作为国有企业的决策执行机构必须予以加强，通过公司内部管理的有关规定，加强董事会或国有资产授权经营主体对投资决策权的控制，明确董事会的权责，实现董事会对境外投资有效控制和对经理层的有效监督和对境外资产的保值增值。[1]

加强公司监事会的职能，防止动机多元化的经营者行为与追求投资利润最大化的出资人目标相矛盾，避免因信息不对称导致国有出资人对企业经营活动的失控及内部人控制，以法律形式或者公司章程明确监事会的职责范围和监管目标，随时发现并纠正经营管理行为的偏差。

同时，加强企业的激励和约束机制，通过绩效评价与考核，建立管理人员的收入与企业绩效相挂钩的激励机制，调动境外企业经营者的积极性。

2. 制定国有境外财务监管办法，加强财务监管

财务监管的重点是除了建立准确、透明的境外企业信息形成及传递途径外，还应通过财务手段加强对企业资产及资金运营的控制。目前，我国境外国有企业通常采用的组织形式除公司制外，还有代表处、办事处、分公司和事业部等形式，对公司制企业应采取加强公司治理和加强财务监管并重的方式，对代表处、办事处、分公司和事业部等形式的机构，除加强内部管理外，最主要的监

〔1〕 参见李慈强：《完善国有企业境外投资监管的法律制度》，载《唯实》2014 年第 3 期，第 58 ~ 60 页。

管方式是财务监管。国家相关部门可以根据具体情况制定境外企业财务监管的具体办法,以使财务监管信息更加规范、透明,使财务控制的手段更具科学性。[1] 2017 年 6 月财政部为了提升国有资本服务于"一带一路"倡议和"走出去"等国家战略的质量,加强国有企业境外投资的财务管理,防范境外投资财务风险,提高投资效益,还专门制定了《国有企业境外投资财务管理办法》对国有企业境外投资财务管理职责、境外投资决策、财务管理境外投资运营、财务管理境外投资、财务监督、境外投资绩效评价六大问题作出了明确规定。国有企业在参与"一带一路"建设中,必须严格按照《国有企业境外投资财务管理办法》的有关规定,建立健全本企业内部的财务管理规定,严防国有资产流失,建立规范有序、科学合理、运行高效,并具有可续性发展的企业财务管理制度,加强企业财务监控。

3. 建立和完善境外国有资产的责任追究制度

责任追究制度是国有企业进行境外投资时,对一些违反国家投资管理规定,造成国有资产流失,甚至造成外交问题,影响国家声誉的责任人追究其领导决策责任、违法失职责任等。

具体来说,责任追究制度应至少涵盖两方面的情形,一是在进行境外投资决策时,决策者违反决策程序,导致对境外投资决策的失误,致使国有资产流失;二是驻外企业或机构在日常经营中,由于故意或者过失导致国有资产流失,对以上两种情形都应该追究责任者的法律责任。这种责任应包括民事责任、行政责任乃至刑事责任。刑事责任主要由国家司法机关依法追究,国有资产管理部门则应加强自身规章或者规范性文件的制定,形成具体明确的规定,重点追究国有资产流失者的行政责任以及民事赔偿责任。我国相关的法律、法规以及地方规章对国有企业在对外投资时,由于管理人员违法失职行为造成国有资产损失应当承担的责任作出了明确规定,包括违法失职行为的类型、责任追究的程序、责任追究的方式和方法等。具体到每一个国有企业应当通过内部规章制度的规定,在国家及地方有关规定的前提下,制定适合本单位的内部责任追究制度,甚至国有企业党委机关也对违法失职行为的党员干部追究其责任,以加强对国有企业境外投资行为的约束。

---

[1] 参见秦怡奋:《国有企业境外直接投资法律研究——以外部监管为视角》,载《法制与社会》2012 年第 20 期,第 197 ~ 198 页。

4. 协调监管立法,建立行之有效的风险评估及报告制度

从以上分析可以看出,我国现有的对国有企业境外投资法律制度的层级比较复杂,既有国家层面的立法又有国务院及其部委的行政立法和部门立法,还有种类繁多的地方法规和地方规章,现阶段主要的监管部门国资委、商务部、发改委、财政部等均有权对国有企业的境外行为进行监管。但是由于立法的背景、年代不同,导致监管的标准不同。在新的立法过程中,应当考虑优化各类事前监管,增加其标准的通用性,对于不同的监管模块,建立相应的清单,明确国资委为国有企业境外投资监管的主导部门,以协调各部门的监管,提高备案或审批的效率,在满足监管要求的同时更好地促进国有企业的境外投资。[1]

同时,国有企业境外投资应做好项目实施前的风险评估工作,风险评估不能仅是企业内部有关部门对投资项目存在的风险进行分析,为了能够准确地进行分析,并不受外界或者自身知识能力的限制,国有企业在进行境外投资时应当引入合格第三方机构对投资项目予以全面的风险评价,包括对投资的政治、法律、文化环境、国家安全、商业风险、市场风险、劳工法规、投资收益等全方位的风险评估。建立评估标准,明确不宜投资的标准、可以投资的标准以及需要上报审批的标准等。

5. 建立全面的投资评价制度

《央企境外投资管理暂行办法》已经对中央企业境外投资项目事后评价予以规范,规定了年度评价制度、重大项目评价制度以及常态化审计制度。该部门规章的实施保证了央企境外投资的规范、合法、有序,对国有资产的监管作用很大。因此该部门规章的适用对象不只是央企,而是应当在全国范围内予以推广,制定相关的实施计划,以促进地方层面事后监管制度的建立。现阶段主要工作的重点应该是契合国家关于"一带一路"倡议的实施,加快立法,建立具体的国有企业境外投资监管的评价标准、评价流程、评价机构等。此外,还应当强力引入第三方评价机构或者审计机构,开展独立评价、审计,有效防止自监自评,使评价、审计结果具有更高的可信度。

综上所述,在国有企业境外投资时,国家必须审时度势,既要鼓励国有企业

---

〔1〕 参见沈四宝、郑杭斌:《构建我国国有企业境外直接投资法律监管的若干思考》,载《西部法学评论》2009 年第 2 期,第 41 ~48 页。

积极参与“一带一路”倡议，同时也要通过各种方式，并采取相应的措施，以避免或者减少在国有企业参与“一带一路”建设中的法律风险，保证国有资产的保值和增值，增强国有企业的实力。

作者简介

郭杰律师，兼职律师，河南财经政法大学经济学学士、兰州大学法律硕士，郑州西亚斯国际学院法学院副教授；郑州市教育局学术技术带头人，法律考试与教学研究中心负责人，理论法学与法律实务教研室主任，河南省法学会宗教法治研究会理事；发表论文40余篇，其中北大核心期刊13篇，人大报刊复印资料全文转载8篇、索引12篇，另有多篇文章被中国法律网、法制网、重庆律师网等网站全文转载；主要研究方向为劳动法理论与实务，执业定位于劳动争议案件的处理以及法律风险防范、人力资源法律设计，为数十家企业、事业单位提供人力资源法律服务。

作者简介

秦华代律师，郑州大学法学学士、武汉大学国际法硕士，涉外业务部主任；12348中国法网首批部级驻网律师，河南省人民政府为侨服务法律顾问委员，河南省律师协会涉外律师人才库成员，河南省律师协会国际法律业务委员会委员，郑州市律师协会涉外律师人才库成员，郑州市律师协会现代物流业务委员会委员。执业定位于外商投资、房地产、国有企业以及涉外法律事务；为郑州自来水投资控股有限公司、知和环保科技有限公司、郑州楷润市政工程设计有限公司、机械工业第六设计研究院有限公司、河南瀚海置业有限公司、河南新田置业有限公司、香港锦艺集团有限公司等企业提供常年或专项法律服务，妥善处理了大量商事诉讼案件。

汇率操纵国的法律思考

赵明亮

一、“汇率操纵”概述

汇率操纵在国际法上并不存在广泛接受的权威定义，但是，其通常指一个国家有意地操控汇率，使之相对较低，从而获得贸易优势的行为。实际上，因为汇率调整属一国主权范畴，国际货币基金组织（IMF）同时允许成员国为消除外汇市场短期过度波动而进行必要的干预，只要此干预充分考虑到其他成员国的利益，而不是只顾本国不顾他国的蓄意为之。

汇率操纵国则是通过操控汇率、牺牲他国利益而为本国创造更多贸易优势、就业机会及享受较高的国内生产总值的国家。由于汇率操纵具有明显的恶意，并且损害了其他国家的利益，所以，汇率操纵为 IMF 和世界贸易组织（WTO）明确禁止。

二、“汇率操纵”的认定

（一）认定的组织

在国际法上，一方面因为汇率制度关系到一个国家的主权问题，另一方面因为汇率问题也是一个金融问题，而不是贸易问题，所以汇率操纵由 IMF 进行认定和管辖。

（二）认定的依据

国际货币基金组织执行董事会于 1977 年 4 月 29 日通过了一项旨在避免操纵汇率或国际货币体系的决议，该决议规定了三项原则：第一项，基金成员有义务避免操纵汇率、操纵国际货币体系、阻碍其他成员对国际收支的有效调整,或者不公平地取得优于其他成员的竞争地位;第二项,如果外汇市场的紊乱情势构成对成员货币汇率的短期干扰,为消除这种紊乱的情势,相关成员必要时,应对外汇市场进行干预;第三项,此项干预应当充分考虑到其他成员,包括涉及的外汇发行国的利益。

(三)认定的条件

根据《国际货币基金协定》的规定,认定是否构成汇率操纵,应从主客观两个方面进行分析。

首先,主观要件是指干预汇率的目的是产生阻碍其他成员对国际收支的有效调整的结果,或者不公平地取得优于其他成员的竞争地位。如果实施某些干预措施是为了达到限制进口,而不是为了保障其国际收支平衡、维护其金融稳定,则这种措施不仅与世界贸易组织宗旨相违背,也是国际货币基金组织所不允许的。

其次,客观要件这包括两个层次:一是进行调控和干预的条件。某成员的汇率调整和政策改变与起主导作用的经济金融情势不相关,并将影响其竞争能力和资本长期流动的情况;某成员对国际收支项下或经常性交易项下的资金兑汇或资金移转重新增加限制、加重限制或施以长期限制时,没有充分的经济、金融情势作为依据;某成员对资本国际流动实施不正常的鼓励或限制的金融政策,超越了为实现其国际收支平衡所需要的范围和程度。二是行为的结果,指实施这些政策是否给其他国家的正当利益造成负面影响。如果某干预措施导致其他国家的正当利益受到损害,则该措施即为国际货币基金组织明确禁止。

三、美国单方认定中国为"汇率操纵国"的违法性

此次美国财政部将中国列为"汇率操纵国",这明显没有国际法上的依据,是没有国际法效力的。

首先,国际上汇率评估的权威机构是国际货币基金组织,而不是美国财政部。

其次,国际货币基金组织并没有认定中国存在操纵汇率的行为。

自 2015 年以来,国际货币基金组织在和中国每年就《协定》第 4 条款的磋商中多次指出,人民币汇率水平和经济基本面大体一致。国际货币基金组织于 2019 年 8 月 10 日发布的 2019 年度中国第 4 条款磋商报告再次强调了上述结

论,并且建议中国如果下一步面对不断升级的贸易摩擦,可以扩大汇率弹性,减少汇率干预。因此,从国际货币基金组织的意见和态度看,中国并没有操纵汇率的行为。

最后,从美国自身评估他国汇率的法律政策来看,中国也没有操纵汇率的行为。

美国先后制定了两部法案来评估贸易伙伴国的汇率政策。第一部是1988年的《综合贸易与竞争法》,该法案旨在强化美国在贸易方面的国际地位,没有明确汇率操纵的标准,因此,美国财政部在评估他国汇率操纵时有很大的自由裁量权。此次美国财政部认定中国"汇率操纵"主要是援引这部法案。

第二部是《2015年贸易便利与强化法案》,该法案对"汇率操纵国"提出了三条具体的量化的指标:一是对美贸易顺差每年200亿美元;二是该经济体的经常账户顺差占GDP比重超过2%;三是该经济体持续单边干预汇率,对持续单边干预的评估标准为该经济体在过去12个月,至少6个月(此前为8个月)多次实施外汇净买入,买入总额超过GDP的2%。

根据该法案,"汇率操纵"有三个量化标准,只要达到两个标准则可以列入监测名单。自法案公布以后,美国财政部发布了7份汇率报告,没有认定任何一个国家操纵汇率。本次中国只触发了第一项指标,根本不符合美国自己所谓的"汇率操纵国"认定标准。不过,第一条标准的权重较大,如果只满足第一个标准,但该经济体对美国的总体贸易逆差贡献较大,也可能被列入监测名单。

综上原因,"汇率操纵国"只能由国际货币基金组织依据《协定》及相关决议认定,而国际货币基金组织针对人民币汇率安排从未给予过"操纵"或者"根本性失衡"的结论。近期因为人民币汇率破7,美国就马上给中国贴上"汇率操纵国"的标签,这既没有国际法依据,也同样缺乏国内法支持。所以,无论从哪方面来讲,美国的做法都是违反国际法原则和国际货币基金组织《国际货币基金协定》规则的。

四、被"汇率操纵国"后的影响

事实上,中国实施的浮动汇率制度一向是以市场供求为基础、以一篮子货币为参考的,不存在"汇率操纵"的问题。无论是2005年初至2019年6月人民币的实际汇率大幅升值,还是国际货币基金组织对"人民币汇率大体符合基本面"的评价;无论是1997年亚洲金融危机和2008年全球金融危机中人民币汇率保持稳定，还是2018年美国不断升级贸易争端以来中国始终坚持不搞竞争性贬值，中国为了维护多边体制的稳定并减少对其他无辜经济体的伤害付出了巨大的努力。

然而，中国所做的努力却被贴上“汇率操纵国”的标签，这将会引起中美这两大经济体的角力升级，也势必为全球市场带来新一波打击；这不仅会严重破坏国际金融秩序，引发金融市场动荡，还将大大阻碍国际贸易和全球经济复苏，对国际货币体系的稳定运行将产生严重的负面影响。

五、解决国际争端的正确途径

和平解决国际争端是现代国际法的一项基本原则，也是国际法治的重要内容与目标。随着中国社会经济的不断发展和对法治认识的不断深化，中国不但创造性地和平解决了港澳问题和其他国际争端，而且为维护国际和平、稳定，推动国际社会的法治发展做出了重要贡献。

本次中国被贴上“汇率操纵国”的标签，不仅会严重破坏国际金融秩序，引发金融市场动荡，而且会对国际货币体系的稳定运行产生严重的负面影响。因此，美方应当遵守和平解决争端的国际法原则，纠正错误做法，以免给国际金融秩序造成更为严重的损害。

作者简介

赵明亮律师，中南财经政法大学法律硕士，涉外业务部律师；执业定位于国资运营、公司治理、并购重组、投资融资、企业破产等相关法律事务；为郑州投资控股有限公司、河南国创文化发展有限公司、知和环保科技有限公司等十多家单位提供常年法律顾问服务；为中国东方资产管理股份有限公司河南省分公司、河南省国有资产经营有限公司、郑州黄河大观有限公司、郑州思念食品有限公司、上海农工商集团郑州农工商华臻置业有限公司、深圳华信股权投资基金管理有限公司等提供专项法律服务。

郑欧班列相关法律问题

赵明亮

一、郑欧国际铁路货运班列概况

郑欧国际铁路货运班列(以下简称郑欧班列)始于河南郑州,经新疆阿拉山口出境,途经哈萨克斯坦、俄罗斯、白俄罗斯和波兰后到达德国汉堡,全程10214公里。2013年7月18日运行的首趟郑欧班列开启了中欧之间的“新丝绸之路”。2015年,郑州实现了到哈萨克斯坦第一大城市阿拉木图和俄罗斯莫斯科两条铁路货运线路的常态化运行。2016年,郑欧班列还开通了经中亚、土耳其等国到达卢森堡的南欧线路。目前,郑欧班列已形成“一带三”模式,即一条郑州至汉堡线,带动郑州到阿拉木图、郑州到莫斯科、郑州到克莱佩达三条线路。

作为郑州航空港经济综合试验区的重要配套项目,郑欧班列搭建了一个重要的对外开放平台,成为联通郑州到欧洲、沟通世界的国际铁路物流大通道,从而有效拉动了沿线的经济发展。郑欧班列开通后,将改变河南发往欧洲、亚洲等地的货物从青岛、连云港等地走海运出关的局面,弥补郑州的海运短板缺陷。这标志着郑州沟通世界的国际铁路物流大通道由此打通,也使河南省成为我国中部、西北、华北、东北地区货物的主要集散地和中转站。

二、相关的法律问题

在多重利好的共同推动下,郑欧班列正在快速发展,但同时也出现了一些法律问题,如各国铁路法律体系的差别、各国法律制度的不衔接等,这些问题给国际跨境铁路运输造成了一定障碍。

(一)运单的法律效力

在郑欧班列开行区域内主要适用两种国际联运规章:一是《国际铁路货物联运协定》(以下简称《国际货协》);二是《国际铁路货物运送公约》(以下简称《国际货约》),我国于 1954 年 1 月 1 日加入《国际货协》至今。因此,该协定成为目前我国铁路国际货物运输的基础文件。

根据《国际货协》的规定,铁路运输单证用运单,运单是铁路运输的凭证,但运单不是物权凭证,不能转让,亦不能凭以提货。运单是发货人与铁路之间缔结的运输契约,是铁路向收货人收取运杂费用和点交货物的依据。运单规定了铁路、发货人和收货人在货运中的权利、义务和责任,因此,运单对上述当事人均有法律约束力。同时,运单随同货物从始发站至终点站全程附送,最后交给收货人。运单副本是贸易双方结算货款的依据。当所运货物或票据丢失时,运单副本可作为向铁路索赔的证件。运单副本加盖戳记后,证明铁路运输合同订立,并交付发货方凭以结汇。

因此,目前在国际铁路运输中使用的运单虽然对当事各方具有法律约束力,但是不具有物权效力。这也就导致目前的铁路运单在企业办理押汇担保以及信用证结算方面都受到非常大的影响。

(二)单证不统一

由于《国际货协》和《国际货约》使用的是两种运单,这也导致国际铁路运输中存在多种不同运单。目前郑欧班列采用的国际铁路联运运单有三种类型:途经国家和到达国家均适用《国际货协》规则的,用《国际货协》运单;途经国家和到达国家适用两种联运规则的,一种是采用《国际货协》+《国际货约》运单,在途中更换运单,另一种是在各国铁路事先书面商定的情况下,使用《国际货协》或《国际货约》统一运单。

这种运单的不统一导致了当事各方在运输过程中需要花费时间和成本进行运单转换,而且还造成了运单权属复杂、索赔不便等问题。

(三)借用贸易术语

在国际商会制定的《2000 年国际贸易术语解释通则》中规定了 13 种基本贸易术语,对国际贸易运输环节中的物权转让、运输责任、交货条款、货运保险等作了详尽规定。其中,在国际铁路货物联运中经常套用的贸易术语有:EXW

工厂交货、FCA 货交承运人、FOB 船上交货、CIF 成本、保险费加运费、CPT 运费付至(指定目的地)、CIP 运费、保险费付至(指定目的地)、DAF 边境交货、DDU 未完税交货。

但是,国际铁路货物联运一直没有准确的交货条款贸易术语。尽管《2000年国际贸易术语解释通则》在国际贸易界通用,但国际铁路货物联运具有其自身的特性,在实际业务中长期套用海运交货条款和贸易术语,频繁导致外贸关系人理解上的歧义。并且,上述几种常用贸易术语在国际铁路运输中的使用也都有不确切之处,需要在使用时要加以注意。

(四)交货的控制

根据《国际货协》有关货物交付的规定:货物到达到站,收货人向铁路付清运单所载的一切应付的运送费用后,铁路必须将货物、运单正本和货物到达通知单交付收货人;收货人必须支付运送费用并领取货物。根据到达铁路现行的国内规章,货物的交付可以在收货人付清运送费用之前进行。收货人只在货物由于毁损、腐坏或由于其他原因而使质量发生变化,以致部分货物或全部货物不能按原用途使用时,方可拒绝领取货物。

实务中,有的发货人为了控制货权,将《国际货协》运单中的收货人填写为国外运输代理人,以便货物到达后,凭发货人的指示决定是否放货。但在进口报关时,有些国家规定只能由运单上的收货人办理清关手续。如果把货运代理人作为收货人,则无法办理海关手续。

现行国际联运的做法是:在《国际货协》运单第 5 栏中,收货人必须是收货国家的法人或自然人,在货物运抵到达站后,到达车站通知收货人,收货人在领取货物时,凭确认的收货人身份,向车站交付到达铁路、车站的一切费用后,即可领取货物和相应单据,并据此报关。这样,货物在到达目的车站后,《国际货协》运单的记载收货人在提交身份证明和付清到站费用后,即可把货物提走。货主、发货人、运输代理人都无权对货物的交付作出指示和控制货权。

(五)运费的交付

在国际铁路联运货物运输中,运费的交付方式主要有以下几种。

(1)货主或发货人在托运货物时,交纳全程运费,包括发运国从发站到边境的铁路运费、边境口岸的交接换装费、到达国和过境国的铁路运费,直到到达站的车板交货。

(2)货主或发货人在托运货物时,只交纳发运国从发站到边境的铁路运费和在货物出境前的所有杂费,而出境后的换装费、到达国的铁路运费、到达站的所有费用则由收货人在提取货物时,向到达车站交付。

(3)货主或发货人在托运货物时,交纳发运国从发站到边境的铁路运杂费,而过境国的铁路运杂费可以由发货人或收货人在过境国的代理交付,到达国的铁路运杂费,则由收货人在提取货物时,向到达车站交付。

(六)货物的保险

我国铁路主管部门明确:在国际铁路货物联运中,所有的国际货物均需保险或保价运输。根据原铁道部颁布的《铁路国际联运保价运输办法》,货主或发运人在未办理保险的情况下,需要办保价运输,但该保价运输只到国境线上,不能对跨国或第三国的运输提供保险。

在国外收货人作 EXW、FCA、FOB、CIF、CPT、DDU 等条款时,往往在收货地(境外)自行投保。但我国铁路各发运车站对不是中国铁路所确认的保险单据是不予承认的,还需发运人再次保险或保价运输。

(七)铁路的完全运输责任

在国际铁路货物联运中,各参加国铁路行使完全运输责任,即铁路负责货物的运输、换装和运输单据交接,直到在到达车站将货物交到收货人手中。在整个运输到交货的全过程中,发货人、国内外的运输代理人、收货人均无控货权。

根据《国际货协》的规定,参加协议的国家铁路承担由纯粹的货物承运人到代为行使国际货运代理人的部分职能,包括内陆运输工具的海关监管、边境口岸的货物交接、不同轨距铁路车辆的换装、货物票据递送、过境第三国铁路的运输和票据递送、在到达站通知收货人(买方)提取货物和交付、在到达站保全货物的职能和将货物转发到未参加《国际货协》的国家的转运,按《国际货协》运单承运货物的铁路负责完成货物和随货单据的全程运送,直到在到站交付货物为止。每一继续运送的铁路自接收附有运单的货物时起,即认为参加了这项运输合同,并承担由此产生的义务。

这样,使用国际铁路货物联运运输方式的货物,由托运人在发运车站办理完发运手续后,货物的物权即转到运输工具承运人手中。在货物交付前的整个运输过程中,货主、发运人、货运代理人、收货人都没有控货权。

作者简介

赵明亮律师,中南财经政法大学法律硕士,涉外业务部律师;执业定位于国资运营、公司治理、并购重组、投资融资、企业破产等相关法律事务;为郑州投资控股有限公司、河南国创文化发展有限公司、知和环保科技有限公司等十多家单位提供常年法律顾问服务;为中国东方资产管理股份有限公司河南省分公司、河南省国有资产经营有限公司、郑州黄河大观有限公司、郑州思念食品有限公司、上海农工商集团郑州农工商华臻置业有限公司、深圳华信股权投资基金管理有限公司等提供专项法律服务。

(四)破产业务

论破产案件债权人代理律师的作用

——以一起合并破产重整案为例

王军霞

企业破产是市场优胜劣汰规律、社会资源优化配置及社会产业结构调整的必然结果。中央经济工作会议提出的推进供给侧结构性改革,是为适应我国经济发展新常态在而做出的重大战略部署。破产工作具有依法促进市场主体再生或有序退出、优化社会资源配置、完善优胜劣汰机制的独特功能,是保障供给侧结构性改革、推动过剩产能化解的重要途径。在破产程序中保护债权人的利益是破产法的立法目的之一,也是非常重要的一个方面。破产法通过制度设计,使债权人的债权能够获得公平的清偿,权利能够得到救济。律师代理债权人参加破产程序,是破产法律业务的一个重要内容。律师在破产程序中可以多方面发挥作用,不仅可以作为破产管理人,还可以作为债务人、债权人和投资人的代理人参与案件,从而促进破产审理公正、公平、合法有序地进行。下面结合笔者代理的一起债权人申请破产案件,谈谈破产案件债权人代理律师的作用。

一、案情简介

郑州某公司(以下简称郑州公司)和河南某公司(以下简称河南公司)于

2010 年 12 月 30 日共同出资设立开封某公司(以下简称开封公司),注册资本为 4000 万元。其中,郑州公司出资 1376.41 万元,所占股权比例为 34.41%;河南公司出资 2623.59 万元,所占股权比例为 65.59%。公司主要从事农药的生产、复配、加工、销售(在有效许可证核准的范围内生产经营),化工产品、肥料的销售,从事货物和技术进出口业务。公司成立后,由于企业发展战略理念不合理、经营发展步子迈得过大、财务风险控制标准缺失等,使公司经营陷入资不抵债的困境。

二、树立破产意识,甄别临危企业,做好应对工作

作为郑州公司的代理人,笔者介入案件是在诉讼阶段。当时有 5 起针对开封公司的诉讼案件,标的达 2000 多万元,涉及郑州、开封两地两级多家法院。另外,笔者还了解到,开封公司还因涉及其他问题不能正常生产经营,生产车间对外承包,公司只收取承包人上交的承包费予以维持。

1. 杜绝产生新的债权,使已经发生的债权规范化

郑州公司不仅是开封公司的出资人,而且多次出借资金用于开封公司的生产经营,另外,还作为担保人介绍他人出借资金给开封公司,数额共计 1000 多万元。由于开封公司面临资金困难,土地又因上述案件被查封导致银行不能抵押贷款。开封公司法定代表人因此多次向郑州公司提出再借部分资金以便与案件当事人进行和解,从而解除土地查封向银行进行抵押贷款。笔者根据了解的情况,初步判断公司濒于破产,如果郑州公司再出借新的资金,难以在将来实现债权,于是不建议继续出借资金,同时建议将已经发生的债权进行规范化管理,以便将来诉讼或债权申报。

2. 使隐性债权显性化

笔者通过进一步了解得知,郑州公司与河南公司在共同出资设立开封公司时,曾签订出资协议和补充协议各一份。协议约定:(1)河南公司作为控股股东对开封公司拥有自主管理权,同时承诺资本金的年化收益率不低于 17%,若低于此水平,则由河南公司补足。(2)若开封公司在四年半之内未能实现上市,郑州公司有权选择退出,并可以要求河南公司按约定的年化收益率回购股权。根据这些协议内容,参照最高人民法院关于对赌的相关判例,笔者建议郑州公司启动诉讼程序,及时将股权转化为债权,避免公司一旦进入破产程序,股权化为乌有的局面。

三、代理债权人及时申请破产

在代理完成上述股权转债权的诉讼后，其他债权人已进入执行程序，开封公司的固定资产已全部被法院依法查封。如果按正常的执行程序继续进行代理，将会面临无财产可供执行的困局。

笔者依照《企业破产法》第7条"债务人不能清偿到期债务，债权人可以向人民法院提出对债务人进行重整或者破产清算的申请"的规定，建议郑州公司及时申请河南公司破产，进入破产程序后执行程序便会终止，保全措施得以解除，可以部分地实现债权。

根据《企业破产法》和最高人民法院相关司法解释的规定，笔者先是代理郑州公司申请对河南公司的破产清算。郑州公司既是河南公司的债权人，又是开封公司的债权人。之所以先对河南公司申请破产而没有对开封公司申请或者同时对二者合并申请破产，主要是基于以下考虑：一是通过股转债诉讼后，开封公司成为河南公司的独资子公司，公司的固定资产也在河南公司的名下；二是河南公司注册地在郑州市某区，该区法院已办结多起破产案件，法官办理破产案件经验丰富；三是单独对一个企业提出破产申请法院容易受理，而对关联企业合并申请破产法院受理难度较大；四是在本市代理案件也较为方便。

破产申请被郑州市某区人民法院受理后，笔者提出，河南公司与开封公司在债务、人员和资产等方面高度混同，属于关联企业，应合并破产，郑州市某区法院根据实际情况裁定河南公司和开封公司合并破产。

四、为最大化实现债权，配合法院适时做好破产程序的转换

我国《企业破产法》规定了三大破产程序，即破产清算、破产重整以及破产和解，其适用的对象、目标、原则、程序各不相同，债权人的代理人根据实际情况，为最大化实现债权，可以选择适用相关程序，配合法院做好相关程序的转换工作。

笔者代理本案开始是按破产清算程序进行申请并被法院受理的。随着对河南公司和开封公司了解的进一步加深，初步判断企业具有重整价值。开封公司作为河南公司的生产基地，位于国家级化工物流园，拥有工业出让用地35.2亩，科研楼一栋，厂区内粉剂车间、水剂车间、合成车间、固态物料仓库、液态物料仓库、肥料仓库、传达室、配电室等基础设施齐全。主营某原药、部分小药及

中间体,产品市场前景广阔;并持有农药生产批准或登记证书14个(含全国唯一某原药生产批准证书)、注册商标证书11个,新技术、新产品融合能力强,增值空间较大。如果进行破产清算,两个公司能变现的资产价值经评估才1000多万元。如果进行破产重整,公司的无形资产得以延续,特别是原有的生产批准证书可以继续使用;如果在现有的条件下挖掘产能,恢复销售渠道,可以有不错的利润空间。考虑到企业的重整价值,在案件受理后,笔者作为债权人的代理人和债务人一道提出了重整申请,案件由破产清算程序转换为破产重整程序。

五、代理债权人申报债权并行使相关权利

在人民法院受理破产申请后,根据《企业破产法》第45条的规定,应当确定债权人申报债权的期限。债权申报期限自人民法院发布受理破产申请公告之日起计算,最短不得少于30日,最长不得超过3个月。在此期限内,律师作为代理人,应及时按照法院通知的要求向管理人申报债权。

依据《企业破产法》第59条的规定,律师可以接受债权人的委托出席债权人会议,行使表决权。律师作为代理人出席债权人会议,应当向人民法院或者债权人会议主席提交债权人的授权委托书。

《企业破产法》第61条对债权人会议的职权范围进行了规定:核查债权;申请人民法院更换管理人,审查管理人的费用和报酬;监督管理人;选任和更换债权人委员会成员;决定继续或者停止债务人的营业;通过重整计划;通过和解协议;通过债务人财产的管理方案;通过破产财产的变价方案;通过破产财产的分配方案;人民法院认为应当由债权人会议行使的其他职权。

《企业破产法》第64条规定了债权人的决议撤销请求权,第66条规定了债权人的复议申请权。

笔者在代理该起案件过程中,重点进行了债权核查、对重整方案提出意见等,使债权得到公平处置、重整计划得以顺利通过和执行。

六、参与同投资人的谈判,做好债转股事宜

重整计划通过后,管理人通过公开招募投资人的方式引进战略投资人。在投资人确定后,作为该起破产案件债权数额最大的债权人的代理人,笔者参与了同重整投资人的谈判。以重整计划确定的企业估值为基础,根据债权受偿的

比例计算的数额，作为与投资人合资的条件，按照新设公司的模式，签订投资协议，制定公司章程。

公司重整后，生产经营状况逐步好转。郑州公司的债权全部转为重整后公司的股权，从而实现了债权的保值增值。

作者简介

王军霞律师，房地产业务部律师，家文化工作委员会主任，河南大学文学学士；郑州市律师协会公益委员会副主任；郑州市律协先进工作者、河南省律协“新冠疫情防控工作先进个人”；从业近三十年来，为河南电视台法制频道、河南农业职业学院、《党的生活》杂志社、河南饭店、河南省省立医院有限公司、河南现代职业培训学校、河南省国有资产控股运营集团有限公司等单位多次提供常年或专项法律服务，参与河南省大地农化有限公司、开封大地农化生物科技公司、河南省中牟造纸厂等大量破产清算、破产重整案件。

简析"僵尸企业"处置工作中职工安置问题的处理

郭洪魁

一、"僵尸企业"的界定

根据《中央企业处置"僵尸企业"工作方案》(国发〔2016〕80号)文件、2017年3月1日河南省人民政府国有资产监督管理委员会联合河南省财政厅等11部门出台的《关于印发〈关于省属企业处置"僵尸企业"的意见〉的通知》(豫国资文〔2017〕16号)文件的规定,"僵尸企业"的具体标准是:一是已经停产6个月或者半停产12个月以上、连年亏损、靠政府或者集团总部补贴和银行续贷存在的企业;二是资不抵债、扭亏无望、生产经营难以为继、不具备偿债能力的企业。

二、政策、法律依据

2017年3月1日河南省人民政府国有资产监督管理委员会联合河南省财政厅等11部门出台了《关于印发〈关于省属企业处置"僵尸企业"的意见〉的通知》(豫国资文〔2017〕16号),2017年12月2日河南省人民政府办公厅出台了《关于省属企业处置"僵尸企业"的若干意见》(豫政办〔2017〕147号)、河南省深化国有企业改革领导小组印发了《河南省国有企业处置"僵尸企业"工作推进方案》的通知(豫企改〔2017〕4号)等文件,对"僵尸企业"处置工作中的债务处理、资产处置、职工安置工作作了具体的规定。

破产清算、破产重组是"僵尸企业"分类处置的重要类型,为了推动僵尸企业破产工作,2018年12月11日河南省深化国有企业改革领导小组出台了《关于加强府院联动推进"僵尸企业"破产工作的意见》,随后河南省高级人民法院出台了《关于加强"僵尸企业"企业破产审判工作的实施意见》。

"僵尸企业"处置中的职工安置工作涉及广大职工的权益保护和社会稳定的大局,2018 年 12 月 21 日河南省人民政府办公厅出台了《关于做好处置"僵尸企业"过程中职工安置和社会保险工作的意见》,对职工安置费用的来源、职工安置的具体措施、社保费用欠费的处理等问题一一作出了规定,为"僵尸企业"处置职工安置工作提供了具体的政策依据。

此外,《民法典》《公司法》《劳动合同法》《破产法》等法律以及劳动和社会保障部有关劳动者权益保护的相关规章、制度也构建了职工安置的法律保障体系。

三、"僵尸企业"处置中,职工安置工作的范围以及需要关注的问题

(一)企业各类人员基本情况

(1)在职职工人数:包括全民所有制职工、合同制职工、混岗集体工、移交社会职能人员、特殊工种人员、工伤职工及职业病人员等人数;

(2)离休和退休人员人数;

(3)抚恤人员人数;

(4)集体企业职工人数等。

(二)职工安置渠道及安置所需费用情况

(1)拟领取一次性安置费人数及所需费用;

(2)拟领取经济补偿金人数及所需费用;

(3)拟移交地方管理的社会职能人员人数及所需费用;

(4)离退休人员管理服务机构拟安排人员人数及所需费用;

(5)拟移交地方管理的离退休和提前退休人员人数;

(6)利用破产企业有效资产重组拟安置人员人数等。

(三)离退休人员管理服务及社会保险费有关情况

(1)离退休人员管理和服务办法;

(2)离退休人员基本养老保险统筹项目内费用;

(3)基本养老保险统筹项目外费用(省级人民政府规定项目);

(4)退休人员医疗保险所需费用;

(5)离休人员医疗保障计划及所需费用等。

(四)企业缴纳社会保险费有关情况

(1)社会保险费缴纳情况;

(2)欠缴社会保险费情况及原因;

(3)欠缴社会保险费的清偿及解决办法等。

(五)工伤职工及抚恤人员保障计划

(1)1~6级工伤职工保障计划及所需费用;

(2)7~10级工伤职工保障计划及所需费用;

(3)抚恤人员保障计划及所需费用等。

(六)职工相关权益保障计划

(1)企业拖欠职工工资情况及解决办法;

(2)企业拖欠下岗职工基本生活费情况及解决办法;

(3)企业拖欠职工基本养老金情况及解决办法;

(4)企业拖欠职工医药费情况及解决办法;

(5)企业拖欠工伤职工、抚恤人员待遇情况等。

四、职工安置的主体

根据《关于省属企业处置"僵尸企业"的若干意见》精神,"僵尸企业"及所属集团公司和所在地省辖市、省直管县(市)政府承担职工安置主体责任。"僵尸企业"破产清算、破产重整的,管理人、人民法院负责全面审查职工债权。管理人应当在第一次债权人会议召开15日前完成职工债权审查工作,经与主管部门、人社部门协商确认后,在企业公告栏或者其他显著位置公示。

五、关于职工安置费的资金来源

《关于印发〈关于省属企业处置"僵尸企业"的意见〉的通知》规定,探索建立多渠道筹资机制,通过争取中央资金、省财政安排等渠道,多方筹措资金,用于职工安置。研究设立国企改革专项资金,为开展"僵尸企业"处置工作提供资金支持。按规定执行后安置费仍有缺口的,由所在省辖市、省直管县(市)政府解决。

省属"僵尸企业"安置职工费资金缺口的解决,按照《关于省属企业处置

“僵尸企业”的若干意见》的规定，对省政府直接出资企业的职工安置费用，首先通过企业自身资产变现解决，不足部分用划拨土地处置收益支付，尚有缺口的由企业向履行出资人职责的省直部门提出申请，经省深化国有企业改革领导小组办公室初审、省财政厅复审后报省政府批准，从国有资本经营预算中列支。对省属企业集团下属“僵尸企业”的职工安置费用，首先从“僵尸企业”净资产、土地处置等收益中优先解决，缺口部分由企业集团作为责任主体自主解决。企业集团确有困难的，在安排国有资本经营预算支出时，按规定纳入预算，给予适当补助。

六、关于职工安置的具体措施

（一）内部退养

对距离法定退休年龄5年以内、再就业有困难的职工，本人自愿、经企业同意并签订协议后，可以实行内部退养，由企业参照化解煤炭过剩产能工作中有关标准发放生活费，并按规定缴纳基本养老和医疗保险费，个人缴费部分由职工继续缴纳，达到法定退休年龄时办理退休手续。对依法解除或终止劳动合同的职工，企业要支付经济补偿金，偿还拖欠的职工在岗期间工资并补缴社会保险费用。

（二）转岗安置

支持兼并重组后的新企业吸纳原企业职工，对企业为职工转岗安置开展的职业培训，通过就业补助资金给予补贴。

（三）失业登记

对依法与企业解除、终止劳动合同的失业人员，各级公共就业服务机构负责为其办理失业登记，纳入当地就业创业政策扶持范围，提供就业指导、职业介绍、政策咨询等服务。对有参加培训意愿的失业人员，普遍开展职业技能培训，增强其再就业能力和职业转换能力。对有创业意愿的失业人员，开展创业培训，提供创业指导、项目咨询和跟踪服务。

（四）就业援助

对办理失业登记的就业困难人员，各地人力资源社会保障部门负责逐一核对、登记建档，提供“一对一”就业援助。对通过市场渠道确实难以就业的大龄困难人员和零就业家庭人员，要通过加大公益性岗位开发力度托底帮扶。各地新增或腾退的公益性岗位，要优先安置处置“僵尸企业”涉及的就业困难人员。

（五）破产企业职工安置

实施破产的“僵尸企业”应按照《劳动合同法》的规定与职工终止劳动合同，并支付经济补偿金。

七、关于社会保险欠费处理

（1）“僵尸企业”应一次性补齐欠缴的社会保险费及其产生的利息和滞纳金。对一次性补缴欠费确有困难的，经省人力资源社会保障厅批准，可缓期缴纳，缓缴期最长不超过1年，缓缴期内免收滞纳金。对补缴欠费有严重困难的，由企业申请，经履行出资人职责的省直部门和省人力资源社会保障厅审核同意，报省政府批准，可只补欠缴的社会保险费及按计账利率计算的利息。

（2）对依法实施破产的“僵尸企业”欠缴的养老保险费，按有关规定在资产变现收入中予以清偿。对清偿欠费资金不足的“僵尸企业”欠缴的养老保险费，除企业缴费中应划入职工个人账户部分外，经社会保险经办机构审核确认，人力资源社会保障部门、财政部门复核，报省政府批准后予以核销。职工按规定补足个人账户资金后，社会保险经办机构要按规定及时记录，其缴费年限应予承认。

（3）对实施破产、撤销的“僵尸企业”欠缴的医疗保险费，按有关规定在资产变现收入中予以清偿。对清偿欠费资金不足的“僵尸企业”欠缴的医疗保险费，按照企业隶属关系，由企业所在省辖市、省直管县（市）政府负责，通过加大财政投入、多渠道筹资等办法妥善解决。

（4）对依法实施破产的“僵尸企业”失业保险单位欠费部分，按有关规定在资产变现收入中予以清偿。无法完全清偿欠缴的部分，由统筹地区失业保险经办机构提出，经人力资源社会保障部门审核、财政部门复核，报所在省辖市政府批准后予以核销。对破产前未参加失业保险的“僵尸企业”，失业保险经办机构不再受理参保，失业职工应享受的失业保险待遇按照《河南省失业保险条例》第46条的规定，从企业破产清算资产中予以解决。

八、关于“僵尸企业”退休人员医疗保障问题

（1）按照《社会保险法》的规定，对参加职工基本医疗保险的个人，达到法定退休年龄时累计缴费达到国家规定年限的，退休后不再缴纳基本医疗保险

费,依照国家规定享受基本医疗保险待遇;未达到国家规定年限的,可以缴费至国家规定年限。

(2)“僵尸企业”破产、撤销时,不再为原单位退休人员一次性缴纳10年基本医疗保险费。企业宣告破产前已退休的参保人员,未达到国家规定缴费年限的,需补缴的基本医疗保险费由用人单位和退休人员个人分别缴纳。国家规定年限包括职工实际缴纳基本医疗保险费的年限,也包括职工参加基本医疗保险前的“视同缴费年限”。

“僵尸企业”处置过程中职工安置工作比较复杂、矛盾比较突出,会面临各种问题和诉求,需要安置主体以高度的责任心做好调查工作、制订详细的职工安置方案和工作预案,坚持依法依规、公正公开的原则,既要充分保护职工的合法权益,也要防止弄虚作假,夸大职工债权数额,损害国家、集体、其他债权人利益,这样才能有序顺利推进僵尸企业出清工作。

作者简介

郭洪魁律师,党支部书记、破产业务部主任,兰州大学法学学士、郑州大学法律硕士;郑州市律师协会副监事长、河南省律师协会破产与重组法律专业委员会副主任;全国律师行业优秀共产党员、河南省优秀律师;中国银行间协会法律专家库成员、郑州市人民政府法律顾问、郑州仲裁委员会仲裁员;最高人民检察院“民事行政检察专家咨询网”专家、河南省法学会民法学研究会理事、河南省金融证券保险专业律师;执业定位于公司、金融、破产等法律事务;先后为河南国有资产控股运营集团有限公司、河南国控基金管理有限公司、招商银行股份有限公司河南分行、中国东方资产管理有限公司郑州办事处、河南省邮政速递物流有限公司、河南省中小企业投资担保股份有限公司等多家单位提供专项及常年法律顾问服务,担任大量破产案件项目的负责人。

破产程序中待履行合同处分方式

赵媖洁

合同签订完毕且合同双方当事人均未完全履行完毕各自权利义务之前,若一方当事人进入破产程序,该合同如何处理? 人民法院受理债务人的破产申请之后,债务人的一切行为均要围绕破产财产利益最大化原则进行,如何处理待履行合同,对合同相对人的合法权益有着至关重要的作用。本文拟就破产程序中待履行合同的一般概况及选择权做简要分析。

一、我国破产法中待履行合同概述

1. 关于待履行合同的界定

相关法律条文方面,《企业破产法》第 18 条规定:"人民法院受理破产申请后,管理人对破产申请受理前成立而债务人和对方当事人均为履行完毕的合同有权决定解除或者继续履行,并通知对方当事人。……"此外,第 42 条中共益债务的涵盖内容中也有提及,"因管理人或者债务人请求对方当事人履行双方均履行未完毕的合同所产生的债务"。

结合上述条文,待履行合同的成立需具备以下几个要件:(1)时间要件,该合同成立时间在破产申请受理前。(2)主体要件,合同双方为破产债务人和合同相对方。(3)效力要件,该合同在破产申请受理之前已成立有效,且破产程序开始后该合同仍连续有效。(4)类型要件,属于双务合同,即双方当事人互付给付义务。(5)状态要件,合同双方当事人的合同义务均未履行完毕。在该项下又分为4种类型:①破产申请受理前,双方均未开始履行;②破产申请受理前,双方均已开始履行,但都为部分履行;③破产申请受理前,破产债务人已部分履行,相对人未开始履行;④破产申请受理前,破产债务人未开始履行,相对人已部分履行。需要注意的是,若存在一方当事人已经履行完毕的情况,那么此合同在破产程序中就不属于待履行合同。例如,破产企业一方于破产申请受理前已经履行完毕的,而合同相对人未履行或未完全履行的,此时合同相对人的履行义务对于破产企业来说,属于破产财产,管理人有义务根据《企业破产法》第17条的规定及时向合同相对人发出给付财产的请求。相反,如果破产申请受理前,合同相对人已履行完毕所有合同义务,而破产企业尚未开始履行或仅履行部分合同内容,那么,也不属于破产法规定的待履行合同的情形。由此所形成的债权,由合同相对人按照破产债权申报,与其他同一位阶的债权人公平地按照一定比例获得债权清偿,不能完全清偿的部分,由其自行承担市场经济下的商业经营所带来的风险。

2. 关于待履行合同的选择权

结合前文所述《企业破产法》第18条之规定、第69条管理人实施下列行为,应当及时报告债权人委员会中第7项“履行债务人和对方当事人均未履行完毕的合同”,以及第73条等相关规定,可将该种选择权定义为破产管理人对尚未履行完毕的合同享有继续履行或者解除的权力,并将该种权力归纳为以下几个要点。

(1)行使主体。①债务人,根据《企业破产法》第73条之规定:“在重整期间,经债务人申请,人民法院批准,债务人可以在管理人的监督下自行管理财产和营业事务。有前款规定情形的,依照本法规定已接管债务人财产和营业事务的管理人应当向债务人移交财产和营业事务,本法规定的管理人的职权由债务人行使。”即债务人在重整程序中自行管理财产和营业事务时有权行使待履行合同的选择权。②破产管理人,根据《企业破产法》第18条之规定,破产管理人有权选择继续履行合同或者解除合同,但是根据规定,在债权人委员会成立之前,若管理人行使选择权的,应当经人民法院许可。

(2)行使对象。该权力的行驶对象为破产程序中的待履行合同,该待履行合同的具体要件如前文所述。

(3)行使效果。待履行合同选择权的行使根据规定会产生继续履行或解除合同两种截然不同的结果。需要说明的是,根据《企业破产法》第 18 条之规定,该选择权的行使是就上述两种结果中必须做出选择的问题,若行使主体未在法定期间(自破产申请受理之日起两个月内)做出选择,则推定为其选择了解除合同。

二、待履行合同选择权的一般原则

待履行合同选择权的做出,关乎债务人、债权人及合同相对方等利害关系人的利益,行使主体在做出该选择时一定要进行充分的考量,注意利益的平衡,同样在行使的过程中需要考虑以下几个原则。

首先,也是最重要的原则,破产财产最大化原则。该原则既是破产管理人得以享有选择权的基础,也是在选择权行使过程中应该遵循的原则。无论最终破产管理人作出何种选择,即是允许合同继续履行抑或是直接解除合同使合同得以消灭都应在充分考虑破产财产是否能够得到保值增值以及是否能够实现最大化。其次,是整体性原则。在破产程序中待履行合同应被视作一个整体看待。这就意味着,破产管理人最终做出的选择要么是全部履行,要么是直接解除。不能将待履行合同分为几个部分以免违反合同法之基本原则,与合同本质要求相悖。最后,及时性原则。一旦进入破产程序需要处理的问题涉及各方面。对于待履行合同如果破产管理人不能及时作出选择,超过选择权行使期限,即视为合同已解除,这对合同各方当事人的利益维护都是不利的。

三、关于待履行合同的两种处理方式及其法律后果

(一)解除合同

1. 解除合同的行使要件

首先对于如何行使解除权,一般有两种方式:其一,根据《民法典》第 565 条的规定,解除权的行使采取向相对人发出解除合同意思表示的方式,该解除的意思表示到达合同相对人即可产生合同解除的效力。其二,特殊情况下,解除权的行使可采用推定形式。如《企业破产法》第 18 条规定的情形,即破产申请受理后 2 个月内,破产管理人未通知合同相对方,或自收到对方催告之日起 30

日内未答复的，视为解除合同。其次在效力问题，《民法典》第 566 条第 1 款规定，合同解除后尚未履行的、终止履行；已经履行的，根据履行情况和合同性质，当事人可以要求恢复原状、采取其他补救措施，并有权要求赔偿损失。另外，在解除权行使的主体上有两种情况需要区分：①债务人或破产管理人解除合同，该情形即为破产程序中待履行合同的选择权所指向的行使主体，破产法赋予了他们从债务人利益出发的单方合同解除权，可以使其在理性状态下为了使破产财产最大化而重新评价已经签订的生效的合同。与此同时，合同对方当事人却不能因此请求继续履行合同，针对因该解除给合同相对方造成的损失的处理《企业破产法》第 53 条进行了明确的规定。②合同相对方解除合同。根据本法第 18 条可以推定，合同相对方在特定情形下的合同解除权。《企业破产法》第 18 条规定，管理人自破产申请受理之日起两个月内未通知对方当事人，或者自收到对方当事人催告之日起 30 日内未答复的，视为解除合同。管理人决定继续履行合同的，对方当事人应当履行；但是，对方当事人有权要求管理人提供担保。管理人不提供担保的，视为解除合同。在法律规定的时限内，如果管理人不对待履行合同作出处分决定，则视为解除合同；或者管理人作出了继续履行待履行合同的决定，并已通知相对方，但未按照对方要求提供适当担保的，也视为解除合同。

2. 解除合同的法律效果

《民法典》第 566 条规定了合同解除的法律效果，即合同解除后，尚未履行的，终止履行；已经履行的，根据履行情况和合同性质，当事人可以要求恢复原状、采取其他补救措施，并有权要求赔偿损失。在破产程序中，对于待履行合同解除的法律效果多参照法律的一般规定进行处理。但有一点需要明确，一旦合同被解除合同相对方仅能就其违约赔偿的请求申报破产债权，而不能将其列为破产程序中的共益债务获得清偿。

（二）继续履行

管理人选择继续履行待履行合同，则表明该合同的效力在破产程序中获得重新确认，合同双方都有继续履行、完全履行的义务。除此之外，管理人选择了继续履行还会产生如下的法律效果。

（1）破产程序开始之前对方当事人已给付部分的对待给付，我国破产法没有规定其性质，理论界存在两种说法：一种是将其认定为破产债权，另一种是将其认定为共益债务。

(2)对于破产程序开始之后,履行合同所产生的债务,根据《破产法》第42条第1款规定可知此时的债务属于共益债务,它优先于普通债权受偿。这是破产法对合同相对方利益的平衡保护。

作者简介

赵媖洁律师,云南大学法学学士,破产业务部律师;执业方向为破产、不良资产、金融等法律事务,担任河南海容大酒店有限公司、河南海利未来科技有限公司、河南丰博自动化有限公司、中科谱光(郑州)智能技术有限公司等单位的常年法律顾问,代理大量金融借款、民间借贷类案件,参与大量破产清算、破产重整案件。

试论保证债权在破产程序中保证债权的行使

王军霞

《民法典》第681条规定:保证合同是为保障债权的实现,保证人和债权人约定,当债务人不履行到期债务或者发生当事人约定的情形时,保证人履行债务或者承担责任的合同。保证涉及三方主体,形成三种法律关系。三方主体分别为担保权人、主债务人、保证人,形成的三种法律关系分别为:担保权人与主债务人的债权债务法律关系,担保权人与保证人之间的保证法律关系,保证人与债务人之间的委托法律关系。

下面笔者根据《企业破产法》、《民法典》、最高人民法院《关于适用〈中华人民共和国民法典〉有关担保制度的解释》(以下简称《担保制度解释》)、《全国法院破产审判工作会议纪要》(以下简称《破产会议纪要》)、最高人民法院《关于适用〈中华人民共和国企业破产法〉若干问题的规定(三)》[以下简称《破产法司法解释(三)》]等相关规定,分析破产程序中保证债权行使的具体情形。

一、债务人破产而保证人未破产的

《企业破产法》第51条规定,债务人的保证人或者其他连带债务人已经代替债务人清偿债务的,以其对债务人的求偿权申报债权。债务人的保证人或者其他连带债务人尚未代替债务人清偿债务的,以其对债务人的将来求偿权申报债权。但是,债权人已经向管理人申报全部债权的除外。

这里区分两种情况:

1. 债务人的保证人已经代替债务人清偿债务的

这里的保证人无论是一般保证的保证人还是连带保证的保证人，只要是已经代替债务人清偿债务的，都可以依据《民法典》第700条的规定，除当事人另有约定外，有权在其承担保证责任的范围内向债务人行使追偿权，享有债权人对债务人的权利。在债务人破产的情况下，这种追偿权的行使，由担保人在人民法院确定的债权申报期限内向破产债务人的管理人申报债权。

《企业破产法》和《民法典》及《担保制度解释》没有规定，已承担保证责任的保证人如果是数个人的情况下如何申报债权的问题。一般来说，无论是一般保证人还是连带保证人，由于每人承担的责任数额已经确定，因此应当按照各自已经承担的数额分别申报债权。

2. 债务人的保证人尚未代替债务人清偿债务的

债务人的保证人尚未代替债务人清偿债务的，以其对债务人的将来求偿权申报债权。但由于追偿权具有附属性，债权人已经向管理人申报全部债权的，保证人不得重复申报。所以，《企业破产法》第51条规定了除外条款：债权人已经向管理人申报全部债权的除外。从这些规定可以看出，在债务人破产的情况下，尚未代替债务人清偿债务的保证人（无论是一般保证人还是连带保证人），在向债务人行使追偿权时受到一定条件的限制，只能在债权人未申报债权的情况下才能行使追偿权。也就是说，在破产程序中，保证人的追偿权与债权人的权利是不能并存的。

法律在限制尚未代替债务人清偿债务的保证人预先行使追偿权的同时，还规定了债权人在债务人破产时应对保证人履行一定的义务，如果消极不作为以致影响保证人申报债权的，债权人应承担不利的后果。《担保制度解释》第24条规定，债权人知道或者应当知道债务人破产，既未申报债权也未通知担保人，致使担保人不能预先行使追偿权的，担保人就该债权在破产程序中可能受偿的范围内免除保证责任。但是担保人因自身过错未行使追偿权的除外。根据这一规定，如果债权人既不在破产程序中申报债权，又不通知保证人加入破产程序，则可能使保证人延误债权申报并影响追偿权的行使。在这种情况下，债权人无权就可能由破产程序获得清偿的部分再要求保证人履行担保责任。

在破产程序中,一般保证人不受先诉抗辩权的限制,可以同连带责任保证人一样申报债权。在保证人是数个的共同保证时,对于按份保证而言,由于各保证人的保证份额是确定的,可以分别按照事先约定的保证份额申报债权;对于连带保证而言,由于各连带保证人承担的保证份额并不确定,各连带保证人应当作为一个主体申报债权,预先行使追偿权。

《担保制度解释》第 23 条规定:"人民法院受理债务人破产案件,债权人在破产程序中申报债权后又向人民法院提起诉讼,请求担保人承担担保责任的,人民法院依法予以支持。"由于未限制债权人在债务人进入破产程序后仍可以向保证人主张保证责任,实践中多会出现债权人向债务人申报债权的同时又起诉保证人承担保证责任的情形。对债权人提出的保证责任诉讼,各地法院在程序处理上很不一致。《破产会议纪要》第 31 条明确规定:在破产程序终结前,已向债权人承担了保证责任的保证人,可以要求债务人向其转付已申报债权的债权人在破产程序中应得清偿部分。这就说明,对于债权人已申报债权又起诉保证人承担保证责任的诉讼,法院不应中止审理。这一规定不仅理顺了保证人承担责任与求偿权之间的程序关系,而且避免了债权人获得双重受偿的可能性。该条规定虽然没有说明"已向债权人承担了保证责任的保证人"是一般保证人还是连带保证人,但从一般保证责任和连带保证责任的不同可以看出,只有连带保证人才负有与债务人同等的清偿义务,从而可能在破产程序终结前先行对债权人承担保证责任,因此该条适用于连带保证的情形。对于一般保证人,虽然在破产程序中丧失了先诉抗辩权,但其责任的性质仍是一种补充责任,在债权人未从破产程序中获得清偿的情况下不应当由一般保证人先行履行保证责任,同时也不应当对一般保证人的财产先行提存。受诉法院可以中止审理,等待破产程序终结后再确定一般保证人应承担的责任;也可以不中止审理,径行判决一般保证人偿付债权人在破产程序中未受清偿的债权。

债权人在破产程序终结后,对在破产程序中未受清偿部分的债权,可以要求保证人继续承担保证责任。但该权利的行使,不受担保期限的限制,但必须在破产程序终结后 6 个月内提出。保证人承担保证责任后,不得再向和解或重整后的债务人行使求偿权。

二、保证人破产而债务人未破产的

2019 年 3 月 28 日起施行的《破产法司法解释(三)》第 4 条规定:保证人被裁定进入破产程序的,债权人有权申报其对保证人的保证债权。主债务未到期的,保证债权在保证人破产申请受理时视为到期。由此可见,在保证人破产而债务人未破产的情况下,无论主债务是否到期,债权人均可以就其保证债权对破产的保证人主张权利,此时保证债权成为破产债权,并且是普通的破产债权,债权人在破产程序中按照破产法的规定行使相关权利。一般来说,主债权决定从债权,在主债权未到期的情况下,从债权不会到期,这是由担保债权的从属性决定的。但在保证人破产的情况下,即使主债权未到期,担保债权也视为到期。这是因为尽管被担保的主债务未到期,主债务人依然对未到期的债务享有期限利益,可以不负清偿义务,但是如果保证人也享有此期限利益,等主债务到期时,保证人的破产债权可能早已分配完毕,其保证责任无异于被免除。该条规定与《企业破产法》第 46 条第 1 款"未到期的债权,在破产申请受理时视为到期"的精神是一致的。这里具体分为以下两种情况:

1. 承担连带保证责任的保证人破产

如果保证人承担的是连带保证责任,根据连带责任的性质,债权人可以向被保证人主张权利。在保证人破产的情况下,债权人可以在保证人承担保证责任的范围内申报债权。在破产程序终结后,债权人对未能从破产程序中获得清偿部分的债权,可以要求债务人继续履行。此时,如果主债务仍未到期,债权人也只能在主债权到期后才能主张权利。

2. 承担一般保证责任的保证人破产

一般来说,一般保证人享有先诉抗辩权,在主合同纠纷未经审判或者仲裁,并就债务人财产依法强制执行仍不能履行债务前,对债权人可以拒绝承担保证责任。但是为了保护保证债权人的合法权益,在保证人破产时,一般保证人就丧失了先诉抗辩权,此时保证人应当履行保证义务。但其与破产的连带保证人承担的责任仍不相同。《破产法司法解释(三)》第 4 条第 2 款规定,债权人在一般保证人破产程序中的分配额应予提存,待一般保证人应承担的保证责任确定后再按照破产清偿比例予以分配。从中可以看出，一般保证人破产的，虽然丧失了先诉抗辩权，但承担的仍是一种补充责任。从时间来看，主债务人承担责任在先，一般保证人承担责任在后，尽管对破产的一般保证人的一定数额的财产进行提存，但是否承担责任仍有不确定性。从数额来看，只能是对债务人财产依法强制执行后仍不能履行的部分承担责任。

无论是一般保证的保证人还是连带保证的保证人，在被确定应当承担保证责任的，保证人的管理人可以就保证人的实际清偿额向主债务人或其他债务人行使求偿权。

三、债务人和保证人同时破产的

《企业破产法》没有规定债务人和保证人同时破产时如何处理保证债权，针对这种空白，《破产法司法解释（三）》第5条规定：债务人、保证人均被裁定进入破产程序的，债权人有权向债务人、保证人分别申报债权。债权人向债务人、保证人均申报全部债权的，从一方破产程序中获得清偿后，其对另一方的债权额不作调整，但债权人的受偿额不得超出其债权总额。保证人履行保证责任后不再享有求偿权。

从该条规定我们可以看出，保证债权的行使与上述两种情况不同：

（1）在保证人与债务人同时进入破产程序的情形下，债权人可以分别向这两个破产人同时申报债权。

（2）债权人有权向债务人、保证人申报全部债权。

（3）不再区分一般保证和连带保证，二者的清偿顺序没有先后之分。尽管存在保证人先行清偿的情形，但其在履行保证责任后不再享有向债务人求偿的权利。

（4）债权人从一方破产程序中获得清偿后，对另一方的债权额不作调整。从实践来看，除非在合并破产的情况下保证人和债务人的破产程序会同时进行，一般来说，二者的破产程序并不会在同一时间进行。因此，债权人可能会从一方破产程序中先行获得部分清偿。但此时债权人仍可以对另一方就其申报的全部债权行使权利，参与破产分配。

（5）债权人的受偿额不得超出其债权总额。这是对债权人受偿总额的限制。这是因为,允许债权人向债务人、保证人均申报全部债权,在两者清偿比例较高时,就会出现债权人的受偿额超出其债权总额的情形,这对其他债权人显然是不公平的,因此必须对其受偿总额做出限制。

作者简介

王军霞律师,房地产业务部律师,家文化工作委员会主任,河南大学文学学士;郑州市律师协会公益委员会副主任;郑州市律协先进工作者、河南省律协"新冠疫情防控工作先进个人";从业近三十年来,为河南电视台法制频道、河南农业职业学院、《党的生活》杂志社、河南饭店、河南省省立医院有限公司、河南现代职业培训学校、河南省国有资产控股运营集团有限公司等单位多次提供常年或专项法律服务,参与河南省大地农化有限公司、开封大地农化生物科技公司、河南省中牟造纸厂等大量破产清算、破产重整案件。

国企破产中划拨土地处置的相关问题

张　勍

在国企破产过程中，由于土地为核心资产，其处置过程则显得十分关键，受到债权人、职工、当地政府等利益相关方的关注，土地处置的顺利与否一般也会涉及政府维稳，因此，划拨土地的处置问题极其重要。

一、划拨土地不属于破产财产

根据《关于破产企业国有划拨土地使用权应否列入破产财产等问题的批复》的规定，破产企业以划拨方式取得的国有土地使用权不属于破产财产，在企业破产时，有关人民政府可以予以收回，并依法处置。纳入国家兼并破产计划的国有企业，其依法取得的国有土地使用权，应依据国务院有关文件规定办理。主要的法律依据有《土地管理法》第58条、《城镇国有土地使用权出让和转让暂行条例》第47条。

【法律规定】

《土地管理法》

第五十八条　有下列情形之一的，由有关人民政府土地行政主管部门报经原批准用地的人民政府或者有批准权的人民政府批准，可以收回国有土地使用权：

……

（四）因单位撤销、迁移等原因，停止使用原划拨的国有土地的。

……

《城镇国有土地使用权出让和转让暂行条例》

第四十七条　无偿取得划拨土地使用权的土地使用者，因迁移、解散、撤销、破产或者其他原因而停止使用土地的，市、县人民政府应当无偿收回其划拨土地使用权，并可依照本条例的规定予以出让。对划拨土地使用权，市、县人民政府根据城市建设发展需要和城市规划的要求，可以无偿收回，并可依照本条例的规定予以出让。无偿收回划拨土地使用权时，对其地上建筑物、其他附着物，市、县人民政府应当根据实际情况给予适当补偿。

二、划拨土地的处置方式

根据规定，划拨土地不作为破产财产处置，那么僵尸企业基本均为停产停业多年的企业，其自身已经没有能力进行职工安置及还债，如何处置破产企业的划拨土地关系到广大职工及债权人的权益。

国务院于 1994 年发布的《关于在若干城市试行国有企业破产有关问题的通知》（适用的 18 个城市为上海、天津、齐齐哈尔、哈尔滨、长春、沈阳、唐山、太原、青岛、淄博、常州、蚌埠、武汉、株洲、柳州、成都、重庆、宝鸡）第 2 条规定，企业破产时，企业依法取得的土地使用权，应当以拍卖或者招标方式为主依法转让，转让所得首先用于破产企业职工的安置；安置破产企业职工后有剩余的，剩余部分与其他破产财产统一列入破产财产分配方案。

原国家土地管理局于 1998 年发布的《国有企业改革中划拨土地使用权管理暂行规定》第 6 条规定，国有企业破产或出售的，企业原划拨土地使用权应当以出让方式处置。破产企业属国务院确定的企业优化资本结构试点城市范围内的国有工业企业，土地使用权出让金应首先安置破产企业职工，破产企业将土地使用权进行抵押的，抵押权实现时土地使用权折价或者拍卖、变卖后所得也应首先用于安置破产企业职工。

根据前述规定，只要土地是依法取得的，其拍卖所得则优先用于安置破产企业职工，剩余部分统一列入破产财产分配方案。那么，实操中一般由资产评估机构对划拨土地使用权和地上附着房产进行评估，然后将房产和土地整体拍卖，拍卖对价优先用于安置职工债务，剩余部分清偿债务。笔者了解到，在实操中，部分法院在国企作为被执行人的执行案件中，也有对划拨土地进行拍卖的先例，拍卖所得用于偿还债务，土地拍卖的竞得者按照规定补缴土地出让金。

但前述做法疑似违反《土地管理法》和《城镇国有土地使用权出让和转让暂行条例》中关于政府无偿收回破产企业划拨土地使用权的规定。

根据国家发改委《关于进一步做好“僵尸企业”及去产能企业债务处置工作的通知》(发改财金〔2018〕1756 号)第 5 条完善政策与制度环境中的第 4 项关于支持有效开展土地再利用的意见的规定,“僵尸企业”及去产能企业依法取得的国有土地可交由地方政府收回,地方各级人民政府收回原土地使用权后的出让收入,可按规定通过预算安排用于支付企业职工安置费用。

河南省高级人民法院在 2018 年 11 月发布的《关于加强国有僵尸企业破产审判工作的实施意见》中第 15 条也明确规定,国有破产企业所属的划拨用地不属于破产财产,人民法院应协调政府按照府院联动机制处理土地收储或托管。

根据河南省深化国有企业改革领导小组发布的《关于加强府院联动推动僵尸企业破产工作的意见》第 3 条第 4 项关于规范处置各类资产的规定,对破产企业涉及的划拨土地及地上建筑物和其他附着物,由市、县政府统一收回、统筹整理开发,处置收益优先用于职工安置。

破产企业划拨土地的处置,应当由政府对土地和地上附着物进行收回,补偿地上附着物的对价作为破产财产处置所得依法进行分配,同时,当地政府可以将收回土地的出让收入用于安置职工。

涉及破产程序中划拨土地处置的相关法律及政策依据包括:(1)《土地管理法》;(2)《城镇国有土地使用权出让和转让暂行条例》;(3)《国有企业改革中划拨土地使用权管理暂行办法》;(4)国家发改委《关于进一步做好“僵尸企业”及去产能企业债务处置工作的通知》(发改财金〔2018〕1756 号);(5)河南省深化国有企业改革领导小组《关于加强府院联动推动僵尸企业破产工作的意见》;(6)河南省高级人民法院《关于加强国有僵尸企业破产审判工作的实施意见》。

三、划拨土地涉及的特殊问题应对

1. 划拨土地作为出资时,划拨土地应当作为破产财产处置

根据法律规定,无偿取得的划拨土地,政府可以无偿收回,不作为破产财产处置,但划拨土地使用权在企业设立时,经政府有关部门批准已经被作为企业的注册资本予以登记,即作为股东出资存在时,应当属于企业破产财产范围,政府不得再无偿收回。

2. 划拨土地依法设立抵押的，抵押权人对扣除土地使用权出让金的抵押标的物对价享有优先权

企业对其以划拨方式取得的国有土地使用权无处分权，以该土地使用权为标的物设定抵押，除依法办理抵押登记手续外，还应经具有审批权限的人民政府或土地行政管理部门批准。否则，应认定抵押无效。如果企业对以划拨方式取得的国有土地使用权设定抵押时，履行了法定的审批手续，并依法办理了抵押登记，应认定抵押有效。根据《城市房地产管理法》第 50 条的规定以及《民法典》关于担保的规定，抵押权人只有在以抵押标的物折价或拍卖、变卖所得价款缴纳相当于土地使用权出让金的款项后，对剩余部分方可享有优先受偿权。但纳入国家兼并破产计划的国有企业，其用以划拨方式取得的国有土地使用权设定抵押的，应依据国务院有关文件规定办理。

纳入国家兼并破产计划的国有企业指的是政策性破产的企业，即根据《国务院关于在若干城市试行国有企业破产有关问题的通知》（国发〔1994〕59 号）、《国务院关于在若干城市试行国有企业兼并破产和职工再就业有关问题的补充通知》（国发〔1997〕10 号）及《关于 2000 年全国企业兼并破产工作意见的通知》（〔2000〕15 号）认定的企业，凡经国务院批准的兼并、破产、关闭项目，无论是否在试点城市，均执行国务院规定的有关政策，即使土地使用权被抵押，亦应将转让所得优先进行职工安置。

3. 划拨土地被出租、占用应当依法办理审批手续

国务院发布的《城镇国有土地使用权出让和转让暂行条例》第 44 条、第 45 条规定，划拨土地使用权不得出租、转让、抵押，相关的租赁合同应为无效合同。原国家土地管理局发布的《划拨土地使用权管理暂行办法》第 9 条规定，土地使用权出租，是指土地使用者将土地使用权单独或者随同地上建筑物、其他附着物租赁给他人使用，由他人向其支付租金的行为。

因此，划拨土地及地上附着物的出租应当依法报请土地管理部门批准，未经批的租赁合同为无效合同。

4. 划拨土地面积坐落位置不明的应当通过土地管理部门进行确权测绘

在一宗国企破产清算案件中，破产企业的土地部分为划拨用地，部分土地系征用当地村民土地，没有完善的用地手续，破产企业土地的实际面积和坐落位置都不明确。此时，管理人应当及时将相关情况报告破产管辖法院，由法院

组织联席会议，通过府院联动机制启动相关土地的测绘确权工作。在推动测绘工作的过程中，土地管理部门的测绘队需要土地四邻的确认。在协调四邻确认的过程中，管理人需要适时通过法院协调当地政府做好相关的疏导工作，同时管理人应当做好应对各种紧急情况的工作预案。

5. 职工占用划拨土地建造集资房的应对措施

在一宗国企破产清算案件中，由于破产企业停产停业近 20 年，破产企业的生活区原有住宅年久失修、破败不堪，大部分都已是危房，破产企业的职工通过集资建房的形式，在坍塌的房屋的旧址上建起了数栋集资房。

企业进入破产程序后，由于职工占用企业划拨土地建房的问题通常有较复杂的历史背景，纠纷症结就在于，在国家所有的划拨土地上，有属于职工全部或者部分所有的房子，而因房地一体性，房子不能脱离土地而单独存在，地方政府收回划拨土地，便会牵涉职工房屋产权的问题。若优先保障职工房屋所有权，则会造成国有资产流失。管理人应当针对相关问题向破产受理法院书面报告，通过府院联动机制化解问题。笔者认为，在土地确无法收回的情况下，可以通过职工补交土地出让金的形式，将划拨用地变更为出让土地并办理相关房屋的权证，但相关方案必须经职工大会通过。

6. 当划拨土地被政府收回而地上附着物等被另行处置时，应当及时提起确认处置行为无效，避免出现房地分离

某地财政局咨询，一家企业在破产过程中，划拨土地被县政府收回，但地上附着物与其他资产被处置拍卖，竞得者在拍得后就相关资产的处置发生争议，如何解决房地被分开处置的问题。

考虑到破产程序未终结，相关拍卖对价未进行分配，可以考虑通过利害关系人提起确认处置协议无效的诉讼，收回被处置的资产，政府随后通过征收程序对地上附着物进行征收补偿。管理人对除地上附着物之外的其他资产进行处置，处置所得可以按照分配方案进行分配，在地上附着物补偿到位后，也应当按照分配方案进行分配。

国有僵尸企业的处置工作通常面临职工安置问题，根据目前的政策，对企业破产财产收益不足以安置职工的，政府或企业集团要进行兜底，确保职工安置到位。划拨土地作为重大资产，无论是通过政府收回还是通过其他的路径进行处置，通常会与职工安置问题捆绑处理。破产企业的土地也通常被职工、债

权人“寄予厚望”,因此,划拨土地的处置过程一定要公开透明,严格按照相关程序进行处置,特别是在化解职工安置问题过程中,由于破产程序中,事务性的事项较多,管理人务必注意工作方法,要深入职工群体,多解释,勤分析,做好职工的思想工作,采取综合措施化解矛盾。

作者简介

张劼律师,西南大学法学学士、工学学士,诉讼仲裁部律师;执业定位于商事争议解决及破产业务,代理十多起标的额5000万元至8.7亿元案件;为中国东方资产管理公司河南省分公司、河南省国控集团及数家子公司、河南省国资运营集团及数家子公司、河南黄页广告有限公司、湖北中天招标有限公司河南分公司、湖北华凌工程咨询有限公司河南分公司、国家电网漯河供电公司、漯河市源汇区人民政府、中国武汉铁路局集团有限公司旗下数家子公司及控股公司、河南瀚海置业有限公司、河南中豪置业有限公司、香港锦艺集团及旗下数家公司等提供专项或常年法律顾问服务;先后为河南省中牟造纸厂破产清算、河南广泰铝业有限公司破产清算等提供法律服务。

房企重整法律路径

张　劼

在深化供给侧结构性改革，坚持“三去一降一补”，优化存量资产配置的政策背景下，市场迎来行业结构的大幅度调整。此轮调整中，主要通过处置僵尸企业释放资源，通过资源重构，化解、调整资源配置中的各类问题，而这也是行业并购与产业投资的新机遇。在此轮的破产重整投资中，除传统四大金融资产管理公司外，还有很多行业龙头企业通过重整投资优化自身产品结构及资产构成，如新飞电器重整案、重庆钢铁重整案。

一、破产重整

破产重整与国外的破产保护在功能上类似，是《企业破产法》新引入的一项制度。它是指对已经或可能发生破产原因但又有再生可能的债务人，通过各方利害关系人的协商，并借助法律强制性地调整他们的利益，对债务人进行生产经营上的整顿和债权债务关系上的清理，以期摆脱财务困境，重获生产经营能力的特殊法律程序。破产重整制度的引入，使破产法不再仅是一个死亡法、清算法，而且还是一个市场主体的拯救法与再生法。

2007 年《企业破产法》实施后，由于恰逢世界金融危机，中国许多企业在银行银根紧缩的情况下纷纷陷入财务困境，破产重整成为这些企业摆脱困境、重获新生的“救命稻草”。这些破产重整的企业既有上市公司，也有非上市公司。破产重整中，最重要的环节是重整计划草案的制作。无论是由管理人制作重整计划草案，还是由自行管理财产和营业事务的债务人制作重整计划草案，都必须充分考虑债务人的债权债务情况、债务人的营利能力和发展前景、债权人自身意愿等情况,制定适合债务人的重整计划草案。

重整计划是最核心的一份文件,决定了投资人的参与方式、收益途径,体现了各方当事人利益博弈的结果。

二、重整投资人

破产重整是一场企业救助的博弈,是多个破产程序参与方利益的平衡与角逐。在破产重整的全流程中,主要涉及重整企业、债权人、股东、管理人、法院、新投资人等多方主体。

成功的破产重整一般都需要追加新的投资人,投资人又分为战略性投资和财务性投资两类,其中战略性投资者作为盘活企业、帮助危机企业重生的重整主导方,一般称为重整方。

参与破产重整的路径可作为投资人或者债权人+投资人,同时也可以采取战略性投资或财务性投资。在破产重整的债务清理、资产处置、对外融资、股权变动过程中,都需要投资人的参与,而不同的重整类型对于投资人的参与方式也有不同的要求,对于持续经营类破产重整,由于投资周期较长,为缓解企业压力,投资人需要注入大量资金。

同时,为了提高企业的持续经营能力,投资人可能还需要注入优质资产,因此此类投资人一般是行业的龙头企业或是上下游企业,为的是谋求产业的协同发展。对于借壳上市的破产重整,一般通过股权方式进入重整企业,同时对重整企业的资产进行剥离,对于原有债务、职工等进行妥善安排。

三、重整投资类型

破产重整中,根据投资标的的不同,重整投资可分为三种类型。

一为股权投资。即通过股权调整、资产注入取得债务人股权的投资方式。因破产重整的主要目的在于实现债务人的营运价值而非清算价值,故重整中多为股权变动而非资产交易,股权投资自然也是重整投资的主要方式和途径。

二为债权投资。在公司进入重整前或重整过程中,投资人以较低价格收购其他债权人的债权,然后按照重整计划受偿,以期获得较高的清偿比例。债权投资的另一层意义还在于,投资人可通过债权投资成为主要债权人,从而在程序中通过行使债权人的表决权来影响甚至决定重整中的重大问题,以推动重整程序的进程。

三为资产投资。基于重整需要,债务人及其管理人可能选择将其部分资产快速变现以清偿债务,此时处置资产的价格一般较低,很可能具备后期升值空间或特殊使用价值,进而吸引投资人进行收购。

比较而言,股权投资在重整程序中最为常见,对重整程序的意义也最大,甚至可能成为重整计划的主要内容,直接影响到债务人持续经营能力和盈利能力的实现。本文探讨的重整投资也主要指重整中的股权投资。

四、招募、遴选制度

重整计划草案一般会涉及重组方投入重整资金,大多数案件中重整方是在重整计划草案获得法院批准前确定的。最高人民法院建立了全国企业破产重整案件信息网,重整案件可以进行公开查询。

实践中,一般遴选重组方的流程如下:(1)管理人/债务人公告招募信息,披露重整/清算案件的基本情况及招募重组方的要求;(2)意向重组方向管理人报名,同时提供《重整意向书》及相关材料,对意向重组方自身情况、资金来源、初步重整方案等内容进行介绍;(3)管理人对报名的意向重组方进行资格审查,确认符合资格的重组方竞争者名单;(4)管理人与符合资格的重组方竞争者签订保密协议,重组方竞争者向管理人交付保证金;(5)重组方竞争者针对重整案件情况提出重整计划的初步方案,提交选择主体进行遴选;(6)选择权主体表决确定重组方;(7)重组方与管理人、债务人及相关利益主体签订《重组方协议》;(8)制定重整计划草案。

五、重整投资风险

在破产重整投资中,重整方在期望获得较高收益的同时,必然也面临相对较高的投资风险。如果管理人对这些明显可以预见的投资风险不加以充分提示,进而出现重大投资协议漏洞时,就很可能导致重整投资失败。

但在法律条文中,并没有就风险提示予以明确规定。不同案件、不同企业甚或所属不同行业,其中的投资风险也会千差万别。管理人应根据债务人的实际情况,对重整投资风险进行充分预判。从实务的角度出发,以房企破产重整

为例,管理人应当预见并明确提示的投资风险,包括但不限于以下风险:

1. 重整计划草案无法通过或重整计划执行不能的风险。通过投资人招募程序,管理人可以初步确定正式的重整投资人,并与其签订重整投资协议,基本确定重整投资意向。但这并不意味着重整投资的最终确定完成。其后,管理人将以重整投资协议为基础制作重整计划草案,并提交债权人会议进行表决。如果重整计划无法获得表决通过,而法院也不同意裁定批准,则投资通道将被彻底封锁,重整宣告失败。

如果重整计划草案获得债权人会议表决通过并被法院裁定批准,或者即使未获得表决通过但获得法院强制批准,则重整计划将转入执行阶段。此时,重整投资还可能面临执行不能的风险,如重整资金无法及时到位影响债权清偿等。在上述情况下,都将导致重整失败,债务人将被宣告破产,进而转入清算程序。

2. 共益债务不足的风险。在重整期间,为保障项目资产价值最大化,管理人可能已通过债权融资方式实现项目复工,并与有关施工单位签订复工协议,所产生的债务均为共益债务。但共益债务可能不足以保障复工全部完成,为实现竣工验收继续产生的费用由重整方承担。由此可能影响投资成本。

3. 余债风险。即根据破产法的规定,在重整计划执行完毕后,未申报的债权人可以按照重整计划规定的同类债权的清偿条件行使权利,由此给债务人带来的风险。

4. 部分资产变现风险。重整计划方案中,管理人一般将债务人账面上的应收账款作为资产打包交予重整方进行处置。但是这些应收账款大多账龄较长,实际收回的可能性较小。管理人应就此提示重整方注意相应的投资成本。同时,在房企重整案件的重整计划执行阶段,管理人向重整方移交债务人企业后,因部分房屋存在权属争议(如网签备案未被解除等),也会影响此类资产的处置变现,造成投资成本压力。

5. 管理风险。部分房企重整中,因项目停工时间较长,交房时间大大延期,而破产重整中又不能及时全额清偿违约金,这些因素可能导致购房业主群体对物业管理产生抵触情绪。重整方接管企业后,即可能面临上述物业管理的风险,需要做好相应的稳定工作,同样可能增加投资成本。

六、重整方案的调整制度

最高人民法院于2018年3月4日印发的《全国法院破产审判工作会议纪要》(法〔2018〕53号,以下简称《破产会议纪要》)第19条、第20条对重整计划的变更问题作了规定,重整计划可以进行调整一次。

为防止已经进入执行阶段的重整计划随意变更,导致重整程序不当拖延,损害利害关系人的合法权益,在肯定重整计划可以变更的同时,《破产会议纪要》对重整计划变更的条件、程序等也作出明确限定,以防变更权的滥用。最高人民法院贺小荣庭长等在2018年第13期《人民司法》中撰文对《破产会议纪要》的相关规定、精神进行了解读。《破产会议纪要》针对重整方案的调整主要有以下几点:

其一,明确规定了重整计划变更的前提条件是原重整计划由于客观原因无法执行。如果债务人能够执行重整计划而拒绝执行,则不适用变更程序,以维护重整计划的严肃性。

其二,限定了重整计划变更的次数。《破产会议纪要》第19条规定债务人或管理人仅能申请变更一次,以防久变不绝,无限拖延。

其三,规定了重整计划变更的程序。按照《破产会议纪要》的要求,重整计划的变更应遵循以下程序:第一,应由债务人或管理人提出变更申请。从域外做法看,重整计划的批准后修改也并非一种当然的权力。只有计划提交方或重整债务人可以寻求对批准后计划的修改,并且只有在法院认定依照具体情况可进行修改时,才能进行批准后修改。第二,召开债权人会议,对变更申请进行表决。第三,债权人会议表决同意变更申请的,应自决议通过之日起10日内提请人民法院批准。第四,人民法院裁定批准变更申请的,由债务人或管理人在6个月内提出新的重整计划。第五,新的重整计划提交给因重整计划变更而遭受不利影响的债权人组和出资人组进行表决,利益未受不利影响的组别无需再次表决。第六,人民法院依申请审查是否批准变更后的重整计划。表决、申请人民法院批准以及人民法院裁定是否批准的程序与原重整计划相同。

重整方案的调整制度对保障债务人顺利重整有重大意义,重整投资人则需要格外注意更加细化重整草案的内容,更加重视对重整方案的严格执行,否则重整投资人在无法严格执行重整方案时,可能会面临破产企业重新招募投资人的风险。

总之,重整投资是重整程序中不可或缺的一项重要环节,关乎重整程序能否顺利开展。在目前立法缺乏明确规定的情况下,重整投资人在开展业务时,应当充分了解各方当事人的利益诉求并加以协调,掌握破产重整流程中的核心风险因素,把握债务人经营的合理界限,为救助危机企业提供助力。

作者简介

张劼律师,西南大学法学学士、工学学士,诉讼仲裁部律师;执业定位于商事争议解决及破产业务,代理十多起标的额5000万元至8.7亿元案件;为中国东方资产管理公司河南省分公司、河南省国控集团及数家子公司、河南省国资运营集团及数家子公司、河南黄页广告有限公司、湖北中天招标有限公司河南分公司、湖北华凌工程咨询有限公司河南分公司、国家电网漯河供电公司、漯河市源汇区人民政府、中国武汉铁路局集团有限公司旗下数家子公司及控股公司、河南瀚海置业有限公司、河南中豪置业有限公司、香港锦艺集团及旗下数家公司等提供专项或常年法律顾问服务;先后为河南省中牟造纸厂破产清算、河南广泰铝业有限公司破产清算等提供法律服务。

（五）其　　他

股东资格确认纠纷裁判分析

唐建科

一、股东资格确认纠纷概述

股东资格确认纠纷是股东与股东之间、股东与公司之间就是否具有股东资格，或就持股数额、比例等发生争议而引起的纠纷。通常会涉及显名股东与实际投资人之间的争议，如冒名股东、隐名股东、干股股东等问题，股东之间因股权转让或者因出资产生的争议，也会衍生股东资格确认纠纷。

二、股东资格确认纠纷的主要类型

1. 股东与公司之间的股东资格确认

原告基于初始出资或转让、继承等原因继受取得股东身份后，公司不予认可，股东根据《公司法》第 32 条、《公司登记管理条例》第 34 条之规定，起诉要求公司办理工商登记、签发出资证明书，并将自己记载于股东名册。

2. 实际出资人的显名诉讼

在符合最高人民法院《关于适用〈中华人民共和国公司法〉若干问题的规定（三）》［以下简称《公司法司法解释（三）》］第 24 条规定的条件的情况下，实际出资人可以取代名义股东而成为登记股东。这些条件包括：（1）代持协议不存在合同法第 52 条规定的无效情形；（2）实际出资人不存在法律法规规定不得担任股东身份的情形;(3)公司其他股东半数以上同意。

需要注意:(1)实际出资人存在法律法规规定不得担任股东身份的情形,并不必然构成代持协议无效的情形。在上海市第二中级人民法院审理的上海弓展木业有限公司、陈某斌等股东资格确认纠纷案中[(2014)沪二中民四(商)终字第489号],法院认为,《公务员法》第53条第14项关于公务员不得"从事或者参与营利性活动,在企业或者其他营利性组织中兼任职务"的规定,属管理性禁止性规范,并不属于效力性强制性规范。公务员若违反了该规范,应由其管理机关追究其相应责任,但并不能以此影响合同效力。《公务员法》的前述管理性禁止性规范,是与当事人的"市场准入"资格有关,该类规范目的之一在于由特定管理机关依法履行其管理职能,以维护社会秩序。鉴于此,陈某斌、张某霞上诉提出请求成为具有公示效力的工商登记股东的主张,与前述法律规定相悖,不能成立,本院不予支持。尽管陈某斌、张某霞不能成为工商登记股东,但是,在涉案股东协议项下相应股权所对应的财产权益应当可以享有。(2)公司其他股东半数以上同意的认定方面,其他股东作出同意的意思表示的时间可以在诉讼中,也可以在诉讼发生前,法院均应予以认定;其他股东同意的方式可以是明示,也可以是默认,即其他股东知道实际出资的事实,且对其实际行使股东权利未曾提出异议的即可视为同意。

3. 股东之间关于股权份额或比例的纠纷

在私募投资情况下,投资人与公司原股东之间因对赌条款引发的股权比例调整纠纷,可按股东资格确认纠纷处理。

4. 股东资格的消极确认之诉

目前情况下,被冒名登记为股东之人请求法院确认其不具有股东资格的案件尚不被受理,只能依据《公司法司法解释(三)》第28条的规定,对抗因真实的股东出资瑕疵而承担责任的诉求。但被冒名者可以通过:(1)以公司其他股东为被告提起侵犯姓名权的诉讼;(2)以工商登记部门为被告提起行政诉讼的方式消除冒名行为。《最高人民法院关于审理公司登记行政案件若干问题的座谈会纪要》规定:"因申请人隐瞒有关情况或者提供虚假材料导致登记错误的,登记机关可以在诉讼中依法予以更正。登记机关依法予以更正且在登记时已尽到审慎审查义务,原告不申请撤诉的,人民法院应当驳回其诉讼请求。原告对错误登记无过错的,应当退还其预交的案件受理费。登记机关拒不更正的,人民法院可以根据具体情况判决撤销登记行为、确认登记行为违法或者判决登记机关履行更正职责。”

三、股东资格确认的裁判分析

关于股东资格确认的标准,实践中多从实质要件和形式要件两个方面进行考量。实质要件主要指股东的实际出资行为,即股东向公司认购出资或者股份而取得股权,该等出资行为既包括实缴出资的行为,也包括认缴出资的行为,股东向公司认缴出资同样可以取得股东资格,而不需要等到实缴后;形式要件则包括公司章程的记载、股东名册的记载、工商机关的登记。在具体案件中,往往并不要求实质要件与形式要件全部具备方能认定股东资格,而是有所侧重,且往往与股东资格确认纠纷的类型有关。

(一)股东已实际出资但未办理工商登记的,可以认定具有股东资格

在郑州亿升电熔耐火材料有限公司与杨某某及青海隆安煤业有限公司、宋某某、张某某、海西万通实业有限公司、赵某某、赵某某、魏某某,第三人大通瑞兴养殖有限公司股东资格确认纠纷案中,法院认为,自 2007 年 6 月 30 日至 2008 年 7 月 10 日,隆安公司先后向杨某某出具 7 份收到投资款的收据,总金额为 457 万元,收据内容均为收到杨某某个人投资款,这也与隆安公司财务收据和财务报告记载的内容相互印证,应当认定杨某某对隆安公司实际出资 457 万元。虽然隆安公司的企业工商登记中没有杨某某股东身份的记载,但隆安公司向杨某某出具了内容为收到投资款的收据,2007 年 12 月、2008 年 3 月隆安公司的两份财务报告及 2008 年 1 月《各股东的投资情况明细》的内容,均证明杨某某为隆安公司的实际出资人。二审判决根据杨某某的实际出资数额,依据最高人民法院《公司法司法解释(三)》第 25 条的规定确认杨某某的股东资格及股权份额,并无不妥。

在公司与股东的有关股东资格确认的内部纠纷中,更侧重考察双方是否有出资的合意及实际出资行为。本案中,杨某某有实际打款行为,隆安公司也出具了收到“投资款”的收据,符合实际出资的实质要件,可以认定股东资格。

(二)在公司与股东内部股权纠纷中,出资证明书、股东名册等股东内部的证明与工商登记不一致的,应以内部证明为准

出资证明书,是有限责任公司向股东签发的股东资格证明。根据我国《公

司法》第 31 条的规定,有限责任公司成立后,应当向股东签发出资证明书。出资证明书的作用是表明股东履行了出资义务,是股东借以行使股东权利的凭证。通常情况下,股东根据其出资比例行使表决权、请求分配股利、承担有限责任等。

在李某、丁某与江苏宏宇船舶设备有限公司(以下简称宏宇公司)股东资格确认纠纷案中,法院认为,工商登记对公司外部关系具有公示的效力,但如果工商登记的记载内容与出资证明书、股东名册等股东内部的证明不一致时,公司应根据我国公司法的规定办理增资或减资登记手续等变更登记。本案系股东与公司之间内部股东权纠纷,宏宇公司的注册资本 500 万元,而宏宇公司股东的实际出资为 7705820 元,宏宇公司出具给丁某的股权证书也载明丁某的实际出资额及出资比例。当股权证书与工商登记的记载不一致时,股权份额应按宏宇公司出具给股东的股权证书载明的出资额及出资比例确定。因此,一审、二审判决依据股权证书认定丁某的出资比例并无不当。

不过,需要清楚,出资证明书只能对抗公司和股权转让人,不能对抗善意第三人。因为出资证明书的效力及于公司与股东之间或股权转让双方之间。凡是可以以其他方式证明实际出资人的出资事实的,就不应仅以出资证明书否定实际出资人的股东资格。出资证明书并不是认定股东资格的必要条件,在诉讼中需要与其他证据相互印证。出资证明书本身并无设权效力,只要股东持有出资证明书就应当认定其已合法出资,但不能仅凭出资证明书认定出资人有股东资格。持有出资证明书不是认定股东资格的必要条件,没有出资证明书也能可被认定为股东。因此,出资证明书在认定股东资格时无决定性的效力。

(三)实际行使股东权利对认定股东资格仅发挥辅助作用,而非决定性作用,且不得对抗第三人

股东权利的享有、股东义务的履行,是取得股东资格的结果,而不是取得资格的条件,在股东资格和股权确认时,只能起到辅助性的作用。理论上以享有股东权利为由主张股东资格的,不应予以支持。但是,为了维护公司的稳定性,如当事人已经实际享有股东权利,实践中往往认定其具有股东资格,因为如果否定其股东资格,将导致其在公司中的行为无效,使许多已经确定的公司法律关系发生改变,影响交易安全和社会稳定。因此,对实际享有股东权利的当事

人,可以结合其实际出资情况认定其股东资格,但应责令其补办相关手续。在依法变更登记前述公司章程之前,仅认定其可以取得股东资格,可以享受股东权利,但不能对抗第三人。

(四)是否形成出资合意是确认股东资格的重要标准

出资首先是股东与公司及其他股东间形成的一种合意,没有出资合意为基础和前提的"出资"往往只具有债权属性。

在湖北省利用世界银行贷款项目办公室与湖北东方农化中心、襄樊市襄阳区农业开发经济技术协作公司股权纠纷案中,法院认为,是否具有成为股东的意思是判断当事人是否是公司股东的重要标准。公司设立时,当事人受他人委托向公司支付出资款,因当事人自己并没有出资成为股东的意思,故其不是公司股东,其仅与该他人之间形成一般的债务关系,该他人才是公司股东。

同样,在黄某某诉陈某某等股东资格确认案(《最高人民法院公报》2015 年第 5 期)中,法院认为,未经公司有效的股东会决议通过,他人虚假向公司增资,以"稀释"公司原有股东股份,该行为损害原有股东的合法权益,即使该行为已被工商行政机关备案登记,仍应认定为无效,公司原有股东股权比例应保持不变。

(五)公司章程和股东名册的记载是认定股东资格的重要形式要件

1. 公司章程对股权确认的重要意义得到普遍认可,在公司设立时,公司将章程提交公司登记机关核准,转让股权时要变更公司章程并到公司登记机关申请变更登记。据此,公司章程不仅表明了出资者向公司出资,有作为公司股东的真实意思表示,而且也在一定程度上起到了公示的作用。所以,公司章程所记载的有关股东身份的内容可以作为确认股东身份的依据。

2. 一般而言,股东名册作为公司必须置备的重要法律文件,至少发生如下 3 个方面的法律效力。

(1)权利推定效力。权利推定的含义为在股东名册上记载为股东的,推定为公司股东。也就是说,股东仅凭该种记载就可以主张自己为股东,并据此主张行使股东权利,无需向公司出示证明书或者举证自己的实质性权利。但是股东名册只是一种证权文件,不具有创设权利的效果。因此,只要异议者能够成功地证明股东名册上记载的股东不能享有实体权利,其股东资格就会被否认。

(2)对抗效力。权利人以合法的原因或方法受让股权,如果未进行名义更换,仍然不是股东,不可以对公司行使股权。这就是股东名册的对抗效力,它是权利推定效力的自然延伸。股东名册推动效力的必然后果是,凡是未在股东名册上记载的人,均不能视为股东。因此,当股东将其权利转让给第三人时,如果没有及时进行股东名册的变更记载,即使受让人在实质上已经具备了股东的条件,也仍以股东名册上记载的股东为准。

(3)免责效力。股东名册推定效力的另一必然后果是,公司只将股东名册上记载的股东视为股东。一旦公司将股东名册上记载的股东认定为股东,那么该人即享有股东所享有的一系列实体权利,即便股东名册上的股东不是真正的股东,也可免除公司的责任。公司也没有义务查证股权的实际出资人,仅向股东名册上记载的名义上的股东履行各种义务即可。

总的来说,股东名册作为公司的内部文件,其效力主要及于公司和股东。基于股东名册的"权利推定效力",股东名册上记载的股东可以被认定为公司的股东,否认股东名册上记载的股东之权益的人要承担举证责任。通常情况下,公司只需对在册的股东履行义务。但是在一些特殊情况下,如司法解释中规定的公司未置备股东名册,或者股东名册未予记载或记载错误时,股东名册对股东资格及股权的确认效力大大削弱,需要结合其他证据确定股东资格。

在李某某与扬子江药业集团有限公司、扬子江药业集团有限公司工会委员会与公司有关的纠纷案中,法院认为,我国职工持股制度是在经济体制逐渐由计划型向市场化转轨、企业改革由调节政企之间关系向国有企业产权结构调整深化的过程中形成的,具有一定的历史特殊性。制度设置的目的和意义为,拟通过职工持股建立有效的内部约束机制和激励机制,让在职企业职工"间接"参与企业管理并享受企业经济收益的资格和权益。案涉职工股系扬子江公司在职职工根据《职工持股暂行办法》和公司章程的规定,通过扬子江工会的内设机构职工持股会取得。认定公司股东资格,根据公司法的规定,应当符合两个要件,即实质要件和形式要件。实质要件即以出资为取得股东资格的必要条件,形式要件即以符合法律规定的外观形式作为取得股东资格的要件,这种外在形式即为公司章程记载、股东名册记载和工商部门登记。本案中,上诉人因公司改制时,由于股东人数在法律上的限制,由工会以职工持股会的形式代为持股,上诉人虽然持有《职工股权卡》和《职工持股记录》,但仅能认定上诉人通过职工持股会履行了出资义务,但上诉人的股东身份并没有在工商机关登记备案,也没有记载于公司内部的名册中,其权利和义务由扬子江工会具体体现出来。因此,扬子江工会是符合公司法规定的扬子江公司的股东,而职工持股会会员并不享有公司法规定的股东权利并承担相应的股东义务,即上诉人并非公司法意义上的公司股东。

(六)工商登记具有对外公示效力,可以作为证明股东资格并对抗第三人的优先证据

公司登记机关关于公司股东的登记材料,可以作为证明股东资格并对抗第三人的表面证据。第三人有理由相信登记材料的真实性,如果登记存在瑕疵,按商事外观主义原则,第三人仍可认为登记是真实的,并要求登记的股东按照登记的内容对外承担责任。因此,公司登记机关对公司股东的登记或者变更登记,在股东资格认定时具有相对的优先性,但不具有决定性的效力。

在高某某与江苏淮涟置业有限公司(以下简称置业公司)股东资格确认纠纷中,法院认为,工商登记具有对外公示效力,依据置业公司工商登记所载,本案讼争的置业公司8%的股权属于投资公司所有。置业公司设立时,投资公司作为出资人出资400万元,占股20%;置业公司成立后,投资公司按照约定派员担任监事、参加股东会议并参与决议,行使股东职责;2010年10月11日高某某将公司1600万元股权转让给无锡某置业发展有限公司,以及2010年10月27日无锡某置业发展有限公司增加注册资本3000万元,置业公司在工商登记就有关事项变更时对于投资公司作为公司股东及其在置业公司的股权份额均进行了相应的变更及确认,置业公司注册资本由2000万元增加至5000万元后,投资公司400万元出资的股权份额由20%变更为8%。投资公司系置业公司对外公示的股东。《公司法司法解释(三)》第23条规定,当事人之间对于股权归属发生争议,一方请求人民法院确认其享有股权的应当证明其向公司出资或认缴出资,且不违反法律法规强制性规定。依据《投资协议书》的约定,高某某与投资公司共同出资成立置业公司,投资公司出资400万元由高某某代为借垫,

抵算土地出让金,投资公司享受股份400万元,收益分成30万元,“借垫”的文义理解应为借款垫付之意,结合上下文,应理解为以投资公司向高某某借款的形式由高某某代为垫付,即由高某某为投资公司代为出资400万元,投资公司与高某某之间形成400万元债权债务关系,该债权债务关系通过高某某向投资公司支付的土地出让金予以抵销,由于置业公司在后续开发中已全额交付了土地出让金,故而投资公司并未按照事先约定以置业公司减交的土地出让金作为出资,为此投资公司应当偿还高某某为其垫付的400万元垫资款,其与高某某形成400万元债权债务关系,但并不影响上述400万元系投资公司出资的认定。高某某主张其为实际出资人,而投资公司为名义出资人,其与投资公司系代持股关系,与事实不符。补充协议约定投资公司只取得固定收益30万元,该约定仅系双方对置业公司投资收益分成的约定,并不涉及股份权属,高某某以此主张投资公司仅是名义出资人,不予支持。高某某主张案涉8%的置业公司的股权归其所有,证据不足。

(七)股东资格须依据形式要件和实质要件综合作出判断

在尹某某与日照君泰房地产(集团)有限公司(以下简称君泰公司)、王某某等股东名册记载纠纷案中,法院认为,关于登记在徐某某名下的760万元股权、王某名下的130万元股权的归属问题。根据已查明事实,2004年5月23日,君泰公司股东会决议增加注册资本。其中尹某某增资1300万元,徐某某增资760万元,新股东王某入股130万元。《验资报告》显示尹某某、徐某某、王某均向公司交纳了相应增资款,公司章程上亦有该三人署名。君泰公司相应变更了工商登记。又根据《公司法司法解释(三)》第23条的规定,当事人之间对股权归属发生争议,一方请求确认其享有股权的,应当证明以下事实:已经依法向公司出资或者认缴出资,且不违反法律法规强制性规定;已经受让或者以其他形式继受公司股权,且不违反法律法规强制性规定,故当事人应提供取得股权的实质性证据,证明已经依法向公司出资或者认缴出资,即通过出资、认缴出资方式或者受让方式依法原始取得或者继受取得股权。现尹某某不能证明其是全部股权的实际受让人,现有证据不足以推翻公司章程记载的股权归属情况,因此,原审法院认定徐某某持有君泰公司该760万元股权,王某持有君泰公司130万元股权,并无不当。尹某某关于上述股权归其所有的主张,因其不能提供实际出资及代持股协议的证据,本院不予支持。

综上所述,在对认定股东资格具体标准的把握上,对于公司与股东之间发生的股权纠纷,一般应以股东名册作为认定股东资格的依据;对于当事人均为股东的,则应侧重审查出资的事实;在第三人对公司股东的认定上,则应主要审查工商登记,因为工商登记对于善意第三人具有宣示股东资格的功能,第三人基于对工商登记的依赖作出商业判断。

作者简介

唐建科律师,空军第一航空学院法学学士,投融资业务部主任;河南省律师协会公司法律专业委员会执委、郑州市律师协会公司法律业务委员会执委,河南省公司法专业律师、金融证券保险专业律师;河南省律师行业管理工作先进个人、郑州市优秀律师、郑州市司法行政系统优秀党员、郑州市律师行业优秀党务工作者;执业定位于公司证券、并购重组、投融资等法律事务。为华润河南医药有限公司、华润城市交通设施发展(郑州)有限公司、洛阳杜康控股有限公司、焦作中旅银行股份有限公司、河南省中豫文旅投资有限公司、河南五建建设集团有限公司、光大德尚投资管理(深圳)有限公司、郑州沃特节能科技股份有限公司、郑州大山教育科技股份有限公司、河南新奥能源发展有限公司等央企、国企及大型民营企业提供常年或投融资专项法律服务,处理大量投融资、公司、房地产等领域的商事诉讼案件。

股权质押、抵押之辨

刘文涛

一、股权质押的商事和诉讼现状

股权质押(pledge of stock rights)已经成为重要的融资手段之一。2017 年,沪深交易所与中国证券登记结算有限公司发布的《股票质押式回购交易及登记结算业务办法》第 68 条规定,股票质押率上限不得超过 60%;第 66 条规定,单笔交易不得导致单只 A 股股票市场整体质押比例超过 50%;2018 年 1 月,证券业协会发布《证券公司参与股票质押式回购交易风险管理指引》并于 3 月 12 日实施。股票质押似乎正在受到越来越严格有效的监管。根据来自网络的数据,至 2018 年 8 月,有 3447 家上市公司的大股东进行了股权质押,质押的股权市值达 6 万亿元,占上市公司总市值的近 1/10。上市公司股权质押比例,A 股中质押比例低于 10% 的有 149 支,质押比例超过 50% 的有 138 支,占比 4.13%。[1]

上市公司具有相对充分的公众性,其股权质押作为公示信息为广大社会公众知悉。大量的非上市股份公司和更为大量的有限责任公司的股权质押如同在重重雾霾后面的星空,虽海量存在却并不为众人知晓。

与大量的股权质押相对应的,是大量的与股权质押有关的民事诉讼——以“股权质押”为关键词进行案例检索,共检索到 19552 条公开的裁判文书,历年裁判文书数量和诉讼标的的数据分析,如图 2 和图 3 所示。

---

〔1〕 参见 http://t.10jqka.com.cn/pid_97248792.shtml。

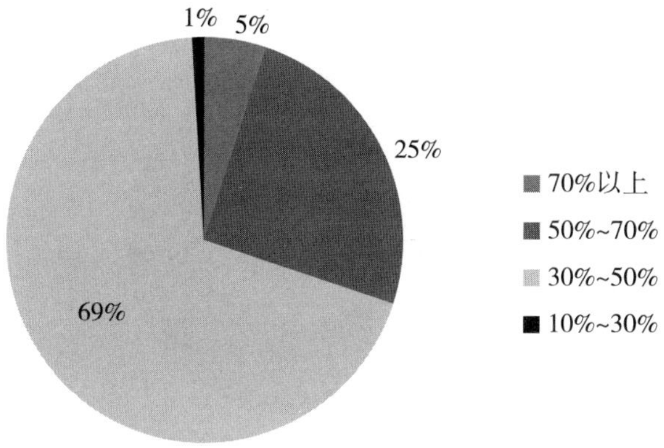

图1　A股上市公司股权质押比例分布

（资料来源：图片来自网络 https://www.jiemian.com/article/2539892_qq.html。）

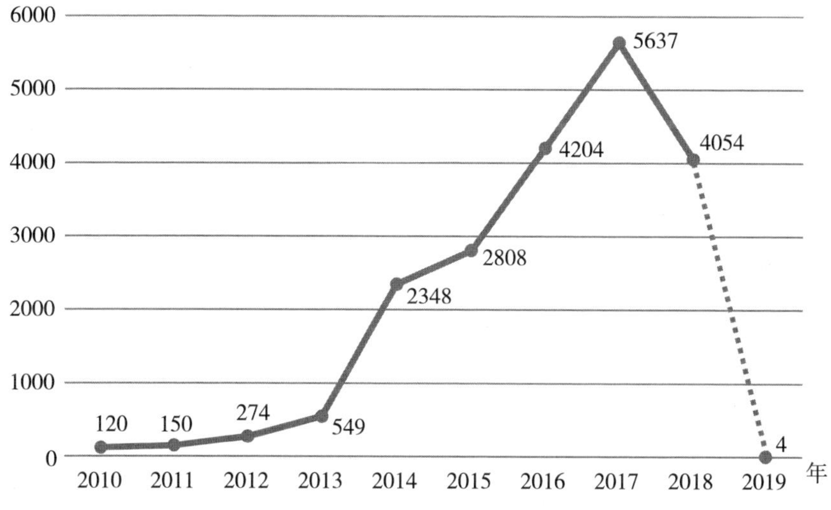

图2　历年裁判文书数量

（资料来源：https://alphalawyer.cn/#/app/tool/result/%7B%5B%7B%22name%22:%22全文%22,%22nameDescription%22:%22全文%22,%22selectSign%22:1549677485430,%22value%22:%22股权质押%22,%22description%22:%22股权质押%22%7D,%7B%22selectSign%22:%22caseResults%22,%22name%22:%22案由%22,%22value%22:%22民事%22,%22level%22:1%7D%5D,%20%7D/list，2019年2月10日访问。）

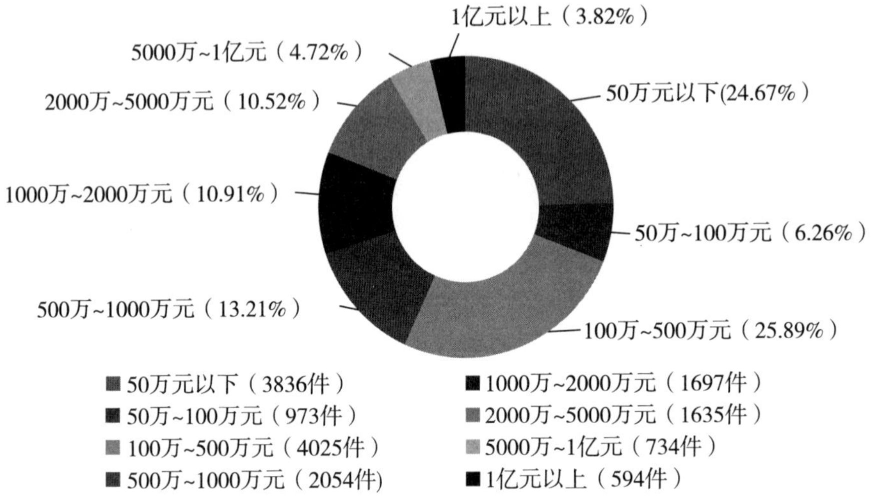

图3　诉讼标的数据分析

（资料来源：https://alphalawyer.cn/#/app/tool/result/%7B%5B%7B%22name%22:%22全文%22,%22nameDescription%22:%22全文%22,%22selectSign%22:1549677485430,%22value%22:%22股权质押%22,%22description%22:%22股权质押%22%7D,%7B%22selectSign%22:%22caseResults%22,%22name%22:%22案由%22,%22value%22:%22民事%22,%22level%22:1%7D%5D,%20%7D/list,2019年2月10日访问。）

股权质押作为企业，尤其是中小企业融资的方式，具有使用对象广泛、公示效力强、成本低等优势，可以将账面静止的资产转换为可利用的资源，帮助股东或者企业获得资金来源，也不影响股东地位。该种融资方式引起学术界的广泛关注，南开大学郝项超先生亦早在2009年即关注股权质押的负面效应，认为股权质押会削弱实际控制人提高公司价值的动机，并最终导致对中小股东利益的损害。司法实务中案例数量之多亦可见股权质押带来的问题绝不容忽视。早年如大股东利用“隧道挖掘”掏空公司的明星电力公司案，乐视贾跃亭股权质押和华谊兄弟股权质押被媒体曝光，[1][2]均不断刺激人们对股权出质融资异化为出质套现的担心。正如艾大力、王斌、李若山等学者认为的，大股东以股权质

[1] http://news.sina.com.cn/o/2018-03-02/doc-ifyrzinh1906543.shtml.

[2] http://www.sohu.com/a/235518789_100064460.

押作为融资手段,过度杠杆化加剧了利益输送的可能性;[1]另外,大股东在出质股权后面临丧失公司控制权的压力,有足够的动力改善企业经营和管理。

如果将股权质押与公司控制权建立联系,则涉及“抵押”与“质押”的理论问题,有必要为之一辨。

二、权利质押在立法上的逻辑困境

从罗马法开始,是否转移标的物的占有即成为抵押与质押的本质区别,这种区分标准极其深远地影响了传统大陆法系国家的观念。我国担保法在观念上亦受此影响,通用的教科书中,将质权定义为:“为了担保债务的履行,债务人或者第三人将其动产或者财产权利移交债权人占有,当债务人不履行债务或者发生当事人约定的实现质权的情形时,债权人有就其占有的财产优先受偿的权利。”“质权须转移质物的占有,质权以占有标的物为成立要件。”“在设立质权时,出质人应当将质物的占有移交给债权人。”历史地看,为了将担保适用于难以交付占有的财产,罗马法学家在吸收希腊法制的基础上,创立了抵押权制度。

温世扬教授等研究认为,大陆法系立法例上区分抵押与质押的标准分为三种:第一种是以占有方式区分质押与抵押;第二种是以抵押物的性质区分质押与抵押;第三种是不加区分,统一称为“抵押”。我国《民法典》并未统一质押与抵押的区分标准:依占有方式区分动产抵押与动产质押;依抵押物性质只设定不动产抵押,否认不动产质押即否认转移占有的不动产担保;依担保物性质,将不动产权利担保设定为抵押,将其他权利担保设定为质押,并在理论上将权利质押称为“准质权”。此种立法产生了理论上的困惑和实践上的不便,学者早在2005年即对此立法逻辑提出质疑,并主张以占有方式作为区分质押与抵押的标准。

股权质押被作为权利质押之一种,而权利质押又被称为动产质押之特例,权利质权也被称为“准质权”。但无论质押还是准质押,其与抵押最大的差异在于是否转移占有——抵押不转移占有,而质押转移占有;抵押需经登记后生效(不动产)或者需经登记后对抗第三人(动产,尤其是特殊动产),现行的股权质押亦需经登记方能对抗第三人,并且经登记后限制转让,这一点又像极了不动产抵押。

正因为质押股权不转移占有,出质人质押股权并不影响其行使股权,这才出现了股权出质融资异化为出质套现。股份公司股权如果有形式意义上的股票,出质股权应当将股票交付质权人占有,但却不能实现实质意义上的股权转移占有;无形式意义上股票的股权则根本无法实现质物转移占有;有限公司基

---

〔1〕 http://t.10jqka.com.cn/pid_97248792.shtml.

于更强的人合性,股权转移占有更是无法实现。

发轫于动产质押的权利质押,出质的股权并不转移占有,无论出质股权是否具有权利凭证等载体。有限公司股权的权利载体,在公司内部表现为出资证明书和股东名册,在公司外部表现为工商机关的登记和公示;股份公司(无论是上市公司还是非上市的股份公司)也都难有纸质书面的权利载体。即使股权被出质,质权人不仅无法取得形式意义上的占有,更难以取得实质意义上对股权的占有。

英美法上有"股权按揭"制度,即以股权设定担保时,将股权转移至债权人或者债权人指定的人名下,债务人违约时担保权人得以担保股权出售所得价款受偿,从而在担保形式上实现了权利外观上的转移占有。但是,这种转移占有仅能施效于股权中的财产权利,而对于股东身份权则仍难以真正实现转移占有,况且,在现行《公司法》框架内,有限公司股权转移登记于债权人时,还将受到公司人合性的限制。

三、思考与建议

一般物被转移占有,物权人即无法再对该物行使使用和收益的权利。股权的权能包括身份权和财产权两部分,股权的本质是以营利为目的的财产性权利,但是股权中的财产性权利无法脱离股东身份单独行使。基于"流质禁止"的法律原则,质押股权只能转移财产性权利的占有,不能一并转移股东身份,而离开了股东身份,则无法实现股权的转移占有。换言之,股权质押并不影响出质股东对公司行使表决权和控制权。现行的股权质押做法,除在股权登记机关(或者股权交易机构)办理出质登记外,既不转移股东身份权的占有,也不转移股东财产权的占有。为了防范和规避股权质押给出质股东、公司和债权人带来的困扰与风险,合理平衡上述三者的利益,笔者有如下两点建议。

(1)权利质押应当是"在既无权利转移,在担保权设定时担保权人对标的权利也无较强的约束,且其实行时担保权人不拥有对第三债务人的直接取得权能的情况下设定的就担保标的权利价值优先受偿的担保权"。也有学者认为,源于罗马法的影响,我国已经形成了权利质押而非权利抵押的传统,"即便是新近的改革,实际上以权利为客体的担保,仍旧在权利质押的框架内,而并未出现作为独立类型的权利抵押"。但是,同为"权利",股权与债权等财产性权利相比具有复合性,难以实现哪怕形式上的转移占有,[1]更毋论实质上的占领和控制。

---

〔1〕 仓单、提单、存单、票据等具有可供转移占有的形式。即使具有有形的股票形式,由于权能上身份权与财产权的复合性,股权也无法实现形式上的转移占有。

为了统一分类标准，从理顺逻辑关系的角度，建议将事实上不能够转移占有的股权担保设定为抵押，避免权利人产生超出实际的心理预期，合理把控和分配风险。将名不副实的“股权质押”更正为“股权抵押”，使担保权人更清楚地界定自己的权利范围，明晰自己权利和相应风险的边界，避免出现“转移占有”的误解，避免法律概念混淆，从而更准确地判断担保债务的风险。

(2)如果不对现行立法进行调整，在现行法律没有对出质权利的转移占有作出明确规定的情况下，对质物的占有应当适用物权法对占有的规定。根据《民法典》第458条的规定，质权人基于质押合同享有占有质物的权利，有关质物的使用、收益、违约责任等按照合同约定，合同没有约定的，依照有关法律规定。质权人可以根据《民法典》的规定，在质押合同或者在主合同的质押条款中约定有关占有的权利义务。根据“法无禁止即可为”的基本原则，在现有立法基础上，可以在股权质押合同或者股权质押条款中对出质人的股权行使作出约束性限制，如约定经质权人同意方可在股东会(或股东大会)上做相应表决，更换或者增补代表质权人利益的董事等，并约定相应的违约责任。但是，由于股东与公司的利益缠绕，在这一点上，股东的债权人与股东的利益出发点并不相同。基于股权质押对股东身份权所采取的限制可能直接影响公司股东会或者股东大会决议，使公司决策函数的变量增加，进而可能影响公司利益，并间接影响公司债权人利益。因此，有赖于立法对该等对股东身份权的限制作出规制，以防范和避免因股东出质股权损害公司利益。

作者简介

刘文涛律师，诉讼仲裁业务部副主任，合肥工业大学理学学士、郑州大学法律硕士，郑州西亚斯学院法学院副教授、河南财经政法大学民商事疑难案件研究中心副主任；某法院前法官，曾获得全国优秀法官荣誉；河南省公司法专业律师定位于合同、公司、房地产、建筑等领域商事争议解决的理论与实务，为河南省自然资源投资集团有限公司、郑州融侨房地产开发有限公司、河南瀚海置业有限公司、香港锦艺集团有限公司、郑州黄河大观地产有限公司、郑州市金水区环保局、中国大地财产保险股份有限公司河南分公司等十多家单位提供常年或专项法律顾问服务，处理数十起重大疑难商事诉讼案件。

股东兼高管薪酬法律风险防控

陈建华

实践中，一些公司的股东、股东往往兼任高级管理人员，由于该类人员有股东、股东、高管多重身份，对其发放的报酬因无约定，属性难以区分。在公司出现经营困难时，通过协商调整管理层的报酬以降低经营成本，进行自救本无可厚非，但一些公司往往未经与这些人员协商，即由股东会径行作出调整。由于争议的报酬属于股东补贴、股东津贴还是高管的劳动报酬性质不明，司法实践中往往导致适法困难。本文就股东兼高管的薪酬管理常见风险及相应防控问题，作简要探讨。

正确处理此类纠纷，首先需要确定报酬的属性。股东补贴、股东津贴属公司法调整，可以由股东会、股东会决定。但劳动报酬归劳动法调整，劳动报酬的变动属对劳动合同的重大变更，应尊重双方约定和平等协商。在协商不成时，股东会大幅下调股东兼高管（以下简称“股东兼高管”）的部分工资，违反了劳动法的规定，对高管无约束力。

一、“股东兼高管”人员的薪酬性质

1．“股东兼高管”的身份不明确时，结合实际履职情况确定

审判实践中有的股东与公司虽未签订过书面的劳动合同，未书面任命过行政职务，但实际上其工作内容主要是进行日常性的行政事务管理。如有的公司规章制度规定，某股东的岗位职责是全面负责招聘、培训、薪酬、员工福利等战略和政策的制定和实施，负责处理各种与劳动合同相关事宜，实际该股东履行

了人力资源管理的工作。有的股东岗位要求负责公司的财务、法律文本的合规性审核和运营风控,实际上该股东担任了风控部门负责人的职务。上述股东的薪酬属性,应以该股东平时履行的主要工作内容来确定是否实际担任了高管职务。

2. 股东兼高管的双重属性

高管在公司的地位虽高于普通员工,但平时仍需接受公司的考勤管理、业绩考核、工作指挥,根据现行《劳动法》的规定,高管仍属于劳动者主体,与用人单位存在劳动关系。而股东的工作内容往往不具有日常性、持续性、事务性,只是在特定的时间为公司提供决策服务,参与股东会的重大决策,但不是执行决策。股东津贴的发放与其工作量无关,有时会在津贴的基础上对股东额外提供的劳动力进行按劳计酬,但该报酬往往是论次计算,不具有持续性,多具有劳务的性质。股东本身与公司不是劳动关系,无需接受公司劳动关系意义上的管理、指挥、监督,为此产生的争议也由公司法调整。只有当股东担任了公司的其他职员岗位工作时,其劳动者的身份因该职员岗位而产生,因履行职员工作获得的劳动报酬由劳动法调整。如果该职员岗位为总经理等高级管理人员,就形成了复杂身份的高管。

3. 复杂身份高管的报酬属性

股东是公司决策机构的成员,只参与公司生产经营的决策,但不是决策的执行者,不直接参与公司的生产经营。股东会的决策由公司的管理层完成,如总经理、副总经理、财务负责人等,上述人员属于公司的高管。股东兼任高管职务有利于决策与执行的对接,提高决策的有效性与运营效率。实践中很多公司在职务设置上往往采用这种"股东兼高管"的模式。同时,由于高管履行的是公司股东会赋予的事务管理工作,高管的职务容易与股东的职责发生交织,在发生劳动争议时,特别是发生薪酬属性的争议时,在没有书面约定的情况下,析清用人单位发放的薪酬属于股东津贴还是高管的劳动报酬会有困难。根据法律规定,用人单位作出的减少劳动报酬等决定而发生的劳动争议,用人单位负举证责任。因此,用人单位承担"股东兼高管"人员报酬属性的证明责任,没有充足证据证明其主张的,将承担举证不能的法律风险。

二、高管工资调整的法律风险

1. 股东、监事的津贴管理

公司法的调整对象主要是在公司设立、组织、运营或解散过程中发生的社会关系。具体包括公司内部财产关系、公司外部财产关系、公司内部组织管理与协作关系、公司外部组织管理关系等。股东、监事分别是股东会、监事会成员,属于公司组织架构的组成部分,不属于员工。公司法虽然规定有限责任公司的股东会可以决定有关股东、监事的报酬事项,但该报酬应当是其基于公司法的要求履行股东、监事职责而获得的对价,不能涉及因履行高管等职员身份获得的劳动报酬。

2. 股东会决定的受限制性

一些股东往往同时担任重要的管理职务,如总经理、财务经理等属于高级管理人员。由于股东在公司担任的高管职务影响力可能损害到公司的利益,因此,公司法规定有限责任公司设立股东会的,股东会有权决定经理及其报酬事项,并根据经理的提名决定副经理、财务负责人的报酬事项。该条规定股东会有权决定高管的工资,但股东会作出的报酬决定对外属于公司聘用高管发出的要约(或承诺),其中工资是要约的重要内容。高管工资虽然招聘前由股东会会议决定,但在双方签订聘任协议后(或以实际履行表示默认)才对劳动者产生约束力。因此,该股东会的决定对高管产生约束力,实际上仍遵守了双方合议原则。

3. 股东会无权单方降低高管的工资

降低劳动者工资属于对劳动合同条款的重要变更,未经劳动者同意,用人单位单方降低劳动者工资属违法行为,需承担法律责任。虽然高管在地位上并不是普通的劳动者,但高管的劳动权利同样受劳动法保护。在劳动合同的履行过程中,股东会对公司经理、副经理、财务负责人等高管的劳动报酬作出调整的决定,是公司内部作出的单方决定,即使符合公司法和公司的规章制度,也仅具内部合规性。劳动合同一经签订就具有恒定性,当事双方均应遵守约定。降低劳动报酬属于对劳动合同内容作出的重大变更,需经员工同意,否则对劳动者不生效。

三、高管的忠实勤勉义务与劳动报酬的衔接

在法律未对劳动者主体细分的情形下,对高管这一特殊劳动者群体的劳动报酬进行调整时,应当考虑到劳动报酬分配的公平、合理性和激励作用。特别是在公司亏损,公司业务量大幅下降的情况下,如果公司高管无视企业经营现状仍然获取高额报酬,将会进一步掏空公司资本,加剧公司负债,加速公司倒

闭,损害公司债权人、投资人利益,最终损害普通劳动者的利益,与劳动法的立法目的相悖。因此,股东会单方降低高管的工资性收入对其没有约束力,并不意味着任何情况下高管工资均不可变动。高管在受劳动法保护的同时,股东和高管根据公司法的规定还需履行忠实勤勉义务,积极履行职责,依法谋求公司利益的最大化,在公司出现经营亏损时,作为公司的决策层和高级管理人员的股东和高管有不可推卸的责任,在公司利益和个人利益冲突时,应维护公司利益。同时,劳动报酬本身就是劳动者付出劳动获得的对价。公司亏损的原因多系业务量下降,此时高管的工作量、工作绩效也将随之减少,公司在平等协商的基础上对高管的薪酬作出合理调整与劳动法并不相悖。

在公司出现亏损时,高管的劳动报酬如何调整才属合理,目前法律没有明确规定,也缺少统一的参考数值。结合具体案情,在充分衡量高管的权利义务和公司的经营状况情况下,参照行业工资、企业平均工资、本地区职工平均工资等数值进行合理的确定,实践中往往也容易被用人单位与劳动者双方接受。

作者简介

陈建华律师,诉讼仲裁业务部律师,周口仲裁委员会仲裁员;执业定位于人力资源、房地产、不良资产等商事诉讼业务。

营利性民办学校的公司法特殊规制

唐建科

我国现行《民办教育促进法》于2013年6月29日、2016年11月7日、2018年12月29日三次修改,其最大的变化就是放开了对民办学校的非营利性限制,允许民办学校的举办者自主选择设立非营利性或者营利性民办学校。本文拟从公司法的角度,就公司制的营利性民办学校(本文统称民办教育公司)的特殊规制问题进行探讨。

需要说明,《民办教育促进法》未明确营利性民办学校必须以公司形式存在,但从其条文表述可以看出其实是以公司形式为主,如其第19条第3款规定:"营利性民办学校的举办者可以取得办学收益,学校的办学结余依照公司法等有关法律、行政法规的规定处理。"第59条规定,"营利性民办学校清偿上述债务后的剩余财产,依照公司法的有关规定处理。"此类表述亦在《国务院关于鼓励社会力量兴办教育促进民办教育健康发展的若干意见》(国发〔2016〕81号)以及教育部、人力资源和社会保障部、国家工商总局联合发布的《营利性民办学校监督管理实施细则》(教发〔2016〕20号)等规定中出现。而且,在国家工商总局《关于营利性民办学校名称登记管理有关工作的通知》(工商企注字〔2017〕156号)中更是直接规定"民办学校应当按照《公司法》《民办教育促进法》有关规定,登记为有限责任公司或者股份有限公司",这决定了在登记层面营利性民办学校只能是公司形式。另外,《民办教育促进法》关于民办学校应当具备法人条件的要求,也排除了民办学校以合伙企业、个人独资企业等非法人企业形式存在的可能。

营利性民办学校以公司形式存在，意味着其应同时受到《民办教育促进法》《公司法》的双重规范，这将构成与其他公司的鲜明区别。

一、股东身份的特殊性

《民办教育促进法》从举办者身份和举办资金来源两方面的特征共同界定了民办学校之"民办"二字的内涵，即举办者应当是国家机构以外的社会组织或者个人，举办资金的来源应是非国家财政性经费。新《民办教育促进法》延续了修改前对民办学校举办者的要求，并适用于营利性民办学校，具体如下：

（一）对社会组织股东的特殊要求

1. 必须具有法人资格。《公司法》并未要求作为公司股东的社会组织必须具有法人资格，而《民办教育促进法》却有此要求，表明非法人组织不能成为民办教育公司的股东。又根据《民法典》之规定，非法人组织包括个人独资企业、合伙企业、不具有法人资格的专业服务机构等。这很可能意味着大量以合伙企业形式的私募基金，将不能直接投资于营利性民办学校。

2. 资信良好，无违法犯罪等不良记录。《营利性民办学校监督管理实施细则》对社会组织股东提出了较高的要求：（1）信用状况良好，未被列入企业经营异常名录或严重违法失信企业名单，无不良记录；（2）其法定代表人有中国国籍且在中国境内定居，信用状况良好，无犯罪记录，有政治权利和完全民事行为能力。尽管提出该等要求的初衷可以理解，但笔者认为，《营利性民办学校监督管理实施细则》作为部门规章，其在法律之外对股东提出更高要求并不合适。

3. 根据《民办教育促进法实施条例》（2021 年修订），公办学校不得举办或者参与举办营利性民办学校，因此公办学校不具有民办教育公司股东资格。例外的是，实施职业教育的公办学校可以吸引企业的资本、技术、管理等要素，举办或者参与举办实施职业教育的营利性民办学校，职业教育类公办学校可以作为职业教育公司的股东。

（二）对个人股东的特殊要求

1. 应当享有政治权利。我国公司法并未要求个人股东必须享有政治权利，但《民办教育促进法》要求举办者应当具有政治权利，因而未满 18 周岁和被剥夺政治权利的个人不能举办营利性民办学校。然而，如举办者嗣后被剥夺政治权利，其在公司的股权如何处置将成为现实问题，目前法律尚无明确规定。

2. 应当具有完全民事行为能力。不具有完全民事行为能力的继承人不能继承被继承人在营利性民办学校的股东资格。相比之下,公司法并未因个人民事行为能力的差异而限制股东资格,实践中经常存在未成年人股东的情形。

3. 须信用状况良好,无犯罪记录。《营利性民办学校监督管理实施细则》要求举办者个人信用状况良好,无犯罪记录。有犯罪记录之人将终身不得担任民办教育公司的股东。

4. 已经举办的民办学校不存在特定的负面情形。《营利性民办学校监督管理实施细则》规定,民办学校出现几种特定负面情形的,其举办者不得再举办或者参与举办营利性民办学校,无论举办者对该等情形是否负有责任。这些情形包括:(1)法人财产权未完全落实;(2)民办学校属营利性的,其被列入企业经营异常名录或严重违法失信企业名单;(3)办学条件不达标;(4)近2年有年度检查不合格情况;(5)法律法规规定的其他情形。

需要指出,此处的社会组织和个人均指我国境内的社会组织和个人,对于境外的组织和个人在中国境内合作办学的办法,应当按照国务院《中外合作办学条例》的有关规定执行。

二、设立过程的特殊性

(一)行政许可前置

《民办教育促进法》第19条规定民办学校应当先取得办学许可证,再进行法人登记。具体而言,举办实施以文化教育为主的民办学校,应当先由县级以上教育行政部门审批后再到市场监督管理部门登记;举办实施以职业技能为主的民办学校,由县级以上人力资源社会保障行政部门审批,并抄送同级教育行政部门备案后再到市场监督管理部门登记。

(二)设立阶段的特殊性

营利性民办学校的设立一般分筹设、正式设立两个阶段,也可直接申请正式设立。筹设期不得超过3年,即举办者应当自批准筹设之日起3年内提出正式设立申请。超过3年的,举办者应当重新申报。营利性民办学校在筹设期内不得招生。

三、公司名称的特殊性

《关于营利性民办学校名称登记管理有关工作的通知》《营利性民办学校监

督管理实施细则》对民办教育公司的名称作出了特别性要求，体现为以下几个方面：

1. 公司名称中的行业表述由学科门类或者办学特色等加学校类别组成，但按照国家有关规定或者行业习惯可以不加学科门类或者办学特色的，名称中可以不加学科门类或者办学特色。例如，一般情况下全称应当是“××省××（字号）理工大学有限公司”，也可以依国家规定或行业惯例简化为“××省××（字号）大学有限公司”。另外，民办幼儿园、高中、特殊教育学校的行业表述应当符合教育规律和儿童身心发展规律，不得含有片面强调办学特色等误导家长或者引发歧义的内容和文字。

2. 不得以个人姓名作为字号。

3. 不得在名称的最前面冠以“中国”“中华”“全国”“国际”“世界”“全球”等字样，但在作为行业的限定语并符合国家有关规定的情况下可以在名称的中间部位使用。

4. 变更名称应当先经市场监督管理部门预核准名称，再经审批机关批准后方可变更，其中，营利性民办本科高等学校名称变更由教育部审批。

5. 允许有限度地使用简称。体现为：（1）主体方面，仅从事学历教育的民办学校和幼儿园可以使用简称，其他如课外辅导、技能培训为主的学校不得使用简称；（2）简称仅可省略学校的公司组织形式，如全称“河南省××幼儿园有限公司”的简称可以是“河南省××幼儿园”，而不能省略为“××幼儿园”；（3）仅限用于学校牌匾、成绩单、学位证书、学历证书、招生广告和简章，并且在招生广告和简章中使用简称的，还应当在显著位置标明学校营利性属性，并在学校介绍中标注全称。此类做法主要是为弱化从事学历教育的民办学校和幼儿园在公众心目中的营利性，相对突出其公益性。

四、经营范围的特殊性

1. 不得实施义务教育。即营利性民办学校不得从事小学、初中阶段的教育，但可以从事幼儿园、高中及以上阶段的教育。

2. 不得举办实施军事、警察、政治等特殊性质教育的民办学校。但需注意“特殊性质教育”与“特殊教育机构”的区分，前者是指教育内容不同于一般性质，而后者主要是指受教育的群体不同于一般人，如针对残疾人的教育，后者不属于民办教育公司禁入领域。

为防止超范围经营，营利性民办学校的招生简章和广告还须报审批机关备案。

五、出资要求的特殊性

相较于目前普遍实施的注册资本认缴登记制，现行《民办教育促进法》仍延续了修改前对民办非企形式的民办学校办学资金和财产的实缴要求，并适用于民办教育公司。具体体现为以下几个方面：

1. 筹设阶段须提交拟投入的资产来源、资金数额及有效证明文件，并载明产权。根据以往的操作实践，举办者以现金投入的，需提交举办者名下的银行存款证明，以房屋、教学设备等实物投入的，需提交举办者为权利人的权属证明。

2. 正式设立阶段须提交学校资产的有效证明文件。在正式设立阶段，举办者的财产应当已经出资到位，成为学校资产。为此，举办者须提供已出资的证明文件，如验资报告、权利变更登记的证明文件。

六、公司治理的特殊性

1. 党组织作用的特殊性

根据《民办教育促进法实施条例》（2021 年修订）《国务院关于鼓励社会力量兴办教育促进民办教育健康发展的若干意见》（国发〔2016〕81 号）、《营利性民办学校监督管理实施细则》等相关规定，党组织在民办学校治理中发挥着特殊作用，主要表现在：

（1）明确地位。坚持党的领导与依法治校有机统一，民办学校需把党组织建设有关内容纳入学校章程，明确党组织在学校法人治理结构中的地位，保证党组织在重大事项决策、监督、执行各环节有效发挥作用。

（2）“三同步”。设立营利性民办学校，要坚持党的建设同步谋划、党的组织同步设置、党的工作同步开展，即民办教育公司应在建立董事会、监事（会）、行政机构的同时建立党组织，并将学校党组织负责人及组成人员名单、教职工党员名单作为正式设立学校时的必备申请材料之一提交。

（3）“双向进入、交叉任职”。民办学校要健全党组织参与决策制度，积极推进“双向进入、交叉任职”，学校党组织领导班子成员通过法定程序进入学校决策机构和行政管理机构，即董事会中应当有党组织负责人，办学规模大、党员人数多的学校,符合条件的专职副书记也可进入董事会。监事会中应当有党组织领导班子成员,党员校长、副校长等行政机构成员可按照党的有关规定进入党组织领导班子。

(4)重大事项决策前征得党组织同意。涉及民办学校发展规划、重要改革、人事安排等重大事项,党组织要参与讨论研究,董事会在作出决定前,要征得党组织同意;涉及党的建设、思想政治工作和德育工作的事项,要由党组织研究决定。

(5)建立健全党组织与学校董理事会、监事会日常沟通协商制度,以及党组织与行政领导班子联席会议制度;强化党组织对学校重要决策实施的监督,定期组织党员、教职工代表等听取校长工作报告以及学校重大事项情况通报。

2. 决策机构的特殊性

现行《民办教育促进法》对第三章"民办学校的组织与活动"略有调整,未有大幅修改,而正是这种延续性规定,导致民办教育类公司在公司治理层面存在一定的困惑。按照公司法规定,股东(大)会是公司最高权力机构,公司重大事项均应由股东(大)会决定。而《民办教育促进法》不区分营利性民办学校和非营利性民办学校,一律规定董事会/理事会为决策机构,行使重大事项决定权,且未提及需要同时结合公司法的有关规定执行。由此形成两部法律下最高权力机构的冲突。

对此,根据全国人大常委会法制工作委员会《对营利性民办学校决策机构法律适用问题的答复意见》(法工委复〔2020〕5 号),营利性民办学校决策机构也应当适用《民办教育促进法》的特别规定,由董事会/理事会作为决策机构。但营利性民办学校的办学结余、清偿有关债务后的剩余财产的处理,应当适用公司法的有关规定,由董事会决策后,提交股东会表决。即营利性民办学校的一般决策机构为学校董事会,仅在涉及办学结余、剩余财产分配等举办者财产权益时的决策机构为股东会。

3. 董事会的特殊性

根据《对营利性民办学校决策机构法律适用问题的答复意见》的规定,关于董事会的董事人数、人员组成、任职资格、议事规则等方面的内容,也适用民办教育促进法的特别规定。主要体现为以下几个方面:

(1)董事会成员人数限制。《民办教育促进法》规定,学校董事会由 5 人以上组成,不适用《公司法》关于董事会人数的规定。

(2)董事会组成人员限制。要求学校董事会须由举办者或者其代表、校长、党组织负责人、教职工代表等人员组成。对于民办教育公司而言,股东或其代表也只是董事会的成员之一,股东会并不能完全行使选举董事会成员的权力,校长、党组织负责人、教职工代表也是董事会的法定成员。《民办教育促进法实施条例》(2021 年修订)还鼓励鼓励民办学校董事会吸收社会公众代表,根据需要设独立董事。

(3)董事任职资格限制。首先,三分之一以上的董事应当具有 5 年以上教育教学经验。其次,有犯罪记录、无民事行为能力或者限制行为能力者不得在学校董事会、监事会、行政机构中任职。

(4)议事规则的特殊性。首先,在会议召开方面,要求董事会每年至少召开一次会议,经 1/3 以上董事提议,可以召开临时会议。其次,在会议表决方面,对职权范围内的事项须经 2/3 以上董事表决同意方为通过。

(5)修改章程的特殊要求。根据《民办教育促进法实施条例》(2021 年修订)规定,民办学校修订章程除履行内部决策程序外,还应当事先公告,征求利益相关方意见后方可修订。

4. 校长在公司治理中的特殊性

(1)校长是董事会的法定成员。如上所述,学校董事会须由举办者或者其代表、校长、党组织负责人、教职工代表等人员组成。

(2)校长与经理的关系。校长负责学校的日常教育教学和行政管理工作,并作为担任法定代表人的人选之一,这一定位与《公司法》关于经理的规定基本吻合,因此,校长、副校长应当同时受《公司法》关于高级管理人员的规定约束。

(3)对校长任职条件的特殊要求。特殊要求主要体现为要满足以下条件:①具有 5 年以上教育管理经验和良好的办学业绩;②个人信用状况良好;③无犯罪记录;④参照同级同类公办学校校长任职的条件,年龄可以适当放宽;⑤符合关键管理岗位亲属回避的制度的要求。

5. 教职工在公司治理中的特殊性

(1)民办教育公司应建立教职工(代表)大会、工会、学生代表大会等组织。

(2)教职工代表是董事会的法定成员。如上所述,学校董事会须由举办者或者其代表、校长、党组织负责人、教职工代表等人员组成。

(3)监事会中的教职工代表不得少于 1/3。

七、收入与分配的特殊性

(一)收费标准公示与监督

虽然民办教育公司的收费标准实行市场调节、自主决定,但应当向社会公示,并接受有关主管部门的监督。

(二)收入用途的限制

收取的费用应当主要用于教育教学活动、改善办学条件和保障教职工待遇。

八、信息披露的特殊性

(一)办学质量信息公示制度

1. 督导公开。教育行政部门及有关部门对民办学校实行督导,建立民办学校信息公示和信用档案制度,还应建立信息公开保密审查机制,公开的信息不得危及国家安全、公共安全、经济安全、社会稳定和学校安全稳定。营利性民办高等学校信息公开内容应当执行《高等学校信息公开办法》等国家有关规定。

2. 评估公开。教育行政部门及有关部门组织或者委托社会中介组织评估办学水平和教育质量,并将评估结果向社会公布。

3. 信用信息公开。民办教育公司应通过国家企业信用信息公示系统,公示年度报告信息、行政许可信息以及行政处罚信息等信用信息。

(二)资产、财务公示制度

1. 资产的使用和财务管理受审批机关和其他有关部门的监督。

2. 每个会计年度结束时须制作财务会计报告,委托会计师事务所审计,并公布审计结果。

3. 须将举办者出资、政府补助、受赠、收费、办学积累等各类资产分类登记入账,定期开展资产清查,并将清查结果向社会公布。

九、公司变更的特殊性

(一)公司分立、合并的特殊性

1. 须经审批机关批准。民办教育公司应在内部决策后,报审批机关批准后,方能向登记部门办理变更登记手续。其中,营利性民办本科高等学校分立、合并由教育部审批。

2. 须财务清算。按照《公司法》的规定,公司分立时只需编制资产负债表及财产清单,并通知债权人,由于分立前的债务由分立后的各公司承担连带责任,因此并不需要进行清算。公司合并时只需编制资产负债表及财产清单,并通知债权人即可,由于合并各方的债权、债务均由合并后的公司承继,因此也不需要进行清算。但根据《民办教育促进法》的规定,民办教育公司在财务清算后方可分立、合并。

但"财务清算"是否等同于公司法意义上的"清算"尚有疑问。纵观现行关于"财务清算"的规定基本都出现在事业单位的分立、合并的有关规定中,如财政部、教育部《关于印发〈高等学校财务制度〉的通知》中规定"经国家有关部门批准,高等学校发生划转、撤销、合并、分立时,应当进行财务清算"。但该制度同时明确规定"本制度适用于各级人民政府举办的全日制普通高等学校、成人高等学校。其他社会组织和个人举办的上述学校可以参照本制度执行",并未在强制民办学校执行。又如,财政部、教育部《关于印发〈中小学校财务制度〉的通知》、财政部、卫生部《关于印发〈基层医疗卫生机构财务制度〉的通知》、财政部、科技部《关于印发〈科学事业单位财务制度〉的通知》、财政部《关于印发〈地质勘查单位财务制度〉的通知》、财政部、国家测绘局《关于印发〈测绘事业单位财务制度〉的通知》、国家税务总局《关于印发〈国家税务局系统事业单位财务管理办法(试行)〉的通知》等一系列针对国家财政经费出资举办的单位出台的财务制度中均有类似要求。《民办教育促进法》显然是沿袭了针对国家财政经费出资举办的单位的规定。

(二)公司股东变更的特殊性

按照《公司法》的一般规定,公司股东的变更经过股东会增资决议或股东同意及优先购买权等内部程序后,由公司向登记机关申请变更登记。根据《民办教育促进法》之规定,民办教育公司的股东变更,须经过以下程序:(1)由股东(而非公司)向审批机关提出;(2)对公司进行财务清算;(3)经董事会(而非其他股东或股东会)同意;(4)报审批机关核准;(5)登记机关办理。股东的进退由董事会决定,股东对股权的处分将受到董事会的限制,其他股东对转让股权也不享有同意权和优先购买权。

(三)其他事项变更的特殊性

民办教育公司的名称、办学层次、类别的变更,均由学校理事会或者董事会报审批机关批准。其中，民办本科高等学校公司的名称变更由教育部审批，其他事项的变更由省级人民政府核准。

十、公司清算的特殊性

（一）清算主体的特殊性

按照《公司法》的一般规定，公司在章程规定或决议、行政吊销或撤销或责令关闭、公司僵局等情形下解散后，均应自行组成清算组进行清算，在逾期未自行清算和公司破产时进入法院强制清算或破产程序。而《民办教育促进法》第58条则视民办学校终止的原因而设置了不同的清算主体：（1）民办学校自己要求终止的，由民办学校组织清算；（2）被审批机关依法撤销的，由审批机关组织清算；（3）因资不抵债无法继续办学而被终止的，由人民法院组织清算。根据《最高人民法院关于对因资不抵债无法继续办学被终止的民办学校如何组织清算问题的批复（2020修正）》（法释〔2020〕18号），当事人依照《民办教育促进法》第58条第2款规定向人民法院申请清算的，人民法院应当依法受理。

（二）清偿顺序的特殊性

按照《公司法》的一般规定，自行清算的清算组在清理公司财产、编制资产负债表和财产清单后，应首先确认公司财产是否足以清偿债务，如果足以清偿债务，则在制定清算方案并报批准后，分别支付清算费用、职工工资、社会保险费用、法定补偿金、所欠税款、其他债务即可，并无先后顺序之分。如果清算组发现公司财产不足清偿债务的，应当向法院申请宣告破产，进入破产程序，在最终破产清算时才存在清偿债务的优先顺序问题，即破产财产应当按照下列顺序清偿：（1）破产费用和共益债务；（2）破产人所欠职工的工资和医疗、伤残补助、抚恤费用，所欠的应当划入职工个人账户的基本养老保险、基本医疗保险费用，以及法律、行政法规规定应当支付给职工的补偿金；（3）破产人欠缴的除前项规定以外的社会保险费用和破产人所欠税款；（4）普通破产债权。

《民办教育促进法》未区分公司财产是否足以清偿债务，一律要求民办教育公司在清算时按照下列顺序清偿：（1）应退受教育者学费、杂费和其他费用；（2）应发教职工的工资及应缴纳的社会保险费用；（3）其他债务。仅在清算决策程序上，全国人大常委会法制工作委员会《对营利性民办学校决策机构法律适用问题的答复意见》指出，营利性民办学校办学结余分配、剩余财产处理，应当适用公司法的有关规定，由理事会（董事会）决策后，提交股东会（股东）表决。对此，《最高人民法院关于对因资不抵债无法继续办学被终止的民办学校如何组织清算问题的批复（2020 年修正）》（法释〔2020〕18 号）亦要求人民法院在对资不抵债的民办学校进行清算时参照适用《企业破产法》规定的程序，但依照《民办教育促进法》规定的顺序清偿。表现出清算程序上按照或参照《公司法》《企业破产法》等一般规则进行，实体权益分配上仍按《民办教育促进法》特别规定处理的特点。

作者简介

唐建科律师，空军第一航空学院法学学士，投融资业务部主任；河南省律师协会公司法律专业委员会执委、郑州市律师协会公司法律业务委员会执委，河南省公司法专业律师、金融证券保险专业律师；河南省律师行业管理工作先进个人、郑州市优秀律师、郑州市司法行政系统优秀党员、郑州市律师行业优秀党务工作者；执业定位于公司证券、并购重组、投融资等法律事务。为华润河南医药有限公司、华润城市交通设施发展（郑州）有限公司、洛阳杜康控股有限公司、焦作中旅银行股份有限公司、河南省中豫文旅投资有限公司、河南五建建设集团有限公司、光大德尚投资管理（深圳）有限公司、郑州沃特节能科技股份有限公司、郑州大山教育科技股份有限公司、河南新奥能源发展有限公司等央企、国企及大型民营企业提供常年或投融资专项法律服务，处理大量投融资、公司、房地产等领域的商事诉讼案件。

社保新政视阈下劳动用工成本筹划路径

郭　杰

目前,劳动法学界、实务界以及相关部门对“社保入税”或“社保新政”以及个人所得税法的修改争议很大。由于这两项新政皆与劳动者的收入以及企业用工成本密切相关,一招不慎就有可能让企业陷入困境,甚至处于破产的边缘。所以,人力资源管理员更要对此加以特别重视,并积极采取措施,既要符合法律规定,同时也能为企业降低用工的成本。

一、社保新政的法律和现实考量

(一)社保新政的法律考量

社保新政,也即是社会保险费用由社保部门征收改为税务部门征收。实际上,就我国通常做法而言,社会保险费征缴目前存在三种模式:

一是由社保部门全责征缴。我国大多数地区基本上都是采取这种模式。这种模式的缺点非常明显,由于社保部门并不掌握企业的实际工资发放情况,人员雇佣情况,而且社保稽查力量薄弱,人员短缺。所以,企业工资水平、缴费基数,以及雇佣情况完全由企业自行申报。只有在劳动者举报时社保部门才予以稽查。而且社保审计也不是每年必查,覆盖面太窄,所以,导致企业不缴、少缴或者不按规定的险种缴纳社会保险费的情况非常普遍。51 社保调查数据显示,能够依法缴纳社保的企业比例仅有 20% 左右。企业普遍性违法情况非常严重,从而在社会上形成一种法不责众的印象。

二是由社保部门负责,税务部门代征,也即是委托征收制。社会保险费的征缴由社保部门和税务部门共同完成，社保部门主要负责核定缴费的数额，然后由税务部门代为征缴，实行这种征缴模式的地方有广州、厦门、河南、湖北、湖南等省市。这种征缴模式并没有引起人们的广泛关注，其主要原因在于社保费是税务部门代征，所以征缴的数额、比例并不纳入其考核范围，导致税务部门征缴时并不积极，也没有起到应有的效果。而且税务部门在受托代征时执法力度也比较宽松，企业普遍性违法情况仍然非常严重。

三是由税务部门全责征收，也即是我们现在通常所说的社保入税或者社保新政。该种征收模式下，税务机关自己核定社保缴费基数、参保人数和缴费金额并且自己征收、追欠和处罚，自己全权负责。实际上社保费并不属于“税”的范畴，社保入税并不是说社会保险费改为了“社会保险税”，而是指社会保险费完全由税务部门全责征收，当然未来也不排除把社会保险费改为社会保险税的可能。

就目前这三种征收模式而言，我国《社会保险法》《社会保险费征缴暂行条例》对此也有规定。《社会保险费征缴暂行条例》（1999 年国务院令第 259 号）第 6 条规定，“社会保险费实行三项社会保险费集中、统一征收。社会保险费的征收机构由省、自治区、直辖市人民政府规定，可以由税务机关征收，也可以由劳动保障行政部门按照国务院规定设立的社会保险经办机构（以下简称社会保险经办机构）征收”。社会保险费用既可以由社会保险经办机构征缴，也可以由税务机关征缴，这也为如今社会保险费全面由税务机关征缴提供了最直接的法律依据。有些省市为了加强社会保险费用的征缴工作，也规定了由社保部门征收改为地方税务机关进行征收。如 2016 年河南省人民政府发布了河南省人民政府《关于改革社会保险费征缴体制加强社会保险费征缴管理的通知》，即（豫政〔2016〕77 号文），明确规定从 2017 年 1 月开始，社会保险费改由地方税务机关统一征收。

在规定由税务机关征收的地方，经过多年的实践，效果并不理想，其主要原因是社保费用核算由社保部门负责，征缴由税务机关负责的双重体制下，税务机关征缴积极性不高。《社会保险费征缴暂行条例》第 11 条规定，“省、自治区、直辖市人民政府规定由税务机关征收社会保险费的，社会保险经办机构应当及时向税务机关提供缴费单位社会保险登记、变更登记、注销登记以及缴费申报的情况”。同时，第 15 条又规定，“省、自治区、直辖市人民政府规定由税务机关征收社会保险费的，税务机关应当及时向社会保险经办机构提供缴费单位和缴费个人的缴费情况；社会保险经办机构应当将有关情况汇总，报劳动保障行政部门”。上述只是规定社会保险经办机构与税务机关二者之间的关系及其职责和职权，由于税务机关对社会保险费仅行使代征职能，因此税务机关征缴社会保险费的积极性并不高。同时，征缴机关征缴手段不力，哪怕是由税务机关负责征缴时，其法律责任也仅是限期缴纳或者加收滞纳金，企业违法成本太低，造成企业普遍性违法现象的存在。如《社会保险费征缴暂行条例》第 13 条规定，“缴费单位未按规定缴纳和代扣代缴社会保险费的，由劳动保障行政部门或者税务机关责令限期缴纳；逾期仍不缴纳的，除补缴欠缴数额外，从欠缴之日起，按日加收千分之二的滞纳金”。第 23 条规定，“缴费单位未按照规定办理社会保险登记、变更登记或者注销登记，或者未按照规定申报应缴纳的社会保险费数额的，由劳动保障行政部门责令限期改正；情节严重的……处以……罚款”。同时，《社会保险法》也规定了类似的处罚措施，但总体而言处罚力度较小。

由此可见，尽管《社会保险法》《社会保险费征缴暂行条例》，以及地方规章都规定了社会保险费可以由地方税务机关征缴，但是，由于征缴双轨制的限制，导致社会保险费的征缴并没有达到应有的效果。用人单位不缴、少缴、欠缴社会保险费的情况非常严重，在一定程度也严重地侵害了劳动者的合法权益。因此，必须必须采取新模式予以改善。

（二）社保新政的现实考量

在当前现有的征缴模式下，我国社会保险费存在着严重问题。由于历史原因，行政机关、事业单位不缴纳社会保险费，还有一些国有企业存在着大量视同缴费情况，随着这部分人员办理退休手续，开始领取养老保险金，社保经办机构需要为此支出大量费用。同时，由于老龄化社会的提前，适龄劳动者就业数量的减少，收缴的养老保险费用不足，造成了养老保险的巨大亏空，特别是黑龙江、吉林、辽宁、河北、内蒙古、青海、宁夏、湖北等地情况特别严重，退休职工养老保险费的发放出现了严重问题。即使是经济发展条件比较好的地区，如北京、上海、浙江、江苏等地，养老保险的征收产生了一定的现象。

鉴于以上几个方面的原因，国家必须采取措施，一方面解决社会保险费的缴纳大面积普遍违法现象，解决用人单位不缴、少缴、欠缴社会保险费的问题；另一方面要增加社会保险费积累，避免出现社会保险资金严重入不敷出的问题。因此，2018 年 7 月，中共中央办公厅、国务院办公厅印发了《国税地税征管体制改革方案》，明确自 2019 年 1 月 1 日起社会保险费由税务部门统一征收，也即由以前的社保部门征收或者税务部门代征，改为由税务部门全责征收，并要求各地方于2019年12月10日前要完成社会保险费征管职责划转交接工作。

二、社保新政对用人单位的影响

社保新政之后，随着税务机关执法力度的加大，其对企业的影响也显著增强，具体来说主要体现在如下几个方面。

（一）用工成本大幅度增加

随着社保新政措施的实施，企业用工成本会急剧增加。《社会保险法》第61条规定，“社会保险费征收机构应当依法按时足额征收社会保险费”。第58条规定，“用人单位应当自用工之日起三十日内为其职工向社会保险经办机构申请办理社会保险登记”。在我国现有的社会保险政策下，企业的缴费比例较高。有些地方已经达到了劳动者工资水平的40%以上，如天津、北京、上海、乌鲁木齐、沈阳、昆明、南京、银川、石家庄、重庆、哈尔滨等地。如果再加上住房公积金，有些地方“五险一金”缴费比例将高达劳动者工资基数的50%左右。

在由社保部门全责征缴或者税务部门委托代征的模式下，社保经办机构对用人单位的社保费缴纳情况和社保待遇享受情况只能进行核查，法律没有赋予社保经办机构相应的执法权，根据“法不授权即禁止”原则，稽核人员不能超出法律授权的范围，其行政手段仅是要求被稽核单位提供有关资料，缺乏行之有效的强制手段。同时还由于有关机关执法不严，对企业违法违规行为听之任之。也有些地方还规定了企业可以根据职工总额的一定比例办理参保手续，并不要求必须全部参保，而且在缴费基数上可以按照最低工资标准进行缴纳或者当地平均工资的60%缴纳。社保经办机构的这种做法造成了企业长期普遍性的违法行为得不到追究，企业为此也在一定程度上降低了用工成本。

在社会保险费由税务机关全责征收的模式下，税务部门将不再只有核查的权力，还将拥有执法权，其执法力度和社保机关相比显然有天壤之别，税务机关强大的征缴能力将会使企业以前逃避缴纳社会保险的行为无处可遁。税务机关会严格要求企业按照劳动者实际工资数额以及全部职工总数进行缴纳，从而使企业传统的逃避缴纳社保手段失灵，造成企业用工成本的急剧增加，特别是一些劳动密集型行业，如餐饮、建筑、电子、箱包、运输等所面临的局面将更加严重。有人做过预测，在社保费用由税务机关全责征收的模式下，国家每年的社保费用将增加2万亿元，而全国民营企业的所有利润也仅达到2万亿元，也即全国所有的民营企业将无利可图。

(二)历史欠账面临补缴的风险

在养老保险资金面临亏空,养老保险金的收取入不敷出,社保基金出现严重困难的情况下,一些地方将对企业之前少缴、欠缴、未缴的社保费用进行追缴。其中社保基金当期收不抵支的黑龙江省,在国家税务总局黑龙江税务局挂牌第一天,就联合省人力社保厅、财政厅下发了2018年一号文件,打响追征社保费第一枪。安徽省铜陵市地方税务局于2018年6月向法院申请强制执行(铜地税费字〔2017〕0038号)社会保险费限期缴纳决定(要求被执行人缴纳社会保险费3152806.70元),打响了社保追缴的第二枪。江苏省常州地方税务局第五税务分局要求常州市裕华玻璃有限公司补缴长达10年的社保费,即2007年12月至2017年11月期间的养老、医疗、工伤、失业、生育保险费共计2011134.15元。类似的案子最近一段时间在全国各地都时有发生。在社会保险费缴纳合法合规行为仅达到20%的情况下,如果全国所有的税务机关都按此进行处理,那么很多企业将面临灭顶之灾。在税务机关全责征收模式下,如果民营企业全部利润将转化为社保费,同时税务机关还要企业强制性补缴以前的历史欠账,那么,以后将会出现民营企业大面积的倒闭现象,最终不但会影响到中国经济的发展,而且还会出现劳动者大量失业现象的发生。

(三)法律风险急剧增加

在税务机关全责征收模式下,企业法律风险也会急剧增加。如果企业还像以前那样不缴、少缴或者欠缴社会保险费,在"费改税"(尽管名称还没有发生改变,但是也不排除以后直接称为"社保税")的情况下,企业除了面临补缴社会保险费,加收滞纳金的行政处罚之外,还可能面临刑事法律风险,企业及其主管人员被追究刑事法律责任,如偷逃国家税款罪。根据《关于在一定期限内适当限制特定严重失信人乘坐民用航空器,推动社会信用体系建设的意见》,如果用人单位未按相关规定参加社会保险且拒不整改的、用人单位未如实申报社会保险缴费基数且拒不整改的、应缴纳社会保险费且具备缴纳能力但拒不缴纳的,将被纳入严重失信人名单,所在单位负责人坐飞机都将受到限制,社保黑名单呼之欲出。

(四)用人单位避费难度加大

随着税务机关强大的"金税三期"的上线运行,该系统将劳动者的银行账户、公安部门、社保、海关、市场监督管理机关和税务机关数据信息进行联网，实现信息共享，劳动者的信息随时可以由税务机关掌握。更关键的是劳动者社保缴纳信息通过“金税三期”与劳动者的工资薪金收入、个人所得税信息互通互联，系统会自动比对企业所缴纳的个人所得税、劳动者的工资薪金是否与社保、公积金等部门掌握的数据一致，当企业社保费与职工人数和工资不符时，系统会将这一情况作为风险任务进行自动推送。高工资低社保，或者有工资无社保的现象将很难长期存在。如劳动者个人所得税缴纳数额比较大，而社保费用缴纳却比较低，经对比会发现企业没有依法缴纳社保。所以税务机关对社保出现异常的情况会及时发现，而且也会及时做出处理。如果税务机关面对异常情况视而不见可能会面临行政不作为的处罚，严重的还可能涉嫌渎职，甚至构成犯罪，从而被追究刑事责任，这也是税务机关不遗余力地全责征收社保费时的一个原因。

三、社保新政下的劳动用工成本优化措施

社保入税之后，企业将面临一些法律风险，会对企业造成很大的影响，但是企业不能坐以待毙，消极应对，而是要积极采取措施，只要方法得当，有些风险完全可以避免。

（一）严守法律规定，更新观念意识

在社保入税已成定局，并即将开始实施的背景下，企业必须更新思想观念，再像以前那样采取人员隐匿，缴费基数少报，达到不给缴、少缴或者欠缴社会保险费的目的，从而蒙混过关，浑水摸鱼的做法将非常困难；企业也要打消法不责众的想法，认为所有企业在社会保险方面基本上都存在或多或少的问题，法律不会那么严格，税务机关可能也会像由社保部门征收模式下那样“少管闲事”；还有的企业认为如果真的像上述所言历史欠账要补缴，以后要按照劳动者实际收入进行缴纳，那么企业可能将面临大面积破产倒闭的危险，国家为了避免经济发展出现大幅度的波动可能不会过于“较真”。但就国家实行社保新政的初衷，以及实践中的现实做法而言，企业应该抛弃这种不切实际的想法，严格遵守法律规定，依法办事，避免出现违法现象。

在我国当前养老保险面临严峻局面的情况下，2018 年 6 月国务院发布了《关于建立企业职工基本养老保险基金中央调剂制度的通知》，该通知要求“省级政府要切实承担确保基本养老金按时足额发放和弥补养老保险基金缺口的

主体责任。强化养老保险基金预算管理,确保应收尽收,杜绝违规支出。建立健全考核奖惩机制,将养老保险相关工作情况列入省级政府工作责任制考核内容”。同时,为了弥补养老金的缺口,中央决定从各省的养老保险基金中提出一部分形成“资金池”,由中央统一调剂使用,中央要求各省按照职工平均工资的90%和在职应参保人数作为计算上解额的基数。在这样的压力下,地方政府征缴社保肯定不可能允许像以前那样按照职工总数一定比例办理参保手续,而不是按照实际用工人数缴纳社保费。由此可见,社保费用的征缴以后是只能加强,而不会降低。

(二)岗位优化重组,减员增效

为了降低企业用工成本,抵销社保新政给企业带来的用工成本压力,企业可以在单位内部进行岗位优化组合,把相同或者相似岗位进行删减、合并,把工作量不饱和的劳动者进行调岗,减员增效,激发企业活力。当前中美贸易争端战火全开,企业出口受阻,经济发展出现困难,社保新政的出台大概率会造成企业裁员,员工失业现象的发生。

(三)优化薪酬设计,降低工资总额基数

社会保险费的缴纳基数是按照劳动者本人的工资水平和企业平均工资水平决定的。《社会保险法》第12条规定,“用人单位应当按照国家规定的本单位职工工资总额的比例缴纳基本养老保险费,记入基本养老保险统筹基金”。国家统计局《关于工资总额组成的规定》(〔1990〕第一号文件)第4条明确规定,“工资总额由下列六个部分组成:(一)计时工资;(二)计件工资;(三)奖金;(四)津贴和补贴;(五)加班加点工资;(六)特殊情况下支付的工资”。同时,第11条又明确列举了不属于工资的范畴。因此,企业可以通过减员增效,降低用人劳动成本,达到降低缴费基数的目的。当然降低劳动者的工资水平并不是降低劳动者的实际劳动待遇,否则可能会出现劳动者大批量辞职,从而导致劳动争议的发生,也会影响到企业的发展。

企业最好的方式是通过优化薪酬结构的形式,降低工资薪金在劳动者收入中所占比例,把一些本属于工资的部分转化为福利,从而达到降低缴费基数的目的。但是在具体的操作上要注意不能把福利单独享受,或者随工资一起发放,否则还有可能会被认定为劳动报酬。如可以把给劳动者发放的午餐补助改为给劳动者提供免费午餐,改住房补贴为免费提供住宿,为职工子女提供免费的幼儿园、小学教育,改交通补助为免费的班车服务,还可以免费为职工提供体育锻炼的场所、器材、继续教育、书籍以及其他一些娱乐服务等。或者给劳动者及其家属每年提供数次一定金额的旅游,旅游可以由单位自行组织,劳动者自愿参与,或者由劳动者自行决定,旅游结束后拿发票进行报销等方式。甚至用人单位还可以利用第三方平台,由用人单位向第三方平台购买部分商品或者服务,然后分配给劳动者一定数量的积分,劳动者可以用积分兑换平台所提供的商品或者服务。还可以和劳动者签订车辆租赁合同,劳动者上下班使用的车辆由公司租赁,劳动者专用,用人单位向劳动者支出车辆租赁费。还可以以租赁劳动者住房作为员工宿舍的形式,向劳动者支付房屋租赁费等。通过这种方式降低企业的平均工资总额,以及劳动者的工资总额,也能在一定程度上降低社保缴费基数,降低企业的用工成本。

另外,还可以采取部分工资由用人单位以现金形式进行发放,不计入劳动者工资总额,或者采取让劳动者用发票冲抵部分工资,或者采取把劳动报酬转化为分红。实践中有些单位高管采取零工资或者一元工资制,并不是说该高管没有从单位取得利益,而是以分红形式予以体现。高管从企业分取的红利不属于工资范畴,这在一定程度上既可以降低单位工资总额,减少社保缴费基数,同时也可以降低高管个人所得税的缴纳比例。如红利所得个人所得税税率是20%,而工资收入个人所得税的税率最高可以达到45%。当然这种方式针对收入较高的高管是一个非常好的方式,但是针对一般劳动者就要进行具体分析,采取这种方式可以降低工资总额,但是在取得红利时却要付出20%的个人所得税。因此,人力资源管理员要对普通劳动者的工资收入进行测算,采取合法、合规的方式达到劳动者个人和用人单位双赢的效果。

在当前形势下,下一年度企业的缴费基数要按照本年度工资水平进行核算。因此,为了降低下一年度的缴费基数,可以和劳动者协商本年度工资推迟发放,或者按照一定比例减少发放,在 2019 年 1 月再予以补发,或者对年终奖也推迟到2019 年1 月1 日后进行发放。或者和劳动者协商解除合同,再与关联企业签订新的劳动合同,在劳动者工作未满一年的前提下,社保基数是按照实际工作时间进行确定。因此,在新的劳动合同中可以约定 2019 年 1 月之前工资报酬稍低一些,2019 年 1 月之后再予以补发。这样也可以在一定程度上降低缴费基数,但是这种做法也有一定的风险,减发或者推迟发放年终奖以及协商解除劳动合同,另行签订新的劳动合同要取得劳动者的同意或者配合。

当然上述一些降低工资总额的方式尽管在一定程度上确实可以降低工资总额,但是对用人单位而言仍然存在一定风险,如用人单位未及时足额支付劳动报酬的风险、税务风险等。因此,用人单位采取这种方式时一定要慎重操作。

(四)增加灵活用工方式

灵活用工在一定程度上既可以满足企业的用工需求,同时也可以降低企业社保缴纳总额,从而达到降低用工成本的目的。因此,企业可以增加灵活用工方式,对企业岗位进行综合分析、梳理,不同的岗位采取不同用工模式。

1. 学生工

原劳动部《关于贯彻执行〈中华人民共和国劳动法〉若干问题的意见》(劳部发〔1995〕309 号)第 12 条规定,“在校生利用业余时间勤工助学,不视为就业,未建立劳动关系,可以不签订劳动合同”。根据原劳动和社会保障部《关于确立劳动关系有关事项的通知》(劳社部发〔2005〕12 号)中有关劳动关系的判断标准,我国目前还没有把学生用工纳入劳动法保护的范畴。《职业学校学生实习管理规定》中对学生实习进行了规范,明确了用工单位、学生和学校三方协议的民事合同的性质。因此,企业可以对本单位内部工作岗位进行评估,对一些不是特别关键性的岗位可以考虑使用学生工,如实习生、勤工俭学生等。学生和用人单位之间的关系属于劳务关系,用人单位通过支付劳务费的形式将报酬支付给学生,这样也可以减少用人单位的工资总额,同时加大了用人单位的其他费用范围(该项费用可以税前扣除),从而降低社保缴纳基数及其数额。但是用人单位使用学生用工也有一定的风险,最高人民法院发布的郭某诉江苏益丰大药房一案在一定程度上突破了有关规定,在特殊情况下也可以承认学生与用人单位存在劳动关系。但是即便如此,根据现有社保办理的情况,学生难以办理参保手续,用人单位可以据此予以抗辩,免除其缴纳社保的法定责任。

2. 退休返聘用工

达到法定退休年龄,或者享受基本养老保险待遇的人员再就业时不属于劳动法上的劳动者范畴。因此,用人单位不必给退休返聘人员办理社会保险,缴纳社会保险费,而且其工资报酬也属于劳务报酬,不计入工资总额。因此,企业可以对一些劳动强度不大的岗位或技术性岗位采取退休返聘的形式予以雇佣。当然采取这种形式用工时要注意劳动者是否达到了退休年龄,是否享受了养老保险待遇等问题。

3. 非全日用工

非全日用工是我国法律明确规定的一种灵活用工方式，即劳动者在用人单位每天工作时间不超过 4 小时，每周工作时间不超过 24 小时。这也是劳动合同法为了满足单位灵活用工的需求，同时也是为了加大就业所做的一种制度上的安排。国家对此明确规定非全日制用工可以不签订书面劳动合同，劳动合同解除或终止时不必支付经济补偿，而且一般情况下也不支付加班费，可以不办理社会保险等。因此，企业可以根据本单位的实际情况使用非全日用工，这样既可以减少企业工资支付数量，也可以降低社会保费的缴纳数量，达到企业降低用工成本的目的。

4. 劳务派遣工

劳务派遣也是社保新政下用人单位降低社保费用的一项措施。用人单位通过民事合同的方式与劳务派遣企业订立劳务派遣协议，由劳务派遣企业将劳动者派遣到用工单位进行劳动。这种用工方式既可以改变用工单位之间与劳动者之间劳动关系的性质，把劳动关系变为了劳务关系，劳动者的劳动报酬、社会保险、住房公积金等全部由劳务派遣企业负担，用工单位通过协议方式将有关费用支付给劳务派遣企业。这种用工模式也可以有效降低企业工资总额，降低社保缴费基数。由于劳务派遣模式受到用工总数的控制，根据《劳务派遣暂行规定》的有关规定，劳务派遣用工的比例不得超过本单位职工总额的 10%。因此，一般企业在使用劳务派遣用工时应当注意用工比例的限制，但是国家机关、事业单位和社会团体对劳务派遣用工没有用工比例的限制，可以根据本单位的实际情况大量使用。

（五）组织再生

在企业面临巨额社保费用追缴的局面下，用人单位也可以通过组织再生的方式予以规避，也即企业通过股东会决议，注销企业，消灭其法人主体资格，然后再重新注册新的企业承接所注销企业的业务和人员。企业注销登记会导致企业法人人格消灭，也就不用再承担社保费用补缴的责任。当然，这种方式是针对一些中小型企业，其业务量不大，上下游客户相对固定，客户关系良好，而且不会对企业以后的投标行为造成影响等，企业注销对其业务影响不大。只有具备这些情况才可以采取此种方式，否则将会得不偿失。而且如果采取该种方式最好是在 2019 年 1 月 1 日社保正式划转为税务行政机关全责征收之前实行，在社保正式由税务行政机关全责征收后企业注销可能将会面临税务机关的审查,如果没有补缴社保费用可能注销也会非常困难。2018 年 10 月深圳市出现的大量公司集中注销估计就是考虑到了这些问题。

(六)弱化劳动关系,改劳动关系为民事关系

弱化劳动关系,尽量减少标准劳动关系下的用工模式,将劳动者与用人单位之间标准的劳动关系改变为个体工商户、合伙人、独资企业或者公司与用人单位之间的劳务关系,劳务关系是一种纯粹的民事关系,受民法的调整,用人单位则没有义务为其缴纳社保费用。

1. 改变劳动者身份,使之形成劳务关系

劳动者可以成立工作室(个体工商户),然后以工作室名义与用人单位签订劳务协议,或者让劳动者挂靠到某个公司,用人单位将劳动者需要承担的工作以工作室或者挂靠公司的名义予以解决。目前这种方式具有很强的可操作性。工作室可以以小微企业的名义开展工作,在我国目前大众创新,万众创业的背景下,国家对小微企业有很多的优惠措施,如减免企业所得税。如果将小微企业设置在专门的人力资源产业园,根据当地的政策,产业园还可以对园内企业所得税按照一定的比例进行返还,实际上小微企业所负担的税费将会很低。

2. 变劳动者为独立承包人,双方签订劳务协议

独立承包人是西方劳动法学上的一个概念,也称为自雇或者自我雇佣。在我国实际上就是自由职业者,如设计师、程序员等,他们不属于用人单位的职工,也不受公司规章制度的约束,公司与独立承包人之间实质上是一种承揽关系,双方按照承揽合同的约定享受权利,履行义务,也即独立承包人按照合同的约定交付约定的成果即可。在用人单位与独立承包人签订承揽合同时要注意以下几个问题,以避免承揽合同被认定为劳动合同的风险:一是用人单位在与独立承包人签订承揽合同时要尽量避免采用"劳务合同"的形式,应根据承揽的内容准确确定合同的名称,以避免出现的"劳务合同"被认定为"劳动合同"的可能;二是承揽合同对独立承包人约定的义务用人单位要尽量避免采取直接管理、指挥、惩罚等方式,否则很可能会被认为用人单位由于对独立承包人有直接管理行为而被认定为劳动关系,承揽合同的条款在设计上尽量采用用人单位对独立承包人享有一种监督、检查的权力;三是在独立承包人承包时,原材料、工具、设备尽量由独立承包人自行解决,特别是不提供劳动工具,以避免可能因为用人单位为独立承包人提供了劳动条件而被认定为劳动关系;四是独立承包人必须在身份上是独立的,独立于用人单位的任何部门,不属于用人单位内部的任何部

门,这也是为了避免劳动者与用人单位之间在身份上存在隶属性的特征;五是承揽协议必须约定根据劳动成果支付承揽费用,如果独立承包人没有按照承揽合同的约定交付劳动成果,则用人单位可以不予支付承揽费用。

3. 设计劳动者的双重身份,减少社保缴费基数

可以把劳动者分别“装入”两个不同的公司,一个公司与劳动者建立劳动关系,签订劳动合同,支付劳动报酬,并按照工资基数缴纳社会保险费用;另一个公司与劳动者签订劳务合同,公司不用再向劳动者支付工资,只支付劳务费用即可,也不必给劳动者缴纳社会保险费。采用这种方式一般情况下需要取得劳动者的配合,在劳动者工资报酬基本保持不变的前提下,尽量说服劳动者配合公司签订劳动合同和劳务合同。

4. 人力资源外包

用人单位通过对本单位内部工作岗位进行审核,将一些非核心性业务或者具有外包可能性的业务外包给专业的人力资源公司,与人力资源公司签订专门的劳务外包协议,用人单位将外包费用支付给人力资源服务公司,由人力资源服务公司派遣其劳动者为用人单位提供专门劳务,劳动者的工资、福利待遇以及社会保险等全部由人力资源服务公司承担。这样用人单位的工资基数就会降低,其缴纳的社会保险费的基数也会相应减少。同时人力资源服务公司还要就用人单位支付的外包费用开具增值税专用发票,用人单位还可以以此进行抵扣,也能进一步降低用人单位的用工成本。

在进行人力资源外包时,用人单位要尽量选择专业的人力资源服务公司,而不是由其单位内部职工进行承包,也即内部承包。在内部承包时,承包人作为单位的职工行使的是单位行政的职能,承包人仍然具有用人单位的职工身份,在承包人非法用工时,用人单位和承包人一起承担连带责任。因此,内部职工承包相对于外包而言,用人单位承担的法律风险要大。

(七)利用社保洼地,降低社保费的缴费比例

就目前来看,我国各个地方社保缴费比例并不统一,有的地方缴费比例特别高,有些地方缴费比例却比较低。就养老保险而言,上海的缴费比例单位为20%,苏州的缴费比例单位为19%,而深圳的缴费比例单位为13%。可见地区不同,单位的缴费比例差别甚大。从缴费整体上看,天津缴费比例最高,占到劳动者工资的41.7%,北京为41%,深圳是32.88%,广州是33.15%,宁波是34.9%。因此,单位可以充分利用深圳、广州或者宁波这些缴费比例比较低的

社保洼地,在这些地方注册公司,与劳动者签订劳动者,并办理和缴纳社会保险,然后再借调到用人单位实际经营所在地的公司,借入单位再把借调劳动者的工资及所缴纳的社保费转入劳动者的借出公司。

综上所述,社保新政对企业的影响显而易见,用人单位将面临很大的压力,人力资源管理员必须对此加以高度重视,并积极采取措施,既要合法、合规应对企业所面临的法律风险,同时还要通过各种方式减少社保缴纳费用,降低用工成本,保持用人单位的可持续发展。

作者简介

郭杰律师,兼职律师,河南财经政法大学经济学学士、兰州大学法律硕士,郑州西亚斯国际学院法学院副教授;郑州市教育局学术技术带头人,法律考试与教学研究中心负责人,理论法学与法律实务教研室主任,河南省法学会宗教法治研究会理事;发表论文40余篇,其中北大核心期刊13篇,人大报刊复印资料全文转载8篇、索引12篇,另有多篇文章被中国法律网、法制网、重庆律师网等网站全文转载;主要研究方向为劳动法理论与实务,执业定位于劳动争议案件的处理以及法律风险防范、人力资源法律设计,为数十家企业、事业单位提供人力资源法律服务。

二、投融资篇

(一)私募基金

私募基金管理人登记常见法律问题及其解决

李慧柯

2013年6月1日,《中华人民共和国证券投资基金法》实施,私募证券投资基金正式纳入证监会的监管范围。2014年1月证监会授权中国证券投资基金业协会(以下简称基金业协会)具体负责私募基金管理人登记和私募基金备案工作,履行自律监管职能。从此,正式拉开了私募基金管理人登记监管时代,从2014年3月首批50家申请机构登记为私募基金管理人至今可分为两个阶段,第一阶段从2014年3月至2016年2月,第二阶段从2016年2月5日至今为第二阶段。本文主要围绕第二阶段私募基金管理人登记常见法律问题和解决方法展开讨论。

一、名称和经营范围

2017年之前的很长一段时间,为了治理金融乱象,河南等一些省份都暂停注册以“投资管理”“资产管理”等后缀名称的工商企业,这给许多准备登记私募基金管理人的发起人都带来了很大的地域障碍,对于他们只有两种选择,一种是放弃登记私募基金管理人的计划,另一种是选择在北京或其他能够符合注册要求的地域进行注册和经营。

随着一年多的清理整顿后,2017年广州市、湖南省、郑州市等地相继重启私募基金公司注册，河南省发改委、工商局联合发布《郑州龙子湖智慧岛投资基金注册与管理工作方案》。方案明确的登记范围包括：一是企业名称中含有“基金”“基金管理”“私募基金”“私募股权投资基金”字样；二是企业名称中含有“创业投资”“创业投资管理”“创业投资基金”字样；三是企业名称中含有“股权投资”“股权投资管理”“股权投资基金”字样；四是企业名称含有“资本管理”“资本”“资产管理”字样。

《私募基金管理人登记法律意见书指引》规定，申请机构的名称和经营范围中含有“基金管理”“投资管理”“资产管理”“股权投资”“创业投资”等与私募基金管理人业务属性密切相关字样；以及私募基金管理人名称中是否含有“私募”相关字样。

申请机构在创设或申请登记前，应当对企业名称进行合理规范，经营范围应该与私募基金所从事的业务范围相吻合，尽量避免开展和私募基金业务相冲突的金融业务如“互联网金融，小额贷款等”，并对申请机构的业务范围做相关说明。

二、注册资本金

私募基金管理人的实收资本/实缴资本不足 100 万元、实收/实缴比例未达到注册资本/认缴资本的 25%，以及实缴出资中以实物出资的，实物出资的权利登记是否转移到公司名下、是否经过合理的评估，这些都是基金业协会重点关注的问题。

2018 年 4 月基金业协会对私募备案自然人股东如何证明出资能力的问题进行了答复。之前出资证明主要是针对实缴金额，在此次答复中，基金协会规定认缴金额也必须证明出资能力，这是基金业协会对私募备案出资能力的顶格要求，提供出资证明主要有以下 5 点要求：(1)出资能力证明需要证明的是认缴金额；(2)对于未实缴部分需要说明股东目前的变现能力；(3)公司出具的工资证明不能够充分证明出资能力，工资部分需要上传银行的工资流水；(4)投资收益要有对账单及投资时签订的凭证，计算方式为：目前资产 - 成本 = 投资收益；(5)房产可以作为出资证明。

一般情况下，我们建议申请机构的注册资本金设定为 500 万元以上，其中实缴部分除了符合实缴注册资本的 25% 之外还要高于 250 万元。同时，详细说明公司所付人员工资、水电费、房屋租赁费等日常运营资金的支付情况，公司出具自公司成立至法律意见书出具时的运营成本以及未来6个月的预算，以充分说明公司有足够的资金能力运营公司并进行日常管理。

三、关联方

关联方作为基金业协会重点核查的事项，反馈问题的数量也相对最多，其中重点包括：(1)法律意见书未披露某个关联方信息，要求如实披露；要求重新核查公司的关联方。(2)申请材料未说明申请机构的相关子申请机构/关联方之间存在关联业务往来的情况，以及是否需要根据《信息披露办法》向其管理的私募基金持有人披露相关信息。(3)如果该机构存在关联方，要求解释说明利益冲突、关联交易等情况，并说明在基金业协会的登记备案情况，以及是否从事私募基金业务，若从事，为何未在基金业协会登记备案；并说明关联方是否存在相关冲突业务，如小额贷款、互联网金融、融资配资等。

在申请机构办理登记时，“关联方”占反馈意见中相当大的比重。根据《私募基金管理人登记法律意见书指引》的规定，关联方是指受同一控股股东/实际控制人控制的金融企业、资产管理机构或相关服务机构。

从基金业协会反馈的意见来看，对申请机构关联方的审查不只局限于和申请机构相关联的金融企业、资产管理机构，而是对受同一控股股东/实际控制人控制的机构都要申报。在法律意见书应列明所有关联方的工商登记信息，并对从事相关金融业务的企业的经营范围进行介绍、是否为私募基金管理人，若不是要求说明未进行登记的原因，申请机构、关联方均应当出具关于未来不与关联机构发生内幕交易和利益输送的承诺函。

四、实际控制人

从以往统计的反馈问题来看，基金业协会反馈的问题多集中在补充实际控制人工作履历等背景资料。如果申请机构的实际控制人不担任高管，则要求说明申请机构实际控制人如何在不担任申请机构高管的情况下参与申请机构的经营与管理。

需要在基金业协会系统进行备注实际控制人认定情况：(1)持股50%以上的；(2)通过行使表决权能够决定董事会半数以上成员当选的；(3)通过投资关系、协议或者其他安排能够实际支配公司行为且表决权持股超过50%的；(4)合伙企业的执行事务合伙人；(5)在无法满足前述认定标准时，可以在系统中填报“第一大股东”,由其第一大股东承担相应的责任。

实际控制人不担任高管的,需要说明申请机构实际控制人是怎样实现在不担任申请机构高管的情况下参与申请机构的经营与管理。若不参与申请机构经营管理,要求出具加盖申请机构公章的确认说明。但是,在实际控制人出具了相关说明后,基金业协会仍会对实际控制人未负责公司的经营与管理,但作为反馈,我们建议此时应对公司管理人员进行相应调整,实际控制人应委派申请机构管理人员或参与机构管理。

五、机构员工

申请机构在提交材料时应提供和员工签订的劳动合同、缴纳社保的缴费证明,公司未直接给员工缴纳社保的,应提供和第三方人力资源机构签订的代为缴纳的服务协议和缴费记录。公司人员的人数应扣除兼职人员人数,即兼职人员不能计入员工人数。员工的人数最好达到 8 人以上,保证投资部、合规风控部、财务部、综合管理部/市场运营部每个部门各 2 人。在招募员工时应尽可能聘用持有基金业从业资格证的人员,而且对于经营证券类的私募基金管理人,基金业协会要求要全员持证。

六、高管兼职

申请机构的高管人员是否存在兼职或担任实际控制人多家关联公司的高管职务,合规风控负责人是否存在兼职情况。如果存在高管兼职,应说明高管兼职的合理性。

在前期规划申请机构管理层时,尽可能聘请全职人员作为申请机构的高管。在现实情况中,兼职高管多有在相关关联机构中兼职甚至在其他私募机构中兼职的背景。根据私募基金登记备案相关问题解答(十二):不得在非关联的私募机构兼职,在关联私募机构兼职的,基金业协会可以要求其说明在关联机构兼职的合理性、胜任能力、如何公平对待服务对象等,基金业协会将重点关注在多家关联机构兼职的高级管理人员的履职情况。对于在 1 年内变更 2 次以上任职机构的私募高级管理人员,基金业协会将重点关注其变更原因及诚信情况。

如果申请机构存在高管在关联企业任职的情况,应从防范内幕交易、利益输送、公平保护投资者的角度分析解决问题。首先向基金业协会提供相关承诺书,并从高管人员的教育背景、从业资格、工作经历、公司制度等方面解释存在高管兼职的合理性,并由关联企业出具应首先保障高管在申请机构中的工作时间安排的承诺函。

七、管理人员的胜任能力

申请机构的高级管理人员是否具备相关股权投资、证券投资的投资经验或从业经验。对于没有从业经验的高级管理人员要说明怎样开展股权投资等相关业务。

根据《私募投资基金管理人内部控制指引》第 11 条,从事私募基金管理业务的相关工作人员应具备与岗位要求相适应的职业操守和专业胜任能力。要求在补充法律意见书中详细说明申请机构目前的高管人员、团队员工在其岗位或私募投资基金领域的专业能力。

除了对人员人数和兼职情况进行要求外,基金业协会还对相关高管的任职能力予以重点关注。在法律意见书中,首先从工作背景分析,相关高管是否从事过金融类工作,其次重点突出管理人员的学历以及专业,最后列出高管人员以往业绩以及是否持有基金从业资格证书。没有相关金融背景的高级管理人员,申请机构也可聘请常年法律顾问、私募基金业务培训、人才储备作为一种补强措施对高管人员的胜任能力进行增强。基金业协会对从事风控部门的高级管理人员应为公司的全职员工,不能以兼职身份出任风控部门高管。

八、公司制度

申请机构应具备开展业务的全套规章制度,例如投资管理制度、内部控制制度、合格投资者风险揭示制度、信息披露制度、基金宣传推介和募集行为管理制度。应将这些制度在法律意见书中罗列出来,并对每个制度逐一说明。

九、其　他

(1)在私募基金管理人登记流程中需要注意尽量避免在申请登记时变更企业信息,系统中提交的高管简历、员工信息、公司制度和《法律意见书》中填写的应当一致,在以上信息不一致时,律师事务所应补充出具《补充法律意见书》,对不一致的信息进行合理解释,申请机构也要出具加盖公章的信息变更承诺函。

(2)申请机构应具有固定的办公场所,并有足够的空间开展业务,对此应提供申请机构自有房屋或与第三人签订的房屋租赁合同;同时应并齐全的办公家具、电脑等供员工办公使用。风控部门的办公室应与其他部门相隔离,以保证风控部门的独立性。

(3)基金业协会网站建议申请机构在有具体项目后再进行私募基金管理人登记;建议初步拟定投资标的和确定投资者后再进行私募基金管理人登记。根据《关于进一步规范私募基金管理人登记若干事项的公告》规定,新登记的私募基金管理人在办结登记手续之日起6个月内仍未备案首只私募基金产品的,基金业协会将注销该私募基金管理人登记。

(4)提交商业企划书,详述申请机构展业计划并加盖公章,如投资类型,投资标的,如何募集,如何选择投资对象等。申请机构应以商业企划书与项目相关批复、协议等予以佐证,如尽职调查报告、项目立项文件、签署的框架协议等相关文件。

十、总　结

经过多年的发展,私募基金管理人登记审查从刚开始的形式审查,到现在的实质审查,基金业协会适时针对登记企业运营中出现的问题和风险,对登记流程做出调整和变动。这就要求我们随时关注基金业协会对登记流程的规范。2018年3月23日基金业协会第二届四次理事会通过关于进一步加强私募基金行业自律管理的决定,决定中要求:(1)出具登记法律意见书1年内,相关私募基金管理人被公告注销的,3年内不再接受相关律师事务所和律师出具的登记法律意见书。(2)充分发挥律师事务所的积极性,事后回访调查发现问题的,可以按照法律法规和委托协议约定,通知协会撤销相关法律意见书,对此基金业协会不追究相关律师事务所的责任。(3)异常经营机构应提交专项法律意见书。

这项决定的出台,对律师在开展私募基金管理人登记工作中提出了更加严格的要求。这就提示我们私募基金管理人备案工作不是一个静态的工作,而应随着申请机构情势变化而适时作出调整。在今后的登记审查工作中,要做好事后审查工作,积极指导私募基金管理人规范业务、按照要求披露基金信息、规范募集行为。

中共中央、国务院对防范金融风险等相关工作的部署的步伐越来越紧密,近些年来基金业协会的审核标准也不断提高,从2016年初申请机构的法律意见书基本是一次通过,到现在需要 1 ~2 次的补充说明才能完善。本文通过反馈意见中比较频繁的几个法律问题进行了分析,申请机构应当从筹备期准备从主体、人员、财务、业务 4 个大的方面进行规划框架搭设,避免在登记过程中临时调整公司治理结构。

作者简介

李慧柯律师,解放军信息工程大学学士、美国桥港大学金融学专业工商管理硕士,投融资业务部律师;许昌市建安区政协常委、许昌市建安区侨联常委;执业定位于涉外、投融资、公司治理、商事诉讼法律事务;为河南省委党校、国药控股河南股份有限公司、河南农开投资基金管理有限责任公司、郑州投资控股有限公司、河南五建建设集团有限公司、中国东方资产管理股份有限公司河南省分公司、开封新区基础设施建设投资有限公司、郑州思念食品有限公司、洛阳杜康控股有限公司、锦艺置业有限公司等多家企业提供常年法律顾问或专项法律服务。为河南省交通厅提供政府专项债券发行法律服务,参与大量商事诉讼仲裁业务。

《九民纪要》对私募基金的影响

唐建科

最高人民法院关于印发《全国法院民商事审判工作会议纪要》的通知(法〔2019〕254号,以下简称《九民纪要》)中对涉及私募基金行业的对赌协议、保本保收益、适当性义务等诸多热点、痛点问题在案件审理中的处理进行了较为细致的规定,本文拟对该等规定对私募基金行业的影响作具体分析。

一、关于对赌协议的效力与履行问题

(一)《九民纪要》下对赌协议的基本规则

关于对赌协议的效力问题,《九民纪要》区分了投资人是与股东或实际控制人对赌,还是与目标公司对赌,这一点并不令人意外,这一区分已基本成为业界共识。与以往业界争议焦点有所不同的是,除关注效力问题外,《九民纪要》其实更关注对赌协议能否实际履行的问题,该问题在江苏华工案中才开始为大家关注。具体而言,《九民纪要》基本肯定了投资方与目标公司的股东或实际控制人间的对赌协议的效力并支持实际履行,但对于投资方与目标公司间的对赌协议的效力及是否支持实际履行则应视情况而定,并提出如下规则:

1. 在投资方与目标公司订立的对赌协议不存在法定无效事由的情况下,目标公司仅以存在股权回购或者金钱补偿为由,主张对赌协议无效的,人民法院不予支持,但投资方主张实际履行的,人民法院应当审查是否符合公司法关于"股东不得抽逃出资"及股份回购的强制性规定,判决是否支持其诉讼请求。

2. 投资方请求目标公司回购股权的,人民法院应当依据《公司法》第35条关于“股东不得抽逃出资”或者第142条关于股份回购的强制性规定进行审查。经审查,目标公司未完成减资程序的,人民法院应当驳回其诉讼请求。

3. 投资方请求目标公司承担金钱补偿义务的,人民法院应当依据《公司法》第35条关于“股东不得抽逃出资”和第166条关于利润分配的强制性规定进行审查。经审查,目标公司没有利润或者虽有利润但不足以补偿投资方的,人民法院应当驳回或者部分支持其诉讼请求。今后目标公司有利润时,投资方还可以依据该事实另行提起诉讼。

(二)关于对赌协议的效力

对于投资方与目标公司对赌协议的效力问题,《九民纪要》的表述为“在不存在法定无效事由的情况下,目标公司仅以存在股权回购或者金钱补偿约定为由,主张对赌协议无效的,人民法院不予支持”。

所谓法定无效事由,在《民法典》实施以前,主要规定于原《民法总则》和原《合同法》中,包括:

1. 原《民法总则》规定的无效法律行为:(1)无民事行为能力人实施的民事法律行为;(2)行为人与相对人以虚假的意思表示实施的民事法律行为;(3)违反法律、行政法规的强制性规定的民事法律行为,但是该强制性规定不导致该民事法律行为无效的除外;(4)违背公序良俗的民事法律行为;(5)行为人与相对人恶意串通,损害他人合法权益的民事法律行为。

2. 原《合同法》规定的合同无效的情形:(1)一方以欺诈、胁迫的手段订立合同、损害国家利益;(2)恶意串通,损害国家、集体或者第三人利益;(3)以合法形式掩盖非法目的;(4)损害社会公共利益;(5)违反法律、行政法规的强制性规定。

《民法典》中除关于某些特定的合同行为无效的规定外,认定合同无效的一般情形均沿用了原《民法总则》的规定。

所以,在判定合同效力的层面,《九民纪要》并未将对赌协议看作异类,对赌协议与其他协议适用同样的效力判断标准,并不单纯根据其对赌性质而判断效力,这一点可说是在很大程度上终结了对赌协议多年的效力之争。

(三)关于对赌协议的履行

如前所述,《九民纪要》关注对赌协议的重点在于履行而非效力。换言之,即使肯定了效力,也不代表投资方要求目标公司承担对赌责任的请求将获法院支持。在实际履行的问题上,《九民纪要》又进一步区分了目标公司对赌失败的后果是股权回购还是金钱补偿,并施以不同的处理方法。

1. 关于股权回购

《九民纪要》规定:"投资方请求目标公司回购股权的,人民法院应当依据《公司法》第 35 条关于股东不得抽逃出资或者第 142 条关于股份回购的强制性规定进行审查。经审查,目标公司未完成减资程序的,人民法院应当驳回其诉讼请求。"

笔者认为,将完成减资程序作为支持股权回购请求的前提条件,首先颠倒了逻辑顺序,其次对投资方而言未免过于苛刻。

(1)就逻辑顺序而言,诚然,抽逃出资行为模式中包含了公司未办理减资这一基本假设,但未办理减资的股权回购就一定或者立即构成抽逃出资。如《公司法》第 142 条规定了基于股权激励需要的股份回购。况且,减资本身是包括作出股东会决议、修改章程、编制资产负债表和财产清单、发出公告和通知、清偿异议债权人债务或提供担保、办理工商变更登记、退还减资财产等在内一系列行为的过程,投资方的回购请求应当被视为是触发一系列减资程序的前因,而非减资程序完成的结果。就此而言,是否构成抽逃出资的关键不在于目标公司是否完成了减资程序,而在于投资方是否已经从目标公司取得了因减资退还的财产(回购款),只要没有从目标公司实际取得财产,就谈不上抽逃出资。再者,投资方在投资入股时往往是高溢价出资,其投资款进入公司资本的部分往往只是小部分,多数进入资本公积,即使目标公司在减资程序完成前支付了部分回购款,也未必伤及公司注册资本,法院不必过于敏感。

(2)对于投资方而言,公司减资事项属于法定的特别决议事项,至少需要三分之二以上表决权的股东同意方可启动,以完成减资程序作为股权回购可履行的前提,对于身为小股东的投资方来说几无可能。《公司法》第 142 条所列举的股份回购情形中,除第 1 项"减少公司注册资本"外,其他情形与对赌协议下的股权回购无关,实际上还是以减资为前提。但即便如此,按照《公司法》第 142 条规定"公司依照本条第一款规定收购本公司股份后,属于第(一)项情形的,应当自收购之日起十日内注销",即先收购后注销。值得一提的是,《九民纪要》的征求意见稿中曾一并提到《公司法》第 74 条也作为审查依据,该条规定了有限责任公司的股权回购的情形。实践中更多地将其认定为管理性规范或任意性规范,实践中出现了《公司法》第 74 条规定之外的情形的股权回购得到法院裁判认可的案例。但正式稿中将其删除似乎与此有关。

(3)按照《九民纪要》的逻辑,法院只能救济在目标公司完成减资程序后却拒绝支付回购款的情形,但这样的情形似乎并不多见。更多的是投资方要求股权回购,公司由于种种原因不予理睬,投资者继而向法院起诉的情形。如严格按此规定,江苏"华工案"中投资方的诉请同样不应得到支持。《九民纪要》提出了对赌协议股权回购的审查依据以及实施的前提条件,看似明确了裁判规则,但该履行条件对投资方过于苛刻,实难受益。

对此,最高人民法院相关人员解释是,要求必须完成减资是为了保护债权人的利益,因为减资必须要债权人同意,而纪要必须遵守法律的规定。然而,(1)《公司法》并未规定减资必须经债权人同意,只是规定债权人可要求目标公司提前清偿债务或提供担保,况且如前所述,减资是一系列的过程,即使是为了保护债权人利益,只要将回购款的支付时点控制在包括通知债权人、提前清偿债务或提供担保这一环节之前,债权人的利益便不会因此受损。所以这个理由并不充分。(2)事实上投资协议中往往事先约定了大股东、实际控制人甚至全体股东促使股东(大)会通过相关回购(减资)决议的义务,而《九民纪要》既承认对赌协议的效力,却又设置障碍,给了大股东等人可乘之机,使其可以轻易以公司未完成减资程序为由,甚至故意不启动减资程序来规避目标公司的回购义务,这显然违反了诚信原则,有效的协议不被法院支持履行,这对法律权威也是一种损害。而且,对于在目标公司不履行减资程序的情况下,投资方能否起诉,要求目标公司履行的问题,最高人民法院认为这属于公司的内部治理范围,投资人不能起诉。更让投资方一筹莫展。

2. 关于金钱补偿

《九民纪要》规定:"投资方请求目标公司承担金钱补偿义务的,人民法院应当依据《公司法》第35条关于'股东不得抽逃出资'和第166条关于利润分配的强制性规定进行审查。经审查,目标公司没有利润或者虽有利润但不足以补偿投资方的,人民法院应当驳回或者部分支持其诉讼请求。今后目标公司有利润时,投资方还可以依据该事实另行提起诉讼。"

将《公司法》第35条、第166条作为审查依据,主要是避免出现目标公司假借利润分配形式,行抽逃出资之实的情形。尽管实践中,投资方与目标公司约定现金补偿,主要是基于投资方投资时目标公司估值过高或者目标公司经营业绩没有达到双方约定的要求,发生投资方要求目标公司现金补偿时,目标公司往往经营现状不甚理想，目标公司往往较少甚至没有利润可分。但《九民纪要》这一内容仍有其积极意义：(1)为对赌协议中的现金补偿找到了合法的“出路”，脱离了以往动辄以资本维持原则上纲上线的套路；(2)相比股权回购款以减资款为来源，现金补偿以目标公司可分配利润为来源，可能更为现实；(3)目标公司虽有利润但不足以补偿投资方的，并不完全驳回诉讼请求，而是部分支持、部分驳回；(4)目标公司有利润时，似乎可以不考虑投资方出资比例的限制，由目标公司把可分配利润向投资方定向支付；(5)即使目标公司暂时没有利润或利润不足，今后目标公司有利润时，投资方还可另行起诉。

尽管《九民纪要》带来了现金补偿的希望，但也仍有被诟病之处：(1)仅以目标公司的可分配利润作为现金补偿的来源未免过于狭隘，事实上投资方的投资款大部分进入了目标公司的资本公积，使用资本公积甚至法定公积金支付现金补偿也并不直接威胁公司注册资本；(2)按照最高人民法院相关人员的解答，即便目标公司有利润可供支付现金补偿款，但仍需以股东(大)会作出利润分配的决议为前提，这和股权回购以目标公司完成减资程序为前提同样令投资方难以实现，并且对于投资方能否起诉要求目标公司通过决议的问题，最高人民法院相关人员同样以内部公司治理事宜为由认为不可起诉；(3)如果确如前述分析，目标公司有利润的情况下，法院可以判决目标公司将利润向作为原告的投资方定向分配，很可能损害到尚未起诉或尚未进入执行的其他投资人利益，可谓先下手为强；(4)目标公司暂无足够的利润支付现金补偿的，可待日后有利润时再行起诉是否增加了各方不必要的诉累且浪费司法资源，能否在判决中直接表明待公司日后有利润后再行支付；(5)今后目标公司有利润时，投资方另行提起诉讼是否有诉讼时效限制，如有，则目标公司在诉讼时效内仍无利润时，投资方该如何确保不会超过诉讼时效，仍留下疑问。

综上，《九民纪要》关于对赌协议的内容基本上体现了在效力认定方面依据原《合同法》的开放态度，履行条件方面依据《公司法》的审慎思路。然而，实践中的个案千差万别，《九民纪要》的内容还显然不足以给对赌协议一锤定音，需要继续探索。

(四)《九民纪要》下私募机构的应对策略建议

为有效应对《九民纪要》的相关内容，尽量规避司法不确定性带来的风险，投资方应谨慎选择对赌主体，相应调整对赌协议及其保障条款。本文提供以下思路供参考：

1. 在投资协议中明确:(1)目标公司及控股股东、实际控制人(最好包括全体股东)办理减资程序的义务;(2)细化减资程序中各个环节的操作细节,并有针对性地约定违约责任;(3)约定减资过程中及减资以后,控股股东、实际控制人对债权人提出的清偿主张承担责任,避免出现投资方因不当减资被债权人主张承担损害赔偿责任的风险;(4)约定回购股权存在障碍时,目标公司将通过向投资方加大分红比例的方式直至投资方收回与回购款等额的资金。

2. 将回购条款写入目标公司章程,将触发目标公司回购股权和现金补偿的事实作为公司应当召开股东(大)会的情形之一,争取在股东(大)会召集人拒绝履行召集义务时,投资方请求召开股东(大)会具有一定的可诉性。

3. 促使目标公司事先通过减资或利润分配的股东(大)会决议,该决议的执行以未来触发目标公司回购股权和现金补偿的事实为条件。

4. 在投资协议中约定目标公司及控股股东、实际控制人应保证相关条款获得后续新进入股东的书面同意,投资方应在后续出现新股东时监督该条款的执行。

5. 要求公司控股股东、实际控制人对目标公司的股权回购和现金补偿义务承担连带责任。

6. 选择仲裁作为争议解决方式。

二、保本保收益的基金合同效力问题

《九民纪要》中与保本保收益的合同相关的内容如下:

1. 违反规章一般情况下不影响合同效力,但该规章的内容涉及金融安全、市场秩序、国家宏观政策等公序良俗的,应当认定合同无效。人民法院在认定规章是否涉及公序良俗时,要在考察规范对象基础上,兼顾监管强度、交易安全保护以及社会影响等方面进行慎重考量,并在裁判文书中进行充分说理。

2. 当事人订立的具有担保功能的合同,不存在法定无效情形的,应当认定有效。虽然合同约定的权利义务关系不属于物权法规定的典型担保类型,但是其担保功能应予肯定。

3. 信托文件及相关合同将受益人区分为优先级受益人和劣后级受益人等不同类别,约定优先级受益人以其财产认购信托计划份额,在信托到期后,劣后级受益人负有对优先级受益人从信托财产获得利益与其投资本金及约定收益之间的差额承担补足义务,优先级受益人请求劣后级受益人按照约定承担责任的,人民法院依法予以支持。信托文件中关于不同类型受益人权利义务关系的约定,不影响受益人与受托人之间信托法律关系的认定。

4.信托公司、商业银行等金融机构作为资产管理产品的受托人与受益人订立的含有保证本息固定回报、保证本金不受损失等保底或者刚兑条款的合同,人民法院应当认定该条款无效。受益人请求受托人对其损失承担与其过错相适应的赔偿责任的,人民法院依法予以支持。

上述规定可能对私募基金产生的影响体现在以下方面:

首先,尽管私募基金管理人不属于金融机构,但私募基金本身带有明显的金融属性。《九民纪要》在一定程度上突破了合同效力仅以法律行政法规为依据的规定,即"违反规章一般情况下不影响合同效力,但该规章的内容涉及金融安全、市场秩序、国家宏观政策等公序良俗的,应当认定合同无效"。《私募投资基金监督管理暂行办法》虽属于部门规章,但其明确规定了私募基金管理人、私募基金销售机构不得向投资者承诺投资本金不受损失或者承诺最低收益。结合当下对私募基金强监管的政策,该等规定存在较大可能被认定为"涉及金融安全、市场秩序、国家宏观政策等公序良俗"从而导致管理人以及私募销售机构作出的保本保收益承诺被认定无效。

其次,对于差额补足条款的效力。按照《九民纪要》,如果是管理人向投资人承诺差额补足,则可能被认定为属于保底保收益条款而无效。而在结构化的有限合伙基金中,如果是劣后有限合伙人出给优先有限合伙人,则有可能被认定为有效。

三、私募基金管理人证明义务和责任承担问题

《九民纪要》中关于私募基金管理人履行义务的相关内容包括:

1.资产管理产品的委托人以受托人未履行勤勉尽责、公平对待客户等义务损害其合法权益为由,请求受托人承担损害赔偿责任的,应当由受托人举证证明其已经履行了义务。受托人不能举证证明,委托人请求其承担相应赔偿责任的,人民法院依法予以支持。

2.坚持"卖者尽责、买者自负"原则,将金融消费者是否充分了解相关金融产品、投资活动的性质及风险并在此基础上作出自主决定作为应当查明的案件

基本事实。

3. 适当性义务是指卖方机构在向金融消费者推介、销售高风险等级金融产品，以及为金融消费者参与高风险等级投资活动提供服务的过程中，必须履行的了解客户、了解产品、将适当的产品（或者服务）销售（或者提供）给适合的金融消费者等义务。适当性义务的履行是“卖者尽责”的主要内容，也是“买者自负”的前提和基础。在确定卖方机构适当性义务的内容时，应当以合同法、证券法、证券投资基金法、信托法等法律规定的基本原则和国务院发布的规范性文件作为主要依据。相关部门在部门规章、规范性文件中对高风险等级金融产品的推介、销售，以及为金融消费者参与高风险等级投资活动提供服务作出的监管规定，与法律和国务院发布的规范性文件的规定不相抵触的，可以参照适用。

4. 金融产品发行人、销售者未尽适当性义务，导致金融消费者在购买金融产品过程中遭受损失的，金融消费者既可以请求金融产品的发行人承担赔偿责任，也可以请求金融产品的销售者承担赔偿责任，还可以根据原《民法总则》第167条的规定，请求金融产品的发行人、销售者共同承担连带赔偿责任。发行人、销售者请求人民法院明确各自的责任份额的，人民法院可以在判决发行人、销售者对金融消费者承担连带赔偿责任的同时，明确发行人、销售者在实际承担了赔偿责任后，有权向责任方追偿其应当承担的赔偿份额。

5. 卖方机构对其是否履行了适当性义务承担举证责任。卖方机构不能提供其已经建立了金融产品（或者服务）的风险评估及相应管理制度、对金融消费者的风险认知、风险偏好和风险承受能力进行了测试、向金融消费者告知产品（或者服务）的收益和主要风险因素等相关证据的，应当承担举证不能的法律后果。

卖方机构简单地以金融消费者手写了诸如“本人明确知悉可能存在本金损失风险”等内容主张其已经履行了告知说明义务，不能提供其他相关证据的，人民法院对其抗辩理由不予支持。

6. 卖方机构未尽适当性义务导致金融消费者损失的，应当赔偿金融消费者所受的实际损失。

7. 金融消费者因购买高风险等级金融产品或者为参与高风险投资活动接受服务，以卖方机构存在欺诈行为为由，主张卖方机构应当根据《消费者权益保护法》第55条的规定承担惩罚性赔偿责任的，人民法院不予支持。卖方机构的行为构成欺诈的,对金融消费者提出赔偿其支付金钱总额的利息损失请求,应当注意区分不同情况进行处理:(1)金融产品的合同文本中载明了预期收益率、业绩比较基准或者类似约定的,可以将其作为计算利息损失的标准;(2)合同文本以浮动区间的方式对预期收益率或者业绩比较基准等进行约定,金融消费者请求按照约定的上限作为利息损失计算标准的,人民法院依法予以支持;(3)合同文本虽然没有关于预期收益率、业绩比较基准或者类似约定,但金融消费者能够提供证据证明产品发行的广告宣传资料中载明了预期收益率、业绩比较基准或者类似表述的,应当将宣传资料作为合同文本的组成部分;(4)合同文本及广告宣传资料中未载明预期收益率、业绩比较基准或者类似表述的,按照全国银行间同业拆借中心公布的贷款市场报价利率计算。

8. 由于金融消费者故意提供虚假信息、拒绝听取卖方机构的建议等自身原因导致其购买产品或者接受服务不适当,卖方机构请求免除相应责任的,人民法院依法予以支持,但金融消费者能够证明该虚假信息的出具系卖方机构误导的除外。卖方机构能够举证证明根据金融消费者的既往投资经验、受教育程度等事实,适当性义务的违反并未影响金融消费者作出自主决定的,对其关于应当由金融消费者自负投资风险的抗辩理由,人民法院依法予以支持。

综合上述规定,可能对私募基金产生影响有:

1. 在具体案件中,私募基金管理人可能被视为资产管理产品的受托人,而承担其已经履行勤勉尽责、公平对待投资人等义务的举证责任,否则将面临举证不能的风险,因此私募基金管理人需自查其履行该等义务的情况,并注重固定相关证据。

2. 适当性义务的履行是"卖者尽责"的主要内容,也是"买者自负"的前提和基础。尽管《九民纪要》并未明确私募基金属于高风险等级金融产品,但事实上很可能被视为高风险等级金融产品。管理人在履行适当性义务时应注重参照监管部门的规定细化适当性义务的流程和标准,使适当性义务的履行过程系统化,尤其避免以"本人明确知悉可能存在本金损失风险"等内容将适当性义务简单化的做法。

3. 私募机构应绝对避免合同和网站、路演资料、销售文本等任何文件中出现任何关于预期收益率、业绩比较基准或者类似约定,否则将很可能被认定为欺诈行为。

4. 注重免责情形的识别和证据的固定。《九民纪要》规定了管理人免责的两种情形:(1)由于有限合伙人故意提供虚假信息、拒绝听取管理人的建议等自身原因导致其购买产品或者接受服务不适当;(2)管理人能够举证证明根据有限合伙人的既往投资经验、受教育程度等事实,适当性义务的违反并未影响其作出自主决定的。因此,对于此两种情形,管理人应当通过适当的方式特别是书面方式收集和固定有限合伙人自身不当行为和自身情况的情形。

作者简介

唐建科律师,空军第一航空学院法学学士,投融资业务部主任;河南省律师协会公司法律专业委员会执委、郑州市律师协会公司法律业务委员会执委,河南省公司法专业律师、金融证券保险专业律师;河南省律师行业管理工作先进个人、郑州市优秀律师、郑州市司法行政系统优秀党员、郑州市律师行业优秀党务工作者;执业定位于公司证券、并购重组、投融资等法律事务。为华润河南医药有限公司、华润城市交通设施发展(郑州)有限公司、洛阳杜康控股有限公司、焦作中旅银行股份有限公司、河南省中豫文旅投资有限公司、河南五建建设集团有限公司、光大德尚投资管理(深圳)有限公司、郑州沃特节能科技股份有限公司、郑州大山教育科技股份有限公司、河南新奥能源发展有限公司等央企、国企及大型民营企业提供常年或投融资专项法律服务,处理大量投融资、公司、房地产等领域的商事诉讼案件。

各轮私募融资法律分析

毕国庆

一、私募融资各轮次的分类及界定

私募融资一般分为天使投资（Angel Investment，AI）、风险投资（Venture Capital，VC）、Pre-IPO 轮。

从投资人方面看，天使轮一般是指拟投资项目仅有创意或想法，尚无产品或者有产品但无批量生产和销售时的私募投资。Pre-IPO 轮一般是指企业商业模式已经成功，规模已经较大，在启动首次公开募股计划前进行的投资。风险投资是指除企业已经有商业模式或产品外，还具有一定的市场销售，但尚无或尚未启动首次公开募股（Initial Public Offerings，IPO）计划时进行的投资，一般没有明确的界限。

从融资人方面看，天使轮一般指企业成立之初，尚不具有生存能力时进行的融资。Pre-IPO 轮一般是指企业商业模式已经成功，在启动首次公开募股计划前进行的融资，一般是企业首次公开募股之前的最后一次私募融资。风险投资是指除天使轮和 Pre-IPO 轮之外的其他轮次的私募融资，又分为 A 轮、B 轮等轮次。

二、私募融资各轮次的特征及比较

1. 私募融资各轮次的特征

项目是具有盈利目的的人力、资产等各种资源的集合，项目融资的本质是融资源。由于项目发展的各个阶段需要的资源不同，各轮次的投资人能够匹配的资源也不相同，因此，各轮私募融资也表现出不同的特征。

(1)天使轮融资的特征

投资人方面。从投资原因方面看，天使轮投资一般看中投资项目本身的市场前景，较少判断投资项目的快速成长性和项目规模；从投资风险方面看，天使轮投资一般更多考虑投资项目的创始人本身的经验、人品等因素，较少考虑项目的内控和规范性；从后续资源匹配方面看，投资人一般不会多次追加投资（既从事天使投资也从事风险投资的投资人，后续可能追加风险投资），但通常会对项目提供除资金外的其他资源；从退出方式看，天使轮投资人一般在风险投资融资时通过转让股权实现退出。

融资人方面。从融资原因方面看，天使轮融资一般是缺资金、管理、资源，融资人最希望融得全部资源；从融资难度看，天使轮融资一般难度很高，属于卖方市场；从融资人收益看，天使轮融资最大的收益是有利于降低融资人的风险；从融资的估值看，天使轮融资项目的估值一般较低，融资人的议价能力较低。

（2）风险投资的特征

①投资人方面。从投资原因方面看，VC 轮投资既重视投资项目本身的市场前景，也注重投资项目的快速成长性，但通常不过多关注投资项目规模；从投资风险方面看，风险投资除考虑创始人本身的经验、人品等因素外，也综合考虑投资项目的内控和规范性；从后续资源匹配方面看，投资人一般会多次追加投资，通常也会对项目提供除资金外的其他资源；从退出方式看，VC 轮投资一般在 Pre-IPO 轮融资时通过转让股权或首次公开募股、并购等方式退出。

②融资人方面。从融资原因方面看，风险投资一般缺资金、管理、资源其中之一或全部，融资人对融得的资源具有一定的选择权；从融资难度看，VC 轮融资一般难度较高，部分属于卖方市场，但也有部分项目属于买方市场；从融资人收益看，VC 轮融资有利于快速扩大规模，提高项目估值，有利于融资人加速取得收益；从融资的估值看，此时融资项目的估值已经提升，融资人拥有一定的议价能力。

（3）Pre-IPO 轮融资的特征

投资人方面。从投资原因方面看，Pre-IPO 轮投资通常更多关注投资项目的规模和增长的可持续性，但对投资项目本身的市场前景和快速成长性考虑较少（Pre-IPO 轮时，项目一般已经度过快速成长阶段）；从投资风险方面看，Pre-IPO 轮投资更多考虑投资项目的内控和规范性，对创始人本身的经验、人品等因素考虑较少；从后续资源匹配方面看，投资人一般会多次追加投资，通常也会对项目提供除资金外的其他资源；从退出方式看，风险投资一般在 Pre-IPO 轮融资时通过转让股权或首次公开募股、并购等方式退出。

融资人方面。从融资原因方面看，Pre-IPO 轮融资一般缺资金，但不缺管理和资源，融资人一般希望通过融资加速首次公开募股进程；从融资难度看，Pre-

IPO 轮融资一般难度较低，属于买方市场；从融资人收益看，Pre-IPO 轮融资有利于融资人降低首次公开募股过程中的风险，加速取得收益；从融资的估值看，此时融资项目的估值一般较高，融资人拥有很强的议价能力。

2. 私募融资各轮次的比较

(1)投资关注点的比较

一般情况下，私募融资越早，越注重项目的成长空间和项目团队情况，对项目快速成长性的要求越宽松；私募融资越晚，越关注项目的内控和规范性。

(2)风险容忍度的比较

一般情况下，私募融资越早，对项目的风险容忍度越高；私募融资越晚，对项目的风险容忍度越低。

(3)项目收益率的比较

一般情况下，私募融资越早，对项目收益率的要求越高；私募融资越晚，对项目收益率的要求越低。

(4)项目退出方式的比较

一般情况下：私募融资越早，项目退出的方式越多，退出机会也越多；私募融资越晚，项目退出的方式越少，退出机会也越少。

三、私募融资各轮次的法律风险分析

1. 私募融资各轮次的共性法律风险分析

(1)盈利及分散风险相关的法律风险分析

项目是提高盈利能力和分散投资风险的手段，因此，与提高盈利能力和分散风险相关的条款是私募融资的首先考虑的法律风险。

对项目而言，引进投资人的目的为增加盈利能力或分散风险，在融资时要综合考虑投资人的资金实力(包括后续追加资金能力)、品牌附加值、引入投资的时点和投资份额对现有股东分红的影响等。对投资人来说，投资的目的是增加盈利能力或分散风险，投资是要综合考虑项目的盈利能力(包括短期和长期)、分红时的优先权、增资时的优先权、优先清算、反稀释、项目类型和规模、与投资人现有投资的资产组合情况、投资人的产业布局情况等。

盈利能力及分散风险的法律风险控制，体现在投资协议的资金追加条款、分段投资和分段估值条款、优先分红条款、优先清算条款、优先清算条款、反稀释条款、对赌条款、回购条款、项目主业限制的条款等。

(2)资源锁定相关的法律风险分析

如上所述,项目是人力、资产等各种资源的集合,项目之所以能够盈利或分散投资风险,主要在于项目能够更加合理地配置资源。因而,锁定资源的风险是股权融资的第二个重要法律风险。

对项目来说,融资时要考虑投资者给项目能够带来的资源,包括资金、销售、行业人脉等,要尽可能地在协议中锁定此类资源。对投资人来说,项目现有的人力、技术、行业地位、销售业绩等可能是项目的资源,因而要着重锁定该类资源。

具体体现到协议中,表现为:项目明确投资数额和进度、匹配大客户等,并将该等资源和投资人的选择、投资的估值、违约责任等联系起来;而投资人对项目的经营管理层的服务年限、竞业禁止、同业竞争、技术完整性、发展的规模和区域等进行约定,并将该等条件作为投资条件或与投资估值相关的条件。

资源锁定的法律风险,体现在投资协议的投资条件条款、投资进度条款、投资估值条款、项目治理改善条款,也包括随卖权等条款。

(3)项目治理和项目控制相关的法律风险分析

盈利和分散投资风险是目的,锁定资源是实现目的的基础,而项目治理和项目控制则是实现目的的手段。因此,项目治理和项目控制的风险是股权融资第三个重要的法律风险。

对项目而言,项目现有股东、管理层、员工对项目投资或在项目工作的目的是不同的,该目的与项目的目的也存在差异,其对项目股权融资的态度也不同。例如,管理层希望做大做强项目,因而倾向于少分红,多投资,降低成本;股东希望做大项目市值,提高股票价值,因而倾向于多分红,少投资,降低成本;员工希望多领薪水,因而会提高项目的成本。对投资人而言,一般情况下,财务投资人多与股东目的相同,而战略投资人可能与管理层目标相同。为实现各自的目的,项目现有股东一般倾向于使项目治理结构有利于自己的决策,尽可能少地放弃项目的控制权,而投资人则倾向于使项目治理结构更加透明,并倾向于参与项目的日常事务,甚至在项目经营异常时希望第三方控制项目,以降低风险。

项目治理和项目控制相关的法律风险,表现在投资协议的项目治理、委派董事或监事、信息披露、知情权、强卖权、股权转让限制等条款。

(4)交易风险控制相关的法律风险分析

上述三项事项的达成,意味着项目和投资人在融资/投资目的、融资/投资基础、融资/投资的手段方面达成了一致,即股权投资事宜基本达成了一致。接下来,在股权投资过程中,与既定的融资/投资目的、融资/投资基础、融资/投资的手段出现偏差时,如何控制和纠正该等偏差,即为交易的风险控制。这也是股权投资的重要法律风险。

交易风险控制相关的法律风险,表现在投资协议的违约条款、保证金条款等方面。

(5)交易外部监管相关的法律风险分析

项目的盈利和分散风险,资源整合,项目治理和项目控制必然是在项目日常经营中实现,而该日常经营涉及国家利益、行业利益、公众利益、他人权益等。因而,股权融资需要注意交易的外部监管风险。主要涉及行业准入、反垄断、债权人权益保护等风险。

交易外部监管的法律风险一般构成交易的实质性障碍,需要在交易前予以解决,因此一般不在股权投资协议中体现,个别约定在不可抗力、或然事件等条款中。

2. 私募融资各轮次的特殊法律风险分析

在项目增加盈利能力和分散风险的目的不变的情况下,随着项目的发展进入不同阶段,各种资源对项目的重要性在发生变化(不同项目、不同行业也不一定相同),投资人投资项目的目的和风险也在发生变化,项目在与投资人谈判过程中的主动性也在发生变化。因而,尽管各轮私募融资所具有的一般法律风险基本相同,但各轮私募融资法律风险的侧重点仍存在差异。

(1)天使轮融资的特殊法律风险分析

在天使轮投资时,投资人的主要法律风险是:①重视对人经历的尽职调查,在投资协议中锁定人的资源;②要求核心团队必须实际出资和持股,支持项目实施股权激励;③对技术、商业模式进行尽调,技术或商业模式等经营所需的资源应当完全属于项目;④投资回报要求高,起草协议时可以附带估值调整条款;⑤不限制项目 A 轮融资,不过多要求反稀释,有时可以附带 A 轮退出条款;⑥投资方式可以采取普通股、可转换优先股和可转换债券。

在天使轮融资时,融资人的主要法律风险是:①天使投资人股权比例对团队现有人员盈利的影响及法律处理;②天使投资人的股权比例及对项目控制的影响及法律处理;③天使投资人股权比例对后续融资的影响及法律处理,适度为后续融资预留空间;④天使投资人匹配资源的情况,及如何通过协议锁定该资源;⑤注重资金不到位的违约责任。

(2)VC 轮融资的特殊法律风险分析

进行风险投资时,投资人需要注意的法律风险主要有:①对项目核心资源和人力资源的锁定;②充分注重关联交易和同业竞争;③项目市场规模扩张的政策、法律和主要障碍;④项目主要竞争对手的情况、竞争结果的可能性及法律处理;⑤反稀释条款/优先认股权条款;⑥尽可能多地参与项目治理;⑦注重项目业绩和估值调整条款;⑧考虑并购退出的可能性,以及在转让受限时的项目估值调整;⑨项目 IPO 的可能性。

风险投资时,融资人需要注意的法律风险主要有:①风险投资人股权比例对团队现有人员盈利的影响、对项目控制的影响及法律处理;②反稀释条款/优先认股权条款对后续融资的影响及法律处理;③风险投资人匹配资源的情况及如何通过协议锁定该资源;④风险投资人对项目经营的不利影响(包括投资与项目存在竞争的企业)及法律处理;⑤注重资金不到位的违约责任;⑥风险投资人的背景,是否带有战略意图,尽量限制风险投资人的股权转让对象。

(3)Pre-IPO 轮融资的特殊法律风险分析

Pre-IPO 融资时,投资人需要注意的法律风险主要有:①项目首次公开募股的可能性及法律处理;②除首次公开募股之外的退出渠道及法律处理;③业绩对赌条款;④企业经营的合法合规性。

Pre-IPO 融资时,融资人需要注意的法律风险主要有:①Pre-IPO 投资人的背景,为项目首次公开募股能够匹配的资源及该资源的锁定;②融资额度对项目现有股东收益的影响及法律处理;③大股东回购等除首次公开募股之外的退出渠道对项目经营的影响及法律处理;④业绩对赌条款及其对项目控制的影响及法律处理;⑤限制 Pre-IPO 投资人的并购退出,限制其股权转让对象。

作者简介

毕国庆律师,兰州大学法律硕士,投融资业务部副主任;河南省律师协会公司战略发展委员会执行委员、河南省律师协会公司证券委员会执行委员;九三学社郑州市委员会社会与法制专业委员会委员;执业定位于投融资法律业务、国有企业法律服务;办理河南硅烷科技发展股份有限公司新三板挂牌及员工持股和定向增发项目、郑州城建集团投资有限公司和郑州高新国有资产经营有限公司城投债、非公开定向融资工具、公司债券(深交所)、中国汽车工业工程有限公司收购和重组新兴福田建筑工程有限公司、新晋高速(块村营至营盘)、G107 官渡黄河大桥、焦作—荥阳黄河大桥 PPP 项目等,参与大量商事诉讼仲裁业务。

私募股权投资业务托管银行法律风险分析

张晓松

2019年3月18日，中国银行业协会发布《中国银行业协会商业银行资产托管业务指引》，明确托管银行资产保管、资金清算、核算估值、投资监督、信息披露、独立建账、资料保管等职责。在此之前的上海意隆等4家私募基金管理人实际控制人失联，基金业协会进而要求托管银行按照《证券投资基金法》和基金合同约定，切实履行包括通过召集基金份额持有人会议和采取保全基金财产等措施在内的职责，引发业界对托管银行法律责任的热议。本文结合现行法律法规及相关规定，对私募股权投资（Private Equity，PE）业务中托管银行相关法律风险进行分析。

一、托管人的法律性质

（一）托管人和管理人之间的关系

《证券投资基金法》第2条明确了基金管理人和基金托管人均为受托人，但由于《证券投资基金法》的上位法为《信托法》，基金托管人与基金管理人应适用《信托法》第32条承担共同受托责任（连带责任）还是按照《证券投资基金法》第145条的规定承担所谓"分别行为分别责任，共同行为共同责任"，以及《证券投资基金法》的规定是否能适用于股权类或债权类基金等问题，在实践中多有疑义。

首先，从法律适用来看，我国除《证券投资基金法》外，并无专门针对股权类基金的法律，而《证券投资基金法》第2条规定"本法未规定的，适用《信托法》、

《证券法》和其他有关法律、行政法规的规定”，因此，就基金托管人等有关内容可以参考《证券投资基金法》，适用《信托法》的规定。其次，从基金受托人的职责来看，《信托法》规定，“共同受托人应当共同处理信托事务，但信托文件规定对某些具体事务由受托人分别处理的，从其规定”，由此可知信托事务由共同受托人共同处理为原则。而《证券投资基金法》以基金财产的运作与保管监督相分离为原则，明确了基金管理人和托管人分别应当履行的职责，从而形成基金托管人和基金管理人分工协作、相互独立、相互制衡、相互监督的立法模式。最后，从基金事务处理来看，基金管理人负责基金投资、管理等具体操作事务，而基金托管人负责按照基金管理人的指令进行划款，其并不对指令内容及具体投资标的进行实质审查。

综上分析可知，基金管理人和托管人虽然均为基金合同中的受托人，但不属于《信托法》意义上的共同受托人。

（二）托管人与投资人之间的关系

在基金运作中，托管人系就投资人的资金进行托管，其在形式上符合委托合同的特征。按照《民法典》合同编的相关规定，委托合同是委托人和受托人约定，由受托人处理委托人事务的合同。委托人应当预付处理委托事务的费用，受托人应当按照委托人的要求，报告委托事务的处理情况。但需要注意，委托合同关系下，受托人应当按照委托人的指示处理委托事务。但在基金中，托管人实际上并不接收作为委托人的投资人的指示，而是按照管理人的指令进行划款操作，在这个层面上，托管人和投资人之间并非传统意义上的委托关系，但仍可以参照适用《民法典》合同编关于委托合同的相关规定。

二、托管人职责及义务

《证券投资基金法》第 3 条规定：“基金管理人、基金托管人和基金份额持有人的权利、义务，依照本法在基金合同中约定。基金管理人、基金托管人依照本法和基金合同的约定，履行受托职责……”《证券投资基金法》第 36 条规定：“基金托管人应当履行下列职责：（一）安全保管基金财产；（二）按照规定开设基金财产的资金账户和证券账户；（三）对所托管的不同基金财产分别设置账户，确保基金财产的完整与独立；（四）保存基金托管业务活动的记录、账册、报表和其他相关资料；（五）按照基金合同的约定，根据基金管理人的投资指令，及时办理清算、交割事宜；（六）办理与基金托管业务活动有关的信息披露事项；（七）对基金财务会计报告、中期和年度基金报告出具意见;(八)复核、审查基金管理人计算的基金资产净值和基金份额申购、赎回价格;(九)按照规定召集基金份额持有人大会;(十)按照规定监督基金管理人的投资运作;(十一)国务院证券监督管理机构规定的其他职责。"其中第(一)、(二)、(三)、(四)、(五)项体现了托管人对基金财产的保管职责,第(六)、(七)、(八)、(九)、(十)项体现了托管人对基金管理人投资运作的监督职责。

另外,中国证监会于2020年7月10日修订的《证券投资基金托管业务管理办法》(以下简称《托管办法》)第三章也对基金托管机构的职责作出了规定,例如,《托管办法》第17条规定:"基金托管人应当安全保管基金财产,按照相关规定和基金托管协议约定履行下列职责:(一)为所托管的不同基金财产分别设置资金账户、证券账户等投资交易必需的相关账户,确保基金财产的独立与完整;(二)建立与基金管理人的对账机制,定期核对资金头寸、证券账目、资产净值等数据,及时核查认购与申购资金的到账、赎回资金的支付以及投资资金的支付与到账情况,并对基金的会计凭证、交易记录、合同协议等重要文件档案保存20年以上;(三)对基金财产投资信息和相关资料负保密义务,除法律、行政法规和其他有关规定、监管机构及审计要求外,不得向任何机构或者个人泄露相关信息和资料。……"《托管办法》第21条规定:"基金托管人应当根据基金合同及托管协议约定,制定基金投资监督标准与监督流程,对基金合同生效之后所托管基金的投资范围、投资比例、投资风格、投资限制、关联方交易等进行严格监督,及时提示基金管理人违规风险。当发现基金管理人发出但未执行的投资指令或者已经生效的投资指令违反法律、行政法规和其他有关规定,或者基金合同约定,应当依法履行通知基金管理人等程序,并及时报告中国证监会,持续跟进基金管理人的后续处理,督促基金管理人依法履行披露义务。基金管理人的上述违规失信行为给基金财产或者基金份额持有人造成损害的,基金托管人应当督促基金管理人及时予以赔偿。"此外,基金业协会发布的一系列规范性文件也对托管人的职责进行了规定,包括《私募投资基金信息披露管理办法》等。

除《证券投资基金法》、《托管办法》以及基金业协会发布的规范性文件规定的职责外,基金合同和托管协议也对托管人的职责和义务进行了约定,主要包括以下几个方面:(1)保管基金财产。基金托管人按约定为基金财产设立独立的账户,保障基金财产的安全。(2)资金清算。基金托管人按照管理人或授权人的资金划拨指令,及时办理清算、交割事宜。(3)资产核算。基金托管人建立基金账册并进行会计核算，复核审查管理人计算的基金资产净值和份额净值。（4）监督管理人的投资运作。基金托管人对基金投资对象、投资范围、投资比例、禁止投资行为等进行全面监督。（5）信息披露。办理与基金托管业务有关的信息披露事项。

综上，基金托管人的职责范围应当以相关法律、法规的明确规定以及基金合同、托管合同的具体约定为限。同时，由于法律、法规及基金业协会的规范性文件对基金管理人和托管人的职责都有明确描述并进行了严格区分，即管理人的职责侧重于基金财产的投资运作，而托管人的主要职责为基金财产的保管、清算交割、投资监督、信息披露等。因此，托管人的职责明显有别于管理人的职责，不应将两者的职责相互混淆或要求托管人代行管理人的职责。

三、托管人法律风险

（一）合同效力风险

实践中，我们发现，托管人在签署基金合同或托管协议时可能会忽视合同中关于合同生效条件的约定，另外，合同中也通常会约定，“投资人为法人的，经投资人、管理人和托管人加盖公章（合同章）以及各方法定代表人或授权代表签字或盖章之日起成立；投资人为自然人的，经投资人本人签字或授权代表签字、管理人和托管人加盖公章（合同章）以及各方法定代表人或授权代表签字或盖章之日起成立”。而托管人，尤其是在银行作为托管人的情况下，经常不按照约定加盖公章或合同章，而是加盖部门章等，且可能仅有盖章而无法定代表人或授权代表的签署。这些情形都会影响合同的成立，进而影响合同的效力。

（二）合同违约风险

司法实践中，托管人是否在基金运作过程中勤勉尽责履行其义务，是否违反基金合同的相关职责、义务是判定托管人违约责任的基础。在华南国际经济贸易仲裁委员会（深圳国际仲裁院）公布的“华南国仲金融仲裁案例精选”中，该仲裁委认为，托管人的义务应当结合《证券投资基金法》以及《证券投资基金托管业务管理办法》中关于托管人相关规定进行认定，而基金托管人的具体义务内容应当由基金合同进行约定。

通常基金托管人会举证投资协议、投资决议、托管运行指令、委托付款通知书等以证明其按照托管相关协议约定程序，审核托管资产管理运用指令应具备的资料,从而进行托管账户资金的划付,以尽到审慎托管义务。

但从基金合同的通常约定来看,即使托管人违反上述约定,合同中也可能并无对其违反约定后果处置的条款,也就是说即使托管人违反合同约定,投资人也难以根据合同约定追究托管人的责任。但需要注意,从委托合同法律关系来说,《民法典》合同编规定,“两个以上的受托人共同处理委托事务的,对委托人承担连带责任”,即可能因为管理人和托管人共同处理基金事务过程中的过错,导致托管人承担连带责任。

(三)侵权纠纷风险

在基金托管人并未与投资人直接签订合同的情况下,投资人通常以侵权为由向基金托管人主张权利。而侵权责任的基础是存在侵权行为,行为人因过错侵害他人民事权益的,应承担侵权责任;根据法律规定推定行为人有过错,行为人不能证明自己没有过错的,应承担侵权责任。前者适用于一般侵权行为,采取过错责任原则;后者则适用于特殊侵权行为,采用过错推定原则。基金纠纷中的托管人显然不存在法律规定的特殊侵权行为情形,而一般侵权行为的构成要件为过错、侵害行为、损害和因果关系。

(四)连带责任风险

在投资人无法根据合同约定或侵权主张权利的情况下,投资人通常会主张法律关系存在名实不符的情况,其中“名为基金、实为借贷”系主要主张理由。如被认定为借贷关系,则投资人作为出借人将主张基金管理人还本付息,并同时要求实际接收投资人款项的托管人承担连带责任(通常在投资人的款项直接划转至托管户的情况下)。

对于该类情形,学界称为“通谋虚伪”,《民法典》第146条规定,行为人与相对人以虚假的意思表示实施的民事法律行为无效。以虚假的意思表示隐藏的民事法律行为的效力,依照有关法律规定处理。司法实践中,法院一般会结合下列情形认定名实不符的法律关系:如合同中明确了固定的年化收益率及兑付日期,符合借贷关系的法律特征;双方均未提交证据证明资金用途,投资人不关心资金的实际用途,追求固定收益是其缔约目的,且投资人不具备私募基金合格投资人的条件、未出现在对外公示中。

对于“通谋虚伪”类型的案件,司法态度较为谨慎,在主张“通谋虚伪”一方未能充分举证的情况下,通常会进行否定评价。

四、总　结

通常在管理人难以解决投资人的资金返还问题或管理人涉嫌刑事犯罪、失联等情况下，投资人会一并主张托管人的责任。除上述关于诉讼中可能提出的抗辩外，实践中，基金业协会从维护金融秩序稳定及解决“群体性事件”的角度出发，对托管人及时对投资人进行登记、对基金财产梳理及对处理投资清算等相关事宜提出了要求。并且，由于通常民事案件的原告并非单一投资人，民事案件的处理可能会引起投资人的连锁反应，这就要求托管人适当扩大其职责范围，进一步了解投资标的、基金清算等情况，避免出现大规模群体性事件，防止纠纷和冲突升级。

作者简介

张晓松，河南财经政法大学法学学士、辽宁师范大学法律硕士，公司业务部律师；执业定位于公司企业法律事务、商事诉讼法律事务；为郑州沃特节能科技股份有限公司、河南振兴房地产（集团）有限公司、濮阳天地人环保科技股份有限公司、河南恒旺盛源农牧股份有限公司、中旅银行、泰弘物业服务有限公司、河南省省立医院等提供常年法律顾问服务；为光大德尚投资管理（深圳）有限公司、开封国有资产投资经营有限责任公司、锦艺置业有限公司提供投融资项目法律尽职调查，为河南五建建设集团有限公司、中国东方资产管理股份有限公司河南省分公司、通许融信村镇银行等单位提供商事诉讼、非诉法律服务。

私募股权投资业务关联方认定及规制

王金阁

一、私募机构关联方的认定标准

(一)相关规定

2016年2月5日,中国证券投资基金业协会(以下简称中国基金业协会)发布《私募基金管理人登记法律意见书指引》,其中第4条对私募基金管理人申请机构的核查事项第6项规定:"申请机构是否存在子公司(持股5%以上的金融企业、上市公司及持股20%以上的其他企业)、分支机构和其他关联方(受同一控股股东/实际控制人控制的金融企业、资产管理机构或相关服务机构)。若有,请说明情况及其在子公司、关联方是否已登记为私募基金管理人。"关联方情况被纳入私募基金管理人登记的核查范围。

中国基金业协会于2017年12月22日发布的《私募基金管理人登记须知》及对关联方的认定标准为:受同一控股股东/实际控制人控制的金融机构、私募基金管理人、投资类企业、冲突业务企业[详见《私募投资基金登记备案的问题解答(七)》]、投资咨询及金融服务企业等。

中国基金业协会于2018年12月7日发布的《私募基金管理人登记须知》(2018年12月更新,以下简称新版《登记须知》)第六部分"机构关联方相关要求"进一步明确了关联方认定标准:受同一控股股东/实际控制人控制的金融机构、私募基金管理人、投资类企业、冲突业务企业、投资咨询及金融服务企业等。

综上,关联方的认定以实际控制人为核心,资产管理业务综合报送平台对于实际控制人的认定标准如下：实际控制人是指控股股东（或派出董事最多的股东、互相之间签有一致行动协议的股东）或能够实际支配企业行为的自然人、法人或其他组织。认定实际控制人应一直追溯到最后的自然人、国资控股企业或集体企业、上市公司、受国外金融监管部门监管的境外机构。在符合上述要求的前提下，实际控制人可按照下列情形进行认定：（1）持股50%以上的；（2）通过行使表决权能够决定董事会半数以上成员当选的；（3）通过投资关系、协议或者其他安排能够实际支配公司行为且表决权持股超过50%的；（4）合伙企业的执行事务合伙人；（5）在无法满足前述认定标准时，可以在系统中填报"第一大股东"，由其第一大股东承担相应的责任。

此外，基金业协会对于关联方的认定以实质重于形式为原则，基于特殊的股权结构设计而不满足子公司持股比例要求（持股5%以上的金融企业、上市公司及持股20%以上的其他企业）的企业或其他有关联关系的企业，亦应适用关联方认定规则进行实质核查。

（二）私募机构的关联方与私募基金的关联方

基金业协会于2019年12月23日发布《私募投资基金备案须知（2019版）》，其中对私募投资基金关联交易进行了明确定义，即私募投资基金与管理人、投资者、管理人管理的私募投资基金、同一实际控制人下的其他管理人管理的私募投资基金，或者与上述主体有其他重大利害关系的关联方发生的交易行为。据此，私募基金的关联方应当包括管理人、投资者、管理人管理的私募投资基金、同一实际控制人下的其他管理人管理的私募投资基金，或者与上述主体有其他重大利害关系的关联方。笔者认为，管理人的关联方属于"与上述主体有其他重大利害关系"的范围，而"其他重大利害关系"的关联方另包含管理人的主要管理人员及其关系密切的家庭成员、上述人员控制/施加重大影响的其他企业，管理人的子公司、分支机构及其他关联方，与私募基金重要自然人投资者关系密切的家庭成员、上述人员控制/施加重大影响的其他企业等。

二、私募股权投资业务关联方规制的基本要求

新版《登记须知》对包含子公司、分支机构、关联方在内的关联机构列举了四项基本要求，即关联方同业竞争关联方为投资类公司的特殊处理、严禁规避关联方及同质化要求，具体规定如下：

1. 关联方同业竞争

申请机构的子公司、分支机构或关联方中有私募基金管理人的，申请机构应在子公司、分支机构或关联方中的私募基金管理人实际展业并完成首只私募基金备案后，再提交申请机构私募基金管理人登记申请。

2. 关联方为投资类公司的特殊处理

申请机构的子公司、分支机构或关联方存在已从事私募基金业务但未登记为私募基金管理人的情形，申请机构应先办理其子公司、分支机构或关联方私募基金管理人登记。

3. 严禁规避关联方

申请机构存在为规避关联方相关规定而进行特殊股权设计的情形，基金业协会将根据实质重于形式原则，审慎核查。

4. 同质化要求

同一实际控制人下再有新申请机构的，应当说明设置多个私募基金管理人的目的与合理性、业务方向区别、如何避免同业化竞争等问题。

除上述要求外，新版《登记须知》明确规定私募基金管理人登记法律意见书应明确说明关联方的工商登记信息等基本资料、相关机构业务开展情况、相关机构是否已登记为私募基金管理人、与申请机构是否存在业务往来等。

三、私募股权投资业务关联方规制的重点领域

结合私募基金管理人自查的相关要求以及新版《登记须知》的相关规定，目前基金业协会对于私募机构关联方进行规制的重点在于冲突业务及集团化倾向两个领域。

（一）针对冲突业务关联方

随着P2P行业问题的频发，募集基金非法用于民间借贷、以P2P模式非法募集资金、通过关联交易或设立多层特殊目的公司（Specal Purpose Vehicle，SPV）投向底层资产为借贷的机构呈现的问题逐渐暴露，关联方从事包括P2P业务在内的冲突业务成为监管部门重点检查对象。结合《私募基金登记备案相关问题解答（七）》对于冲突业务的界定，冲突业务关联方具体指从事民间借贷、民间融资、配资业务、小额理财、小额借贷、P2P/P2B、众筹、保理、担保、房地产开发、交易平台等与私募基金的属性相冲突的业务的机构。

结合基金业协会自查要求及笔者通过公开渠道检索到的私募基金管理人

登记申请过程中的部分反馈意见，对于冲突业务关联方的监管要求主要涉及如下几个方面。

1. 禁止利益输送。申请机构与冲突业务关联方应共同出具不存在利益输送的承诺函，承诺申请机构自身及其未来管理的私募基金均不涉及与民间借贷、民间融资、配资业务、小额理财、小额借贷、P2P/P2B、众筹、保理、融资租赁、担保、房地产开发、交易平台、典当等可能与私募投资基金属性相冲突的业务。

2. 关联方所从事冲突业务合法合规。从事小额贷款、融资租赁、商业保理、融资担保、互联网金融、典当等冲突业务的关联方需提供相关部门许可文件或备案信息。

3. 对于名称中包含"金融信息服务"字样的关联方，需核查其展业情况，并说明该关联方是否从事冲突业务。

（二）针对关联方为私募机构登记为基金产品

对于集团内部已有私募机构，新增申请私募基金管理人登记的，监管部门从新增私募机构的目的与必要性、业务隔离、避免同业竞争等方面提出如下要求。

1. 合理性与必要性要求

在申请设立私募基金管理人时，须论述设置多个私募机构的目的与合理性，说明各家私募机构的业务方向有何不同，如何避免同类型私募基金管理人之间的利益输送及同业竞争。

2. 关联性和隔离性要求

两个（或多个）机构应在人员、财务、机构、场所等方面具备独立性，应已制定完整、详细的内部控制和风险管理制度，并需说明该制度的可操作性。对于新申请的私募基金，还需出具相关承诺函，承诺在未来展业中，将保证其独立性并做到彼此间的业务隔离。

3. 连带责任要求

在符合上述要求的前提下，同一实际控制人下再有新申请机构的，该实际控制人及其控制的已登记关联私募基金管理人需书面承诺，在新申请机构展业中出现违法违规情形时，应当承担相应的合规连带责任和自律处分后果。

该款规定旨在敦促集团内部规范经营，避免关联机构之间独立不足而在管理人违法违规后无法有效追责的后果。笔者认为，此处的"合规连带责任和自律处分后果"是指该新申请机构在后续展业过程中，一旦发生违法违规情形，监管部门对其作出行业处分、行政处罚的同时，极有可能一并处罚（处分）出具承诺函的实际控制人及关联方。实务中需要关注的情形是，一些大型集团业务种类及下属公司较多，集团公司或实际控制人并不对下属公司进行直接业务管控，而集团内的诸多企业也并不直接受同一控股股东控制，属于各自展业互不影响的状态，由实际控制人及已登记关联私募基金管理人承担连带责任是否有失合理性？笔者认为，应根据实际控制状态及关联程度区分设置责任承担更为适宜。

4. 持续持股或控制要求

新版《登记须知》另要求，申请机构的第一大股东及实际控制人应当书面承诺在完成私募基金管理人登记后，继续持有申请机构股权或实际控制不少于三年。

作者简介

王金阁律师，辽宁大学法学学士、南开大学经济法硕士，投融资业务部律师；执业定位于投融资、公司证券等相关法律事务；为河南硅烷科技发展股份有限公司（股票代码：838402）、河南中原云大数据集团有限公司、河南省中豫文旅投资有限公司、河南省黄泛区实业集团有限公司、河南省国有资产控股运营集团有限公司、河南新田置业有限公司、锦艺置业集团有限公司、河南原道资产管理有限公司等多家单位提供常年或专项法律服务，参与大量商事诉讼仲裁案件。

有限合伙制私募股权基金的税法规制

关迎霞

私募股权基金目前主要有公司制基金、有限合伙制基金、契约型基金三种组织形式，这三种形式适用的法律不同，基金持有人的法律地位存在差异，当然在所涉税种、税法规制方面也甚是不同。有限合伙制形式作为当前我国私募股权基金的主流模式，纯粹从节税效应来看，其有着优于公司制、契约型私募股权基金的特点，律师在为有限合伙制私募股权基金提供专项法律服务时，综合考虑各环节涉税政策可以说是十分必要的。

一、有限合伙制私募基金的税收特点

有限合伙制私募股权基金是指依据《合伙企业法》设立，以有限合伙企业形式运作的私募股权基金，是非法人实体。其基金持有人分两部分，一部分以有限合伙人身份投入资金并承担有限责任，这部分有限合伙人可以是法人，也可以是自然人；另一部分以普通合伙人身份具体负责投入资金的运作，按照合伙协议收取管理费，并承担无限连带责任，这部分普通合伙人一般由基金管理公司担任，人数多为 1 ~ 2 人，其一般不出资或出资很少。合伙各方的权利义务、费用承担方式以及利润的分配机制等通常在有限合伙协议中约定，有限合伙协议是基金运作的基础。

由于有限合伙制私募股权基金不具有法人资格，因此在财务上的要求没有公司制私募股权基金那么严格，不需要提取盈余公积，传统上也不要求投资人合并报表。在涉税政策上，基金层面不需要缴纳企业所得税，实行“先分后税”

的方法,由各合伙人就自己的所得缴纳企业所得税或个人所得税,具有“税收穿透”特点。下文笔者就从有限合伙制私募股权基金的不同发展阶段,分别从基金、基金管理人和基金投资者三个层面谈谈相关税法规制。

二、募集资金阶段的税务处理

(一)发行、认购阶段

有限合伙制私募股权基金在发行和认购阶段对税务不产生影响,各有限合伙人(Limited Partner,LP)、普通合伙人(General Partner,GP)投资人均没有任何纳税义务。

(二)出资人实缴出资阶段

理论上讲,基金出资人实缴出资到基金时,私募基金作为有限合伙企业应建立资金账簿,按照我国税法规定,有限合伙企业层面应按照资金账簿记载的“实收资本+资本公积”总额的0.05%缴纳印花税。

但在实践中,各地做法差异较大,例如,安徽、江苏等地的地税局在个案答复中称“对合伙人的出资额无需缴纳资金账簿印花税”,而大连市、天津市等地的地税局在个案答复中称“应按规定计算缴纳印花税”,做法之所以不同,究其原因,在于合伙企业在会计核算时的做法存在差别,各地地税局对国家税务总局为衔接新旧会计制度下发《关于资金账簿印花税问题的通知》(国税发〔1994〕第25号,以下简称《印花税问题通知》)的解读不同所致。

由于合伙企业不适用《企业会计准则》,会计核算时,对合伙人出资额的做法通常有三种:一是计入“合伙人资本”科目;二是按《证券投资基金会计核算业务指引》,计入“实收基金”科目;三是按《企业会计准则》,计入“实收资本”科目。

1993年推行《企业财务通则》《企业会计准则》后,国家税务总局为衔接新旧会计制度下发《印花税问题通知》,明确统一更换会计科目和账簿后,不再设置“自有流动资金”科目。因此,《印花税暂行条例》(2021年6月10日第十三届全国人大常委会第二十九次会议通过的《中华人民共和国印花税法》,自2022年7月1日起施行,1988年8月6日国务院发布的《中华人民共和国印花税暂行条例》同时废止。)税目税率表中“记载资金的账簿”的计税依据已不适用,需要重新确定。“记载资金的账簿”的印花税计税依据改为“实收资本”与

"资本公积"两项的合计金额。《印花税问题通知》下发后,各地税局出现两种截然相反的政策解读。目前国家税务总局对有限合伙制私募基金的各合伙人实缴出资时基金层面是否应缴纳印花税尚未明确。

在实缴出资阶段,各有限合伙人、普通合伙人投资人层面没有纳税义务。

三、基金项目投资阶段的税务处理

基金投资到项目公司的方式有两种,一种是债权类的投资,另一种是股权式的投资。如果基金以增资扩股的形式投资于项目公司,作为项目公司应按照资金账簿记载的"实收资本 + 资本公积"总额的 0.05% 缴纳印花税,基金层面无需纳税。

四、基金运营阶段的税务处理

有限合伙制私募股权基金运营的一般模式是由一个普通合伙人管理项目的运营,负无限责任或者连带责任,普通合伙人收取管理费,有限合伙人按合伙协议提取固定或者浮动收益。

普通合伙人作为执行基金事务人可收取管理费,其这块收入涉及增值税和企业所得税的缴纳。在增值税方面,其应将管理费收入按咨询服务项目缴纳 6% 的增值税。在企业所得税方面,按照其适用的税率(一般为 25%)缴纳企业所得税。

五、基金退出阶段的税务处理

资本的退出是私募股权投资循环的核心环节,直接关系私募股权基金及投资人的收益。目前,私募股权投资基金的退出方式主要有以下几种:IPO、兼并收购、股份回购和清算。

由于有限合伙企业具有"税收穿透"的特点,所以在有限合伙私募股权基金退出阶段,基金是流转税的纳税主体,其所获取的利息收入应按利息收入缴纳 6% 的增值税,其所获取的股息、利息和股权转让收入无需缴纳企业所得税,但基金的合伙人需在取得分成收益时,按股息红利所得或转让财产所得项目缴纳个人所得税或企业所得税,这种"税收穿透"的做法可以有效避免公司型私募投资基金中自然人合伙人存在的"双重征税"问题。

六、基金分配阶段的税务处理

有限合伙私募股权基金在对各合伙人分配收益时涉税采取“先分后税”原则，财政部、国家税务总局《关于合伙企业合伙人所得税问题的通知》(财税〔2008〕159号文)明确规定“合伙企业以每一个合伙人为纳税义务人。合伙企业合伙人是自然人的，缴纳个人所得税；合伙人是法人和其他组织的，缴纳企业所得税”。

(一)普通合伙人投资收益的涉税处理

普通合伙人作为基金管理人，其主要收入来源为：基金管理费、超额收益分成。

首先，普通合伙人应就基金管理费缴纳6%的增值税。至于基金管理人采取合伙企业的组织形式还是采取公司制形式，在增值税的缴纳上是一样的，税负也是一样的。

超额收益分成是作为所得来计税的。如果基金管理人采取公司的组织形式，则应就其取得的全部收入(包括管理费和超额收益分成)缴纳企业所得税；如果基金管理人采取合伙企业的组织形式，则适用“税收穿透”原则，由其自然人合伙人按照5% ~35%超额累进税率计征个人所得税，适用“生产经营所得”税目。但注册地在北京、上海、天津、重庆、深圳等地区，自然人合伙人可按照20%个人所得税税率缴纳个人所得税，适用“股息、利息或红利所得”税目。因此，基金注册在北京、天津、上海、重庆、深圳等已出台税收支持性政策地区，对于自然人合伙人来说，基金组织形式为有限合伙企业具有较为明显的节税效应，而对于企业等法人机构投资者来说，节税效应差别不大。

(二)有限合伙人投资收益的涉税处理

有限合伙人按照收入来源区别分析如下。

1. 股息、红利所得

机构投资者应当按照其从被投资企业实际取得的股息、红利合并缴纳企业所得税。至于这里的机构投资者就其股息红利所得能否享有《企业所得税法》法定免税情形中的“居民企业直接投资于其他居民企业取得的投资收益”免税政策，实践中多持否定态度，主要原因是有限合伙企业不具备居民企业的特性。

个人投资者应当单独将投资者个人取得的利息、股息、红利所得按照20%

的税率计征个人所得税，适用“利息、股息、红利”税目。

2. 股权转让所得收益

机构投资者的股权转让所得收益应当按照实际取得的股权转让收益缴纳企业所得税，个人投资者的股权转让所得收益税务处理各地做法不一，大多数地方按照5% ~35%超额累进税率计算缴纳个人所得税，适用“生产经营所得”税目，注册地在北京、天津、上海的私募投资基金，有限合伙人可以适用“利息、股息、红利所得”项目，按20%税率缴纳个人所得税。

因此，对于法人机构投资者来说，参与设立有限合伙型基金，节税效应不明显。对于自然人投资来说，若收入主要来源为利息、红利，则节税效应明显。现阶段注册地的选择也可以带来较好的节税效应，如注册地选择在上海、北京、天津、重庆、深圳等。

总之，有限合伙型私募基金能够逐渐成为私募基金的主流组织模式，其优于公司制和契约型私募股权基金的节税效应功不可没。

作者简介

关迎霞律师，中国人民大学法学硕士，公司业务部兼职律师；河南财政金融学院法学院副教授、教学名师、金融法律实务方向学科带头人，多次获得河南省财政厅先进工作者称号，财政部会计评价中心特聘专家。关迎霞律师长期在高校从事法律研究与教学工作，具有丰富的理论与实践经验。执业定位于公司、财税等领域的诉讼和非诉讼法律事务。

（二）类金融业务

融资租赁保证金法律实务

原　源

一、融资租赁保证金概述

在融资租赁业务中，出租人为保障交易安全，通常会按照融资额的一定比例向承租人收取租赁保证金（或称“履约保证金”），作为承租人履行融资租赁合同项下各项义务的担保。

保证金条款是融资租赁合同中的重要条款。关于保证金，融资租赁合同一般会约定，若承租人出现违约，出租人有权使用保证金直接抵扣承租人所欠租金、利息或其他费用；若承租人未违约，租赁期满后出租人无息返还保证金或者用保证金冲抵最后一期或几期租金；有的融资租赁合同还会有“若因承租人违约出租人解除合同的，出租人有权没收保证金或不予退还保证金”等类似约定。

二、融资租赁保证金的功能和作用

如前所述，融资租赁保证金的一项重要作用是担保承租人履行义务，但除此之外，融资租赁保证金同时还兼具其他的功能。

1. 降低融资比例，控制项目风险

在融资租赁业务中，出租人通常要求承租人交付融资额一定比例的保证金，一方面，保证金是作为承租人的履约担保；另一方面，该部分保证金相当于承租人自己筹措的配套资金,承租人交付的保证金越多,出租人实际的净现金流出越少,出租人承担的项目风险也相应越低。假如承租人支付了融资额20%的保证金,相当于出租人的净现金流出只有融资额的80%,即只承担着项目80%的风险。所以说保证金具有降低融资比例,控制风险的功能。

2. 提高出租人的内部收益率

在融资租赁业务中,出租人收取的保证金通常是不计利息的,保证金交付出租人后,存放在出租人的账户中,出租人可以无偿使用该笔资金,这就相当于额外增加了出租人的资产收益。出租人在租赁合同签订后即获得该笔保证金,在租赁期间,保证金产生的增值部分,就是出租人的另外一种收益,因此,保证金实际上提高了出租人的融资收益水平。

3. 缓解承租人临时性支付困难

由于融资租赁的租期一般比较长,承租人难免由于各种原因发生临时资金周转困难,因而出现无法按时支付租金的情况。如果承租人事先交付了租赁保证金,那么在出现此种支付困难时,就可以通过抵扣租赁保证金的方式,临时用于支付租金,抵扣之后再在规定的时间内补足保证金,这样保证金就起到一个缓冲的作用,保证租赁合同能够继续履行。

三、融资租赁保证金的法律性质

由于相关的法律和融资租赁司法解释均没有直接规定融资租赁业务中保证金的法律性质,而且实践中各家融资租赁公司的租赁合同对于保证金的约定也各不相同,因此,对于保证金的性质有不同的认识,各地的司法裁判也不一致。对保证金性质的认定直接影响对保证金的处理,因此保证金的性质之争往往成为融资租赁合同纠纷中常见的争议焦点。目前的司法判例中,对于租赁保证金的性质认定,主要有以下几种观点。

1. 租赁保证金是金钱质押(动产质押)

在长城国兴金融租赁有限公司与安徽博澳企业投资发展有限公司(以下简称博澳投资公司)、徐启昕等融资租赁合同纠纷案中,新疆维吾尔自治区高级人民法院认为:"博澳投资公司依据《回租租赁合同》的约定向长城金融公司交付了15000000元的租赁保证金,该租赁保证金符合最高人民法院《关于适用〈中华人民共和国担保法〉若干问题的解释》(以下简称《担保法司法解释》)第八十五条'债务人或者第三人将其金钱以特户、封金、保证金等形式特定化后,移交债权人占有作为债权的担保,债务人不履行债务时,债权人可以以该金钱优先受偿'的规定。"因此,新疆维吾尔自治区高级人民法院援引原《担保法司法解释》第 85 条的规定,将保证金认定为动产质押。

在杭州金投融资租赁有限公司与杭州戴德实业有限公司(以下简称戴德公司)、朱某昌等融资租赁合同纠纷案中,杭州市萧山区人民法院认为:"本案中被告戴德公司向原告提供了 585 万元的履约保证金,根据最高人民法院《关于适用〈中华人民共和国担保法〉若干问题的解释》第八十五条之规定,此即为被告戴德公司按约履行债务提供的质押担保,在拖欠租金情况下,负有减损义务的原告应当优先将履约保证金用于充抵拖欠租金,否则无权主张扩大部分的损失。"

同前述两个案例持相同观点的其他判例中,法院依据的都是原《担保法司法解释》第 85 条来认定保证金属于质押担保。

但也有人质疑,认为构成金钱质押应当具备两个基本条件:一是特定化,二是转移占有,但租赁保证金仅仅是名称上的特定化(在合同中明确某一笔钱属于保证金),在实际操作时保证金都是由承租人直接支付至出租人名下的银行账户,而并非在银行设立专户存放保证金以使其特定化,因此保证金并不符合原《担保法司法解释》第 85 条所要求的"特定化";同时,保证金在出租人的账户中与其自有资金无法区分,占有保证金的出租人实际上也成为保证金的所有人,这与质押担保的质押财产仅转移占有而不转移所有权的一般原则是相违背的。

2. 租赁保证金属于权利质押

该观点认为租赁保证金属于权利质押,但是权利质押在原《物权法》第 223 条以列举的方式规定了 6 种权利类型,并不包括金钱,最后有一个兜底条款,即法律、行政法规规定可以出质的其他财产权利,但也没有其他法律、行政法规规定金钱可以作为权利质押,因此说租赁保证金属于权利质押缺乏依据。

3. 保证金之债

该观点认为如果否认保证金的特定化,保证金交付出租人后,出租人即成为其所有权人,出租人与承租人之间即形成一种基于保证金的债权债务关系,承租人是债权人,出租人是债务人,当承租人逾期支付租金时,出租人与承租人互负金钱债务,出租人用保证金冲抵欠付租金相当于发生了债的抵销。这种观点无法体现和解释保证金的担保作用。

4. 非典型性担保

还有一种观点，也是目前主流的观点，认为租赁保证金属于一种非典型性的担保。因为保证金同时具有质押、预付款（当承租人依约履行合同，出租人可以用保证金抵作最后一期或几期租金，此时可以说保证金属于一种预付款）、违约金（合同中有“承租人违约时保证金不予退还”等类似约定时，有法院认定该保证金属于违约金）等法律特征，但又不完全具备，它是一种混合体，也可以说是四不像，因其最基本的功能还是担保，但它又不是《担保法》《物权法》所规定的法定担保形式，所以就称其为“非典型性的担保”。

四、融资租赁保证金法律实务建议

由于对保证金的性质实践中还存在争议，保证金条款约定不当可能使出租人在主张权利时不被法院支持，因此如何在合同中合理约定保证金条款以及在处理与保证金有关的事项时应采取何种手段或方式，才能使保证金真正发挥作用，笔者结合自身的实务经验和相关的司法判例，为出租人提示以下几个需重点关注的问题并提出相关的实务建议。

1. 关于保证金的支付方式

有的租赁合同中可能会约定出租人支付租赁物购买价款时，从中抵扣一定金额作为保证金。具体操作方式为：在直租业务中，通常由承租人向出卖人支付部分价款以抵扣应支付给出租人的保证金；在售后回租业务中，通常由出租人直接在其向承租人支付的租赁物购买价款中扣除一定金额作为保证金。从租赁物购买价款中直接抵扣保证金的做法虽然在法律上是有效的行为，但是往往因为约定不明，容易发生争议，而且在融资租赁关系被认定为借贷关系的案件中，此种直接抵扣的方式还可能导致出租人向承租人提供的融资额会被法院认定为是“租赁物购买价款—保证金金额”，融资金额减少，那么融资利息也就相应减少，出租人就无法获得租赁合同约定的预期收益。

因此，在约定保证金交付方式时，建议最好约定由承租人另行支付给出租人，而不要从租赁物的购买价款中进行抵扣。

2. 关于保证金抵扣的选择权

实践中，关于保证金如何抵扣租金及其他费用，租赁合同通常会约定：若承租人发生违约，出租人有权使用保证金冲抵承租人欠付的租金或其他费用等。当然，还有另外一种约定，即在租赁期间或者合同解除前，承租人即使违约，租赁保证金也不能用于抵扣欠付的租金、费用，只有在合同期满或者提前解除合同时才能用保证金抵扣租金、费用。

前述两种方式中，第一种是租赁公司常用的，因为如果约定抵扣情形出现时，出租人“有权”以保证金进行抵扣，按照一般理解，“有权”二字体现的是一种选择权，即出租人可以选择抵扣，也可以选择不抵扣，相对于第二种约定只能在租赁期满或者合同解除时才能行使的抵扣权，第一种约定显然更有利于出租人。但出租人的这一如意算盘却被法院无情击碎，来看一则案例。

天津海事法院一审、天津市高级人民法院二审的信达金融租赁有限公司与温州市长江能源海运有限公司（以下简称温州长江公司）、浙江长江能源发展有限公司、杨某建船舶融资租赁合同纠纷，一审法院认为：“温州长江公司实际支付的保证金 2700 万元，可以全额折抵 4 期租金。温州长江公司因未付租金应承担的违约金应从第 5 期租金还款日起算。”信达金融租赁有限公司上诉时主张：根据融资租赁合同的约定，信达金融公司可以选择是否使用 2700 万元保证金折抵租金，在其未主张折抵的情况下，一审法院依职权使用保证金折抵租金，存在错误。对此，二审法院回应：根据融资租赁合同“承租人逾期支付租金，出租人有权以保证金折抵应付未付租金”的约定，涉案保证金的用途之一即为折抵承租人到期未付租金。同时，参照《合同法》第 119 条第 1 款“当事人一方违约后，对方应当采取适当措施防止损失的扩大；没有采取适当措施致使损失扩大的，不得就扩大的损失要求赔偿”的规定确立的减损规则，一审法院主动将保证金用于折抵到期未付租金，以降低计算逾期付款违约金的本金，亦无不当。

简言之，两级法院都认为，对于保证金的抵扣，出租人不是“有权选择抵扣”，而是“必须进行抵扣”。

通过搜索相关的裁判文书，笔者发现持有相同观点的法院不在少数；虽然上述裁判观点值得商榷，但从中出租人或可得到启示，在约定保证金抵扣时，即使写明出租人有权选择抵扣，但并非出租人就真的可以自由选择，为了避免法院主动抵扣而对出租人造成的被动后果，建议租赁合同中仍可约定“出租人有权抵扣”，但实际操作时若出现抵扣情形，出租人应立即主动进行抵扣，但是合同条款中需相应增加“保证金抵扣后承租人应在限期内补足保证金，如果逾期补足应承担违约金，逾期多长时间不补足的，构成根本违约，出租人可以解除合同或主张租金加速到期”等相关内容，约定逾期补足保证金的违约金其实相当于不抵扣时的租金逾期违约金。当然，出租人也可以选择明确约定把保证金放在最后才抵扣,但这种约定可能在具体操作上比完善后的第一种约定缺少一些灵活性。租赁公司可以结合自身的实际情况选择其中一种约定,但无论选择哪一种,都需要约定明确,尽量不留争议空间。

3. 关于保证金能否抵扣租金、费用

如前所述,对于租赁保证金的性质目前并无明确的规定,且各家租赁公司的合同版本不同,关于保证金的用途有的合同并未明确约定或者前后约定不一致,因此,实践中可能会存在保证金能否抵扣租金、费用的争议。

在广东鑫泰科技集团有限公司(以下简称鑫泰公司,担保人)与仲利国际租赁有限公司(以下简称仲利公司,出租人)融资租赁合同纠纷案中,出租人与承租人(张某)在租赁合同中约定:承租人为保证履行本合同,应于合同签订同时将保证金 290000 元交付出租人,此项保证金于承租人依约履行后,无息返还;承租人若违反本合同任何条款或有违约情形时,承租人丧失保证金返还请求权。一审法院认为因张某违约,根据合同约定其丧失了保证金的返还请求权,因此,鑫泰公司抗辩认为张某所负的债务中应扣减该保证金 290000 元理由不足,一审法院不予采纳。

随后鑫泰公司上诉,认为保证金的主要作用在于保障债权人的债权能够得以顺利实现,其核心价值在于保证而非惩罚。张某与仲利公司约定,在张某违约的情形下丧失保证金的返还请求权,其本意正是在张某无法履行合同的情况下,以保证金来扣减张某无法履行合同而给仲利公司造成的损失,以确保仲利公司的债权能够得以实现。仲利公司则答辩:290000 元名为保证金,实为残值保证金,其目的是合同履行完毕后,用来折算设备残值、冲抵账目的。

对此,二审法院认为,本案的保证金应当首先视为履约保证金,在顺利履约或提前终止的情况下,该保证金才又具有残值保证金的功能。原审法院未支持鑫泰公司关于保证金应当优先抵充租金,属于适用法律错误,本院予以纠正。故在张某不按期履行支付租金义务时,该期租金应当从保证金中抵充。

以上关于保证金能否抵扣租金、费用的争议之所以产生,正是由于合同对于保证金的性质和用途约定不明造成的。为避免发生类似争议,建议在租赁合同中明确且合理地约定保证金的抵扣事宜。何谓“合理”约定,在本文后面关于保证金没收的问题中将进行详细分析。

4. 关于保证金抵扣的顺序

在保证金实务中,还有一个容易出现争议的点就是保证金的抵扣顺序问题。如果合同明确约定了抵扣顺序,法院均尊重当事人的意思自治,按照合同的约定进行判决,但有些租赁合同没有明确约定租赁保证金的抵扣顺序,一旦发生需要抵扣的情况,如何确定抵扣顺序?

《民法典》生效之前的裁判规则基本是参照最高人民法院《关于适用〈中华人民共和国合同法〉若干问题的解释(二)》第21条"债务人除主债务之外还应当支付利息和费用,当其给付不足以清偿全部债务时,并且当事人没有约定的,人民法院应当按照下列顺序抵充:(一)实现债权的有关费用;(二)利息;(三)主债务"之规定予以抵充。

《天津法院融资租赁合同纠纷案件审理标准(试行)》中对于履约保证金冲抵租金及其他费用直接规定了几项原则:合同有约定的,按照合同约定;没有约定的,按照债的抵销处理。抵销的顺序为先抵销违约金或者逾期利息,后抵销租金;承租人未到庭且出租人未主张履约保证金冲抵的,经向出租人释明后,直接按照债的抵销处理。

因此,为避免因保证金抵扣顺序出现争议,建议租赁公司在租赁合同中明确抵扣的顺序,比较合理的抵扣顺序为:实现债权的费用、损失赔偿金、违约金、其他费用、逾期利息、利息、本金。

5. 关于保证金的没收

在实务中还有一种常见的争议是关于保证金的没收问题。很多租赁合同中会约定如果承租人发生违约,出租人解除合同时,承租人的保证金不予退还(或予以没收)。前面我们也提到保证金在具有担保性质的同时,又兼具(或者说被赋予)了违约金的法律特性,就是基于对保证金没收的约定而言。但是合同中约定的出租人可以没收保证金,能否得到审判机关的认可呢?在现有的司法判例中法院有几种不同的观点。

(1)支持没收保证金

在厦门弘信博格融资租赁有限公司与泉州市永胜电镀工业有限公司(以下简称永胜电镀公司)、泉州中宇陶瓷有限公司等融资租赁合同纠纷案中,厦门市中级人民法院支持了出租人没收保证金并要求永胜电镀公司支付全部到期及未到期租金、违约金、保全费的请求。

(2)支持没收部分保证金

在深圳市创世纪机械有限公司与一银国际租赁有限公司(以下简称一银租赁公司)、上海金厝银迎模具有限公司(以下简称上海金厝公司)等融资租赁合同纠纷案中,二审法院上海二中院认为:商事主体在交易中约定一方违约罚没保证金的,缴纳保证金的一方理应预见到一旦违约则被罚没保证金的后果,该约定亦能在一定程度上起到促进商事合同各方诚信履约的作用。由于上海金厝公司出现逾期付租的违约行为,一银租赁公司依据系争售后回租合同的约定有权予以罚没,同时,原审法院在考虑上海金厝公司具体违约情节的基础上酌情将罚没的租赁保证金从 30 万元减至 15 万元,剩余保证金用于抵充未付租金,亦无不当。这其实是部分支持了没收保证金的请求。

(3)不支持没收保证金

在江苏徐工工程机械租赁有限公司与祝某云、李某梅等融资租赁合同纠纷案中,徐州市云龙区法院认为:因融资租赁合同同时约定履约保证金和日利率双倍的逾期利息,均是出现违约情形下被告祝某云应承担的违约责任,日利率双倍的逾期利息可以弥补因被告祝某云违约给原告造成的损失,故对于“履约保证金不予退还”的约定,本院不予支持。

在厦门百应融资租赁有限责任公司(以下简称百应公司)与郑某见、王某分融资租赁合同纠纷案中,晋江市法院认为:原告百应公司可没收保证金,该约定实为对违约赔偿的双重约定,因双方已约定迟延利息,本院对没收保证金的约定不再支持,而依据双方“保证金可冲抵相应租金”以及“延迟利息从租金首先抵扣”的约定,保证金 79200 元应抵扣利息。

前述两个案例中法院是基于公平原则以没收保证金系违约责任,与其他违约责任构成双重约定,加重承租人的责任为由不予支持没收。

另外,还有不支持没收保证金的法院,其不支持的理由却与前面两个案例不同。

在东风汽车财务有限公司与向某某、吴某某、吴某某、绵阳顺天建材有限公司(以下简称绵阳顺天)、成都吉盛汽车销售服务有限公司融资租赁合同纠纷一案中,成都市中级人民法院认为:租赁双方在租赁合同第 3 条约定保证金可抵作租金或直接冲抵追索租金的全部费用及违约金等,第 10 条则约定绵阳顺天未及时足额支付租金,原告有权解除合同并没收融资租赁保证金,两条款间存在矛盾之处,根据保证金即具有违约金性质以及租赁合同由原告提供的情况,在支持原告关于违约金的请求后,对原告要求不予退还保证金的请求本院不予支持,但原告可在租金、占用费或违约金中进行抵扣。

总结前面的几种观点,可以看出,司法审判机关对于没收保证金的态度,主要还是从公平原则考虑，如果合同既约定了违约金，又约定了没收保证金，通常用保证金抵作违约金；如果单独约定了没收保证金，没有约定违约金，而且保证金的金额与损失相当，法院也会支持没收保证金。其实在租赁合同中既约定承租人逾期支付租金时出租人有权将保证金冲抵租金或费用，又约定承租人逾期支付租金，出租人有权解除合同没收租赁保证金同时还要求支付违约金的情况并不少见，对于出租人而言，是希望将自己在保证金上的权利尽可能地扩大，但从司法判例来看，当事人不能抛开基本的公平原则为自己设定权利，这也是前面提到的要“合理”设定保证金条款。

作者简介

原源律师，吉林大学经济学学士、吉林大学法律硕士，公司业务部主任、监委会主任；河南省律师协会国有资产管理法律专业委员会副主任、郑州市律师协会教育培训工作委员会副主任；河南省公司法专业律师郑州市“优秀律师”“优秀青年律师”“十佳律师”“优秀巾帼司法工作标兵”“三八红旗手”“先进工作者”；河南省人民检察院民事行政专家咨询委员会委员；河南大河财立方商业保理有限公司投资决策委员会委员；执业定位于投融资、国资管理、并购重组等法律事务；为秉原投资控股有限公司、郑州投资控股有限公司、河南省国有资产经营集团有限公司、河南省自然资源投资集团有限公司、河南中原金控有限公司、河南大河财立方传媒控股有限公司、中原航空融资租赁股份有限公司、河南省国创混改基金管理有限公司、河南国宏融资租赁有限公司、河南赛领资本管理有限公司等数十家单位提供常年法律顾问服务或专项法律服务，参与大量商事诉讼仲裁业务。

融资租赁租金加速到期条件之认定

原　源

融资租赁合同纠纷中,在承租人逾期支付租金的情况下,法律赋予了出租人选择请求支付全部租金("租金加速到期")或者解除合同收回租赁物的选择权。此时,大部分出租人会选择租金加速到期,除非承租人或保证人已丧失清偿能力或者租赁物价值高且易处置、变现。那么对于租金加速到期的条件如何认定?这个看似简单的问题,实务中其实是存在一些争议点,本文拟就此进行探讨。

一、租金加速到期的法定条件

(一)法律规定

《民法典》第752条规定:承租人应当按照约定支付租金。承租人经催告后在合理期限内仍不支付租金的,出租人可以请求支付全部租金;也可以解除合同,收回租赁物。

根据该条规定,租金加速到期的"法定条件"一是承租人欠付租金,二是经出租人催告后承租人在合理期限内仍不支付租金。如果融资租赁合同没有对租金加速到期的条件进行约定,则出租人可以在同时满足前述两项法定条件时主张租金加速到期。

(二)法定条件认定和适用中的注意事项

1. 法定加速到期的只有租金,而不包括其他任何款项,比如留购价款。

2. 依据法定条件请求租金加速到期必须经过催告的前置程序。

3.给承租人的“合理期限”并没有统一的标准。在租赁合同没有明确约定或者出租人催告时没有明确提出具体的期限时,“合理期限”属于法官的自由裁量权范围,比如天津市高级人民法院《关于审理融资租赁合同纠纷案件若干问题的审判委员会纪要(一)》(以下简称《天津纪要》)中明确:“应当综合考虑合同履行期限、实际履行情况以及当事人过错程度等因素,根据公平原则和诚实信用原则,合理确定履行期限”、“出租人未向承租人发出催告函,或者催告函中未明确合理履行期限,可以确定首次开庭日为租金提前到期日”即在首次开庭日之前都属于合理履行期限的范畴。

4.租金加速到期并不等于融资租赁合同加速到期。在租金加速到期的情形下,仅仅是单方的一项合同义务(承租人支付全部租金的义务)提前到期,而并非合同全部权利义务的终结,因此融资租赁合同仍然是继续履行的,租赁物继续由承租人占有使用直到合同期限届满或满足约定的合同清算条件。

(三)法定条件认定过程中存在的争议问题

原《合同法》,以及后来的《民法典》对于租金加速到期只规定了“欠付租金”这个实体要件,对于承租人欠付租金的金额或者期数并没有做细化规定和要求,据此可以理解为只要承租人欠付租金而无论欠付的期数和金额如何,都符合租金加速到期的实体要件。

但有观点认为,[1]租金加速到期的法定条件由两方面的内容构成:一是仅限于承租人拒付租金;二是承租人欠付租金达到两期以上或者数额达到全部租金总额的15%。

那么“欠付租金两期以上”“数额达到全部租金百分之十五以上”,这两个条件从何而来?“两期”“全部租金百分之十五”这两个表述最早应源于2014年最高人民法院发布的最高人民法院《关于审理融资租赁合同纠纷案件适用法律问题的解释》(以下简称《融资租赁司法解释》),其中第12条规定:合同对于欠付租金解除合同的情形没有明确约定,但承租人欠付租金达到两期以上,或者数额达到全部租金15%以上,经出租人催告后在合理期限内仍不支付的,出租人可以解除合同。

该条实质上是对于出租人请求解除融资租赁合同条件的规定,对出租人主

[1] 李阿侠:《融资租赁案件裁判精要》,法律出版社2018年版,第456页。

张租金加速到期并不能直接适用,但是,有观点认为:[1]通过类推解释,租金加速到期的条件应与解除合同的条件保持一致,因为主张租金加速到期与解除合同是承租人欠付租金时出租人的两种选择,这两种选择没有先后之分、优劣之别,法律地位是平等的,如果两者的适用条件不一致,那么自然会产生孰先孰后、孰优孰劣的区别,有违立法本意。笔者并不赞同这种观点,首先因为租金加速到期是合同继续履行的一种特殊形式,其与解除合同的后果严重程度并不相同,前者合同仍继续履行,而后者双方的合同关系消灭;其次司法解释如果没有明确规定,不能通过类推解释来扩大司法解释中有关条款的适用范围。

但实务中,有些地方法院也持与此相同的观点,比如天津市高级人民法院《天津纪要》第9条规定:"融资租赁合同中未明确约定租金提前到期的条件,且当事人无法达成一致意见,承租人欠付租金达到两期以上或者数额达到全部租金百分之十五以上,且经催告后在合理期限内仍不履行支付义务的,出租人主张承租人支付全部租金的,予以支持。"上海市高级人民法院也持相同观点(参见《上海法院类案办案要件指南》第65页"以加速到期为请求权基础案件的认定和裁判规则"部分内容)。

这种观点对出租人不利的地方在于,如果租赁合同约定租金按季度甚至每半年度支付,在承租人拖欠一期租金时其财务状况已经严重恶化,等到承租人拖欠第二期租金还需要三个月甚至半年,届时承租人可能已经完全丧失了清偿能力,再起诉租金加速到期没有任何意义。只能主张解除合同,收回租赁物,但是很多情况下租赁物往往存在价值不足或者无法处置、变现等问题,最终导致出租人的债权无法得到清偿。

但我们探讨这个问题的前提是在合同没有明确约定的情况下,适用法定条件时,有法院认为需要逾期两期以上或金额达到15%以上,那么,出租人是否可以通过合同约定来排除这两个不利的法定条件呢?

二、租金加速到期的约定条件

(一)约定条件宽泛于法定条件,通常有约定从约定

在实务中,出租人为了更好地保护自己的权益,通常都会在融资租赁合同

---

[1] 李阿侠:《融资租赁案件裁判精要》,法律出版社2018年版,第457页。

中约定承租人的各种违约行为，只要承租人出现其中一种，出租人就有权加速租金到期，也就是说当事人约定的租金加速到期条件比法定的条件要宽泛很多，出租人做此约定的目的一是想要扩大权利范围，只要承租人有任一违约情形都可以选择加速租金到期；二是想通过约定排除法律对租金加速到期条件限制的规定，只要逾期一期且无论逾期金额大小出租人都可以加速租金到期；另外，出租人可能还有一个目的是想通过约定可以不经催告就直接主张租金加速到期。

根据当事人意思自治的原则，只要双方在合同中约定了租金加速到期的条件，且该等约定不违反法律的禁止性规定，通常法院会尊重当事人的意思自治，认为有约定的从约定。但在实践中，对于双方约定的某些租金加速到期条件，有些法院并不完全认可和支持。

（二）可能不被支持的约定加速到期条件

1. 约定承租人欠付一期租金，出租人即可加速租金到期

如前所述，有法院认为在合同没有明确约定的情况下，出租人主张租金加速到期需要满足承租人欠付两期以上租金或者欠付租金金额达到总金额的15%以上，这对出租人往往是不利的。为此，出租人通常会在合同中明确约定承租人只要逾期一期租金，出租人就有权加速租金到期，按照当事人意思自治的原则，如果合同这样约定，应当约定优先。但事实上有些地区的法院对此并不认可，以天津市高级人民法院和上海市高级人民法院为代表，《天津纪要》第9条第2款规定，融资租赁合同中约定承租人逾期支付一期租金时，出租人有权宣布租金提前到期的，出租人据此主张承租人支付全部租金的，不予支持；《上海法院类案办案要件指南》中表达了同样的观点。

持有该种观点的司法审判机关可能是考虑到融资租赁合同的特殊性，通常标的额也比较大，承租人逾期一期租金不算严重违约，如果直接宣布租金提前到期对承租人不公平，也可能会对承租人的生产经营造成重大影响，甚至决定承租人的生死，为了维护合同和交易的稳定性，才对出租人行使加速租金到期的权利进行更严苛的限制。

另外，也有的法院会根据案件的具体情况，虽不直接否定约定条件的效力，但是也不支持因逾期一期就加速租金到期的请求，例如，福州市鼓楼区人民法院在（2020）闽0102民初5103号判决书中提到：关于莆田萨拉曼公司是否存在根本违约，而应承担支付全部未付租金的责任问题。法院认为，根本违约是指

一方当事人迟延履行合同义务或其他违约行为导致合同相对方的合同目的无法实现。本案中,讼争双方由于涉疫情原因共同协商变更租金支付金额后,莆田萨拉曼公司已按约支付租金至第7期。第8期租金147256元本应于2020年5月6日支付但未支付,仲利公司于5月21日即提起本案诉讼,要求支付剩余全部未付租金。至起诉时,莆田萨拉曼公司欠付的仅第8期租金。虽合同约定承租人未依约清偿任何一期租金,出租人有权请求其支付全部未付租金。但考虑到双方系因合同所涉法律关系性质、效力问题发生争议,莆田萨拉曼公司并未丧失履约能力,且仲利公司未经催告合理期限即主张提前履行全部合同义务等因素,不能认定仲利公司受到实质性损害,合同目的无法实现,同时亦未实质性剥夺仲利公司根据合同获利的期待可能性。另外,疫情期间导致合同履行困难的,但不至于导致合同目的无法实现的,仍应引导当事人继续履行合同。综上,莆田萨拉曼公司应向仲利公司支付逾期支付的第8期租金147256元、第9期租金127256元、第10期租金98628元,并按照合同约定的年利率20%的标准支付自欠付之日起至款项还清之日止的逾期付款利息;莆田萨拉曼公司应继续履行《融资租赁合同》项下义务。

作为出租人无法改变审判机关的观点,只能从务实的角度出发,调整交易结构,做出更加合理的交易设计,避免出现对出租人不利的判决。据此,笔者提出以下建议:

首先,出租人尽量把承租人支付租金的周期缩短,尽量不要采取半年支付或者季度支付的方式,而选择按月支付。

其次,要注意诉讼策略,如果承租人出现一期逾期而且承租人的财务状况已经不容乐观或者有其他需要出租人立即加速租金到期的情形,则无论管辖法院对欠付租金的期数和金额持何种态度,出租人都应该先行起诉,因为法院对租金加速到期条件的认定是实体审查,从立案到开庭审理之间还需要经过一段时间,如果承租人已经陷入财务危机,在这段时间里他可能就会形成第二期逾期,那么在案件进入审理阶段时,承租人已经逾期两期以上,即使按照严苛的标准,也能够被认定符合租金加速到期的条件。

2. 约定承租人存在其他违约行为,出租人可加速租金到期

按照法定条件,只有在承租人出现欠付租金的违约行为时出租人方可主张租金加速到期,但是,实践中承租人可能存在其他一些严重的违约行为,会危害到出租人的根本利益,因此,出租人通常要求在合同中约定,承租人如果逾期支

付任何一期租金或者其他任何应付款项,或者存在擅自处置租赁物、财务状况恶化等情形时,出租人均有权宣布租金加速到期。

租金加速到期本质上是合同继续履行的一种特殊形式,也是一种特殊的违约责任承担方式。[1] 双方当事人对违约责任或者双方的权利义务进行特殊的约定无可厚非,但是,基于与"逾期一期租金不能宣布租金提前到期"同样的考虑,《天津纪要》规定:融资租赁合同中约定承租人存在逾期支付保证金、租前息等非租金给付义务违约行为时,出租人有权宣布租金提前到期的,出租人据此主张承租人支付全部租金,不予支持。这里直接否定了保证金、租前息逾期时可以加速租金到期的约定,但是对于其他的违约行为,比如承租人擅自处分租赁物、经济状况恶化等,如果约定出租人可以加速租金到期,能否得到法院的支持,尚不确定,因为这些义务其实也可以说是"非租金给付义务"。

实践中,出租人一般也不会在承租人未支付租前息或者保证金的情况下就直接加速租金到期,毕竟对出租人来说每一个项目做成也是付出了成本甚至历尽了艰辛,通常不会因为承租人的轻微违约就要求加速到期。但是承租人如果出现出租人认为将会影响其重大利益的其他紧急情形或者违约行为时,必须当机立断立即加速到期。因此,无论审判机关持何种观点,我们的要求能否得到支持,只要出租人认为需要在合同中约定的加速到期条件都应该明确写上。

3. 约定不经催告即可直接主张加速到期

法律规定出租人在宣布租金加速到期之前,需要先进行催告,之所以这样规定,系因考虑到融资租赁交易重大,租金加速到期可能直接导致承租人的生产经营困难,故给予承租人一次纠正违约的机会。[2] 但在实践中,有时因为情况紧急,为了抢先保全承租人的财产,出租人可能需要在承租人违约之后就立即起诉请求租金加速到期,因此,会在租赁合同中约定出租人可以不经催告即可直接要求加速到期,以此排除催告程序。

对此,有的法院认为该等约定违反了法律规定,因此是无效的,如福州市中级人民法院在(2018)闽01民终3771号判决书中提到:案涉《融资租赁合同》系采用上诉人仲利公司提供的格式条款所订立的合同,合同条款未约定出租人的催告义务,实质上排除了承租人依照《合同法》第248条规定所享有的在合理期

---

[1] 参见李阿侠:《融资租赁案件裁判精要》,法律出版社2018年版,第454页。

[2] 参见韩耀斌:《融资租赁司法实务与办案指引》,人民法院出版社2020年版,第203页。

间内补正迟延履行行为的主要权利，根据原《合同法》第 40 条关于“……提供格式条款一方免除其责任、加重对方责任、排除对方主要权利的，该条款无效”之规定，案涉合同关于出租人未经催告即可要求承租人支付全部未到期租金的相关条款应认定无效。

有些法院的处理方式是对条款的效力不做评论或认定，而直接认定起诉状送达承租人视为出租人催告，如《天津法院融资租赁合同纠纷案件审理标准》(津高法发〔2017〕2 号)第 4.4.1 条规定，出租人未经催告即起诉的，起诉状送达视为催告。这本质上还是认为需要有催告的程序。

从笔者检索的案例可以看出，目前法院的观点基本一致，都认为出租人加速租金到期需要履行催告程序，同时因催告时间对于租金加速到期日的确定有重要影响，也因此影响违约金的起算点，因此，建议出租人在承租人违约后第一时间就应向承租人发送书面的催告函，无论最终是否提起诉讼。

作者简介

原源律师，吉林大学经济学学士、吉林大学法律硕士，公司业务部主任、监委会主任；河南省律师协会国有资产管理法律专业委员会副主任、郑州市律师协会教育培训工作委员会副主任；河南省公司法专业律师郑州市“优秀律师”“优秀青年律师”“十佳律师”“优秀巾帼司法工作标兵”“三八红旗手”“先进工作者”；河南省人民检察院民事行政专家咨询委员会委员；河南大河财立方商业保理有限公司投资决策委员会委员；执业定位于投融资、国资管理、并购重组等法律事务；为秉原投资控股有限公司、郑州投资控股有限公司、河南省国有资产经营集团有限公司、河南省自然资源投资集团有限公司、河南中原金控有限公司、河南大河财立方传媒控股有限公司、中原航空融资租赁股份有限公司、河南省国创混改基金管理有限公司、河南国宏融资租赁有限公司、河南赛领资本管理有限公司等数十家单位提供常年法律顾问服务或专项法律服务，参与大量商事诉讼仲裁业务。

商业保理尽职调查法律实务

李　培

尽职调查,一般是指企业内部人员/外部顾问遵循勤勉尽责、诚实信用原则,通过各种有效方法和步骤对目标标的进行充分调查,掌握标的项目相关的主体资格、资产权属、债权债务等重大事项的法律状态及财务状况,对交易对手的还款意愿和还款能力作出判断,以合理评估目标标的的价值和风险的行为。其作为减轻交易各方的信息不对称性、为交易各方识别风险提供信息保证,并帮助交易各方对目标标的进行合理定价,广泛应用于兼并收购、重大资产转让、债务融资工具和风险投资等领域中。

一、尽职调查的必要性和局限性

(一)尽职调查的必要性

1. 风险控制。风险控制是尽职调查的首要作用,通过尽职调查最大限度地了解目标标的现状,进而控制因交易可能发生的风险,减少交易后的不确定风险。

2. 差异定价。决定一项交易价格的因素很多,除成本、预期收益外,还包括经营风险、财务风险、市场占有率、获利能力等,这些都需要通过尽职调查才能进一步确定。尽职调查获取的信息越充分,定价的参考因素的确定性也就越高。

3. 证据固定。尽职调查一般是调查方向被调查方提供一份清单,由被调查方根据清单提供书面材料,必要时调查方可对被调查方的相关人员进行访谈,并进一步提出补充清单，整个过程主要是书面审查，多数情况下还会要求被调查方在其提供的全部资料上加盖印章，从而实现证据收集与固定的目的。

（二）尽职调查的局限性

鉴于调查方所审查的资料多是被调查方提供的，这就决定了尽职调查往往离不开被调查方的积极配合，否则不仅尽调难度会增加，而且在材料的真实性和完整性无法保证的情况下必然难以保证尽职调查的全面性和及时性。另外，目前我国各类信息的公开度和透明度以及信息的完整性和及时性均存在较大的提升和改善的空间，这无疑也极大地限制了调查方的难度。

要求进行绝对的尽职调查，以揭露所有的潜在风险是不现实的，因此，尽职调查必须在一定范围内进行。

二、尽职调查的原则

（一）独立性原则

尽职调查必须保持客观中立的态度，不受其他部门和第三方的影响，形式上和实质上均保持独立。形式上的独立是指避免尽职调查参与方受到与目标标的存在利益关系的影响，调查方法和流程应符合尽职调查的基本形式要求；实质上的独立是指调查方要做到在发表意见和专业判断时公正中立。

（二）谨慎性原则

尽职调查的计划、工作底稿、报告的出具、报告的复核等应始终保持谨慎的态度，在存在不确定性的情况下作出判断时应保持审慎的态度，对异常情况保持反复甄别的态度，对没有确切证据支撑的事实应予以保守估计。

（三）全面性原则

调查工作应在时间和空间上尽可能涵盖所有决策时可能需要关注的、与目标标的有关的各个方面，如主体资格、历史沿革、治理结构、经营情况、主要财产、重大债权债务、涉诉及行政处罚情况等。

（四）重要性原则

针对不同行业、不同企业、不同目标标的要依照风险水平和尽调目的确定调查的重点范围，了解调查过程中不同资料和信息的重要程度，并根据目标标的的实际情况制定具体的工作方案。

（五）保密性原则

由于尽职调查的参与机构在调查过程中会接触到被调查方及目标标的非

公开信息和资料,参与调查的人员负有对这些资料和信息保密的义务,避免损害被调查方的合法权益。

三、尽职调查的主要方法和流程

(一)尽职调查的主要方法

1. 查阅。查阅是尽职调查的基础方法,调查方主要是通过查阅被调查方的基础资料了解该企业的基本信息、法律状态、日常运行与财务状况等。

2. 访谈。访谈主要是指通过与被调查方有关的高级管理人员、财务、销售等部门的相关人员进行对话,以便更为全面地掌握被调查方的基本情况,并可对已有资料进行核实。

3. 列席会议。调查方通过列席被调查方关于本次交易事项的股东会、董事会、总经理办公会等会议,对被调查方相关决议的真实性、产生过程进行明确,并能够对被调查方进行本次交易的商业目的进行深入了解。

4. 实地调查。实地考察可以更直观地对企业的经营管理水平、设备运行情况、安全生产和环境保护情况等进行了解,是直接而有效的方法。

5. 信息分析。调查方通过各种方法对收集到的信息、资料等进行分析,提炼实质性内容,从而得出结论性意见。

6. 印证。印证主要是指调查方通过有关机构对被调查方提供的资料、实地调查的结果等真实性进行确定。

(二)尽职调查的主要流程

1. 制定工作计划。工作计划主要包括调查目标、调查范围、工作方式、工作分工、工作时间、工作流程等。

2. 编制和提交尽职调查清单。调查方应根据具体的交易情况编制尽职调查清单,提交给被调查方,并要求被调查方严格按照客观、真实、全面、完整的原则提供清单上列明的文件资料。清单资料的收集和审查直接关系到尽职调查结果的真实性和全面性,也就是说,尽职调查清单的编制是调查流程中最基础也最重要的一个环节。

3. 收集尽职调查文件。调查方应督促被调查方严格按照尽调清单提供资料,包括原件、复印件、传真件等。同时,对于无对应原件的资料出具书面说明,对于有对应原件的复印件资料应在双方核对无误后由被调查方加盖印章或签字。

4. 访谈。在对文字性资料进行书面审查后,应在其初步分析的基础上,结合调查过程中存在的疑点,对通过沟通进行更深入了解的问题编制访谈纲要,并针对各相关人员进行有针对性的问答。

5. 形成尽职调查结论。调查方在整理全部工作底稿的基础上,根据调查过程中发现的风险问题制作调查报告,并形成调查结论。

四、商业保理项目尽职调查的主要内容

(一)基本情况

1. 主体资格。通过查阅被调查方的工商档案及经营资质,根据其设立、变更、存续状态等,判断被调查方是否具备合法经营和开展保理的主体资格。

2. 股权与实际控制人。对股东和实际控制人的调查,是识别关联交易、防范虚假交易和商业欺诈的重要步骤。保理商应对企业的股权结构和实际控制人进行调查,实际控制人应披露至国有控股单位或自然人。

3. 独立性。企业的独立性通常包括业务独立性、资产独立性、人员独立性、财务独立性以及机构独立性。企业的独立性是该企业将自身利益独立于控股股东、实际控制人和关联方,企业如不具备独立性,控股股东、实际控制人可以轻而易举地通过关联交易等手段转移企业资产、利润,从而损害债权人或中小股东的利益。故企业的独立性是保理商利益得以保障的必要条件。

4. 公司治理的有效性。公司治理主要是指企业通过合理地设置"三会一层"的治理架构,实现企业的规范运作。良好的公司治理是各方的合法权益得以保障的重要屏障,保理商在进行尽职调查时应搜集和审阅标的被调查方的公司治理结构和"三会一层"的具体制度,并核查其有效性。

5. 企业及个人信用情况。保理商应充分利用各种途径和方法了解基础交易参与方及其董事、监事、高级管理人员的信用情况。

6. 财务状况及或有事项。保理商应尽可能地查阅基础交易各方最近的审计报告和财务报表,核实其财务报表的真实性和合理性。同时,应对对外担保、未决诉讼或仲裁等或有事项进行特别关注。

7. 所属行业及行业发展前景。对特定行业及其发展前景的分析往往是保理商进入新的行业领域的必修课程,这也正是商业保理相对于银行保理的重要优势所在。

（二）基础交易的真实性

商业保理在业务办理过程中，始终面临着虚假交易、关联交易、应收账款重复转让、重复质押等风险，对基础交易真实性的审核可以说是商业保理尽职调查过程中最重要的环节之一。交易真实性往往是通过单据的真实性进行判断的，在整个交易真实性审查过程中需重点对商业发票、运输单据、保险单据、包装单据、原产地证书、检验证书、结汇单据、退税和核销单证等进行审核，其中发票审核最为常见。

随着监管手段的丰富，伪造发票的行为已不多见，而且保理商也可直接向税务局查询发票真伪。然而发票审核，除了要审核其合法性和真实性外，还需对发票信息进行详细审核，如收款人与债权人是否一致、货物描述与基础交易合同中的货物描述是否一致、票据金额与基础交易合同的约定是否一致等。

除通过发票判断基础交易的真实性外，运输单据、保险单据等单据的审核亦会对交易真实性的核查起到有效佐证的效果。例如，运输单据的审核，即是对发票审核的一项重要补充，可以通过发货人、收货人、发货时间、货物描述、货物数量及重量等与发票信息进行核对，通过各单据的相互印证，进一步对基础交易的真实性作出正确判断。

（三）应收账款转让合法可行

基础交易真实、应收账款合法可转让是商业保理业务得以进行的根本。在调查基础交易真实性的同时，也需要着力调查和判断应收账款的合法性。衡量一笔应收账款是否适合开展商业保理业务，可以从以下几个方面入手：

1. 可转让性。应收账款对应债权是否完整、有无法律上禁止转让的限制等是判断商业保理业务是否可行的前提。根据《民法典》第 545 条的规定，除当事人约定情况外，依据合同性质或法律规定不得转让的债权，不具有可转让性。通常来说，以下债权不得转让：(1)以特定身份为基础的债权，如扶养费请求权、养老金请求权；(2)以特定债权人为基础的债权，如工资、伤亡补助金等；(3)从权利不得单独转让。

2. 权利的完整性。应收账款债权转让除包括该笔款项的全部债权之外，还应包括在法律许可的范围内要求债务人依法对债权人行使债权而产生的各项费用和损失给予赔偿和补偿的权利、在债务人发生破产、清算、被关闭或其他类似的情况下，作为债权人参加清算或其他类似程序的权利、就全部或部分债权进行放弃、给予豁免或延期等权利、从属于应收账款的各项担保权益、实现债权的其他实体性权利和程序性权利，包括但不限于抗辩权、抵销权、管辖异议、时效抗辩等。

五、商业保理项目尽职调查常见问题

尽职调查过程中，调查方的调查结果往往是直接根据被调查方提供的资料得出的。那么，这个过程就不可避免地会存在被调查方有选择性地提供资料、对部分资料进行毁损、涂改、调换的可能，基于此，调查方可采取现场抽取部分资料的方式对被调查方提供资料的真实性及完整性进行印证。以现场抽取整套交易单据为例，调查方应注意如下事项。

（1）可于考察现场临时提出，不要提前通知客户。

（2）单据/文件必须覆盖交易全流程（招投标程序、商务合同的签订、验收）。

（3）特别审查商务合同是否有不适合操作保理业务的特殊条款，如不可转让、抵销条款等。

（4）凡是有差异或不符的情形，一律进行询问并记录在案。

作者简介

李培律师，中国地质大学工学学士、华中师范大学文学学士、郑州大学民商法学硕士，公司业务部副主任；郑州市优秀青年律师、郑州市律师行业优秀共产党员；执业定位于公司、国资运营、投融资等法律事务；为河南中建地产有限公司、大河报社、河南中原金控有限公司、中原金控（深圳）商业保理有限公司、中原金控（深圳）融资租赁有限公司、河南大河财立方传媒控股有限公司、河南大河财立方商业保理有限公司、河南国宏融资租赁有限公司、河南赛领资本管理有限公司、郑州千味央厨食品股份有限公司、河南来顺商业保理有限公司、郑州思念食品有限公司、河南多尔克司食品股份有限公司、河南华丽纸业包装股份有限公司等单位提供常年及专项法律服务，参与大量商事诉讼仲裁案件。

商业保理相关法律纠纷处理解析

李　培

保理业务是以债权人转让其应收账款债权为前提,集应收账款催收、管理、坏账担保及融资于一体的综合性金融服务。近年来,保理业务迅速发展,随之而来的便是一路增长的纠纷案件,由于现行法律尚未就保理合同作出专门规定,因此,对相关法律问题仍存有争议,本文将从基于基础贸易合同而生的商业纠纷和基于保理合同而生的保理合同纠纷两个层面对商业保理相关法律纠纷处理问题进行简要分析。

一、商业纠纷和保理纠纷的关系

结合保理业务的概念可知,商业保理由应收账款转让和保理两部分内容组成,因此与商业保理相关的法律纠纷也可从整体上分为两类,即基于基础交易合同产生的商业纠纷(以下简称商业纠纷)和基于保理合同产生的保理合同纠纷(以下简称保理纠纷)。

商业纠纷和保理纠纷的根本区别在于法律基础不同。商业纠纷产生的基础和争议的焦点都集中在基础交易合同,发生在基础交易买卖双方之间;而保理纠纷产生的基础是保理合同,可能发生在保理商与卖方之间,可能发生在保理商与买方之间,也可能发生在保理商与买卖双方之间。

两者之间存在一定但不必然的关系,即商业纠纷有可能引发保理纠纷,但保理纠纷的产生不一定与商业纠纷有关。

二、商业纠纷的处理规则

《民法典》及其他相关文件中均未规定有追保理和无追保理的具体概念，但根据《商业银行保理业务管理暂行办法》的规定："有追索权保理是指在应收账款到期无法从债务人处收回时，商业银行可以向债权人反转让应收账款、要求债权人回购应收账款或归还融资。有追索权保理又称回购型保理。无追索权保理是指应收账款在无商业纠纷等情况下无法得到清偿的，由商业银行承担应收账款的坏账风险。无追索权保理又称买断型保理。"

根据以上规定可知，在无追保理模式下，保理商自行承担债务人信用风险的前提是"在无商业纠纷等情况下"，也就是说商业纠纷的识别和处理对无追保理业务的权利义务分配有着重大影响。一旦发生商业纠纷，保理商应及时采取以下措施：

(1)发出商业纠纷通知。保理商应及时将其了解到的有关应收账款和商业纠纷的所有细节告知卖方，并提示卖方在一定期限内解决纠纷，要求卖方将纠纷解决进展情况及时告知保理商。

(2)暂停保理服务。一旦发生商业纠纷，保理商就不得不面对应收账款无法按时足额收回的窘境，且一旦处理不当，保理商也有可能卷入争议之中，为避免不必要的损失和争议，在发生商业纠纷后，保理商应暂停向卖方提供各项保理服务(尤其是融资服务)。

(3)逐渐降低融资比例。发生商业纠纷后，保理商可结合商业纠纷的性质、涉及金额、处理进度等各方面要素，逐渐降低融资比例。

(4)督促买卖双方协商解决。在采取对卖方的限制之前，保理商可促进买卖双方和平协商商业纠纷，督促两方积极地解决商业纠纷中的相关问题，并应对协商时间设立一个期限，期限届满买卖双方无协商结果的，再采取其他的手段。

(5)采用法律手段解决争议。

三、保理纠纷的处理规则

虽然我国尚无保理业务相关的直接立法，但随着保理纠纷案件的积累，相关纠纷争议解决机制已经得到进一步明确，逐步减少因理解不统一导致各地法院审理口径的差异。

1. 诉讼案由

由于保理合同是无名合同，最高人民法院《民事案件案由规定》中亦未规定保理合同纠纷的案由，因此，目前多数法院将其归入“合同纠纷”或“其他合同纠纷”项下，也有的直接将案由确定为“保理合同纠纷”。

2. 被告及第三人

（1）在有追索保理纠纷中，因保理商在将应收账款反转让给卖方之前，保理商还是买方的债权人，故保理商有权向买方主张求偿权；又因根据此类保理合同的约定，保理商可以要求卖方提前归还融资款或回购应收账款，保理商有权向卖方主张追索权。即在有追保理业务中，保理商有权同时向应收账款债务人和应收账款债权人主张求偿权和追索权。

（2）保理商仅以债权人为被告提起诉讼的，可以追加债务人作为第三人参加诉讼，以对基础合同关系、基础合同履行情况，以及应收账款转让通知情况等进行审查。

（3）保理商仅以债务人为被告提起诉讼的，如果债务人就基础合同的签订、履行以及享有抗辩权、抵销权等提出抗辩的，应当追加原债权人作为第三人参加诉讼。

3. 管辖法院

天津市高级人民法院《关于审理保理合同纠纷案件若干问题的审判委员会纪要（一）》中对管辖的确定进行了明确规定，“保理商向债权人和债务人或者仅向债务人主张权利时，应当依据《民事诉讼法》的有关规定，结合基础合同中有关管辖的约定确定管辖。保理商和债权人仅因保理合同的签订、履行等发生纠纷，按照保理合同的约定确定管辖。保理合同中无管辖约定或者约定不明确的，应当由被告住所地或者保理合同履行地法院管辖，保理融资款的发放地为保理合同的履行地。保理商向债权人、债务人及担保人一并主张权利的，应当根据债权人与债务人之间的基础合同确定管辖。保理商、债权人与债务人另有管辖约定的，按照其约定确定管辖”。结合具体案例，对于管辖法院的确定，总结如下：

（1）保理商单独起诉买方的，依据“基础合同”中约定管辖条款确定管辖权。例如在应收账款转让过程中，保理商未与买方重新达成管辖约定且基础交易合同管辖约定不违反法律规定的，通常认为基础交易合同管辖约定仍然有效。

(2)保理商单独起诉卖方的，依据保理合同的约定确定管辖法院，保理合同中未约定的，按照法律规定确定。

(3)保理商起诉卖方和买方，未就管辖法院进行新的约定或在应收账款转让通知中告知买方管辖法院或虽告知买方但买方未同意的，以基础合同约定管辖为准。应收账款债权转让属于合同中权利的转让，保理商未能证明其接受债权转让时不知道有管辖协议的，保理商应当受到基础合同约定管辖条款的约束。

(4)保理商起诉卖方和买方，应收账款债权转让通知书中明确了保理合同中约定的管辖法院为管辖法院，且买方对此未提异议的，视为各方就管辖法院达成新的约定，对于应收账款债务人具有约束力。

四、商业保理纠纷的预防

无论是商业纠纷，还是保理纠纷，对保理业务的正常开展都有巨大的危害，保理商有必要尽可能地防患于未然，对于下述应收账款尽量避免受让。

(1)关联交易产生的应收账款。虽然保理商在续作基于关联方之间的交易产生的应收账款项下的保理业务时，买方配合程度较高，但关联交易的公允性往往难以判断，而且比较容易互相串通，甚至恶意串通。

(2)互为对手方的交易所产生的应收账款。互为对手方的交易很可能导致基础交易双方之间互负债务，买方提出反请求和抵销的风险较大，增加了保理商对应收账款的核查难度。

(3)难以特定化的应收账款。标的物是合同的必备条款之一，应收账款难以特定化的保理合同的法律约束力存在瑕疵，并且被认定为“名为保理，实为借贷”的可能性较大。

(4)保证金类的应收账款。保证金不同于预付款，保证金仅是合同履行的一种担保手段，保证金的收取一般不意味着收入，不适合作为保理标的物。

(5)已经设定担保、被第三方主张代位权或其他存在法律限制措施的应收账款。虽然此类应收账款在到期时并不是必然无法付款，但其给保理商带来的不确定性是显而易见的，也不合适作为保理标的物。

(6)可能存在其他瑕疵的应收账款。除了对应收账款本身进行关注外,保理商在开展保理业务前还应对买卖双方的财务状况、经营情况、内部管理的严谨程度,实际控制人的征信情况、高管人员的决策力和稳定性,以及买卖双方之间的历史交易记录等进行关注。

作者简介

李培律师,中国地质大学工学学士、华中师范大学文学学士、郑州大学民商法学硕士,公司业务部副主任;郑州市优秀青年律师、郑州市律师行业优秀共产党员;执业定位于公司、国资运营、投融资等法律事务;为河南中建地产有限公司、大河报社、河南中原金控有限公司、中原金控(深圳)商业保理有限公司、中原金控(深圳)融资租赁有限公司、河南大河财立方传媒控股有限公司、河南大河财立方商业保理有限公司、河南国宏融资租赁有限公司、河南赛领资本管理有限公司、郑州千味央厨食品股份有限公司、河南来顺商业保理有限公司、郑州思念食品有限公司、河南多尔克司食品股份有限公司、河南华丽纸业包装股份有限公司等单位提供常年及专项法律服务,参与大量商事诉讼仲裁案件。

私募债发行法律分析

温亚丹

私募债券与公募债券相对应，又称“非公开发行债券”或“定向募集债券”，是指发行人在中国境内以非公开方式发行和转让，约定在一定期限还本付息的公司债券。私募债作为企业的直接融资工具之一，具有监管方式较为宽松、融资效率较高、资金用途相对灵活等特点。我国私募债业务最早始于场内交易市场，为拓宽中小微型企业融资渠道，2012 年，中国证券业监督管理委员会（以下简称中国证监会）主导并推出私募债，上海证券交易所和深圳证券交易所分别实施中小企业私募债业务试点，并发布了相应的试点办法，从发行人、合格投资者、发行备案、信息披露、投资者保护等方面对中小企业私募债业务进行规制。随后，作为多层次资本市场的组成部分，全国中小企业股份转让系统（“新三板”）、区域性股权交易市场（如浙江股权交易中心、天津股权交易所、深圳前海股权交易中心、齐鲁股权交易中心、上海股权托管交易中心等）根据企业的融资需求，亦在各自监管部门的批准下开展私募债券业务。

关于场内交易市场的私募债券业务，经过约 3 年的试点，中国证监会于 2015 年发布《公司债券发行与交易管理办法》（以下简称《管理办法》），上海证券交易所和深圳证券交易所也分别根据《管理办法》制定了相应的《非公开发行公司债券业务管理暂行办法》，对私募债业务进行了更加完善的规制，关于中小企业私募债的试点办法也相应废止。

关于区域性股权交易市场私募债券业务，2017 年 1 月，国务院办公厅发布《关于规范发展区域性股权市场的通知》（国办发〔2017〕11 号），规定在区域性股权市场发行或转让证券的，限于股票、可转换为股票的公司债券以及国务院有关部门按程序认可的其他证券，不得违规发行或转让私募债券。此后，各区域性股权交易市场开始对存量私募债进行梳理，排摸风险并实时跟踪兑付进展，逐步实现规模清零。

2018 年 12 月 7 日，上海证券交易所和深圳证券交易所分别发布了相应的《非公开发行公司债券挂牌转让规则》，进一步完善了对私募债业务的规制。

一、发行申报

发行私募债券需向监管部门履行发行申报手续。私募债券采用非公开发行方式，发行对象均为合格投资者，相比于企业债和公司债需要采用核准制发行而言，其监管方式较为宽松，一般仅需向监管部门履行备案手续即可。

根据中国证券业协会（以下简称证券业协会）发布的《非公开发行公司债券备案管理办法》，证券业协会对非公开发行公司债券备案实施自律管理，中证机构间报价系统股份有限公司具体承办非公开发行公司债券备案工作；拟在证券交易场所挂牌、转让的非公开发行公司债券，承销机构或自行销售的发行人应当在每次发行完成后 5 个工作日内向证券业协会报送备案登记表；证券业协会在其网站公示非公开发行公司债券的发行备案确认情况。

二、发行主体

从中小企业私募债试点到受《管理办法》规范约束的非公开发行公司债券，场内交易市场的私募债发行主体由中小微型企业扩展至几乎全部公司制企业。

需要注意的是，根据证券业协会于 2019 年 12 月 20 日发布的《非公开发行公司债券项目承接负面清单指引》，对于存在财务会计文件虚假记载、重大违法失信行为，已发行的公司债券或者其他债务有违约或迟延支付本息的事实仍处于继续状态，存在违规对外担保或资金被关联方或第三方违规占用仍处于继续状态，被监管部门采取行政监管措施，最近两年内财务报表曾被注册会计师出具保留意见且保留意见所涉及事项的重大影响尚未消除、或被注册会计师出具否定意见或者无法表示意见的审计报告，被有权部门认定为失信被执行人、失信生产经营单位或者其他失信单位并被暂停或限制发行公司债券，擅自改变前次发行公司债券募集资金的用途而未做纠正，本次发行募集资金用途违反相关法律法规或募集资金投向不符合国家产业政策等情形的公司，除金融类企业外发行债券募集资金用途为持有以交易为目的的金融资产、委托理财等财务性投资,或发行债券募集资金用途为直接或间接投资于以买卖有价证券为主要业务的公司,以及地方政府融资平台、存在违规行为的房地产公司、典当行、未能满足相应条件的担保公司、小贷公司等,承销机构不得承销其债券发行。

三、合格投资者

私募债券相较于公募债券而言具有高风险的特点,应当向具备相应风险识别能力和风险承担能力、知悉并能承担公司债券投资风险的合格投资者发行,并应向投资者充分揭示风险。私募债发行的市场不同,合格投资者的标准也不同。比如,上海证券交易所非公开发行公司债券的合格投资者包括经有关金融监管部门批准设立的金融机构及其发行的理财产品、净资产不低于人民币1000万元的企事业单位法人、合伙企业、合格境外机构投资者(Qualified Foreign Institutional Investor, QFII)、人民币合格境外机构投资者(RMB Qualified Foreign Institutional Investor,RQFII)、社会保障基金、企业年金等养老基金、慈善基金等社会公益基金、名下金融资产不低于人民币300万元的个人投资者等,且每次发行对象不得超过200人。

四、债券转让

非公开发行的公司债券可以申请在证券交易所、全国中小企业股份转让系统、机构间私募产品报价与服务系统、证券公司柜台转让。非公开发行的公司债券仅限于在合格投资者范围内转让,转让后,持有同次发行债券的合格投资者合计不得超过200人。

五、资金用途

相对于公开发行的债券募集资金应当用于核准的用途而言,非公开发行的债券募集资金用途更为灵活,发行人可根据自身业务需要合理设定募集资金用途并在债券募集说明书中披露,如用于偿还贷款、补充营运资金、项目投资、股权收购等。除金融类企业外,募集资金不得转借他人。

六、信息披露

信息披露是投资者权益保护中的重要环节,有助于投资人判断投资风险,及时作出投资决策。监管部门亦要求发行人及其他信息披露义务人制定信息披露事务管理制度,并指定专人负责信息披露事务,按照规定或约定履行信息披露义务。

1. 发行人

发行人需披露定期报告,定期报告包括年度报告和中期报告。发行人应当在每一会计年度结束之日起 4 个月内和每一会计年度的上半年结束之日起 2 个月内,分别向发行场所提交并披露上一年度年度报告和本年度中期报告。

债券存续期间,发生可能影响发行人偿债能力的重大事项,发行人应当及时向发行场所提交并披露临时报告,说明事件的具体情况和可能产生的后果。重大事项一般包括:发行人经营方针、经营范围或生产经营外部条件等发生重大变化;发行人资产负债发生重大变化;发行人作出减资、合并、分立、解散及申请破产的决定;发行人涉及重大诉讼、仲裁事项、受到重大行政处罚、行政监管措施或自律组织纪律处分;发行人控股股东或者实际控制人涉嫌犯罪被立案调查或者发生变更等。发行人披露重大事项后,已披露的重大事项出现可能对发行人偿债能力产生较大影响的进展或者变化的,还应当及时披露进展或者变化情况以及可能产生的影响。

2. 评级机构

发行人委托资信评级机构进行信用跟踪评级的,资信评级机构应当进行定期和不定期跟踪信用评级,跟踪评级报告应当由发行人和资信评级机构及时向市场披露。

需要注意的是,发行人及其他信息披露义务人按照法律法规的规定或相关约定履行信息披露义务的,相关信息披露文件应当由受托管理人向证券业协会备案。

七、债券持有人权益保护

债券持有人权益保护主要体现在受托管理人制度和债券持有人会议制度。

1. 受托管理人

发行公司债券的,发行人应当为债券持有人聘请债券受托管理人,非公开发行公司债券的,债券受托管理人应当按照债券受托管理协议的约定履行职责,维护债券持有人的利益。通常债券受托管理人的职责范围包括:持续关注和调查了解发行人和增信机构的经营状况、财务状况、资信状况、增信措施的有效性和偿债保障措施的执行情况,以及可能影响债券持有人重大权益的事项;持续督导发行人履行还本付息、信息披露及有关承诺的义务;监督发行人募集资金的使用情况;出现可能影响债券持有人重大权益或其他约定情形时,根据规定和约定及时召集债券持有人会议,并督促发行人或相关方落实会议决议;定期和不定期向市场公告受托管理事务报告;发行人预计或已经不能偿还债务时,根据相关规定、约定或债券持有人的授权,要求并督促发行人及时采取有效偿债保障措施,勤勉处理债券违约风险化解处置相关事务等。

2. 债券持有人会议

债券募集说明书中应约定债券持有人会议规则,债券持有人会议规则应当明确债券持有人通过债券持有人会议行使权利的范围,债券持有人会议的召集、通知、决策机制和其他重要事项。

一般情况下存在下列情形的,应当召集债券持有人会议:变更债券受托管理人或受托管理协议的主要内容;修改债券持有人会议规则;发行人不能按期支付本息;发行人减资、合并、分立、解散或者申请破产时拟采取的措施;偿债保障措施发生重大变化;发行人债务清偿能力面临严重不确定性,需要采取进一步行动的。

作者简介

温亚丹律师,河南财经政法大学法学学士,四川省社会科学院法律硕士,投融资业务部律师;执业定位于投融资、信托等法律事务;为河南农开投资基金管理有限责任公司、河南联创华凯创业投资基金管理有限公司、河南国宏融资租赁有限公司、中原航空融资租赁股份有限公司、河南省中豫文旅投资有限公司、河南中原金控有限公司、中国东方资产管理股份有限公司河南省分公司、河南省交通运输厅、河南五建建设集团有限公司提供常年或专项法律服务。

物业企业资产证券化法律实务

黄晶晶

2018年以来，伴随金融监管政策收紧和力度的加强，房地产的融资渠道进一步收缩，物业费资产证券化（Asset-Backed Securities，ABS）成为房地产企业融资渠道的重要补充。根据相关数据统计，2018年物业费资产证券化共发行12单，除北信瑞丰资产——彩生活物业资产支持专项计划1号外，其余原始权益人均为房地产开发企业的下属公司。对物业企业本身而言，物业费资产证券化不仅成功探索了非上市物业企业融资的新渠道，同时有效盘活了物业企业管理的存量资产。

一、物业企业资产证券化的特点

（一）物业企业的特点

首先，物业行业发展较晚，市场高度分散，物业企业规模普遍不大。其次，由于物业公司属于轻资产企业，资产规模较小且没有可供抵押的基础资产，较难通过传统融资的方式获得资金支持。再次，物业行业属于劳动密集型服务行业，利润率较低。最后，物业企业往往和母公司（一般为房地产公司）有各种各样的关联，随着房地产行业的竞争加剧和产品趋于同质化，物业管理作为树立房地产品牌和延续房地产项目开发理念的重要组成部分，越来越多的房地产开发企业开始重视物业管理的作用，通过高品质的物业管理服务实现产品的高附加值，获得竞争优势。当然随之而来的是其与母公司的往来会比较多。

这些特点决定了物业企业通过传统常规的手段融资比较困难。

(二)物业企业资产证券化的特点

物业企业资产证券化一般表现为物业费资产证券化,与其他收益权类资产证券化项目相比,物业费资产证券化主要有以下两个特点:一方面,物业公司的资产规模和利润空间均较小,但现金流相对来说较稳定,物业公司本身的融资需求实际上并不大,且从上文分析的2018年已发行情况来看,发起人(原始权益人)多是房地产企业的关联物业企业,在房地产市场宏观调控趋严、房地产企业融资渠道受限的情况下,发行资产证券化产品的更大意义是为拓宽其母公司房地产企业的融资渠道。另一方面,与物业公司较小的资产规模相比,单笔物业费资产证券化项目发行规模一般较大,在物业公司本身信用水平较低的情况下,外部增信方的信用水平对产品信用等级的影响较大,从已发行情况来看,物业费资产证券化项目信用等级均依赖差额支付承诺人或保证人等外部增信方的信用。

此外,对于物业企业而言,其优势又表现在:首先,融资规模大。资产证券化融资模式下,系根据每年的物业费收入规模和融资期限测算融资规模,与净资产无关。其次,融资期限长,可发行5年、3+3年、5+2年、5+5年等多种期限结构的产品。再次,融资用途不受限制,可自主决定募集资金的用途。复次,融资成本相对较低,根据物业公司和其母公司的资质,融资总成本可在控制在5%~7%。最后,操作周期短,目前物业企业ABS模式已经很成熟,一般仅需要2个月左右的操作周期即可。

二、基础资产的筛选与审查

(一)基础资产的筛选标准

在物业费资产证券化项目中,基础资产的筛选直接关系着未来的现金流以及项目的持续性和退出,基础资产的筛选标准主要包括以下几个方面:

一是基础资产的有效性,也即物业合同的效力及履行情况:原始权益人已经履行并遵守了基础资产所对应的任一份物业合同项下的应尽义务;委托人合法存续;原始权益人合法拥有基础资产,且在基础资产上未设定抵押权、质权或其他担保物权;基础资产可以进行合法有效的转让,且无需取得委托人或其他第三方的同意;到期物业费最新一年的缴费率均已到达一定的标准,且不存在其他实质性的重大违约情况;在受托人妥为履行其在物业合同中的义务时,委托人在物业合同项下不享有任何主张扣减或减免应付款项的权利;基础资产不涉及诉讼、仲裁、执行、破产程序或被强制执行司法程序。

二是计费面积,住宅类物业的计费面积在交付以后相对来说比较稳定,但非住宅类物业的计费面积因出租率等因素的影响,导致稳定性较差,需要在测算现金流时予以考虑。

三是物业费收费标准,因目前物业收费实行政府指导价和市场调节价,物业管理部门不得随意更改及重复征收,故物业收费标准一经确定,变更尤其是调低的可能性较小。

四是收缴率,合理的物业费标准、优质的物业服务质量和有效的催收措施都会提高物业费的收缴率,因此,在收缴时以上因素都需要予以考虑。

五是物业项目的交付情况。物业交付之前,缴费方为开发商,物业交付使用后,缴费主体主要变为业主,因物业公司多为其母公司开发商的物业,关联方缴费占比过高会对基础资产的现金流产生不利影响。此外,物业费包含的类型、物业合同期限和合同续约等问题也会对现金流的稳定性产生影响,这些都需要予以重点考虑。

(二)基础资产转让行为审查重点

律师在参与物业企业资产证券化业务中,在对基础资产转让行为发表法律意见时,应重点审查形成基础资产的相关合同(《物业合同》《委托贷款合同》《信托合同》)中,是否有限制转让物业费收费权、委托贷款合同债权、信托受益权的相关条款,是否已经履行了基础资产转让的外部相关程序(出具物业费收费权/委托贷款债权/信托收益权转让通知等),是否已履行了内部决策程序,取得了转让基础资产的合法有效的内部授权。

三、物业费 ABS 交易结构安排

(一)交易结构分析

从 2018 年已发行的项目来看,物业费资产证券化的基础资产分为物业费收费权、委贷合同债权、信托收益权三种,物业费资产证券化交易结构主要有以下三种:

一是以物业合同债权作为基础资产，直接将其转让给资产管理专项计划的结构。在此交易模式下，专项计划管理人以物业公司持有的物业合同项下债权作为基础资产发行物业资产支持专项计划，并将基础资产转让给专项计划，担保人承担差额支付义务或提供其他担保措施。

二是将以物业合同债权作为质押财产的委托贷款债权为基础资产，然后将委托贷款债权转让给资产管理专项计划的结构。在此交易模式下，原始权益人委托银行向物业公司发放委贷，物业公司以物业合同债权作为质押，原始权益人将委托贷款转让给专项计划，管理人以委托贷款债权作为基础资产发行物业资产支持专项计划，将基础资产转让给专项计划，原始权益人承担差额支付义务，并与其他担保人共同提供补充担保措施。

三是将以物业合同债权作为质押财产的信托受益权作为基础资产，然后将信托受益权转让给资产管理专项计划的双特殊目的公司结构。在此交易模式下，原始权益人委托信托公司设立单一资金信托向物业公司发放信托贷款，物业公司以物业合同债权作为质押，原始权益人将信托受益权转让给专项计划，管理人以信托受益权作为基础资产发行物业资产支持专项计划，将基础资产转让给专项计划，转让后物业公司的质押财产同时转让，差额支付承诺人承担差额支付义务，其他担保人提供补充担保措施。

与第一种交易模式相比，后两种交易模式主要具有两个优势：一是物业合同债权属于未来债权，在物业公司存在违约或不适当履行合同的情况下，委托人有权拒绝支付物业费，但是在原始权益人发放委托贷款或者信托贷款后，借款人必须履行还款的义务，委托人将不确定的未来债权转化为确定的委托贷款债权或者信托受益权，可以较好地界定基础资产的属性；二是在后两种交易模式下，物业合同债权作为质押财产，为委托贷款和信托受益权本息的偿还提供保障。当物业合同履行发生风险时，如发生物业合同未能续签以及物业费的收缴率下降等情况时，委托贷款债权或信托受益权为基础资产的交易结构安排，能够保证基础资产现金流的规模和期限都是确定的。此外，双特殊目的公司交易结构的设计，能够有效地实现风险隔离。

(二)物业费资产证券化增信措施

1. 优先级/次级的交易结构安排

优先级与次级的分级结构是物业费资产证券化产品中最常见、最基本的内部增信措施。从已发行的物业费资产证券化项目来看，基本所有项目都设计了优先级/次级的内部增信措施，在合同条款设计上表现为：优先级资产支持证券优先于次级资产支持证券获得分配，专项计划存续期间，在偿付完毕当期优先级资产支持证券的收益和本金前，不分配次级资产支持证券的收益。次级资产支持证券对优先级资产支持证券提供了一定的信用支持作用。

2. 物业合同债权质押

在以委托贷款和信托受益权为基础资产的交易结构下，物业公司将物业合同债权作为质押财产最终质押给专项计划，并以质押财产项下产生的回收款作为主要还款现金流。在专项计划发生兑付困难时，除通过差额支付和保证担保等方式弥补现金流的不足外，质权人还可处置质押财产。

3. 差额支付承诺和保证担保

差额支付承诺和保证担保的外部增信方式是物业费资产证券化中最重要的增信方式。差额支付承诺一般由原始权益人（或其关联方）以出具《差额支付承诺函》的形式做出，承诺在专项计划存续期间，如果在任一期基础资产预期收益分配前的资金确认日，发现专项计划账户中的资金余额不能支持该期优先级资产支持证券的利息和本金时，则由差额支付承诺人按管理人的通知要求将差额部分足额支付至专项计划的账户中。

实践中对差额支付承诺的债权保障效力认定基于承诺内容，主要包括保证式，债务承担式及赠与式，保障效力依次递减，应注意审查是否满足主体为债务人以外第三人的要求，是否满足书面合同的形式要件，内容是否体现保证的意思，明确补足的范围应至少涵盖债权本金、利息（收益）、违约金、损害赔偿金及实现债权的费用，明确补足的时限，责任承担是否落实为连带责任，建议尽量促成连带责任保证式。

4. 超额现金流覆盖

基于未来现金流的不确定性，所有的应收账款类项目均通过超额现金流覆盖的方式对专项计划进行增信。物业费资产证券化除了收缴率、合同存续期和合同续签等问题外，基础资产现金流相对来说较为稳定，因此超额现金流的覆盖对于物业费资产证券化的增信效果较强。

依据《最高人民法院关于审理买卖合同纠纷案件适用法律问题的解释》第36条规定“买受人已经支付标的物总价款的百分之七十五以上，出卖人主张取回标的物的，人民法院不予支持”，实践中一般认为不低于基础资产价款的75%

即视为价格合理。故在资产证券化业务中应注意超额覆盖率、折价率等价格约定,确保高于基础资产价款的75%。

5. 回购承诺

回购承诺是指在专项计划存续期内,当出现触发回购的事件或时点时,由原始权益人对专项计划基础资产以其当时价值对应的价格进行回购的承诺。

四、物业费资产证券化风险分析及缓释措施

(一)资金混同风险

资产证券化的一个关键环节就是要实现风险隔离。基础资产转让后,要达到跟原始权益人的资产进行完全隔离,才能切实保护投资人的利益。在现金流归集环节,业主或者开发商缴纳的物业费首先进入物业公司的收款账户,在收款账户内基础资产现金流与物业公司的其他收入混同,可能造成资金被挪用的风险。

缓释措施:要求物业公司在监管银行处设立监管账户,并约定相应的资金划转流程和防范措施;设置加速归集条款,在发生增信主体信用等级下降等相关情形时,加快现金流的归集与划转频率;设置提前终止事件,当发生对主体信用产生重大不利影响的事件时,提前终止专项计划。

(二)关联交易风险

关联交易风险产生于两个方面:一是以委托贷款债权或者信托受益权为基础资产的项目中,贷款的发放主体一般为物业公司的关联公司,大部分时候为作为其母公司的房地产公司;二是在物业交付至业主前,物业费的缴纳主体为开发商,在统计的已发行的物业费资产证券化项目中,发行主体多数为开发商物业,若开发商不按期足额缴纳物业费,将对专项计划的现金流产生重大不利影响。因此,关联交易风险也需要重点关注。

缓释措施:一是尽量选择交付率较高的物业项目;二是增加项目数量,分散因单个项目缴费不及时对专项计划整体的影响。

(三)合同续签风险

物业费资产证券化项目的现金流依赖于物业合同,如果在专项计划存续期间,发生因物业合同到期不再续签或物业管理人被委托人解约的情况,可能发

生当期预期现金流不足以覆盖各偿还时点应付本息的风险。

缓释措施：设置对不合格资产进行替换或赎回的合同安排，并明确相应的违约责任。

作者简介

黄晶晶律师，郑州大学法学学士、民商法硕士，房地产业务部律师；执业定位于投资融资、房地产等相关法律事务；为河南中建地产有限公司、河南省国土资源开发投资管理中心、河南省国有资产控股运营集团有限公司、河南省国控基金管理有限公司、河南省国创混改基金管理有限公司、河南国土开发投资有限公司、河南神火光明房地产开发有限公司、河南神火集团新利达有限公司、郑州市妇幼保健院、东方资产管理公司河南省分公司、中信国安河南农业发展有限公司、开封市文化旅游投资集团有限公司、河南光大欧安乐龄医疗养老股份有限公司等提供常年或专项法律顾问服务，参与大量商事诉讼仲裁案件。

债权债务概括转移纠纷裁判规则

吕小标

债权债务概括转移,是指合同当事人将其依据合同享有的权利与义务一并转移给第三人,这既可基于法律的规定而产生,也可基于当事人之间的法律行为而产生,而本文主要涉及合同约定概括转移的情况。

一、民事案由的确定应充分考虑当事人诉争的法律关系性质并根据《民事案件案由规定》确定

案例索引:湖北鸿图置业有限公司、鄂州市银平城建开发有限公司债权债务概括转移合同纠纷再审民事判决书,(2018)最高法民再156号。

裁判观点:关于原判决认定的案由是否正确的问题。民事案件案由是民事案件名称的重要组成部分,反映案件所涉及的民事法律关系的性质,是对诉讼争议所包含的法律关系进行的概括。本案一审原告银平公司的诉讼请求共三项,第一项请求解除银平公司与鸿图公司签订的《合同权利转移协议书》;第二项请求判令鸿图公司返还银平公司因履行《合同权利转移协议书》支付的727万元合同价款和该资金被占用期间的利息及损失350.5076万元;第三项请求判令被告承担诉讼费用。说明本案诉讼争议所包含的法律关系是围绕《合同权利转移协议书》而产生的。《合同权利转移协议书》载明:(1)鸿图公司为了履行与神舟公司签订的合同,已支付给神舟公司710万元,鸿图公司将该债权转移给银平公司,银平公司同意接受该债权。(2)除债权外,鸿图公司与神舟公司签订的《房地产转让合同》的其他权利,也一并转移给银平公司,银平公司同意

接收。(3)合同权利转移后,鸿图公司不再参加项目的开发经营,所形成的收益或责任全部由银平公司拥有和承担。(4)鸿图公司剩余的应付款项,由银平公司代付。上述合同内容表明,鸿图公司是将其在《房地产转让合同》中的权利、义务一并转让给银平公司,《合同权利转移协议书》应否解除,基于《合同权利转移协议书》支付的款项及损失如何处理都是在鸿图公司将权利、义务转让给银平公司的过程中产生的纠纷,因此,法院依当事人诉争的法律关系性质确定本案案由为债权债务概括转移合同纠纷与事实及《民事案件案由规定》相符,本院予以确认。鸿图公司再审申请称《合同权利转移协议书》实际上表明银平公司、鸿图公司之间重新达成合作房地产开发的分工,故本案的案由应定为合资、合作开发房地产合同纠纷的理由不成立。

裁判要旨:民事案由的确定不仅是以当事人诉争的合同名称机械判断,而是要综合考虑当事人诉争的法律关系性质及相关事实,并根据《民事案件案由规定》来确定,以明确各方权利义务,划分各方责任。

二、债权债务概括转移要经原合同的相对方同意方对其有效

案例索引:杨某元与章某成、章某冰、章某翀债权债务概括转移合同纠纷申请再审民事裁定书,(2014)民申字第513号。

裁判观点:民事案件案由是民事案件名称的重要组成部分,反映案件所涉及的民事法律关系的性质。法院已查明的本案相关事实为,2006年1月7日,章某成、蔡某玉与杨某元签订了一份《转让协议书》。2006年4月23日,章某成、蔡某玉与杨某元又签订了一份《补充协议书》。从《补充协议书》的约定内容看,双方当事人将《转让协议书》约定“章某成、蔡某玉(甲方)将江西靖安县注册的‘江西三爪仑旅游开发有限公司’整体转让到杨某元(乙方)开发”的有关内容变更为“章某成、蔡某玉(甲方)将在2001年12月16日与靖安县人民政府签订的虎啸峡至画家洲生态旅游项目开发协议书的合同全部转让给杨某元(乙方)开发”。由此可见,双方当事人的最终意思表示为由杨某元承受2001年12月16日章某成与靖安县人民政府签订的《虎啸峡至画家洲生态旅游项目开发协议书》项下的权利和义务,杨某元与章某成、蔡某玉之间的法律关系符合债权债务概括转移合同法律关系的特征,本案的诉讼纠纷应为债权债务转移合同纠纷。二审判决对本案案由的确定并无不妥。

根据前述分析,本案的诉讼纠纷为债权债务转移合同纠纷。原《合同法》第

88 条(现《民法典》第 555 条)规定:“当事人一方经对方同意,可以将自己在合同中的权利和义务一并转让给第三人。”根据上述规定,章某成将《虎啸峡至画家洲生态旅游项目开发协议书》中的合同权利义务全部转让给杨某元,应当经该协议的相对方靖安县人民政府同意。但章某成在转让《虎啸峡至画家洲生态旅游项目开发协议书》时,未经靖安县人民政府同意或追认,杨某元与章某成、蔡某玉签订的《转让协议书》和《补充协议书》依法虽已成立但未生效。一审判决主文中的有关说理部分存在不当,二审法院已予以纠正。二审判决对本案的判定适用法律并无不当。

裁判要旨:债务的转移需要合同相对方同意,而债权债务概括转移亦需要合同相对方同意,因为此种行为涉及转移后是否加大了债务履行的风险、合同相对方的债权能否实现等问题。

三、因部分债务转移未经债权人同意而无法履行的,不影响债权债务概括转移合同的有效性

案例索引:巩义市天久冶金有限公司与巩义市民权炉料厂债权债务概括转移合同纠纷案,(2011)豫法民申字第 3032 号。

裁判观点:天久公司主张已经收回 825280 元的债权,经本院询问,天久公司认可受让的 1125438. 45 元债权中,已经收回 1049310. 23 元,但天久公司仅偿还 518539. 82 元债务,天久公司的行为已经构成根本违约,应承担违约责任。天久公司未收回的债权可以继续清收,因债务转移未征得债权人的同意,对债权人不发生法律效力,未偿还完的债务天久公司应支付给民权炉料厂,由民权炉料厂负责偿还。(2007)巩民初字第 1444 号民事判决仅认定转移债务未经债权人同意,对债权人不发生法律效力,并未认定债权债务转移协议为无效协议,故天久公司主张判决之间存在矛盾,理由不足,不予支持。

裁判要旨:合同中约定的债务转移因未经债权人同意而对债权人不发生法律效力,但是并不能因此否认债权债务概括转移合同本身的法律效力。

四、债权债务概括转移合同涉及多方当事人的权利义务关系,未有明确约定、合同已经部分履行且未经守约方同意的情况下,一般不支持当事人解除合同的诉请

案例索引:深圳市澎柏置地实业有限公司、深圳世纪星源物业发展有限公

司债权债务概括转移合同纠纷案,(2017)粤03民终12867号。

裁判观点:按2010年9月17日《协议书》关于该协议自三方签章之日生效的约定,该《协议书》已经生效,世纪星源物业公司即已继受《深圳市龙岗区平湖街道平湖社区旧村改造合作开发意向书》和《深圳市龙岗区平湖街道平湖社区旧村改造初步协议》中的债权、债务。按照《深圳市龙岗区平湖街道平湖社区旧村改造合作开发意向书》中"本意向书为双方在该旧改项目上的共识,具体内容及未尽事宜以正式的合作合同为准"以及《深圳市龙岗区平湖街道平湖社区旧村改造初步协议》中"本协议为双方在该旧改项目上的初步协议,具体内容及未尽事宜以正式合同、协议及补充合同、协议加以完善和补充"的内容,在其后世纪星源物业公司的关联公司即世纪星源股份公司在前述意向书和初步协议基础上已与平湖股份公司重新签订《平湖旧村合作改造合同书》及《补充协议》的情况下,世纪星源物业公司自澎柏公司受让的前述意向书和初步协议中的原债权、债务,实则已因世纪星源物业公司与平湖股份公司在受让后的继续协商签约而经履行消灭,并以签订《平湖旧村合作改造合同书》及《补充协议》的方式形成新的合同债权、债务。

澎柏公司本案系以世纪星源物业公司未按《协议书》约定支付费用为由而主张行使对涉案《协议书》的法定解除权,而根据原《合同法》第97条(《民法典》第566条)关于合同解除后法律效果的规定,合同解除后应恢复原状,但在世纪星源物业公司自澎柏公司受让的《深圳市龙岗区平湖街道平湖社区旧村改造合作开发意向书》和《深圳市龙岗区平湖街道平湖社区旧村改造初步协议》中的原债权、债务已经消灭的情况下,在法律上已不能恢复原状,如认为涉案《协议书》可以解除,则世纪星源物业公司、平湖股份公司在该协议书让与的债权债务基础上后续形成的新的权利义务关系将可能受此影响,导致各方当事人之间的法律关系更加复杂化,在依本案现有证据平湖股份公司对澎柏公司不构成根本违约的情况下,解除涉案《协议书》亦可能不当损及平湖股份公司基于其后《平湖旧村合作改造合同书》及《补充协议》所享有的合法权益。鉴于债权债务概括转让合同的特殊性质及法律后果,一审判决未支持澎柏公司行使解除权并无不当且利于衡平各方当事人的利益,判决结果亦未实质影响澎柏公司依据涉案《协议书》所享有的合同权益,澎柏公司如认为对方未履行涉案《协议书》中的义务,仍可依法依约向其主张承担其他类型的违约责任。

广东省高级人民法院在(2018)粤民申10553号民事裁定书中,也驳回了澎柏公司的再审申请,支持了本案一审、二审的观点。

裁判要旨:因债权债务概括转移涉及各方的权利义务关系,相对较为复杂,一般不支持解除,而对于违约方的违约行为,受损失的一方可根据合同约定和法律规定向其主张违约责任。

作者简介

吕小标律师,河南财经政法大学管理学学士,诉讼仲裁业务部副主任;具有证券从业资格、上市公司独立董事任职资格;执业定位于商事诉讼和仲裁业务;先后为招商银行股份有限公司郑州分行、长安新生(深圳)金融投资有限公司、河南一建第七建筑工程有限公司、河南涛龙建筑工程有限公司、郑州铁路职业技术学院、郑州黄河大观有限公司等单位提供诉讼法律服务,代理金融借款、民间借贷、建设工程、房屋买卖等案件百余起。

三、房地产篇

(一)土地一级业务

"勾地"路径法律解析

陈　徽

一、"勾地"的渊源

(一)"勾地"概念起源

勾地概念源自香港,其产生背景为:在20世纪90年代末,受金融危机影响,香港楼市陷于低迷。为防止土地流拍或被"贱卖",香港政府暂停土地拍卖,转而采用"勾地"制度。"勾地"的字面意思是"从土地储备表中勾出并安排供应",其基本流程如下:

1. 每年年初香港地政总署进行前期市场调研,了解开发商和房地产市场的土地需求情况(市场调研);

2. 地政总署根据开发商和市场的需求,结合政府意识制定年度土地出让的勾地表,并公示勾地表的所有土地(列出勾地表);

3. 开发商对有需求的土地进行报价申请,如底价达到政府心理价位(一般是土地评估值的80%),则勾地成功,政府对勾出土地进行拍卖公示(勾地及公示);

4. 土地拍卖,以勾地者最初勾地价为底价,价高者得,且提出勾地申请的开发商必须参与竞价;如无应价者,土地由勾地者以最初勾地价成交(拍卖成交)。

(二)内地"勾地"概念肇始

目前,国内相关法规、政策文件中,明确提及"勾地"概念的,出现在2006年国土资源部提出的《招标拍卖挂牌出让国有土地使用权规范(征求意见稿)》(以下简称《国有土地使用权规范征求意见稿》)中。《国有土地使用权规范征求意见稿》第5.4条提出:“单位和个人对具体宗地有使用意向的,可以提出勾地申请,并承诺愿意支付的土地价格。市、县国土资源管理部门认为其承诺的土地价格和条件可以接受的,应当及时以招拍挂方式出让该宗地。提出勾地申请的单位和个人应当参加该宗地的招标拍卖挂牌出让活动,且报价不得低于其承诺的土地价格。”

通过比对,我们可以发现相比于香港的勾地制度,在征求意见稿中没有“市场调研”、“列出勾地表”等程序,直接从勾地申请开始,通过公式及拍卖成交确认。

(三)“勾地”概念演变——用地预申请

或许是因程序不同为避免混淆,又或许因当时媒体和舆论对“勾地”二字本身过于关注,为避免影响这一制度的实施,在2006年5月31日国土资源部颁布的《招标拍卖挂牌出让国有土地使用权规范》(国土发[2006]114号,以下简称《国有土地使用权规范》)中,用“用地预申请”代替了“勾地”二字。

《国有土地使用权规范》第5.4条对“用地预申请”予以明确:“为充分了解市场需求情况,科学合理安排供地规模和进度,有条件的地方,可以建立用地预申请制度。单位和个人对列入招标拍卖挂牌出让计划内的具体地块有使用意向的,可以提出用地预申请,并承诺愿意支付的土地价格。市、县国土资源管理部门认为其承诺的土地价格和条件可以接受的,应当根据土地出让计划和土地市场情况,适时组织实施招标拍卖挂牌出让活动,并通知提出该宗地用地预申请的单位或个人参加。提出用地预申请的单位、个人,应当参加该宗地竞投或竞买,且报价不得低于其承诺的土地价格。”

2007年,国土资源部《关于落实工业用地招标拍卖挂牌出让制度有关问题的通知》(国土资发〔2007〕78号)再次明确要求:建立用地预申请制度,及时了解工业用地的需求情况,科学合理安排工业用地出让的规模、结构、布局、进度和宗地规模、产业类别、土地使用条件等,保证工业用地招标拍卖挂牌制度的有效落实。

(四)“勾地”特点

综上,国内的“勾地”制度实际上就是用地预申请制度。本文所谈一般指意向用地者提前与政府沟通,商定目标地块范围、规划指标、供地条件、供地时间、产业和开发建设要求、地价水平等条件，由政府按约定组织土地招拍挂，企业通过招拍挂途径合法获取土地。

由前述内容可知，“勾地”有几项基本特征：

1. “勾地”之前，政府会与开发商存在一定沟通与协商。对于开发商而言，其诉求在于以合适的条件和价格拿到项目用地用于产业和房地产开发；对于政府而言，为引入提升城市品质和竞争力、容易产生社会效益的项目，或引入经济效益较好、税收较高的产业项目，以带动就业或税收。因此，开发商诉求与政府对目标地块和相关产业的期待衔接，需要就供地条件、地价水平、开发建设和产业运营要求等沟通协商。

2. “勾地”成功的，土地一定会成交而不会流拍，这也是政府乐于使用用地预申请制度的原因之一。基于用地预申请时开发商出具的承诺、支付的保证金以及对于违约不参与招拍挂程序时诚信惩戒措施，提出勾地申请的开发商都会在招拍挂阶段参加竞买。

3. 无论如何“勾地”，最终仍须履行公开的招拍挂程序，相关前期沟通条件是否合法，是否可写入招拍挂供地文件中，须特别注意。

二、“勾地”路径及各程序中须关注的要点

一般而言，实务中典型的“勾地”路径如下：

(1) 意向用地者与政府部门沟通协商，就土地条件达成一致。主要包括土地位置、面积、用途、容积率等规划指标，竞买人资格、条件限制，开发建设内容、自持比例、自持期限，供地安排、供地时间、供地方式，供地价格水平、付款方式等。

(2) 沟通完成后，市、县国土资源部门将具体地块信息向社会公开。一般公开时会同时附有《建设用地使用权出让预申请须知》，以前期沟通条件为基础，制作拟出让地块预申请要求，同时《建设用地使用权出让预申请须知》中一般附有《用地预申请表》格式；

(3) 意向用地者按照《建设用地使用权出让预申请须知》要求向市县国土资源管理部门提交《用地预申请表》，提出用地预申请，并承诺愿意支付的土地价格；

(4) 市、县国土资源管理部门对用地预申请进行审查，认为所承诺的土地价格和条件可以接受的，在收到预申请 20 日内告知申请人目标地块的出让安排，

通知其参加国土资源部门组织的该地块招标拍卖挂牌出让活动；

(5)提出用地预申请的意向用地者，必须参加该宗地竞投或竞买，且报价不得低于其承诺的土地价格。如果未按时参加该宗地的竞投或竞买，或在该宗地的竞投或竞买中报价低于《用地预申请表》中所承诺的土地价格，均为违约，应承担违约责任。

三、“勾地”过程中招拍挂条件的法律分析

对于开发商而言，“勾地”条件谈妥并签订框架协议后，接下来是如何尽可能在招拍挂中取得土地。土地招拍挂的条件是否合法，是必须关注的核心问题。

(一)具备相关法律依据的挂牌条件

1. 提供资金证明。

提供一定数额的银行存款资金证明或缴纳竞买保证金，可进一步要求资金证明开具日期，设置金额越大(但不超过拟挂牌土地市场价)，在客观上排除竞争对手的能力越强，以锁定资金实力较强的申请方。

2. 根据前期沟通结果，确定适于特定项目开发的规划指标。

3. 设定竞买人的竞买资质，如具备一级开发资质等。

相关法律依据在于《招标拍卖挂牌出让国有建设用地使用权规定》第九条及《房地产开发企业资质管理规定》等规范性文件。

但是，《招标拍卖挂牌出让国有建设用地使用权规定》第 11 条也规定：“中华人民共和国境内外的自然人、法人和其他组织，除法律、法规另有规定外，均可申请参加国有建设用地使用权招标拍卖挂牌出让活动。出让人在招标拍卖挂牌出让公告中不得设定影响公平、公正竞争的限制条件。”何为“影响公平、公正竞争的限制条件”，并未明确。

(二)相关地方政府规定

实践中部分地方政府以负面清单的方式进行了明确，比如：

(1)2016 年浙江省人民政府办公厅发布《关于加强土地出让管理的通知》，规定：“市、县政府不得违规在土地出让公告及相关出让文件中为特定竞买人设定六类前置条件。违反规定的要撤销公告，限期整改，追究有关单位和人员责任。这些前置条件为：一是要求竞买人必须具备已建成项目达到一定数量的营业额、纳税额、产值等经营业绩；二是要求竞买人必须具备已建成项目达到特定

规模或标准的营业规模（面积）、建筑规模、建筑高度等建筑业绩；三是要求竞买人必须在行业协会、媒体公布的行业排名中达到名次，或提供特定品牌、特定企业愿意入驻的意向书（承诺书）等相关证明文件；四是要求竞买人必须具有特定资质条件或提供乡镇（街道）、开发区（园区、产业集聚区）、行业主管部门等的相关准入证明文件；五是要求竞买人必须是上市公司、国有企业或本市、县（市、区）企业；六是其他具有影响公平、公正竞争的限制条件。”

（2）2017 年广东省国土厅发布《关于进一步规范土地出让管理工作的通知》，规定：“（二）严格禁止违规设置竞买条件。土地出让公告中不得设置影响公平竞争的限制条件，不得在招标拍卖挂牌出让文件、竞买须知或竞买现场加设任何具有倾向性、歧义性、排他性条件。在不排斥多个市场主体竞争、确保公平公正的前提下，可根据地区投资、产业、建设规划等要求设置竞买资格条件，但必须在出让公告有关‘申请人应具备的条件’里明确表述，不得作出‘详见其他文件、其他网站’等一般性表述，并通过部门联动监管机制严格管理。”

（三）司法判例

实践中司法判例较少，因开发商在与政府的博弈过程中处于相对弱势，为免影响到其他项目拿地，一般甚少以《招标拍卖挂牌出让国有建设用地使用权规定》第十一条主张挂牌公告。在有限的判例中，有如下认定：

（1）政府招拍挂文件中限制竞买人须为特定范围内注册登记的企业，且对注册资金有要求的，法院以符合产业总体规划、实现土地有效利用、符合竞买条件的竞买人并不唯一等理由，认定不属于“设定影响公平、公正竞争的限制条件”。[1]

（2）政府招拍挂文件中限制竞买人须具有特定营业收入（50 亿元以上）、通过特定资格认定（国家级文化产业示范基地）等条件的，法院以《招标拍卖挂牌出让国有建设用地使用权规定》第九条的规定进行体系解释，并以符合条件的主体有多家公司，所设定的竞买申请人主体资格条件没有产生排除合理竞争的效果，认定不属于“设定影响公平、公正竞争的限制条件”。[2]

---

[1] 详见佛山市国土资源和城乡规划局与佛山市顺德区金冠涂料集团有限公司国有土地使用权证纠纷再审案，广东省高院（2012）粤高法审监行再字第 8 号。

[2] 详见深圳市北科联药业科技有限公司与深圳市规划和国土资源委员会其他一审行政判决书，深圳市宝安区法院（2013）深宝法行初字第 222 号。

四、“勾地”法律风险防范建议

（一）勾地协议约定

如前述“二、勾地路径及各程序中须关注的要点”第（1）点所述，意向用地者与政府就土地条件达成一致后，一般会签署相关协议，协议名称一般为“框架协议”或“合作协议”，主要内容包括：

（1）对土地的主要规划条件、土地出让时间及要求作出约定；

（2）明确意向用地者为土地项目的投资主体，定向供地、保证或促使或协调其作为竞买人获得土地使用权；

（3）意向用地者支付一定数量的保证金，明确如土地按期挂牌出让时，意向用地者必须以不低于特定价格的报价参加竞买，否则保证金作为违约金。

如果与土地一级整理相结合，协议条款通常还包括：

（1）意向用地者接受政府一方委托进行土地一级开发或由其垫付拆迁安置费用等；

（2）意向用地者未竞得土地的，因其已为土地一级整理进行投资，政府一方返还其整理投资及合理的资金占用费（投资回报）。

同时为锁定意向用地者取得土地，还有相关保障条款：

（1）约定投资强度、附带安置开发条件、投资资金规模需求（一般作为土地招拍挂条件）；

（2）对于意向用地者超过协议约定价格竞得土地后，政府一方对土地出让金进行返还、补偿或以其他方式变相补偿或按比例分成。

（二）相关协议约定的法律风险分析

（1）勾地合同的性质及主体适格性

土地使用权的合法出让主体应是县级以上人民政府的土地管理部门，一般而言勾地的对象应当也是县级以上政府的土地管理部门。对于勾地协议，笔者认为尽管约定了土地规划条件、出让时间甚至价款等因素，但因该价款尚未经招拍挂最终确定，且主要目的是为保障意向用地者参与竞买，其不属于土地出让合同，因此对于其主体没有强制要求。

实践中，常见某些开发区管理委会、政府成立的投资公司、城市改造办公室甚至街道办事处或乡镇政府作为勾地协议的签订主体，约定由政府一方履行协助义务，如“协调土地管理部门出让土地”、“协调相关部门返还出让金或以其他方式变相补偿”等。此时双方签署的该协议实质性质应为服务合同,并非土地使用权出让合同,合同的签署主体不限于土地管理部门。

(2)出让金返还约定的效力分析

根据财政“收支两条线”的原则,协议中关于直接返还土地出让金的约定无效。但若政府一方在其法定职权范围内,出于落实招商引资等地方政策之需而承诺以税收优惠政策、财政补贴的方式补偿开发商多支出的土地出让金的,此种情况下应视为其履行行政职责而与意向用地者达成的行政协议,合法有效。

此外,以政府投资成立的开发公司或开发区管委会等为协议主体,约定协调土地出让给意向用地者,以及协调相关部门返还出让金或者以财政补贴、税收优惠政策等进行变相补偿的,此时该约定实质构成服务合同。政府一方实质提供的是协调政府关系以及辅助其成功勾地的服务,服务的完成判定标准系促进开发商与土地管理部门最终签订出让合同、使得意向用地者最终能通过出让金返还或政府补贴等以其预期的综合成本获得土地的使用权。

综上,“勾地”过程中政府因素较大,存在政府信用、政商关系等诸多非法律因素,仅以法律视角作为解决方式并非实践中的最好解决办法。在多数情况下,开发商即便未能取得土地使用权的,也会尽量通过协商方式与政府达成妥协,通过诉讼方式解决争议的较为少见。但作为争议解决的最后屏障,诉讼方式解决仍会被作为选项之一,此时勾地相关协议的约定就会对双方的权利义务产生较大的影响,值得重视。

作者简介

陈徽律师,中国人民大学法学学士,房地产业务部副主任、青年律师工作委主任;河南省律师协会执业考核委员会秘书、河南省证券期货基金业协会专家顾问;河南省证券期货基金业协会专家顾问,4 年房地产企业、3 年资产管理公司、1 年农业物流企业工作经历,具备项目管理、投融资、风控工作经验;执业定位于房地产法律事务、投融资法律事务;服务于二十多家地产房地产企业,参与数十起投融资业务,涉及新三板、土地投融资、银行、私募、并购等领域,代理多起标的额过亿元以上商事案件。

土地招拍挂条件设置法律问题

纪云丽

一、土地出让设置竞买条件的法律依据

招拍挂制度是我国国有土地使用权市场供应的主要形式,《城市房地产管理法》第13条规定:"土地使用权出让,可以采取拍卖、招标或者双方协议的方式。商业、旅游、娱乐和豪华住宅用地,有条件的,必须采取拍卖、招标方式;没有条件,不能采取拍卖、招标方式的,可以采取双方协议的方式。……"

对于国有土地使用权以招拍挂方式出让时,政府是否可以设置条件,《城市房地产管理法》第12条规定:"土地使用权出让,由市、县人民政府有计划、有步骤地进行。出让的每幅地块、用途、年限和其他条件,由市、县人民政府土地管理部门会同城市规划、建设、房产管理部门共同拟定方案,按照国务院规定,报经有批准权的人民政府批准后,由市、县人民政府土地管理部门实施。……"国土资源部发布的《招标拍卖挂牌出让国有建设用地使用权规定》中,第6条规定:"出让方案应当包括出让地块的空间范围、用途、年限、出让方式、时间和其他条件等。"根据前述规定,政府出让国有土地使用权是可以设置条件的,设置出让条件由市、县人民政府土地管理部门会同城市规划、建设、房产管理部门共同制定。

二、土地出让竞买条件设置的主要类型

1. 对竞买人资格的限制。《招标拍卖挂牌出让国有建设用地使用权规定》第9条规定:"招标拍卖挂牌公告应当包括下列内容:……(三)投标人、竞买人

的资格要求及申请取得投标、竞买资格的办法……"

在实际公告中,对竞买人资格的要求主要包括以下几个。

第一,开发企业注册资本类,如竞买人注册资本不得低于××元人民币。

第二,开发资质类,如竞买人必须具备房地产开发资质×级以上;联合竞买的,联合各方均应具备房地产开发资质×级以上。

第三,开发业绩及能力,如要求竞买人或其母公司或关联企业具有开发、管理一定规模、种类项目的经验。

第四,需要单独竞买还是可以联合竞买。

第五,限定开发企业注册地址类,如限定竞买人必须是当地注册的企业等。

2. 出让条件带"方案"。近年来,部分城市为提高城市建设品质、规范土地使用,提高审批效率,出台相应政策,在土地出让时直接带"方案"的模式,即在土地出让前,将土地开发建设的一些具体方案列入出让条件,竞买人竞得土地后,这些"方案"列入土地使用权出让合同,受让人在将来的开发建设中应当按照"方案"进行。土地出让条件所带方案,主要包括城市设计方案、建设工程方案、功能运营方案等。广东省 2019 年出台文件"鼓励产业用地试行'先招后拍''带项目出让'方式供地。率先实施产业用地标准化出让和'带设计方案'出让,加快项目落地建设"。

3. 多个地块搭配出让。出让条件要求多宗地搭配一并出让。如某某宗地搭配供应,一并出让,竞买人须独立竞买。

4. 按照规划要求无偿配建公共设施或配套、学校等。如需按照政府规划要求建设了绿化、学校、幼儿园、公园等,建成后免费移交相关政府部门。

5. 基础设施建设条件。出让条件中要求受让人完成一定规模的基础设施建设任务。

6. 对建设工程工期、方案有限制。如应在竞得土地后,相关报建手续办理完结 30 日内正式开工建设(如遇不可抗力致使工程无法正常开工的则工期顺延),项目建设周期两年半,由于竞得人原因超过约定期限 30 日内未开工建设的,出让方有权解除出让合同。

7. 土地出让金缴纳期限、方式要求。

8. 其他,如带拆迁安置方案等。如出让中要求受让企业代建安置房。

三、设定的土地竞买条件影响公平、公正竞争

公平、公正竞争是土地进行招拍挂出让的基本原则,《招标拍卖挂牌出让国有建设用地使用权规定》第 11 条第 2 款规定:“出让人在招标拍卖挂牌出让公告中不得设定影响公平、公正竞争的限制条件。……”根据该规定,土地的竞买条件不得设置影响公平、公正竞争的条件。

《招标拍卖挂牌出让国有建设用地使用权规定》第 5 条第 2 款规定:“市、县人民政府国土资源行政主管部门根据经济社会发展计划、产业政策、土地利用总体规划、土地利用年度计划、城市规划和土地市场状况,编制国有建设用地使用权出让年度计划,报经同级人民政府批准后,及时向社会公开发布。”根据该条规定,出让条件的设置应当符合当地的经济社会发展计划、产业政策、土地利用总体规划、土地利用年度计划、城市规划,不能为特定的竞买人“量身定制”,排斥其他竞买人公平竞争。

常见违规设定的竞买条件包括:

(1)限定竞买人为某区域内(一般为当地)的企业;

(2)要求竞买人必须在行业协会、媒体公布的行业排名中达到名次,如竞买人必须是世界 500 强的企业;

(3)要求竞买人必须提供乡镇(街道)、开发区(园区、产业集聚区)、行业主管部门等的相关准入证明文件;

(4)对竞买人的资质、以往业绩的特殊要求。

但是,如果是特殊项目,如工业项目、特定商业项目等,不仅对开发者的开发能力有要求,而且对后期的招商、运营等也有要求的,在出让公告中设置对企业特殊资质或以往业绩要求的,应当认定是符合经济社会发展计划、产业政策的。

四、搭配出让和捆绑出让的区别

搭配出让和捆绑出让均是多个宗地一并出让,但现行法律政策却是两种态度,《关于进一步加强房地产用地和建设管理调控的通知》(国土资发〔2010〕151 号)明确规定“土地出让必须以宗地为单位提供规划条件、建设条件和土地使用标准,严格执行商品住房用地单宗出让面积规定,不得将两宗以上地块捆绑出让”,而国土资源部、住房城乡建设部《关于优化 2015 年住房及用地供应结

构促进房地产市场平稳健康发展的通知》(国土资发〔2015〕37 号)规定“要进一步采取措施,灵活确定地块面积、组合不同用途和面积地块搭配供应”。

对比两种方式的政策文件,“严禁捆绑出让”政策约束的对象是商品住房用地,政策目标是避免通过捆绑方式突破单次出让规模限制。《限制用地项目目录》中规定:“住宅项目 1. 宗地出让面积不得超过下列标准:小城市和建制镇 7 公顷,中等城市 14 公顷,大城市 20 公顷;2. 容积率不得低于以下标准:1.0(含 1.0)。”

五、设定影响公平、公正的出让限制条件的权利救济

土地使用权出让中,如果设定影响公平、公正的前置条件的,则违反了《招标拍卖挂牌出让国有建设用地使用权规定》第 11 条第 2 款的规定,损害了社会公共利益,属于应予撤销的具体行政行为。但是谁有权作为原告提起撤销的行政诉讼,这类案件特别少见,笔者仅检索到深圳市北科联药业科技有限公司诉深圳市规划和国土资源委员会行政撤销一案[(2013)深宝法行初字第 222 号、(2016)粤 03 行终 423 号]。该案原告以被告挂牌出让行政行为存在违法违规情况为由,请求法院依法撤销这些公告中对涉案宗地挂牌出让的违法行政行为,理由之一“被告为特定企业设定竞买申请人主体资格条件,且设置的条件子虚乌有,违反公平竞争的招拍挂程序规定。被告在深土交告(2013)3 号深圳市土地使用权出让公告中,对挂牌出让的 A543—0423 宗地竞买申请人主体资格要求是:深圳注册的企业法人、2011 年营业收入 50 亿元人民币以上、应有国家级文化产业示范基地建设资质、获得国家或深圳市高新企业技术认证或者深圳市高新技术企业项目认定。针对这些限制条件,经原告咨询和查证工商信息及文化部关于国家级文化产业示范基地名单信息,被告公告挂牌出让 A543—0423 宗地的行政行为,排除了潜在竞买人,设定了影响公平、公正竞争的限制条件”。一审法院审理后认为:“关于涉案宗地挂牌出让过程中设定的竞买申请人主体资格条件是否为违反公平、竞争的限制条件的问题。……涉案 A543—0423 宗地挂牌出让过程中,符合竞买申请人主体资格条件的有多家公司,所设定的竞买申请人主体资格条件没有产生排除合理竞争的效果,并不违反招拍挂程序规定,原告关于被告为特定企业设定主体资格条件的意见没有依据。”该案原告不服提起上诉,二审法院认为:“《行政诉讼法》第二十五条规定,行政行为的相对人以及其他与行政行为有利害关系的公民、法人或者其他组织,有权提

起行政诉讼。本案中,被诉行政行为为被上诉人对涉案 A543—0423 宗地挂牌出让的行政行为。在涉案 A543—0423 宗地征转地及补偿关系已厘清、相关土地已经移交入库的情况下,上诉人既非涉案土地的原所有权人或使用权人,亦非涉案土地经营管理人,对涉案土地并不具有影响该土地挂牌出让的权益。……因此在上诉人不能提供充分证据证明其与本诉行政行为之间具有行政法上的利害关系的情况下,上诉人针对涉案土地的挂牌出让行政行为提起本案行政诉讼缺乏事实和法律依据。上诉人依法不具有提起本案行政诉讼的原告主体资格,其起诉不符合《行政诉讼法》规定的起诉条件,该起诉依法应当予以驳回。”

上述案例中的土地使用权出让,如果设定影响公平、公正的前置条件的,提起行政诉讼的主体应当是与该具体行政行为有利害关系的人。

作者简介

纪云丽律师,郑州大学法律硕士,房地产业务部主任;执业定位于房地产法诉讼和非诉讼法律事务;为河南吉利房地产开发有限公司、河南中豪置业有限公司、河南瀚海置业有限公司、河南嘉图置业有限公司、海马(郑州)房地产有限公司、河南省国有资产管理有限公司、郑州清华园房地产开发有限公司、郑州万汇置业有限公司、郑州思念食品有限公司等单位提供常年或专项法律顾问服务,代理大量房地产纠纷,其中包括十多起群体性房地产纠纷。

土地出让合同的仲裁与诉讼管辖争辩

刘江涛

土地出让合同发生纠纷后，使用什么办法解决，是适用诉讼程序还是仲裁程序，实践中存在一定争议。本文通过梳理相关观点，对这一问题进行了研究。

一、土地使用权出让合同纠纷属于民事诉讼受案范围还是行政诉讼受案范围

2005 年 8 月 1 日实施的《最高人民法院关于审理涉及国有土地使用权合同纠纷案件适用法律问题的解释》将国有土地使用权合同定性为民事合同；2011 年 2 月 18 日，新修订的《民事案件案由规定》亦将“建设用地使用权出让合同纠纷”列为“合同纠纷”的下级案由予以明确。通过在中国裁判文书网上搜索关键词，笔者发现，在之前的审判实践中，很多判例都依据上述司法解释之规定将此类案件作为民事诉讼案件予以审理。

2015 年 5 月 1 日，新修订的《行政诉讼法》第 12 条确定行政诉讼的受案范围中，予以第 11 项规定“认为行政机关不依法履行、未按照约定履行或者违法变更、解除政府特许经营协议、土地房屋征收补偿协议等协议的”，说明新法将此类纠纷纳入了行政诉讼范围。

2016 年 12 月 28 日，最高人民法院发布第 76 号指导案例，在本院认为部分阐明：行政协议是行政机关为实现公共利益或者行政管理目标，在法定职责范围内与公民、法人或者其他组织协商订立的具有行政法上权利义务内容的协议，本案行政协议即是萍乡市国土局代表国家与亚鹏公司签订的国有土地使用

权出让合同。该指导案例认定土地出让合同纠纷应作为行政诉讼案件审理。

2020 年 1 月 1 日起实施的《最高人民法院关于审理行政协议案件若干问题的规定》第 2 条规定:“公民、法人或者其他组织就下列行政协议提起行政诉讼的,人民法院应当依法受理:……(三)矿业权等国有自然资源使用权出让协议。”国有土地属于国有自然资源的一种,国有土地出让协议纠纷自然也应作为行政诉讼案件审理。

2021 年 1 月 1 日施行的《民法典》第 348 条规定,通过招标、拍卖、协议等出让方式设立建设用地使用权的,当事人应当采用书面形式订立建设用地使用权出让合同。

综上所述,根据上位法优于下位法、新法优于旧法的原则,土地出让协议应作为行政诉讼案件审理。

二、土地出让合同适用仲裁管辖或诉讼管辖的适用规则

仲裁作为合同双方当事人自愿协商为基础的争议解决制度和方式,常被合同当事人选择为解决民事合同纠纷的途径。

依据《仲裁法》的相关规定,平等主体之间的纠纷才能进行仲裁,婚姻、收养、监护、扶养、继承等涉及自由处分的身份关系的纠纷不能仲裁,因行政管理引起的争议不能仲裁,应依法通过行政复议或行政诉讼解决。虽然这些纠纷也不同程度地涉及财产权益争议,但不属仲裁机构的管辖范围。该规定明确了仲裁适用于部分民事纠纷,行政争议不能进行仲裁裁决。

随着房地产市场的发展,涉及国有土地使用权出让合同方面的纠纷也日趋增多。笔者通过搜索判例发现,一直以来土地出让合同的性质以及合同纠纷采用哪种法律救济途径存在较大争议,有的认为是民事合同,也有认为是行政协议的。持民事合同性质观点者认为,土地出让合同出让方、受让方已经协商一致,体现平等主体双方的真实意思表示,土地出让合同的订立、生效、违约责任等借鉴了民事合同的一般原理和制度,因此,如土地的交付、出让金的缴纳、不可抗力、违约金、赔偿损失等发生纠纷,受让方、出让方都可以提起民事诉讼或申请仲裁,人民法院或者仲裁委员会应依照民事法律规定予以审判或仲裁。

仲裁与诉讼相比,具有简便快捷的优点,为了快速解决纠纷,很多国有土地使用权出让合同中在签订合同时,直接约定争议解决的仲裁条款,将仲裁作为解决合同纠纷的首选方式。

根据现行法律规定，土地出让合同应被认定为行政协议，直接决定了仲裁条款无效，也决定了土地出让合同纠纷处理方式，只能采用诉讼解决方式。对于一些土地合同中约定仲裁条款，并且已经仲裁的土地出让合同纠纷案件，当事人可以向人民法院申请撤销仲裁裁决。

三、案例分析

案例一：最高人民法院 2021 年 1 月 14 日作出的（2020）最高法行申 11753 号行政裁定书，明确土地出让合同是行政协议，属于行政诉讼的受案范围。

再审申请人辽宁省葫芦岛市自然资源局（以下简称葫芦岛市资源局）因葫芦岛鸿亿房地产开发有限公司（以下简称鸿亿公司）诉其与辽宁省葫芦岛市龙岗区人民政府（以下简称龙岗区政府）土地出让行政协议一案，不服辽宁省高级人民法院（2019）辽行终 1050 号行政判决，向最高人民法院申请再审。

葫芦岛市资源局申请再审，请求：撤销一审、二审判决，依法改判。主要事实理由之一：本案应为民事案件，不属于行政诉讼的受案范围。

最高人民法院认为，争议焦点之一：本案是否属于行政诉讼的受案范围问题。依据《城市房地产管理法》《城镇国有土地使用权出让和转让暂行条例》等规定，国有土地使用权出让合同属于行政协议。从签订主体看，签订国有土地使用权出让合同的一方是土地管理部门，系行政主体；从目的要素看，此类协议是为了实现公共利益或者国家对有限的土地资源合理、有效利用的管理目标；从双方权利义务关系看，此类协议与行政机关履行行政职责或者完成行政管理任务密切相关，行政机关在协议的签订和履行中享有基于社会公共利益或者法定事由单方收回土地等权力。原审法院认定，鸿亿公司与葫芦岛市资源局于 2011 年 7 月签订的编号 2011-50《国有建设用地使用权出让合同》是行政协议，属于行政诉讼的受案范围，符合法律规定。

案例二：仲裁裁决被撤销一案，土地出让合同纠纷经仲裁裁决后，人民法院认为不属于可以仲裁纠纷，仲裁裁决被撤销。

2016 年 1 月，某科技公司通过招拍挂出让竞得位于该市高新技术开发区的一块工业用地，在与该市土地管理部门签订《国有建设用地使用权出让合同》中，约定了仲裁条款。随后，该市土地管理部门以该公司合同违约为由向该市仲裁委员会提出仲裁申请。该市仲裁委员会立案受理后，作出了仲裁裁决，裁定某科技公司在自裁决书送达之日起 15 日内动工建设，并依照合同约定向该市土地管理部门支付违约金。该科技公司以仲裁裁决的违约金过高，且《国有建设用地使用权出让合同》为行政协议，约定的仲裁条款属于无效条款为由，向人民法院起诉要求撤销仲裁裁决。能否适用仲裁条款解决合同纠纷是土地管理部门在签订《国有建设用地使用权出让合同》需要明确的问题。

人民法院审理后认为，土地管理部门行使其行政管理是其职责的体现，产生的纠纷为行政争议，不符合《仲裁法》规定可以仲裁的纠纷，“仲裁委员会无权仲裁”的申请撤销理由成立，但同时提出“合同中约定的违约责任过高”的申请撤销理由，不属于《仲裁法》第 58 条规定的法定撤销事由，故不予支持。法院依据第一条理由，裁定撤销了该市仲裁委员会的仲裁裁决。

四、结论

由上可知，国有土地使用权出让合同是行政协议，是行政机关代表国家与相对人签订的将国有土地使用权在一定期限内出让给相对人，相对人支付出让金并按合同的约定开发利用国有土地的合同。

签订国有土地使用权出让合同是一种行政管理手段，但是，并不能因为签订的是合同，就将其等同于民事合同。因此，不能错误地把国有土地使用权出让合同当作民事合同，认为土地使用人支付了土地出让金，就可以随意开发、利用土地，可以随意转让。土地行政管理部门有权依据合同，对土地使用人开发、利用土地活动以及转让行为进行监督与管理，有权进行纠正，处罚，或者无偿收回土地使用权。未经审批程序，未取得土地出让人的同意，土地使用人不得随意转让土地使用权。

综上所述，在国有土地出让合同为行政协议的情况下，只能通过诉讼方式解决纠纷，不论合同中有无约定仲裁条款，都不能通过仲裁方式解决。

作者简介

刘江涛律师，西南政法大学法学学士，某中级人民法院前法官，诉讼仲裁业务部律师；执业定位于商事争议解决、商事辩护等相关法律事务；先后为河南瀚海置业有限公司、河南五建建设集团有限公司、香港锦艺集团及旗下数家公司等单位提供法律诉讼类服务，参与大量商事诉讼仲裁以及商事犯罪案件处理。

(二)房地产并购

房地产业务中的特殊目的公司应用
——以间接股权收购为视角

李　冰

一、特殊目的公司的概念

(一)特殊目的公司的通常含义

特殊目的公司(Special Purpose Vehicle,SPV)是资产证券化领域一个非常重要的概念,直译为特殊目的公司,其基本含义是为了实现特殊目的而设立的法律实体。在资产证券化业务中,特殊目的公司往往是为了在交易中承担某种特别目的而特别"搭建",主要功能在于破产隔离,因此,相较于一般公司,特殊目的公司存续时间短、公司治理结构简单、经营受限、不得随意处置公司资产。也正是基于上述特点,在美、日等资产证券化较为发达的国家,立法上对特殊目的公司予以特别对待。

本文中需要明确的是,"特殊目的公司"在我国还不是法律层面的概念,公司法并未对特殊目的公司进行专章或特别规定。目前,对特殊目的公司的规定散见于一些部门规章,但并不局限于在资产证券化领域运用。

(二)特殊目的公司的业务领域

从国家立法层面,因现行《公司法》并无"特殊目的公司"的概念,因此也并未对其业务领域进行特别规定。从部门规章层面,中国证监会《证券公司资产证券化业务管理规定(征求意见稿)》明确认可“特殊目的公司”可以作为资产证券化载体;国家外汇管理局《国家外汇管理局关于境内居民通过特殊目的公司境外投融资及返程投资外汇管理有关问题的通知》(汇发〔2014〕37号)对投融资领域的“特殊目的公司”进行了规范;国家发展改革委《关于做好对外转让债权外债管理改革有关工作的通知》(发改外资〔2016〕1712号)对境外“特殊目的公司”购买不良债权的行为进行了规范;商务部办公厅《关于做好境外投资管理工作的通知》(商办合函〔2014〕663号)认可境外上市过程中设立的“特殊目的公司”。但是,对“特殊目的公司”的组织形式、公司治理结构、业务范围、营业限制等暂无明确法律法规予以规定。

从实践层面,特殊目的公司的应用领域包括但不限于资产证券化领域、境外投融资领域、上市业务领域、政府和社会资本合作(Public Private Partnership,PPP)业务领域、其他领域等。在房地产收并购领域,并不禁止特殊目的公司的形式,因此同样可以使用。

(三)本文中特殊目的公司的定义

本文中特殊目的公司特指房地产项目并购重组业务中为实现某种特殊目的而设立的,并承担某种交易地位的公司。该类特殊目的公司虽然受现行《公司法》的约束,但区别于以营利为目的进行经营的公司,因为其本质上是为交易而设立的。也正因为特殊目的公司具有特殊目的,因此,其与普通公司在组织形式、公司治理结构、业务范围、营业限制等方面有较大区别。

二、间接股权收购

间接股权收购,是指在多层公司结构中,以下层公司(或该公司资产)作为交易目标,但不直接收购该下层公司的股权,而是通过收购上层公司的股权从而间接取得对下层公司的控制权的一种收购模式。间接股权收购往往是基于某种交易安排或为了排除直接收购的某种障碍而采用的路径,间接完成对目标公司控制权的变更。

三、从两种方案看特殊目的公司的应用优势

某一二级联动开发项目,甲公司系土地一级整理的运营方,乙公司系具有丰富经验的知名开发商。现甲公司欲将部分地块转让给乙公司,由乙公司进行二级开发,从而达到提升地块内项目整体品质的目的;甲公司作为土地一级整

理的运营方，在拿地（指使用权，下同）方面具有优势，因此乙公司也希望以合作方式获取项目土地。双方均具有交易意向，交易标的为项目部分地块，假设目前甲公司已经获取土地成交确认书，目标地块尚未取得不动产证，以此为前提进行交易路径设计。

《房地产管理法》明确规定，以出让方式取得土地使用权的，完成开发投资总额的25%以上才能进行房地产转让，未达到投资比例的土地使用权不得转让。鉴于该规定，资产收购存在法律障碍，因此，排除资产收购的方案，转而采取股权收购。拟采用的路径是：甲乙双方约定设立项目公司，由项目公司取得待合作地块，再通过股权转让最终实现土地控制权转移。以下通过直接股权收购和间接股权收购两种方案对特殊目的公司的应用进行说明。

方案1：甲公司单独或联合乙公司设立子公司A（房地产企业，甲公司系A公司全资或控股股东），A公司参与目标地块竞拍。一旦获取土地，则甲公司分批次将所持全部股权交付给乙公司，由乙公司操盘进行开发运营，甲公司退出A公司。

方案2：甲公司设立全资子公司B（不一定为房地产企业），B公司设立全资子公司C（C为甲公司的孙公司），C公司参与目标地块竞拍。一旦获取土地，则甲公司通过将B公司股权转让给乙公司，从而间接转移目标土地的控制权。

以上方案1属于直接股权转让，为常见方案；方案2属于间接股权转让，实践中较为少见。方案2中的B公司系为了本次交易而设立，在交易完成前不从事与项目无关的其他经营活动，属于本文所指的特殊目的公司。

对比两种方案可知，B公司在交易中的主要作用如下。

（一）避免股权交易价款与土地直接关联

根据财政部、国家税务总局《关于企业重组业务企业所得税处理若干问题的通知》（财税〔2009〕59号，以下简称《企业所得税处理通知》）相关规定，收购方取得股权或资产的计税基础应以公允价值为基础确定。实践中，房地产企业的股权转让一直是税务稽查的重点。假设甲公司、乙公司均同意股权以注册资本金标准进行平价转让，那么采用方案1和方案2在税务稽查力度方面存在显著差异。

方案1中，A公司作为房地产公司，目标土地是A公司的主要资产，这种股权转让属于税务稽查的重点。根据《企业所得税处理通知》，土地价值显然应当纳入公允价格并作为取得股权的计税基础，该计税基础远高于注册资本金。此方案中平价转让A公司股权很难获得税务机关的认可，因而按照公允价值计算显然极大增加了股权交易成本。

方案 2 中,B 公司与 C 公司属于两个不同的法人,资产各自独立,目标土地属于 C 公司的资产而非 B 公司。虽然 B 公司是 C 公司的股东,但转让 B 公司的股权时通常并不核查 C 公司的资产价值,如果 B 公司为非房地产公司,也不存在重点核查的情形。在此情况下,以平价转让 B 公司股权,税务机关可以按照转让价作为计税基础。

两种方案相比较,方案 2 中的 B 公司作为隔离层,避免股权交易计税基础与土地公允价值直接相关,因此,存在显著的纳税优势。

(二)避免行政行为阻碍股权转让进程

股权转让应办理工商行政备案,实践中存在工商局出于审慎考虑对房地产公司或以土地资产为主的公司股权转让人为设置审批障碍的情况。同时,项目公司从参与土地竞拍至办理不动产权登记过程中发生的股权变动,一定程度上工商行政管理部门会重点审查。两种方案相比较而言,方案 2 由于 B 公司与土地不直接相关,因此,可以尽最大可能排除行政行为对股权转让的阻碍。

(三)降低刑事责任风险

股权收购和资产收购均是实践中较为常见的收购模式。从房地产项目转让角度,由于房地产管理法对出让土地投资额度的要求和转让限制,很多交易采用股权转让方式间接转移土地控制权。虽然最高人民法院多次以典型案例方式阐明股权转让不属于虚假意思表示,也不等同于土地使用权转让,但是需要指出的是,在司法实践中仍不乏极少数公安机关对此存在不同认识。据不完全统计,近年来安徽、江苏等地出现多起房地产公司股权转让却被以“非法倒卖土地使用权罪”立案。由于缺乏相应的法律规定及司法解释,目前以股权转让转移土地控制权是否涉嫌非法倒卖土地使用权,其刑事风险仍存在一定不确定性,且不能被完全排除。方案 2 由于目标土地并不在 B 公司名下,相比较方案 1 直接转让项目公司股权而言多了一层“防火墙”,能够起到降低刑事责任风险的作用。

四、特殊目的公司在股权收购中的其他优势

(一)隔离财务报表

收购方母公司为上市公司的,母子公司之间可能需要合并财务报表。如果

目标公司或有负债多且无法通过尽职调查手段予以穷尽，那么收购此类目标公司股权则存在非常大的债务风险。在此情况下，为避免项目公司超额负债影响财务报表，可以设立全资子公司（特殊目的公司），并以特殊目的公司对目标公司进行股权收购，收购完成后，一旦目标公司负债爆发，由于存在特殊目的的公司作为隔离层，可以避免波及收购方母公司。

（二）有利于税务筹划

设立特殊目的公司可以充分利用并购重组中母公司与全资子公司、同一母公司名下全资子公司之间的税收优惠，对交易进行合理设计，以达到节税目的。

五、注意事项

虽然特殊目的公司在隔离、缓冲方面具有优势，但由于《公司法》缺乏对特殊目的的公司的法律规制，实践中设立特殊目的公司需要注意以下问题：

（一）特殊目的公司的清洁性

如本文第一部分所述，特殊目的公司是一种特殊的法律实体，不以实际开展经营业务为目的。搭建特殊目的公司的目的在于通过转让特殊目的公司股权间接转移房地产项目控制权，因此，特殊目的公司应尽量清洁，否则不具备清洁性，则易造成与实际经营业务混同，股权交易前还需要剔除其他经营业务、核查或有负债等，增加收购方的交易风险，使交易复杂化。

需要说明的是，以交易为目的搭建的特殊目的公司与资产证券化意义上隔离资产的特殊目的公司并不相同。房地产业务中，交易完成后特殊目的公司完全可以继续存续，也可以被合并转而进行其他经营等。

（二）特殊目的公司治理结构的极简化

特殊目的公司股东可以是一人或多人，但是，由于其设立目的不同于以营利为目的的经营性公司，因此，出于降低运营成本、提高效率的考虑，公司治理结构应尽可能简化，避免冗余。出于会议召集和表决程序考虑，倾向于设立一人公司，使得程序更有弹性；同时，董事会、监事会在特殊目的公司运营中的作用并不显著，倾向于不设置董事会、监事会，仅设一名执行董事，一名监事。

（三）特殊目的公司注册地的选择

对特殊目的公司的注册地法律无禁止性规定，因此，既可以在境内，也可以在境外。根据《企业所得税法》第 50 条，除税收法律、行政法规另有规定外，居民企业以企业登记注册地为纳税地点;但登记注册地在境外的,以实际管理机构所在地为纳税地点。

境内特殊目的公司以登记注册地为纳税地点,通过对注册地的选择,可以在一定程度上享受税务优惠政策。但是,需要说明的是,本文案例分析的方案2是以特殊目的公司本身作为交易对象,在此情况下该特殊目的公司注册地对交易双方甲、乙公司的企业所得税无直接影响。

对于境外特殊目的公司,需要注意的是,根据《国家税务总局公告2015年第7号——关于非居民企业间接转让财产企业所得税若干问题的公告》(国家税务总局公告2015年第7号),非居民企业通过实施不具有合理商业目的的安排,间接转让中国居民企业股权等财产,规避企业所得税纳税义务的,应按照《企业所得税法》第47条的规定,重新定性该间接转让交易,确认为直接转让中国居民企业股权等财产。通过境外注册特殊目的公司规避企业所得税,该行为一般被视为不具有合理商业目的,因而避税目的难以实现。

(四)避免滥用

房地产业务中搭建特殊目的公司具有一定优势,但隔离及税务筹划等均应在合法的范围内展开,否则将有可能导致行政责任甚至刑事责任。建议在具体项目中结合律师及税务师意见,避免滥用。

作者简介

李冰律师,郑州大学理学学士、郑州大学法律硕士,建工业务部副主任;河南省律师协会建设工程委员会委员;执业定位于建设工程和房地产法律事务;为河南五建建设集团有限公司、河南中建地产有限公司、河南嘉亿房地产集团有限公司、河南瀚海置业有限公司、郑州航空港区航程置业有限公司、河南省长城建设集团有限公司等单位提供常年法律顾问服务或专项法律顾问服务,并为江苏南通二建集团有限公司、香港锦艺集团旗下各公司等提供诉讼服务,擅长建设工程相关法律业务、土地开发、商业地产运营、房地产法务管理等法律服务。

高风险地产项目股权并购法律设计

陈　徽

随着新一轮地产周期的开启,我国的房地产行业发展到存量和增量并存的稳定期,并购已成为地产企业重要的增长极。股权并购目前仍然是主流的房地产并购方式,其优势不再赘述。

其中有一类房地产项目颇为特别:因历史遗留问题或存在纠纷,其项目开发手续并不完备,存在较复杂债务纠纷或诉讼风险;相应地,其价格较为低廉,交易条件对并购方也颇为优厚,是“高风险、高收益”类项目。如对相应风险处置或控制得当,亦可为并购方带来较高收益。

对于高风险地产项目,尽管并购前的法律尽职调查依然十分必要,但存在大量风险通过尽职调查仍无法确认或排除,这属于交易过程中因信息不对等或相关因素不确定而形成的商业风险,也是成为“高风险项目”的原因之一。笔者注意到,在就无法确认或排除的风险如何处理过程中,部分收购方过于依赖转让方承诺或兜底而忽视了对交易路径的设计及详细解决方案的约定,以致在并购风险暴露后,因转让方资信发生重大变化无力履行承诺或兜底条款,最终形成损失。

本文旨在介绍高风险并购的若干实务处理方案,以期对并购方有所启发。特别地,文内相关建议适用于包括房地产企业、私募基金在内的并购方。对于某些交易结构建议(如委贷的使用),受制于相关规定私募基金难以直接适用;但笔者认为,可通过股权投资于特定企业,并以该企业作为受让方加以解决,并不构成适用的根本障碍。

一、风险识别

无须讳言，尽管法律尽调勤勉尽责，实务中亦存在无法确认或排除的风险。相关风险包括：

1. 项目土地可能被征收或收回风险

例如，由于房地产开发建设涉及多方复杂关系，由于历史原因，部分项目存在久拖未建的情况。《城市房地产管理法》第26条、《闲置土地处置办法》第14条均规定，由于开发商自身原因造成土地闲置超过两年的，可无偿收回土地。在实践中，尽管《闲置土地处置办法》第8条规定了属于政府、政府有关部门的行为造成动工开发延迟的情形，但由于各地国土资源管理部门（现为自然资源管理部门）执行中的因素，即便确由于政府原因造成，项目公司也无法取得《闲置土地处置办法》第12条、第13条规定的相关政府的书面处置文件，且实践中因土地闲置被收回的案例较少，即便确系由于项目公司自身原因造成闲置超过年限，也存在不受处罚的可能。在此背景下，本着“不多事、不形成额外损失”的原则，尽调律师往往难以向国土资源管理部门询证对于闲置土地处理意见等相关情况。由此造成项目土地是否被收回或是否缴纳土地闲置费、缴纳数额多少存在不确定性。

2. 规划调整及与政府沟通风险

例如，多数受让方对于项目受让后的建设规划有着不同于原有规划的要求；而多数转让方则承诺可变更项目的建设规划。鉴于实务中存在复杂关系，需要重新申报的能否获得批准存在不确定性；也可能存在因政府换届导致原来可行的方案被停滞等风险。

3. 项目建设中各类合同的履行风险

在建、停建、缓建项目的施工合同、采购合同等情况复杂，涉及的主体繁多。对于合同有无履行纠纷、合同违约或解除纠纷，是否有因建设工程进度监管不严给予施工单位不当工程签证等问题，虽然可以通过发函询证、查询档案等方式核查，但受限于尽调期限及合同主体数量，以及对合同履行细节难以把握等因素，合同履行情况、后续纠纷难以确定。

4. 或有债务风险

转让方未披露的或有债务是股权收购的最大陷阱。或有之债包括担保之债、未诉讼或潜在诉讼及施工款拖欠等。尽管尽调律师会尽力试图查明目标公司的或有债务,但受限于管理水平、管理制度或资料提供人员的层级,仍可能出现大量实际存在但被转让方遗忘的担保或“选择性遗忘”的负债。

5. 对等投入风险

例如,在转让方保留部分股权并作为小股东的并购中,双方意向按照并购完成后的股权投入后续资金,据此须对转让方后续出资能力予以确定。但实践中转让方往往对提供其自身征信情况、资产负债情况较为抵触,认为“与并购无关”,且如转让方资产情况较为复杂,受尽调期限影响,也难以确定转让方的后续出资能力。

二、交易结构法律设计

1. 股权转让价款债权化路径

实践中,存在风险项目公司持有的资产未被抵押、查封,而项目公司潜在负债不明,或负债繁多,须逐笔解决的情形,对此常用设计之一即为股权转让款债权化。

股权交易结构的基本流程为:

(1)受让方与转让方就股权转让价款协商一致后,签订整体框架性协议;

(2)由受让方将相应资金以借款形式分期出借(或借助金融机构委托贷款)于项目公司,除约定由转让方承担的责任(如原有负债的清理)或依据双方其他约定留存于项目公司的资金外,其余资金以归还原股东借款或出借款的方式支付给转让方,同时,项目公司以其资产(土地及/或在建工程)为受让方出借款项提供抵押担保(部分地区实务中无法将土地使用权或在建工程办理至非金融机构名下,此时须借助于金融机构,通过委贷方式出借给项目公司,并将前述资产抵押登记于金融机构),鉴于款项分期支付,该抵押可办理为最高额抵押;

(3)自实际支付第一笔出借款之日起,项目公司即应变更印鉴,公司资质文件及经营一并由转让方及受让方共同管理;

(4)过渡期满或受让方认为的风险释放期满,受让方以项目公司的债权对转让方的股权转让支付价款,并办理工商变更登记。即将对项目公司的债权转让给转让方,并完成财务处理。

交易结构如图 1 所示。

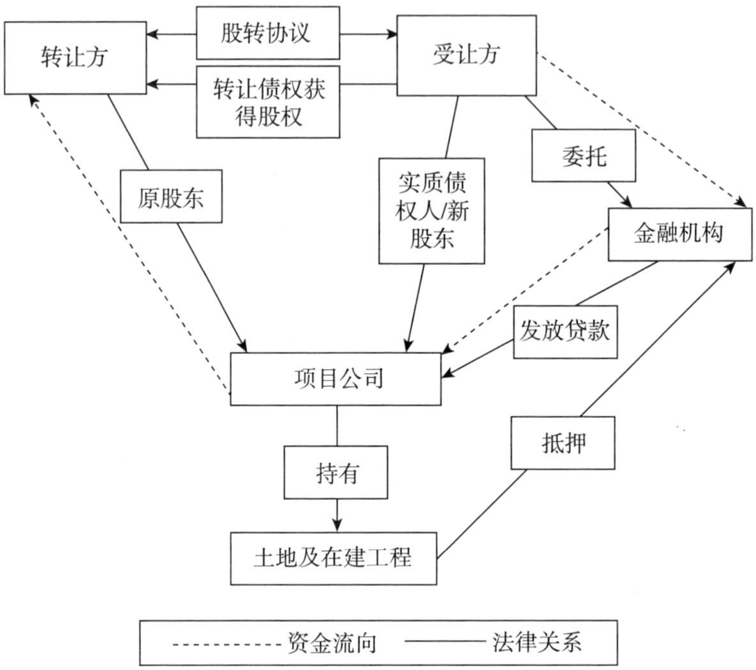

图1　股权转让、交易流程

本交易结构的优势在于：受让方在未成为项目公司股东、完成并购之前，对项目公司持有的始终为具有优先权（土地使用权/在建工程抵押权）的债权，可有效避免前期支付的价款失控的风险。

2. 司法查封变抵押，股权转让价款向项目公司债权人直接支付路径

如项目公司的资产已被查封，则本交易结构的基本流程如下：

（1）受让方与转让方就股权转让价款协商一致后，签订整体框架性协议。

（2）以受让方名义开具共管账户，由受让方分批打入共管账户资金，首先由受让方与项目公司签订借款协议（为后续办理抵押考虑，该借款仍可由金融机构委贷发放），约定项目公司指定先期申请查封的债权人账户为接受出借款的账户，在发放出借款前由受让方申请第二顺位的司法查封。之后经与申请查封的债权人协商沟通，支付债权款项后解除第一顺位司法查封，则第二顺位司法查封自动变为第一顺位查封，此时可由受让人与项目公司协商，办理债权展期并约定以项目公司资产（土地及在建工程）抵押，由受让人申请解除查封，并同时办理抵押手续。

（3）自实际支付第一笔出借款之日起，项目公司即应变更印鉴，公司资质文件及经营一并由转让方及受让方共同管理；后续每一笔应付款项，均由受让方

与转让方确认后,由项目公司向受让方借支,并指定支付给特定债权人,资金不从项目公司账户经过。

(4)过渡期满或受让方认为的风险释放期满,受让方以项目公司的债权对转让方的股权转让支付价款,并办理工商变更登记。即将对项目公司的债权转让给转让方,并完成财务处理。

交易结构如图 2 所示。

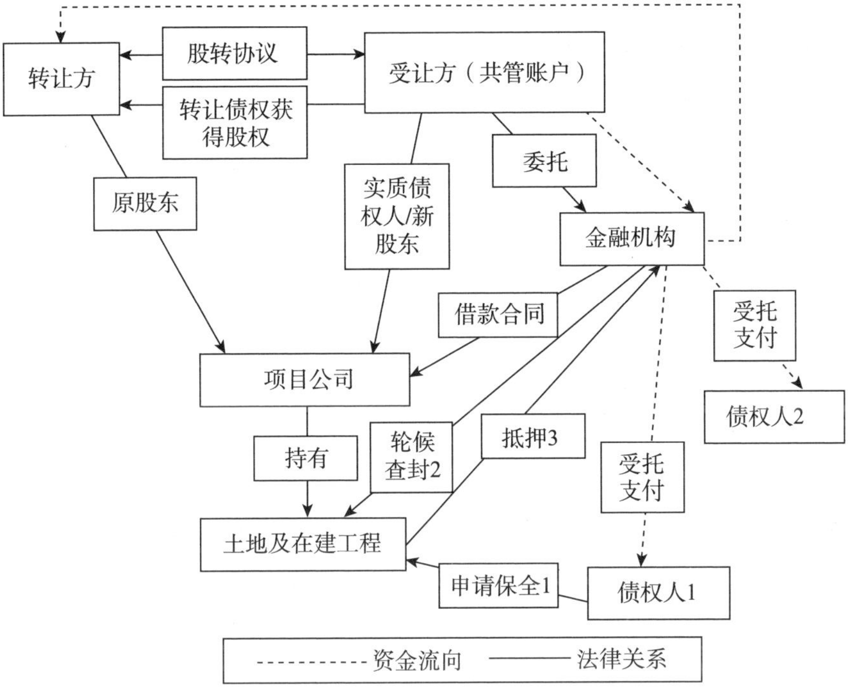

图 2　股权转让价款向项目公司支付流程

此交易结构适用于项目公司持有的资产被抵押、被查封,而项目公司潜在负债不明的情形。

其优势在于:受让方将经转让方认可的款项直接用于支付项目公司债务,且流程中不将资金直接付至项目公司,避免风险未全部暴露前,资金直接注入项目公司而被其他未知债权人冻结的风险,有助于推动项目的实际进展,并直接解决相关债务问题。在未成为项目公司股东、完成并购之前,对项目公司持有的始终为具有优先权(土地使用权/在建工程抵押权)的债权,可有效避免前期支付的价款失控的风险。

三、交易合同约定的细节建议

(1)无论采取何种交易架构设计,建议款项分批分期支付,拉长款项支付期限,以期充分暴露风险,并应明确相应款项支付的时间节点。尤其是涉及项目的历史遗留问题,转让款的支付节点应与各个关键事项的解决时点相捆绑。例如,停工项目原施工方的清场问题,一般都要求转让方负责处理完清场事宜后再支付一定比例的转让款。

(2)项目范围内涉及其他权益主体或项目涉及对政府部门的申请、协调的,应要求转让方全面负责处理和协调,并预留足额的协调处理费用(不支付给转让方,而约定预留在项目公司或共管账户,如发生或须支付则直接支付,并从应付股权转让款中扣减),如涉及村委关系的协调,涉及公共设施(如地下管道)产权人的关系协调、土地闲置费及规划变更申请等。

(3)如转让方未完全退出项目公司(一般为项目后期建设便利,受让方也要求转让方不全部退出项目公司股权),在双方存在后续投资约定的情况下,尽量利用支付的股权转让价款直接实现转让方的后续对等投入;并在合作中设计明确的处罚条款,例如减少利润分配或股权转让,同时争取控制股东会和董事会的表决权。

尽管存在以上建议,笔者认为,在风险地产项目并购的诸多原因中,可以有资金紧张或转让方经营不善的原因,但在转让方资信上应重点考虑。实践中亦出现过转让方违反约定要求退还项目或项目公司控制权,不惜以私刻公章为由将受让方告上法庭,败诉后又纠集地方势力围堵工地等极端情况,建议并购方尽量选择与国企、大型企业或上市公司合作,并通过法院、仲裁机构以及债权人等相关方尽对合作方的信誉及背景进行尽调,选择信誉度高的合作方合作。

作者简介

陈徽律师,中国人民大学法学学士,房地产业务部副主任、青年律师工作委主任;河南省律师协会执业考核委员会秘书;河南省证券期货基金业协会专家顾问,4 年房地产企业、3 年资产管理公司、1 年农业物流企业工作经历,具备项目管理、投融资、风控工作经验;执业定位于房地产法律事务、投融资法律事务;服务于 20 多家地产房地产企业,参与数十起投融资业务,涉及新三板、土地投融资、银行、私募、并购等领域,代理多起标的额亿元以上的商事案件。

(三)建设施工

建设工程价费构成中政府干预因素法律分析

于中威

历经多次变革，建设工程价款由政府定价演变成政府指导价，并最终演变成政府部门、工程造价以及法律等业内人士均认可的市场价，建设工程的复杂性、永久性、历来政府监管的惯性等特性，导致政府干预因素作为建设工程价费构成的必要因素之一，对工程造价时刻发挥着重大影响。基于篇幅限制，本文仅从工程造价角度，分析政府干预因素对建设工程造价的影响，结合司法实务对其进行初步法律分析，并对施工企业及从业人员提供相应的防范措施及建议。

一、工程造价构成要素

根据城乡建设部、财政部《建筑安装工程费用项目组成》(建标〔2013〕44 号文)，从造价形成划分，如图 1 所示。

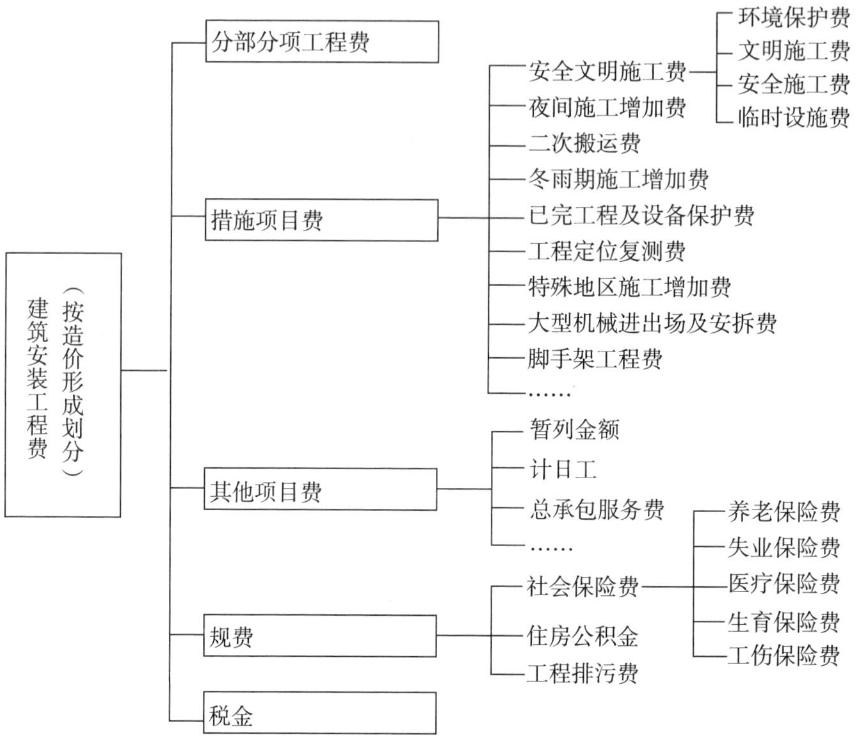

图1　工程造价构成要素

二、政府干预若干因素

从《民法典》、《建筑法》、《最高人民法院关于审理建设工程施工合同纠纷案件适用法律问题的解释(一)》(法释〔2020〕25号)等法律、司法解释，建设工程造价均明确定性为市场价，政府干预因素在工程造价形成过程所起的作用不断受到限制，但其仍是不可或缺的重大影响因素。

(一)因素一:措施项目费

措施费项目包括安全文明施工费项下的环境保护费、文明施工费、安全施工费"三费"。

第一，环境保护费，是指施工现场为达到环保部门要求所需要的各项费用。若该费用未足额支付会导致环保措施未达标，根据《环境保护法》、《环境行政处罚办法》、河南省人民政府《关于规范行政处罚裁量权的若干意见》(豫政

〔2008〕57号)、环保部《规范环境行政处罚自由裁量权若干意见》(环发〔2009〕24号)和河南省环境保护厅《关于印发河南省环境行政处罚裁量标准适用规则和河南省环境行政处罚裁量标准的通知》(豫环文〔2017〕305号),政府主管部门会给予不同程度的处罚,该费用系政府干预因素产生的必要成本,根据《2013年建设工程工程量清单计价规范》第3.1.5条,措施费项目中的安全文明施工费必须按国家或省级、行业建设主管部门的规定计算,不得作为竞争性费用。据此,可以认定环境保护费系不可竞争费用。

第二,安全、文明施工费,是指施工现场安全、文明施工所需要的各项费用,且系不可竞争费性质。根据《建设工程安全生产管理条例》第8条,建设单位在编制工程概算时,应当确定建设工程安全作业环境及安全施工措施所需费用。《关于调整河南省建设工程安全文明施工措施费计取办法的通知》(豫建设标〔2014〕57号),"安文费"是不可竞争费,发、承包人编制招标控制价、投标报价应按照标准计取,不得优惠,并实行财务专户核算制度。承包人应按照《2013清单计价规范》及财政部、国家安全生产监督管理总局《企业安全生产费用提取和使用管理办法》(财企〔2012〕16号)有关规定,专户核算、规范使用,不得挤占、挪用,接受有关部门的监督检查。《郑州市建设工程施工安全管理条例》(2020版)第11条规定,建设单位在建设工程开工前,应当持施工合同到建设工程安全监督管理机构确认安全生产文明施工措施费用总额,一次性存入施工企业银行专用账户,专款专用,不得挪作他用。

(二)因素二:规费

规费,是指按国家法律、法规规定,由省级政府和省级有关权力部门规定必须缴纳或计取的费用。按照《社会保险法》《建筑法》的规定,取消原规费中危险作业意外伤害保险费,增加工伤保险费、生育保险费。包括:(1)社会保险费;(2)住房公积金;(3)工程排污费;(4)其他应列而未列入的规费,按实际发生额计取。

第一,社会保险费:(1)养老保险费:是指企业按照规定标准为职工缴纳的基本养老保险费;(2)失业保险费:是指企业按照规定标准为职工缴纳的失业保险费;(3)医疗保险费:是指企业按照规定标准为职工缴纳的基本医疗保险费;(4)生育保险费:是指企业按照规定标准为职工缴纳的生育保险费;(5)工伤保险费:是指企业按照规定标准为职工缴纳的工伤保险费。

第二,住房公积金,是指企业按规定标准为职工缴纳的住房公积金。

第三,工程排污费已经改成纳税方式,自2018年1月1日《环境保护税法》施行,其第27条规定:“自本法施行之日起,依照本法规定征收环境保护税,不再征收排污费。”也即此前由环保部门征收的工程排污费,改由税务部门征收环境保护税。此法效力优于“建标〔2013〕44号”“GB 50500—2013”等文规定内容。

(三)因素三:税金

首先,增值税方面的风险,根据财税〔2016〕36号文件,建筑业的增值税纳税义务时间按照开票时间、收款时间和书面合同约定的付款时间孰先的原则确认。在已确认工程量但发包方尚未付款的情况下,根据合同约定的付款时间判断,分两种情况,一是按合同约定已到付款时间,但发包方尚未付款,这种情况下,增值税纳税义务已发生,应开具发票并申报缴纳增值税;二是尚未到合同约定的付款时间,发包方未付款,这种情况下,如果没有开具发票,则纳税义务未发生,不需要申报缴纳增值税。

其次,应对建议,针对发包方已到付款期尚未付款项目,应与发包方进行沟通,及时开具增值税发票并缴纳增值税。如果发包方不接收增值税发票,应进行无票收入纳税申报,避免后期税务稽查被查补税款并被处罚。如果由于资金问题难以取得供应商的进项税发票,应积极与供应商协商,先行支付相关税金,及时取得分包发票及进项税发票进行认证抵扣。同时,企业应登记好合同约定的付款时间,到期后积极催款并及时开具发票,如果经双方约定推迟付款时间的,应及时签订补充协议,从而按新的付款时间确定纳税义务发生时间并开具发票,防范被税务认定为延迟纳税而加收滞纳金。

再次,取得或开具的增值税发票不符合要求的涉税风险及管控,建筑业税负与项目运行过程中能否取得增值税进项税票及项目管控息息相关,企业有义务取得合法、合规的增值税专用发票;否则可能会由此带来项目成本增加、虚开增值税专用发票等经济、法律风险。

最后,应对措施,完善内部管控制度及项目考核制度,对于项目的取票情况及进项抵扣情况明确奖惩制度。合理控制目标成本,预计工程的材料、机械、劳务的合理配比。建立配比模型,提前筹划。针对材料、机械、劳务的供应商选择进行控制,选择长期合作及信誉良好的供应商,避免为取票而随意选择供应商,导致由于供应商的税务稽查而产生经营风险。

确保取得发票的真实性及货物、劳务及应税服务流、资金流、发票流“三流”一致,严格发票审核,不符合要求的发票不予接收并责令开票方重新开具。针对项目承包人及所有管理层，要加强增值税原理及对企业的影响以及风险方面的增值税基础知识培训，建立风险管控意识。

三、政府干预因素法律分析

第一，环保监管日趋严厉，环保政策收紧直接影响原材料价格，主材涨幅远远超过施工企业抗风险能力，尤其在施工合同中，施工方往往处于劣势，合同条款，尤其是调价机制的不完备，导致施工企业承担风险的概率升高。

交通管制影响材料进场，土石方进出场，导致工期逾期风险，窝工风险，施工企业成本骤增，抗风险能力十分脆弱。

第二，规费风险，施工企业往往在招投标阶段，自愿或被迫将不可竞争的规费项目也作为让利手段以达到获得项目的目的，在后期阶段因为政府对规费使用及标准监管趋严，施工企业规费成本凸显，导致费用增加明显，极容易陷入亏损境地。规费投入未达标，导致施工安全、人员损伤等风险高发，对施工企业构成较大风险因素之一，对施工企业极为不利。

第三，营改增后，税务风险凸显，“三流”合一要求施工企业在采购、劳务分包交易中必须要存在真实交易，否则很容易出现因虚开增值税发票产生的等行政、刑事法律风险，建议施工企业如实合法记账，避免涉税风险。

作者简介

于中威律师，空军第一航空学院法学学士，建工业务部律师；河南省律协国有资产管理法律专业委员会委员；执业定位于建设工程、国资运营、并购重组、投融资法律事务；先后为中国建筑第七工程局有限公司、华润河南医药有限公司、河南省国土资源投资开发管理中心、郑州路桥建设投资集团有限公司、郑州机动车质量检测认证技术研究中心有限公司、河南硅烷科技发展股份有限公司等多家单位提供常年或专项法律顾问服务；先后参与郑州路桥建设投资集团有限公司中票及短融项目、河南省某集团“两路一桥”并购项目等；参与大量建设工程、公司业务领域的纠纷处理。

简析建设工程中实际施工人的“责、权、利”

邓志鹏

建设工程领域实际施工人是市场经济发展过程中的产物，究其原因有很多，比如建设工程施工企业资质办理难、施工企业发展困难、施工企业资质等级不足等。但是，随着建筑行业市场的发展，实际施工人必然被淘汰，政府主管部门也必然会对此加大打击力度，以维护建筑市场的有序发展。目前，实际施工人是客观存在的，那么其“责、权、利”应当如何保护，这一问题具有一定的研究探讨的价值。笔者就相关问题简析如下。

一、实际施工人的认定

实际施工人，顾名思义是实际进行施工的人，现行的《民法典》《建筑法》《建设工程质量管理条例》中表述承包人时，一般使用“承包人”、“建筑施工企业”、“施工人”或“承包建筑工程的单位”等，而“实际施工人”首次出现于2005年1月1日实施的《最高人民法院关于审理建设工程施工合同纠纷案件适用法律问题的解释》（以下简称《建筑施工合同司法解释》）中，且2021年1月1日实施的《最高人民法院关于审理建设工程施工合同纠纷案件适用法律问题的解释（一）》［以下简称《建筑施工合同司法解释（一）》］中仍然沿用实际施工人的表述。那么是不是实际进行施工就是实际施工人呢？

最高人民法院认为，实际施工人出现的前提要件是建设施工合同存在非法转包、违法分包及借用有施工资质的企业名义承揽建设工程等无效情形，并将

“实际施工人”定义为无效施工合同中实际承揽工程的低于法定资质的施工企业、非法人单位、农民工个人等，具体包括借用建筑企业的名义或者借用资质证书承接建设工程的承包人、违法分包中接受建设工程分包的分包人、非法转包中接受建设工程转包的承包人等情形。

通常情况下，实际施工人主张权利的凭证主要应当包括：合同、施工图纸、工程洽商记录、设计变更、工程质量签认、施工日志、工程量报表、建筑设备、材料、人工投入等施工资料［参见中华人民共和国最高人民法院(2014)民申字第737号民事裁定书］。故认定“实际施工人”时应当根据相关合同、施工资料、费用承担、垫资情况、工程款收付情况等综合判断。目前，多地法院也出台指导意见明确施工班组不属于实际施工人。

二、实际施工人的“责”

根据《建筑法》第66条之规定，建筑施工企业转让、出借资质证书或者以其他方式允许他人以本企业的名义承揽工程的，责令改正，没收违法所得，并处罚款，可以责令停业整顿，降低资质等级；情节严重的，吊销资质证书。对因该项承揽工程不符合规定的质量标准造成的损失，建筑施工企业与使用本企业名义的单位或者个人承担连带赔偿责任。

根据《建筑法》第67条之规定，承包单位将承包的工程转包的，或者违反本法规定进行分包的，责令改正，没收违法所得，并处罚款，可以责令停业整顿，降低资质等级；情节严重的，吊销资质证书。承包单位有前款规定的违法行为的，对因转包工程或者违法分包的工程不符合规定的质量标准造成的损失，与接受转包或者分包的单位承担连带赔偿责任。

《建筑施工合同司法解释》第15条规定，因建设工程质量发生争议的，发包人可以以总承包人、分包人和实际施工人为共同被告提起诉讼。《建筑施工合同司法解释》第7条规定，缺乏资质的单位或者个人借用有资质的建筑施工企业名义签订建设工程施工合同，发包人请求出借方与借用方对建设工程质量不合格等因出借资质造成的损失承担连带赔偿责任的，人民法院应予支持。

另外，根据原《建筑施工合同司法解释(一)》第4条之规定，承包人非法转包、违法分包建设工程或者没有资质的实际施工人借用有资质的建筑施工企业名义与他人签订建设工程施工合同的行为无效。人民法院可以根据原《民法通则》第 134 条规定,收缴当事人已经取得的非法所得。此处的当事人应当也包括实际施工人,但在司法实践中很少有没收实际施工人非法所得情况出现。随着实施后的《民法典》删除了原《民法通则》第 134 条中关于"收缴进行非法活动的财物和非法所得"的规定,《建筑施工合同司法解释(一)》中也删除了该规定。

由上可见,实际施工人可能承担的责任为:若实际施工人承揽的工程质量不符合规定的质量标准造成的损失,实际施工人与总承包人或分包人承担连带赔偿责任。若发包人起诉总承包人、分包人或资质出借人要求其承担质量责任的,可将实际施工人作为共同被告并要求承担连带赔偿责任。

三、实际施工人的"权"

笔者在梳理相关裁判文书及文章时发现,部分观点认为实际施工人与承包人的权利基本等同。主要理由是:根据原《建筑施工合同司法解释(一)》第 2 条、第 26 条之规定,建设工程施工合同无效,但建设工程经竣工验收合格,承包人请求参照合同约定支付工程价款的,应予支持。实际施工人以转包人、违法分包人为被告起诉的,人民法院应当依法受理。实际施工人以发包人为被告主张权利的,人民法院可以追加转包人或者违法分包人为本案当事人。发包人只在欠付工程价款范围内对实际施工人承担责任。但现行《建筑施工合同司法解释》已删除上述规定。另外,根据原《最高人民法院关于审理建设工程施工合同纠纷案件适用法律问题的解释二》[以下简称《建筑施工合同司法解释(二)》]第 24 条之规定,实际施工人以发包人为被告主张权利的,人民法院应当追加转包人或者违法分包人为本案第三人,在查明发包人欠付转包人或者违法分包人建设工程价款的数额后,判决发包人在欠付建设工程价款范围内对实际施工人承担责任。现行《建筑施工合同司法解释》保留了上述规定。故得出结论如下:只要实际施工人建设工程经竣工验收合格,发包方、承包方应当支付工程款,否则还应当承担相应责任。

但笔者认为,上述观点虽具有一定的合理性,但也存在一定的问题。例如,实际施工人有权主张工程款的依据是什么，是发包人和承包人的合同，还是违法分包、转包合同？若依据发包人和承包人的合同，则突破了合同相对性原则。若依据违法分包、转包合同，则导致无效合同有效化，违法分包转包行为会更加猖獗。若让实际施工人主张造价鉴定，则剥夺了发包人与承包人合同中对工程价款进行结算的权利。

故根据《民法典》《建筑法》《建筑施工合同司法解释》第43条之相关规定，笔者认为，实际上施工人有权要求获取对应的报酬，有权向承包人主张权利，也有权要求发包人在欠付工程款范围(需明确具体金额)内承担责任，并有权提起诉讼，但权利也应当有所限制。另外，根据《建筑施工合同司法解释》第44条之规定，实际施工人还有权依据《民法典》第535条规定，以转包人或者违法分包人怠于向发包人行使到期债权或者与该债权有关的从权利，影响其到期债权实现，提起代位权诉讼。

四、实际施工人的“利”

根据《建筑施工合同司法解释(一)》第2条之规定，建设工程施工合同无效，但建设工程经竣工验收合格，承包人请求参照合同约定支付工程价款的，应予支持。但笔者认为，该条规定过于宽泛，导致司法实践中，法院不是参照合同约定工程价款，而是直接按照合同约定工程价款进行裁判，甚至为了保护实际施工人的利润，允许其按照正常的建设工程进行司法鉴定，该等做法严重违反《建筑法》的基本精神，导致承包人与实际施工人有恃无恐，大量的违法分包转包行为的存在。但现行《建筑施工合同司法解释》已经删除该条规定，可以看出最高人民法院观点的变化。

那么，如何既能保护实际施工人合法权利，又能杜绝或有效防止上述类似情况发生呢？笔者认为，应当出台相应的法律法规或司法解释，对此类情形下鉴定范围及取费范围、标准等进行明确。具体参考2013年3月21日，住房和城乡建设部、财政部发布《关于印发〈建筑安装工程费用项目组成〉的通知》(建标〔2013〕44号)，可知建设工程费用包括如下部分：

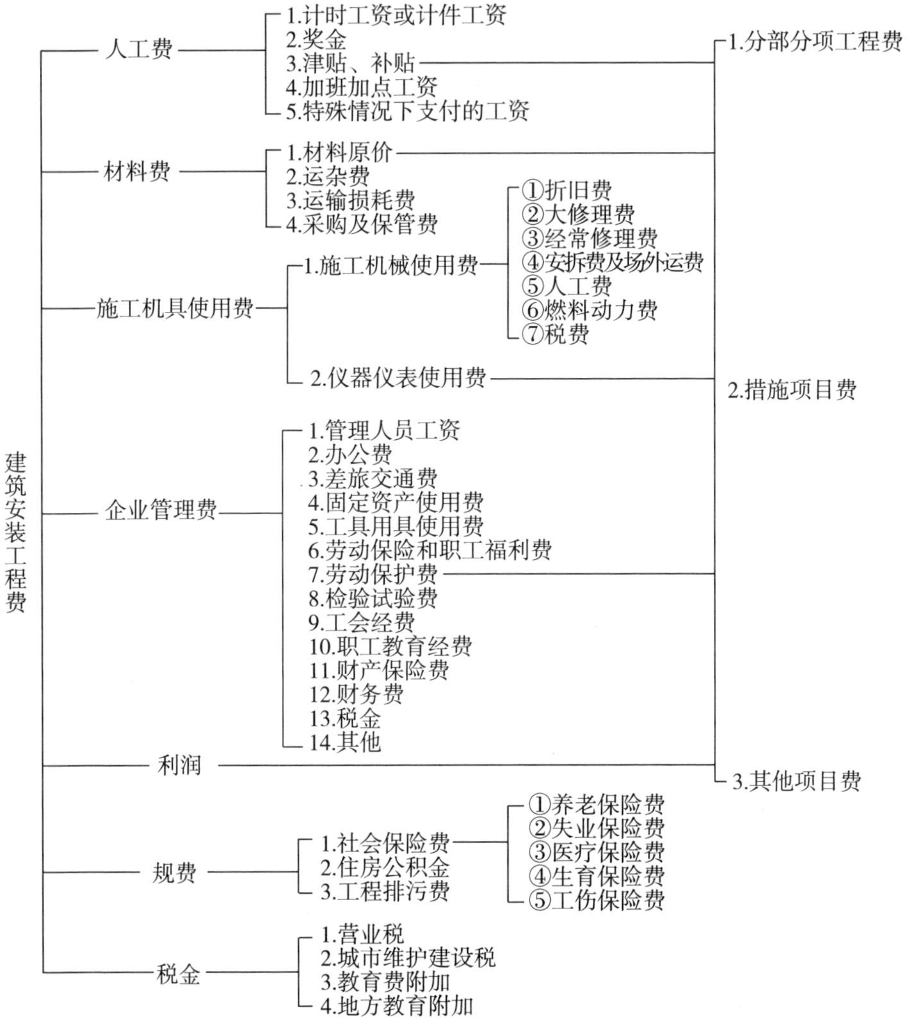

图1　建筑安装工程费用的构成

上述费用中,实际施工人不应获取的是利润部分,其次对于未发生部分也应当根据实际情况予以扣除。为了打击违法分包及转包行为,对于实际施工人,笔者建议法院仅支持人工费、材料费、施工工具使用费及税金,这样势必造成实际施工人无利可图,类似情况才能逐渐减少。同时,应当坚决杜绝通过司法鉴定方式对实际施工人未投入部分(如劳动保险费、福利、规费等)及利润予以支持。

五、结论与建议

综上所述，笔者认为从维护建筑市场有序发展的角度出发，应当依法严厉打击违法分包、非法转包、借用资质、超越资质等违法违规行为。首先，人民法院在保护农民工合法利益的基础上，可通过司法手段对违法分包、违法分包的双方当事人均予以制裁，让实际施工人无利可图，并及时向行政主管部门提出司法建议。其次，人民法院慎重使用此类案件的司法鉴定程序。若需鉴定，则在鉴定委托要求中应当明确具体范围、取费科目、取费标准等，杜绝利润空间。最后，政府主管部门应当加强建设单位及施工单位的管理，将违法分包或转包行为列入信用负清单，在重点项目及政府项目中，限制其参与，进而加大违法成本，逐步消除滋生实际施工人的环境。

作者简介

邓志鹏律师，执行主任，河南财经政法大学法学学士；河南省律师协会青年律师工作委员会执委、郑州市律师协会惩戒委员会执委；河南省律师行业优秀共产党员、郑州市司法行政系统优秀共产党员；河南省法学会商法学研究会常务理事、河南省法学会民法学研究会理事、郑州大学经济法律研究中心研究员、最高人民检察院“民事行政检察专家咨询网”专家、河南省人民检察院民事行政专家咨询委员会委员；执业定位于房地产建筑、公司治理、金融保险等商事法律事务；先后为河南省自然资源投资集团有限公司、中海地产、家乐福、河南科学技术出版社有限公司、恒安标准人寿河南分公司、神火光明地产等二十多家单位提供常年或专项法律服务，代理大量商事诉讼仲裁案件。

施工企业内部承包及其法务管控

李　冰

一、内部承包的背景及概念

（一）内部承包的背景

“内部承包”也称“内部经营承包”“责任承包”“承包经营责任制”等。本文所称“内部承包”，是指施工企业的内部承包经营责任制度。

内部承包的起源具有特定的历史背景，可以追溯到计划经济时代的国营施工企业经营机制改革。根据《关于改革国营施工企业经营机制的若干规定》（计施〔1987〕1806号）第2条规定，“施工企业内部可以根据承包工程的不同情况，按照所有权与经营权适当分离的原则，实行多层次、多形式的内部承包经营责任制，以调动基层施工单位的积极性”。该种经营模式极大激发了施工企业的开拓动力，内部承包因此普及。但在实施过程中，施工企业对承包人缺乏有效约束、过度放权等原因也导致了市场的混乱。

随着立法的完备和施工工艺、技术要求等的不断提高，建筑行业越来越要求资质准入、施工质量、安全管控，而内部承包因过度放权甚至假借内部承包行挂靠、转包之实，使其合法性受到严重质疑。

现阶段，内部承包的做法仍具有广泛性，但其表现形式却多种多样，目前尚无法律法规对内部承包的概念进行界定，而司法解释似乎也有意回避了实践中争议较大的内容，由此导致司法实践的混乱。

（二）内部承包的概念

内部承包目前在法律法规和司法解释层面没有统一的概念，各地法院有不同认识。

北京市高级人民法院认为,“建设工程施工合同的承包人将其承包的全部或部分工程交由其下属的分支机构或在册的项目经理等企业职工个人承包施工,承包人对工程施工过程及质量进行管理,对外承担施工合同权利义务的,属于企业内部承包行为”(《北京市高级人民法院关于审理建设工程施工合同纠纷案件若干疑难问题的解答》)。

四川省高级人民法院认为,“建筑施工企业将其承包的全部或部分工程交由其下届分支机构或在册的项目经理等本企业职工个人承包施工,建筑施工企业对工程施工过程及质量进行管理,并在资金、技术、设备、人力等方面给予支持的,属于内部承包”。(《四川省高级人民法院关于审理建设工程施工合同纠纷案件若干疑难问题的解答》)

杭州市中级人民法院认为,“对于建设单位内部承包合同,应当认定为是工程承包人就其承包的全部或部分工程与其下属分支机构或职工签订的工程承包合同,属建筑施工企业的一种内部经营方式,法律和行政法规对此并不禁止,该承包人应对工程施工过程及质量等进行管理,对外承担施工合同的权利义务”(《杭州市中级人民法院民一庭关于审理建设工程及房屋相关纠纷案件若干实务问题的解答》)。

笔者结合各地高级人民法院、中级人民法院的意见及实践经验,将内部承包的概念总结如下:

内部承包是施工企业按照所有权与经营权分离原则实施的一种经营方式,由施工企业的正式员工对该企业的项目或者分支机构实行承包经营责任制。其中,该员工在承包范围内享有一定程度的经营自主权并与施工企业约定内部利益分配和损失承担,该施工企业对项目或分支机构提供施工过程及质量等管理并对外承担施工合同的权利义务。

二、真假内部承包

实践中存在大量以内部承包名义进行的挂靠、转包,但该种方式即便具备内部承包的一些特征(如签订内部承包合同等),也不宜认定为内部承包。

根据《建筑工程施工发包与承包违法行为认定查处管理办法》(建市规

〔2019〕1号)第8条、第10条等相关规定,认定转包或者挂靠的行为特征之一即为:"施工总承包单位或专业承包单位未派驻项目负责人、技术负责人、质量管理负责人、安全管理负责人等主要管理人员,或派驻的项目负责人、技术负责人、质量管理负责人、安全管理负责人中一人及以上与施工单位没有订立劳动合同且没有建立劳动工资和社会养老保险关系,或派驻的项目负责人未对该工程的施工活动进行组织管理,又不能进行合理解释并提供相应证明的。"该条款将实践中常见的"假承包"进行了总结,由此归纳出区别真假内部承包的关键在于施工企业是否对项目进行了有效管理。

本文对内部承包的法律分析建立在该内部承包系"真承包"的基础上,而非假借内部承包名义实施的转包或挂靠等违法行为。

三、内部承包的法律定位

对于内部承包的法律定位,实践中一直存在不同认识。有观点认为,内部承包的合同双方属于平等的民事主体,也有观点认为,内部承包归属于劳动关系范畴。其中,江苏省高级人民法院对实践中的分歧总结得较为全面,"签订内部承包合同纠纷是否具有可诉性,理论和实务中存在争议。有观点认为,企业内部承包是企业实行内部劳动管理、考核的一种方式,内部承包合同争议应属劳动争议。也有观点认为,内部承包合同的主体具有隶属性,而非平等主体之间的财产或人身关系,内部承包合同纠纷不属人民法院民事诉讼受理范围。还有观点认为,内部承包合同一般涉及个人参与企业经营方面的权利义务、责任风险承担及利益归属,应系平等主体之间的民事法律关系。我们认为,内部承包经营是一种生产经营的激励机制,合理使用好内部承包经营有利于增进企业员工的生产经营积极性、责任性,促进企业生产经营水平的提升,如果将内部承包合同纠纷一概拒之诉讼之外,不利于促进内部承包经营制度的健康发展,也不利于双方的权利得到救济。但是,在处理内部承包合同纠纷时,应当贯彻权利与义务相一致以及充分保护劳动者的原则,总体而言,应由承包人享有的权益应予充分保护,对企业要求承包人承担的义务明显不适当、责任过重的应予否定或调整"(《江苏省高级人民法院建设工程施工合同案件审理指南》)。

笔者认为,内部承包的法律关系并非单一的劳动关系或民事关系,而是属于综合法律关系。因此,判定内部承包是否具备民法意义上的可诉性,需要具体问题具体分析,并充分尊重合同当事人的意思自治。建议在内部承包合同中认可其综合属性,并将涉及劳动关系的权利义务单独列出予以明确化。

四、内部承包的常见风险

(一)项目经理职务犯罪风险

项目经理(或承包人,下同)的职务犯罪有以下常见类型:(1)安全生产事故类犯罪;(2)受贿、非国家公务人员受贿;(3)职务侵占、挪用资金等;(4)伪造印章;(5)虚假诉讼;(6)转移财产、逃匿等拒不支付劳动报酬。

(二)项目经理表见代理风险

《建筑施工企业项目经理资质管理办法》(建字〔1995〕第1号)第2条规定:"本办法所称建筑施工企业项目经理(以下简称项目经理),是指受企业法定代表人委托对工程项目施工过程全面负责的项目管理者,是建筑施工企业法定代表人在工程项目上的代表人。"

项目经理作为施工企业项目负责人或分支机构负责人以施工企业名义与第三方进行民事行为,即便其没有获得施工企业相应授权,第三方在不知情的情况下有理由认为其代表施工企业,可能构成表见代理。最常见的如项目经理私刻公章或以施工企业或项目部名义向第三方借款、出具欠条或承诺等。

(三)印鉴管理风险

项目部私刻公章,如果施工企业不知情,有可能构成犯罪。但实践中还存在两种常见情况:(1)施工企业有可能存在多个正常使用的公章,其中某个公章交由项目部使用,或授权项目部刻制相关印章;(2)施工企业缺乏公章管理制度或执行不严,导致项目部用章不经施工企业审批。

(四)项目资金管控风险

内部承包关系中,项目经理往往与施工企业约定自负盈亏,个人垫资的情况较为普遍,而司法实践中对个人垫资部分的财产属性存在分歧。因此,施工企业如果忽略资金管控(尤其对个人垫资以外的其他资金及应收工程款等),项目经理极有可能虚构账目或以其他方式侵占、挪用项目资金,造成项目严重亏损。

（五）质量安全、成本管控等项目风险

内部承包中，项目经理因个人及聘任人员经验、能力等相关问题，质量及成本的管控能力参差不齐，需要施工企业进行统一管理，否则极易造成质量安全及成本失控。

（六）项目部聘任人员用工风险

此处所指项目部聘任人员，是指项目负责人、技术负责人、质量管理负责人、安全管理负责人等主要管理人员，以及造价、材料等技术人员，不包括农民工。

项目部聘任人员与施工企业签订劳动合同并缴纳社保，但实际上一部分并非施工企业的正式员工，仅为项目经理（内部承包人）聘任人员。上述人员和施工企业之间如果发生劳动纠纷，处理不当将会给施工企业造成经济损失。

（七）农民工工资支付及工伤赔偿风险

对于项目经理拒不支付农民工工资及工伤赔偿，司法实践中对责任最终主体是企业还是个人存在分歧。施工企业作为有资质的用人单位，应对农民工工资支付及工伤赔偿等对外承担责任的风险充分预估。

五、内部承包的法务管控建议

上述常见风险也是内部承包制度的痛点和司法实践中的难点，囿于篇幅及司法实践认识不统一等因素，本文在此提出管控建议，抛砖引玉。

（一）加强项目缔约（投标）前的成本测算和风险管控

项目经理虽为内部承包人，但鉴于施工企业承担对外责任，因此施工企业不能对项目的成本、风险等“大撒把”，应加强管控，避免出现低于成本签约（中标）、避免过重的违约责任等问题。

（二）充分重视项目经理的职务授权

签订施工合同及其他对外合同的，建议施工企业在合同中对项目经理的授权做出明确约定，超过授权范围的，施工企业不承担相应责任。

（三）制定用印制度并严格执行审批及备案管理

制定用印审批及备案制度，严格限定各种印鉴的使用权限。施工企业的公章、合同章、财务章、法人章等，严禁项目部私刻，如需使用应进行审批。对于可以授权项目部自行使用的章,应要求项目部定期备案,便于施工企业掌握对外使用情况,项目结束后进行回收销毁。

(四)加强合同履行过程的管理

对于施工合同、分包合同等,及时签证索赔。对于其他合同,加强履行进度管理,与合同相对方及时沟通并对账。

(五)制定切实有效的用工风险管控制度

对于项目部自行聘任人员,要求承包人或项目经理与其聘任的人员签订劳务合同并交施工企业备案,双方约定施工企业承担替代支付义务后有权追偿。对于农民工工资,施工企业对外支付该款项属于替代责任,应建立完善的追偿制度;也可以采用借款方式支付给项目经理或承包人,并要求其按期还款。

(六)采用多种担保方式

采用多种担保方式对内部承包合同中的承包人义务提供担保,包括但不限于保证人、保证金、抵押、质押、银行保函、担保公司等。有观点认为还可以采用借款保证,即由项目经理或承包人作为借款人向施工企业借款,出借款项直接作为保证金,借款人承担还款义务,笔者对该观点表示认同。

(七)完善重大风险的接管制度

内部承包合同应体现出施工企业对项目的管控,尤其当项目出现重大安全隐患、严重亏损等风险,或项目经理出现职务犯罪行为时,施工企业应及时解除内部承包合同,对项目进行接管,避免更大损失。

(八)制定合理可行的追偿制度

鉴于内部承包合同具有劳动关系和民事关系的双重属性,归根结底还是施工企业的经营模式。如果在内部承包合同中约定所有风险均由项目经理或承包人承担,施工企业仅收取管理费等,有可能被视为施工企业出借资质,且承包人作为个人其风险承受能力有限。建议建立以下合理具备可执行性的追偿制度。

1. 区分责任

建议对损失或亏损进行归责,区分是否能够归责于项目经理:如项目经理违反制度造成损失的,由其自己承担;非归责于项目经理的,双方按照约定分担风险。

2. 将垫付资金及时转化为借款

施工企业对外承担责任的，建议及时与项目经理签订借款协议，由施工企业向项目经理出借资金并用于承担对外责任，将事后的追偿转化为事前的借贷关系。因借贷关系属于民事范畴，避免某些法院对内部承包性质的认识差异，以需要劳动仲裁为由拒绝对追偿纠纷立案。

作者简介

李冰律师，郑州大学理学学士、郑州大学法律硕士，建工业务部副主任；河南省律师协会建设工程委员会委员；执业定位于建设工程和房地产法律事务；为河南五建建设集团有限公司、河南中建地产有限公司、河南嘉亿房地产集团有限公司、河南瀚海置业有限公司、郑州航空港区航程置业有限公司、河南省长城建设集团有限公司等单位提供常年法律顾问服务或专项法律顾问服务，并为江苏南通二建集团有限公司、香港锦艺集团旗下各公司等提供诉讼服务，擅长建设工程相关法律业务、土地开发、商业地产运营、房地产法务管理等法律服务。

“以房抵工程款”法律解析

王水力

“以房抵工程款”是房地产领域的常态化现象，并受房企的资金压力、房地产市场状况的直接影响。因“房”的特殊性与涉及主体的多样性，形成“以房抵工程款”的复杂性，从而导致“以房抵工程款”纠纷的多发性。

正确认识“以房抵工程款”的内涵外延，准确识别“以房抵工程款”的风险，方可有效控制“以房抵工程款”的法律风险。

一、以房抵工程款的情形

在当前的房地产行业实践中，以房抵工程款的主要情形如下：

1. 房企在招投标阶段要求建筑企业作出以房抵工程款的承诺

房企作为强势一方，为掌握主动权，通常在工程发包时，以不同方式明示建筑企业作出书面承诺，接受以房抵工程款的条件。房企要么在招标文件中书面明示，要么在招标文件外口头明示。建筑企业为谋取项目中标，不得不接受，接受的方式要么是在《建设工程施工合同》中载明，要么提交书面承诺书。

2. 房企在施工过程中与建筑企业签订以房抵工程款协议

房地产项目开发通常要经历数年，可能横跨同一发展周期的不同阶段或横跨数个发展周期。房地产业属于资金密集型产业，投资人的资金压力也呈现一定的波动性。一旦开发过程中面临资金压力，房企就会要求建筑企业接受以房抵工程款条件。施工过程中的以房抵工程款，要么在预售许可证取得前，要么在预售后，不同的阶段将直接影响以房抵工程款的法律效果。

3. 房企在工程竣工结算后与建筑企业签订以房抵工程款协议

工程竣工结算后，债权金额确定，通常情况下付款期限也已经届满，房企基于资金压力，与建筑企业达成以房抵工程款协议。

4. 房企与建筑企业在纠纷处理过程中达成以房抵工程款协议

已就拖欠工程款发生诉讼纠纷，在诉讼过程中当事人协商达成以房抵工程款协议，约定直接以特定房产折价归建筑企业所有，用以充抵拖欠的工程款。

二、以房抵工程款涉及的法律主体

以房抵工程款，简单的模型就是：房企与建筑企业签署《建设工程施工合同》后，房企以自有的期房或现房，折价充抵工程款，房屋产权转移登记至建筑企业自身名下。现实中的以房抵工程款，远比简单模型复杂，涉及的法律主体更多。

1. 两方主体。就是上述提及的以房抵工程款的简单模型，仅涉及房企和建筑企业。

2. 三方主体。三方主体可能存在的情形主要有：

(1) 房企与建筑企业签署《建设工程施工合同》后，房企以其关联企业所有的期房或现房，折价充抵工程款，房屋产权转移登记至建筑企业自身名下。这涉及房企及其关联企业、建筑企业三方。

(2) 房企与建筑企业签署《建设工程施工合同》后，房企以自有的期房或现房，折价充抵工程款，房屋产权转移登记至建筑企业指定的第三方名下。这涉及房企、建筑企业及其指定的第三方。

3. 四方及以上主体。房企充抵给建筑企业的房屋系第三方所有，或该房屋被层层转充抵，即建筑企业将充抵工程款的房屋又转抵给材料商、分包商等，材料商、分包商等又转抵给其他方或将房屋产权登记在指定方名下。

三、以房抵工程款协议的存在形式

(1) 建筑企业(或其项目部有权人员)提交同意以房抵工程款的《承诺函》；

(2) 建筑企业(或其项目部有权人员)在房企要求以房抵工程款的函件上签署同意意见；

(3)《建设工程施工合同》正文或补充协议或附件中存在建筑企业同意接

受以房抵工程款的条款；

(4)建筑企业在工程款请款单或其他函件上要求以房抵工程款，经房企签署同意意见的；

(5)《以房抵工程款协议》或类似的独立协议；

(6)房企和建筑企业达成了以房抵工程款合意，并体现在工程竣工结算协议或类似协议、文件中。

四、以房抵工程款协议的主要内容

(1)房企与建筑企业达成以房抵工程款的初步合意，但具体充抵工程款的房屋房号不明确，产权办理至哪个主体名下不明确，房屋单价不明确等。

(2)房企与建筑企业达成以房抵工程款的初步合意，尽管具体充抵工程款的房屋房号不明确，产权办理至哪个主体名下不明确，房屋单价不明确，但协议明确：房号以房企意见为准，产权办理至哪个主体名下由建筑企业指定，房屋单价确认依据(如以开盘价为准，或以房管部门备案价格为准，或以前述标准确定的单价为基础上浮或优惠一定比例)。

(3)房企与建筑企业达成以房抵工程款的正式合意，房号、面积、单价、总价及房屋认购主体等均作了明确约定。

(4)房企与建筑企业达成以房抵工程款的正式合意，房号、面积、单价、总价及房屋认购主体等均作了明确约定。同时，房企与建筑企业指定的认购人签署了房屋认购协议。

以房抵工程款协议的内容有两个关键因素，直接影响协议的履行效果。具体如下：

第一个关键要素是：对于充抵效果是否有明确表达。不同的意思表达，直接影响工程款充抵的法律效果。其一，明确约定以房充抵工程款，充抵后即视为对应的工程款已付、对应的购房款已付；其二，明确约定以房充抵工程款，但未明确表达充抵后即视为对应的工程款已付、对应的购房款已付。

第二个关键要素是：最后认购充抵工程款的房屋产权的主体情况。其一，最终认购主体无论是建筑企业本身还是其指定的其他主体，具有房屋所在城市的购房主体资格；其二，最终认购主体无论是建筑企业本身还是其指定的其他主体，不具有房屋所在城市的购房主体资格。

五、以房抵工程款协议的法律效力

《民法典》有关合同不成立、不生效、效力待定或无效的规定,不再累述。下面仅结合以房抵工程款这一特定情况,简单予以分析。

1. 以房抵工程款协议不成立。合同的成立适用意思自治原则,当事人有从事合同行为的意志自由,依其自由意志创设权利义务关系。只要具备意思表示这一基本事实,合同即告成立。合同不成立是指当事人未就合同的主要条款达成合意,主要包括:当事人之间就合同主要条款未形成合意,或形成的合意不是真实意思表示。

例如,房企或建筑企业未对房屋买卖的主要合同条款达成合意。依据《商品房销售管理办法》第16条的规定,最核心的合同条款就是房屋基本状况和房屋价款。

例如,房企或建筑企业单方提出以房抵工程款的请求(要约),但对方未接受或未作出回应(口头或行为回应,即承诺)。

例如,以房抵工程款只是作为支付工程款的保障措施,即让与担保,房企与建筑企业之间并未达成真实的以房抵工程款合意。

2. 以房抵工程款协议不生效。依据《民法典》原则上合同成立即生效,时间重合,但存在两种例外情况:一是附条件、附期限合同,在条件成就、期限届满前合同成立但不生效;二是需要办理审批手续的合同,在合同签订后、批准前合同成立但不生效。

附条件、附期限的以房抵工程款协议,部分属于让与担保协议,但也存在其他情况,例如,房企与建筑企业约定,以房抵工程款协议在房企取得预售许可证后生效。

3. 以房抵工程款协议效力待定。合同效力待定,是指合同成立以后,因存在不足以认定合同有效的瑕疵,致使合同不能产生法律效力,在一段合理的时间内合同效力暂不确定,由有追认权的当事人进行补正或有撤销权的当事人进行撤销,再视具体情况确定合同是否有效。

效力待定的以房抵工程款协议,主要有以下情形:

(1)无权代理。签约主体未取得授权,例如,建筑企业的项目负责人或其他工作人员超越授权范围,与房企签署以房抵工程款协议。

(2)无权处分。如房企以其关联企业所有的房屋充抵工程款。

4. 以房抵工程款协议无效。《民法典》中规定了合同或合同中有关条款无效的情形。这里需要特别提醒的是,《最高人民法院关于审理商品房买卖合同纠纷案件适用法律若干问题的解释》第2条规定:"出卖人未取得商品房预售许可证明,与买受人订立的商品房预售合同,应当认定无效……"

签署时以房抵工程款协议,若未取得预售许可证,可能被认定为无效协议。

5. 以房抵工程款协议有效。除去上述4种情形外,通常情况下,以房抵工程款协议应为有效。

以房抵工程款,是债务清偿的方式之一,是房企与建筑企业之间对于如何清偿工程款之债作出的安排,对以房抵工程款协议效力的认定,应以尊重当事人的意思自治为基本原则。一般而言,当事人于债务清偿期届满后签订的以房抵工程款协议,并不以建筑企业现实地受领抵债房屋,或取得抵债房屋所有权为成立或生效要件。只要双方当事人的意思表示真实,合同内容不违反法律、行政法规的强制性规定,以房抵工程款协议即为有效。

以上对于以房抵工程款协议效力认定原则,已经最高人民法院的相关判例确认。但需要注意的是,江苏省高级人民法院认为以房抵款协议有效的前提是双方已经进行结算、工程价款确定、清偿期届满且承包人仍享有建设工程价款优先权。

六、法律关系解析

(一)基础法律关系

以房抵工程款协议包含了两种基础法律关系:一是建设工程施工合同关系,二是房屋买卖合同关系。

(二)两种基础法律关系的地位

当事人于债务清偿期届满后达成的以物抵债协议,可能构成债的更改,即成立新债务,同时消灭旧债务;亦可能属于新债清偿,即成立新债务,与旧债务并存。基于保护债权的理念,债的更改一般需有当事人明确消灭旧债的合意,否则,当事人于债务清偿期届满后达成的以物抵债协议,性质一般应为新债清偿。换言之,债务清偿期届满后,债权人与债务人签订的以物抵债协议,如未约定消灭原有的金钱给付债务,应认定系双方当事人另行增加一种清偿债务的履行方式,而非原金钱给付债务的消灭。

具体就以房抵工程款协议而言，是否抵销工程款，主要取决于当事人对于充抵效果是否有明确表达、房屋买卖合同是否已签署。若对充抵效果有明确表达（明确约定以房充抵工程款，充抵后即视为对应的工程款已付、对应的购房款已付），以房抵工程款协议包含完整的房屋买卖合同要素，或另行单独签署了房屋买卖合同，则房屋买卖合同关系虽与建设工程施工合同关系存在关联，但已独立存在，不再依赖于建设工程施工合同关系。若对充抵效果没有明确表达，在房屋交付转移前，工程款支付义务并不消除。

（三）衍生法律关系

正如前文所述，以房抵工程款涉及多方法律主体，多一方法律主体就可能多一层法律关系，例如，材料设备买卖合同关系、工程劳务分包合同关系、民间借贷法律关系等。

七、以房抵工程款协议的履行

（一）建设工程施工合同无效

建设工程施工合同无效，并不必然导致以房抵工程款协议无效。以房抵工程款协议具有相对独立性。《民法典》第 567 条规定："合同的权利义务关系终止，不影响合同中结算和清理条款的效力。"

原《最高人民法院关于审理建设工程施工合同纠纷案件适用法律问题的解释（一）》第 2 条规定："建设工程施工合同无效，但建设工程经竣工验收合格，承包人请求参照合同约定支付工程价款的，应予支持。"即无论建设工程施工合同有效与否，作为发包人的房企都负有支付工程价款的义务。在存在应付工程款的情况下，以房抵工程款协议具有存在价值。

（二）建设工程施工合同解除

建设工程施工合同解除的处理思路同建设工程施工合同无效。

在建设工程施工合同无效或解除的情况下，假定应付工程款低于以房抵工程款协议约定金额，或应付工程款金额为零，以房抵工程款协议是否有效？是否继续履行？

正如前述，建设工程施工合同无效或解除，不影响以房抵工程款协议的效力，但可能对以房抵工程款协议的履行产生影响。建设工程施工合同无效或解除后经结算，若应付工程款金额为零，各方无法达成共识，个人谨慎以为，以房抵工程款协议终止,但若有相反约定的除外;若应付工程款低于以房抵工程款协议约定金额,对于差额部分可协商解决。

若应付工程款低于以房抵工程款协议约定金额,或应付工程款金额为零,但充抵工程款的房屋买卖手续已办理完毕的,其善后处理较为复杂,这里不再详细分析。

(三)以房抵工程款协议无效

以房抵工程款协议无效,房企仍负有支付工程款的义务。

(四)以房抵工程款协议无法履行

最终认购主体无论是建筑企业本身还是其指定的其他主体,均需具有房屋所在城市的购房主体资格。若不符合房屋所在地的房地产限购政策,则以房抵工程款协议因无法履行而终止,除非各方达成“更名”合意。终止后的善后处理,类似本文上述(二)建设工程施工合同解除所提到的应付工程款低于约定的充抵金额但房屋买卖手续已办理完毕的情形,较为复杂,这里不再详细分析。

(五)房屋认购协议未履行与解除

以房抵工程款协议签署但并未履行,即房企并未按约定将房屋交付转移,是否产生工程款充抵的法律效果?可参见本文上述(二)两种基础法律关系的地位中的分析,新债实际清偿与否,是否影响旧债的消灭,主要取得于当事人之间的约定,若无约定,则房屋认购协议未履行的,房企仍负有工程款支付义务。

八、法律建议

以房抵工程款涉及诸多主体,站在不同的主体立场,所给的法律建议亦不同。

1. 对于房企的建议。若欲做实“以房抵工程款”,建议明确约定“以房充抵工程款,充抵后即视为对应的工程款已付、对应的购房款已付”,新债产生旧债消灭,即房屋买卖合同关系成立,充抵范围内的工程款消灭。如此一来,“以房抵工程款”做实,既抵了工程款又售了房,双重利好。需要提醒的是,该协议的副作用就是其中的“对应的购房款已付”。如果建设工程施工合同未能正常履行,所抵工程款超出应付工程款,此时该如何预防和补救。

2. 对于建筑企业的建议。应对方案与房企正相反,新债产生旧债保留,即房屋买卖合同关系成立,并不意味着充抵范围内的工程款消灭,直至房屋买卖合同已履行,否则仍可主张工程款。

3. 对于转抵第三方的建议。建筑企业要求转充抵房屋，对于材料商、分包商等第三方而言，建议争取获得房企的书面确认，否则该转抵行为对房企不具有法律约束力，除非房企与建筑企业之间的以房抵工程款协议中明确约定，建筑企业有权单方要求房企将所抵房屋办理至指定第三方名下。

4. 对于抵债房购买方的建议。对于最终认购抵债房的个人而言，建议慎重购买，如购买，建议获得房企的书面认可，即与房企直接建立房屋买卖合同关系，否则该认购对房企不具有法律约束力。实践中，抵债房通常都是层层转让，法律关系复杂，如果不能直接获得房企的确认，那么对于购房人来说，风险就较大。

本文“庖丁解牛”，意在理清“以房抵工程款”的法律关系，识别其中的法律风险。“以房抵工程款”涉及的各个主体，在法律关系中的地位、强弱不同，对于“以房抵工程款”“抵债房”，也许有能力驾驭，也许只能被动承受，但是，有能力驾驭并不意味着能妥善驾驭，被动承受并不意味着毫无招架之力。在各自能力范围内，争取在最大可能限度内按利己原则合理设计和安排“以房抵工程款”行为，应是每一个相关市场主体应该做到的。

作者简介

王水力律师，武汉大学法律硕士，建工业务部主任；河南省律师协会房地产法律专业委员会副主任，郑州市律师协会房地产业务委员会副主任，郑州仲裁委员会建设工程争议评审委员会评审专家，最高人民检察院“民事行政检察专家咨询网”专家、河南省建筑房地产专业律师、郑州大学经济法律研究中心研究员；河南省律师行业管理先进个人、郑州市“十佳律师”；执业定位于建设工程法律事务、房地产法律事务；为华润置地（郑州）有限公司、金科地产郑州公司、荣盛发展河南公司、融侨集团郑州公司、河南省自然资源投资集团有限公司、原银不动产有限公司、郑州金融岛建设发展集团有限公司、河南国土开发投资有限公司、河南资产管理有限公司等多家单位提供常年或专项法律顾问，代理大量房地产和建筑类诉讼仲裁案件。

建设工程合同纠纷股东滥用公司独立地位问题的解决

王少帅

建设工程合同纠纷中，当发包人滥用法人独立地位，拖欠承包人（总承包企业、专业承包企业、实际施工人等）工程债权或是拖欠农民工工资的情形，发包人又由于股东或实际控制人原因而缺乏偿债能力，实际施工人、农民工难道在法律通道内找不到应有的解决途径？如实际施工人基于《最高人民法院关于审理建设工程施工合同纠纷案件适用法律问题的解释（一）》［以下简称《建设工程司法解释（一）》］主张工程价款，能否在诉求中对滥用股东有限责任、滥用公司独立地位的承包人或发包人股东及实际控制人主张连带责任，能否在建设工程合同纠纷中一并诉求解决？最高人民法院 2019 年 11 月 14 日发布的《全国法院民商事审判工作会议纪要》（以下简称《九民会议纪要》）对公司类纠纷中关于法人人格否认的应用提出明确的裁判指导意见，对公司人格独立和股东有限责任这两个公司法基本原则进一步明确其法律适用。2021 年 1 月 1 日施行的《民法典》第 83 条吸收《九民会议纪要》确定的裁判指导意见，对滥用出资人权利和法人人格否认进行规定。本文试从最高人民法院裁判案例中总结法人人格否认制度在建设工程纠纷领域的适用逻辑，并提出诉讼解决方式。

一、《九民会议纪要》关于公司人格否认的适用意见

否认公司独立人格，由滥用公司法人独立地位和股东有限责任的股东对公司债务承担连带责任，是股东有限责任的例外情形，旨在矫正有限责任制度在

特定法律事实发生时对债权人保护的失衡现象。股东滥用公司独立地位和股东有限责任的具体实践表现为:公司有名无实,仅是股东个人投资的工具;公司资本显著不足,股东利用对公司的控制抽逃出资或转移公司资产导致公司资本明显不足;公司股东利用公司有限责任规避债务。

《九民会议纪要》对《公司法》第20条第3款在审判实践中股东实施滥用公司法人独立地位及股东有限责任的行为,侵害公司债权人利益的情形,明确了具体适用原则。

(1)适用前提:只有在股东实施了滥用公司法人独立地位及股东有限责任的行为,且该行为严重损害了公司债权人利益的情况下,才能适用。损害债权人利益,主要是指股东滥用权利使公司财产不足以清偿公司债权人的债权。

(2)适用范围:只有实施了滥用法人独立地位和股东有限责任行为的股东才对公司债务承担连带清偿责任,而其他股东不应承担此责任。

(3)适用限制:公司人格否认只是在具体案件中依据特定的法律事实、法律关系,突破股东对公司债务不承担责任的一般规则,例外地判令其承担连带责任。

(4)适用原则:根据查明的案件事实综合判断"滥用行为"(人格混同、过度支配与控制、资本显著不足等)的具体表现,既审慎适用,又当用则用。

二、建设工程纠纷领域关于公司人格否认的适用逻辑

笔者在"无讼"裁判案例库中,通过关键词"建设工程施工""股东滥用",不区分法院层级时,检索到裁判案例为361件。根据地域划分排在前三的地区为河南省38件、广东省30件、四川省27件。选择法院层级为"最高人民法院",检索到最高人民法院作出的9件裁判文书;通过提炼最高人民法院裁判文书中关于公司人格否认的说理部分,总结以下关于《公司法》第20条第3款的适用逻辑。

(一)债权确认的适用前提

《公司法》第20条第3款的立法宗旨在于确定股东的连带责任。因此,连带责任的范围需要确定主债权的内容。建设工程合同纠纷主诉工程款项及违约责任基于案件综合证据和事实经法院认定工程债权的范围,如发包人股东滥用公司独立地位和股东有限责任,转移发包人公司资本导致偿债能力不足,无法清偿拖欠工程款,应通过裁判确定其工程款债权。

关于实际施工人案件，基于《建设工程司法解释(一)》第 43 条赋予实际施工人突破合同相对性向发包人主张工程款权利，法院在法律适用过程中需要首先确定其相关合同效力问题，解决实际施工人身份。同时，该条规定确认承包人对实际施工人的清偿责任以及发包人在欠付工程款范围内的连带责任。

(二)债权损害事实的确认

公司人格否认纠纷系侵权纠纷，其侵权损害结果为侵害债权人利益，如无法清偿到期债务、变相转移债务风险、逃避债务等情形。人民法院在裁判确认债务人公司对债权人的债权负有清偿义务的同时，也即需要根据股东滥用行为导致债务人公司清偿能力的变化范围确认股东连带责任的范围。

最高人民法院于(2016)最高法民申 1055 号江西省汉威建设工程集团有限公司与廊坊市华森集团有限公司、刘某林等建设工程施工合同纠纷再审案中裁判认定，发包人股东通过转让发包人公司股权，并与受让方约定其股权转让价款通过发包人公司建设项目销售价款、抵押贷款资金等形式支付，导致股权转让后，发包人公司实际无力偿还工程款。最高人民法院认定发包人股东转让股权的行为虽没有违反法律禁止性规定，但其获得股权受让款的方式直接导致发包人公司无法及时清偿所欠承包人工程款，严重损害了债权人的利益。

(三)股东"滥用行为"的认定

通过检索最高人民法院的 9 件案例发现，"滥用行为"主要集中在"人格混同""过度支配与控制"层面。

1. 人格混同与关联公司人格混同。最根本的判断标准是公司是否具有独立意思和独立财产，最主要的表现是公司的财产与股东的财产是否混同且无法区分。最高人民法院于(2016)最高法民申 1055 号江西省汉威建设工程集团有限公司与廊坊市华森集团有限公司、刘某林等建设工程施工合同纠纷再审案中确认了发包人公司系一人有限责任公司，一人有限责任公司的股东不能证明公司财产独立于股东自己的财产，据此，依据《公司法》第 20 条第 3 款以及第 63 条的规定，认定发包人股东对发包人公司所欠工程款承担连带偿还责任。

值得注意的是，最高人民法院通过裁判案例确认了关联公司人格混同的处理意见，认为："关联公司人格混同的原因主要是股东违反诚实信用原则滥用公司法人独立地位和股东有限责任所致，否认关联公司各自的独立人格，将关联公司视为一体，对利益受损债权人的请求承担连带责任，实质就是将滥用关联公司人格的股东责任延伸至由其控制的关联公司上，由此来救济利益受损的债权人。关联公司人格混同系股东滥用公司法人独立地位和股东有限责任的一种表现。”[参见最高人民法院(2018)最高法民申 2964 号湖北通顺高速公路有限公司、天津国泰恒生实业发展有限公司建设工程施工合同纠纷再审审查与审判监督案件]。

2. 过度支配与控制。(2016)最高法民申 1055 号案件中，最高人民法院认定发包人股东及发包人均由实际控制人自然人甲实际控制，自然人甲作为发包人控股股东，可以通过支配发包人股东公司而进一步控制发包人公司。根据查明的事实，自然人甲在转让发包人股权事宜中，直接接受股权受让方支付的股权价款，并通过其他实际控制的关联公司受让股权价款，佐证了其实际控制人身份。股权转让是以发包人股东名义实施，但自然人甲作为两公司实际控制人对发包人股东、发包人公司行为具有决定作用，事实上亦直接获得股权转让款，该行为损害了债权人利益。依据公平原则，认定实际控制人对涉案欠款承担连带偿还责任。

(四)股东连带责任的适用

笔者认为，结合最高人民法院的裁判案例，股东滥用公司独立地位导致公司侵害建设工程债权人利益，工程款债权人可依据《公司法》第 20 条规定要求债务人股东承担连带责任。此外，对债务人公司及债务人股东的实际控制人，亦可根据公平责任并结合相关证据事实，主张实际控制人应当就控制公司行为导致无力偿还债权人债务应当承担连带责任。因此，在实际施工人案件中，实际施工人通过《建设工程司法解释(一)》主张工程价款，在诉求中对滥用股东有限责任、滥用公司独立地位的发包人股东及实际控制人主张连带责任，应属合法合理的正当诉求。

三、建设工程纠纷适用公司人格否认的诉讼安排

根据《九民会议纪要》对公司人格否认纠纷案件当事人诉讼地位的确认意见，建设工程纠纷中对主张实施滥用行为的股东承担连带责任的诉讼安排考虑以下因素。

(1)建设工程债权人优先起诉债务人公司取得生效裁判确认享有的工程债权，再另行提起公司人格否认诉讼，请求股东对公司债务承担连带责任的，列股东为被告，公司为第三人；建设工程债权人对债务人公司享有的债权尚未经生

效裁判确认,直接提起公司人格否认诉讼,请求公司股东对公司债务承担连带责任的,应当列公司为共同被告,否则人民法院将裁定驳回起诉。

(2)建设工程债权人对债务人公司享有的工程款债权提起诉讼的同时,一并提起公司人格否认诉讼(反映为主张股东连带责任的诉讼请求),请求股东对公司债务承担连带责任的,列公司和股东为共同被告。

作者简介

王少帅律师,郑州大学法学学士、诉讼法学硕士,房地产业务部律师;郑州市律师协会房地产法律业务委员会委员;执业定位于房地产、建筑工程等诉讼和非诉讼法律业务。为融侨集团郑州公司、河南国土开发投资有限公司、原银不动产有限公司、河南辉润地产有限公司、河南省河南饭店、荣盛发展河南公司、阳光城集团郑州公司等单位提供常年及专项法律服务,参与多个郑州市区及周边城中村改造、棚户区改造及城市综合体房地产尽职调查项目,多次参与房地产项目并购、转让、重组、土地使用权转让等业务。

(四)销售争议

预查封期间商品房买卖合同解除权之法律分析

邓志鹏

商品房买卖合同履行期间，因买受人资金链断裂，导致银行按揭贷款逾期，出卖人承担连带保证责任；同时，也会伴随买受人债权人对买受人通过诉讼主张债权，并对未办理转移登记的商品房进行预查封。目前，该等情况十分普遍。然而，在预查封期间，出卖人承担保证责任后，是否可以解除商品房买卖合同收回房屋呢？各地法院有着不同的裁判观点，导致该类案件裁判结果不统一。在该等情况下，房地产企业如何保障自身合法权益？是否可以解除商品房买卖合同？笔者就相关法律问题进行分析。

一、关于预查封效力

最高人民法院、国土资源部、建设部《关于依法规范人民法院执行和国土资源房地产管理部门协助执行若干问题的通知》（法发〔2004〕5 号）第 15 条规定："下列房屋虽未进行房屋所有权登记，人民法院也可以进行预查封：（一）作为被执行人的房地产开发企业，已办理了商品房预售许可证且尚未出售的房屋；（二）被执行人购买的已由房地产开发企业办理了房屋权属初始登记的房屋；（三）被执行人购买的办理了商品房预售合同登记备案手续或者商品房预告登记的房屋。"第 16 条规定："国土资源、房地产管理部门应当依据人民法院的协助执行通知书和所附的裁定书办理预查封登记。土地、房屋权属在预查封期间登记在被执行人名下的，预查封登记自动转为查封登记，预查封转为正式查封后，查封期限从预查封之日起开始计算。”

从上述规定看，笔者认为预查封并非正式查封，只有在预查封期间登记在被执行人名下时，才能转化为正式查封登记。预查封在转化为正式查封前，并不发生查封的效力。最高人民法院、国土资源部、建设部《关于依法规范人民法院执行和国土资源房地产管理部门协助执行若干问题的通知》第 18 条又规定“预查封的效力等同于正式查封”，显然是前后矛盾。笔者认为，第 18 条规定的“等同”，仅是从“限制转移”角度理解，并非真正意义上的“等同”。

二、预查封期间商品房的物权归属

1. 物权原则上仍归房地产开发企业所有

根据《民法典》第 209 条之规定，不动产物权的设立、变更、转让和消灭，经依法登记，发生效力；未经登记，不发生效力，但是法律另有规定的除外。那么，根据最高人民法院、国土资源部、建设部《关于依法规范人民法院执行和国土资源房地产管理部门协助执行若干问题的通知》中规定的：“被执行人购买的已由房地产开发企业办理了房屋权属初始登记的房屋”与“被执行人购买的办理了商品房预售合同登记备案手续或者商品房预告登记的房屋”该两种情形下的房屋显然均是登记在房地产开发企业名下的房产，其物权应当属于房地产开发企业。即便是进行预查封，在未转移登记之前，物权当然应归属于房地产开发企业。

2. 例外情形

根据 2015 年 5 月 5 日施行的《最高人民法院关于人民法院办理执行异议和复议案件若干问题的规定》第 29 条规定：“金钱债权执行中，买受人对登记在被执行的房地产开发企业名下的商品房提出异议，符合下列情形且其权利能够排除执行的，人民法院应予支持：(一)在人民法院查封之前已签订合法有效的书面买卖合同；(二)所购商品房系用于居住且买受人名下无其他用于居住的房屋；(三)已支付的价款超过合同约定总价款的百分之五十。”也就是说，在该等情况下，虽然商品房仍登记在房地产开发企业名下，但足以排除第三方的查封与执行。但笔者仍然认为，该情况下物权仍归房地产开发企业，买受人排除查封与执行后，仍应当积极主张转移登记。

三、预查封的权利基础

笔者认为预查封是基于申请人对被申请人的债权,通过法定程序要求人民法院对符合上述预查封条件的房屋进行预查封,其权利的基础是债权。而房地产开发企业对商品房拥有的是物权,其是基于建设而原始取得的物权,自房地产开发企业完成初始登记后发生对外效力。

故根据物权大于债权的基本法理,笔者认为在未办理转移登记之前,商品房之物权仍应归属于房地产开发企业,房地产开发企业对商品房的物权,足以对抗债权人基于债权对商品房的预查封之权利,但该等对抗也是建立在房地产开发企业维护自身合法利益基础之上。但转移登记之后,即便是买受人未支付全部价款,该商品房之物权仍应归属于买受人一方。

四、关于合同约定与法定解除权

根据《民法典》第562条之规定,当事人协商一致,可以解除合同。当事人可以约定一方解除合同的事由。解除合同的事由发生时,解除权人可以解除合同。即合同约定解除权,双方可以通过合同约定解除条件,待解除条件成就时,解除权人可以解除合同。

《民法典》第563条规定:“有下列情形之一的,当事人可以解除合同:(一)因不可抗力致使不能实现合同目的;(二)在履行期限届满前,当事人一方明确表示或者以自己的行为表明不履行主要债务;(三)当事人一方迟延履行主要债务,经催告后在合理期限内仍未履行;(四)当事人一方迟延履行债务或者有其他违约行为致使不能实现合同目的;(五)法律规定的其他情形。以持续履行的债务为内容的不定期合同,当事人可以随时解除合同,但是应当在合理期限之前通知对方。”

商品房买卖合同作为合同的一种,当然可以约定合同解除权;同时,合同双方当事人均有权根据法定解除权解除双方的合同关系。故笔者认为,在相应的条件成就时,出卖人可以行使法定与约定解约权,依法维护自身合法权益。

五、预查封期间商品房买卖合同是否可以解除

笔者结合互联网上广为流传的两个典型案例,就该等问题进行分析。

1. 2014年12月18日公报案例(2013)宜执异字第0021号“宜兴市江南水

乡度假村有限公司与毛某光、孙某英等执行异议案”。

主要裁判观点为：预查封不影响预售商品房合同当事人行使约定解除权。该合同被裁判解除后，法院应当中止对预查封房屋的执行，但有权执行被执行人们到期债权。

主要裁判理由为：(1)被执行人合同权利未受到有害处分。预查封是《关于依法规范人民法院执行和国土资源房地产管理部门协助执行若干问题的通知》新创立的强制执行措施，其效力是禁止查封机关以外的主体对查封财产进行有害处分。是否允许当事人在预查封后解除合同，主要看该等解除后果，是否导致被执行人的合同利益受到无法预期的减损。该案商品房买卖合同中约定了，开发商承担还贷保证责任后，未能受偿可以解除合同。条件成就时解除合同是购房人在预查封时即能预料到的风险，并没有因合同解除额外增加减损的可能，故约定解除权可以行使。但预查封后的双方合意解除，则由于预查封时不可预期，可能造成对被执行人合同利益的不当减损，不应被准许。

(2)合同约定的解除条件已经成就。原《合同法》第 93 条第 2 款规定，“当事人可以约定一方解除合同的条件。解除合同的条件成就时，解除权人可以解除合同”。

(3)商品房买卖合同的目的无法实现。商品房合同出卖人订立合同的目的是出售房屋、取得房款。本案房地产开发企业在承担还贷保证责任后，获取房产对价的合同目的落空。《最高人民法院关于审理商品房买卖合同纠纷案件适用法律若干问题的解释》第 23 条明确规定买受人“未能订立担保贷款合同”(无法足额支付房款)而导致买卖合同无法继续履行，对方可请求解除合同。而买受人因未履行还款义务导致出卖人承担连带保证责任，与不能签订担保贷款合同导致房屋买卖合同无法履行，在本质上是相同的。

2. 江苏省高级人民法院(2014)苏民终字第 203 号“郭某燕、江苏马会置业有限公司等执行异议之诉民事判决书”。

主要裁判观点为：预查封后，合同的双方当事人均应维持该合同的效力并积极地履行，不得通过行使合同约定的解除权或通过协商一致达成解除协议的方式解除合同。

主要裁判理由为：预查封，从适用的情形来看，其查封的对象是被查封人基于一个有效的房屋买卖合同所享有的债权，即房屋交付请求权和所有权移转登记请求权。预查封的目的就是使被查封人保有这个债权，以便将来实现这个债权,取得房屋的所有权,从而预查封转化为正式查封,得以执行。因此,一旦该项请求权被预查封,合同的双方当事人均应维持该合同的效力并积极地履行,不得通过行使合同约定的解除权或通过协商一致达成解除协议的方式解除合同;债权人也不得为放弃、转让该项请求权等处分行为,因为这都将导致其丧失该项已经被预查封了的请求权。

笔者认为,公报案例(2013)宜执异字第0021号观点更为合理合法,能够维护各方的利益,而江苏高院的观点稍显不妥,有过分保护债权人利益,而牺牲房地产开发企业利益之嫌。

首先,预查封并非正式查封,在买受人违约后,出卖人当然有权按约定与法定理由解除商品房买卖合同,合同解除权并不因为预查封而丧失。

其次,预查封的房屋买卖合同解除并不影响预查封权利人之相应权利,因为预查封权利人可以要求法院继续查封在合同解除后,房地产开发企业返还的已付房款部分。且该买卖合同中,买受人实际缴纳的款项就是房地产开发企业返还款部分。

最后,房地产开发企业不应因买受人的过错,而承担"房子没有、钱也没了"的不利后果。(1)在按揭贷款购房的情况下,若商品房买卖交易完成(包括按揭贷款担保责任未免除)之前,买受人并未支付全部价款,其仅仅支付了首付款及部分按揭贷款,而房地产开发企业即便是取得全部价款(含银行按揭贷款),但仍然承担按揭贷款保证责任,随时可能因买受人的违约而导致按揭贷款返还给银行,商品买卖合同的目的并未完全实现。(2)在分期付款的情况下,在买受人未支付全部款项前,商品买卖合同的目的也未完全实现。因此,在上述两种情况下,因买受人的过错导致商品房被预查封时,相关权利人要求处分出卖人名下房屋或者剥夺出卖人合同解除权,都可能导致出卖人"房子没有、钱也没了"的不利后果,出卖人对商品房的物权转化为对买受人的普通债权,这显然是不公平的。所以,人民法院应当保护出卖人依法依约享有的合同解约权,以维护出卖人的合法权益。

六、预查封权利人的救济

笔者认为,根据《民法典》第566条之规定,合同解除后,尚未履行的,终止履行;已经履行的,根据履行情况和合同性质,当事人可以请求恢复原状或者采取其他补救措施,并有权请求赔偿损失。商品房买卖合同解除后,出卖人收回房屋,应将收受的购房款本息,在先扣除银行按揭贷款剩余部分,再扣除约定违约金后返还买受人,预查封权利人可以要求法院查封该等资金。

综上所述,笔者认为,房地产开发企业不应因买受人的过错,而承担“房子没有、钱也没了”的不利后果,买受人的债权人也没有理由获得比买受人实际出资额更大的利益。预查封不影响预售商品房合同当事人行使约定与法定解除权。商品房买卖合同被裁判解除后,法院应当中止对预查封房屋的执行,但有权执行被执行人(买受人)的到期债权。但房地产开发企业有权就代偿的贷款银行按揭贷款部分,从应返还给购房人的房款中直接抵扣。在该等情况下,银行的权益并未受到损害,出卖人的权益也未受到损害,买受人已支付房款及利息在扣除违约金后得到返还,其也权益也未受到损害,买受人债权人的利益也未受到损害,各方利益均趋于平衡。当然,出卖人是否有权先行扣除违约金等问题,有待进一步探讨,但笔者认为银行按揭贷款垫付款,应当优先扣除。

同时,笔者也认为在预查封后,未经买受人的债权人同意,买受人与出卖人通过协商一致解除商品买卖合同的应当禁止。因为该等情况,无法有效保护买受人之债权人的权益。

作者简介

邓志鹏律师,执行主任,河南财经政法大学法学学士;河南省律师协会青年律师工作委员会执委、郑州市律师协会惩戒委员会执委;河南省律师行业优秀共产党员、郑州市司法行政系统优秀共产党员;河南省法学会商法学研究会常务理事、河南省法学会民法学研究会理事、郑州大学经济法律研究中心研究员、最高人民检察院“民事行政检察专家咨询网”专家、河南省人民检察院民事行政专家咨询委员会委员;执业定位于房地产建筑、公司治理、金融保险等商事法律事务;先后为河南省自然资源投资集团有限公司、中海地产、家乐福、河南科学技术出版社有限公司、恒安标准人寿河南分公司、神火光明地产等二十多家单位提供常年或专项法律服务,代理大量商事诉讼仲裁案件。

房屋查封状态下买受人及开发商的救济途径探析

申道明

在开发商与房屋买受人签订《商品房买卖合同》后，由于房地产行业的特殊性，买受人与开发商不能及时完成《民法典》所要求的不动产物权变动时的登记制度，在这期间，房屋买受人或开发商均有可能因为其他涉诉案件而被列为被执行人，房屋便成为被执行财产而被查封。在此种情况下，房屋买受人及开发商应如何行使权利，以便获得救济，保护财产不受损失便成为一个重要问题。

一、预查封、查封的条件

1. 房屋买受人作为被执行人

根据最高人民法院、国土资源部、建设部《关于依法规范人民法院执行和国土资源房地产管理部门协助执行若干问题的通知》（以下简称《执行若干问题通知》）第 15 条第 2 项、第 3 项，被执行人购买的已由房地产开发企业办理了房屋权属初始登记的房屋、被执行人购买的办理了商品房预售合同登记备案手续或者商品房预告登记的房屋，虽未进行房屋所有权登记，人民法院也可以进行预查封。

预查封是《执行若干问题通知》中创立的一项强制执行措施，它是指对尚未在登记机关进行物权登记但又履行了一定的批准或者备案等预登记手续、被执行人享有未公示或者物权期待权的房地产所采取的控制性措施，即由人民法院制发预查封裁定书和协助执行通知书，由国土资源、房地产管理部门办理预查封登记手续；待该房地产权属登记完结时转为正式查封。土地、房屋权属在预查封期间登记在被执行人名下的，预查封登记自动转为查封登记，预查封转为正式查封后,查封期限从预查封之日起开始计算。预查封的效力等同于正式查封。

2. 房地产开发商作为被执行人

根据《执行若干问题通知》第15条第1项,作为被执行人的房地产开发企业,已办理了商品房预售许可证且尚未出售的房屋,虽未进行房屋所有权登记,人民法院可以进行预查封。在该种预查封下,由于房屋并未出售,未能影响到房屋买受人利益,因此不属于本文的论述范围。

根据《最高人民法院关于人民法院民事执行中查封、扣押、冻结财产的规定》(以下简称《查封规定》)第17条,被执行人将其所有的需要办理过户登记的财产出卖给第三人,第三人已经支付部分或者全部价款并实际占有该财产,但尚未办理产权过户登记手续的,人民法院可以查封、扣押、冻结。在该种情况下,由于买受人已经交付部分或全部价款,且可能存在已经实际占有或备案的情形,存在房屋买受人利益受损需寻求救济的情况。

二、预查封、查封下案外人的救济途径

1. 房屋买受人作为被执行人,开发商的救济途径

在该阶段,对房屋买受人实施的查封只能是预查封,通说认为,预查封在转化为正式查封之前,虽然可以限制任何单位和个人擅自处分被预查封的财产,但是法院不能将预查封的财产作为被执行人的财产进行处置。开发商面临的主要问题为:(1)预查封对开发商解除与买受人签订的《商品房买卖合同》后的影响;(2)《商品房买卖合同》解除后,开发商是否可以通过提起执行异议的方式解除查封措施。

就第一个问题而言,预查封是对被执行人享有的物权期待权的房屋所采取的强制性措施。被执行人对未经登记的物权或者预期物权享有的仅仅是一种受限或者期待利益,是否能够成为完全的或者真正的权利主体,尚处于不确定的状态。在存在预查封的情况下,开发商在房屋买受人违约的情况下可以解除《商品房买卖合同》。但在司法实践中,对于存在查封状态下的房屋,法院可能会以存在查封为由,认定双方约定解除权的条件尚未成就,因此不予解除商品房买卖合同。同时,在其他案例中,有法院认为,诉争房屋已被多家单位查封,如果诉争合同予以解除势必损害已查封诉争房屋的其他债权人的利益。因此,在存在查封的情况下,并不能解除双方之间的《商品房买卖合同》。

笔者认为,上述两点理由并不能够令人信服,首先,不应为约定解除权设定法律上的行使条件。其次,根据《民法典》的规定,合同解除后,尚未履行的,终止履行;已经履行的,根据履行情况和合同性质,当事人可以请求恢复原状或者采取其他补救措施,并有权要求赔偿损失。诉争合同的解除后果符合法律的规定,已查封诉争房屋的其他债权人的利益虽然可能在事实上受到损失,但其利益在商品房买卖合同未履行完毕时处于不确定状态,法律不应给予特殊保护。

就第二个问题而言,法院的裁判规则如下:(1)金钱债权执行中,案外人依据执行标的被查封、扣押、冻结前作出的另案生效法律文书提出排除执行异议的,该法律文书系就案外人与被执行人之间的权属纠纷以及租赁、借用、保管等不以转移财产权属为目的的合同纠纷,判决、裁决执行标的归属于案外人或者向其返还执行标的且其权利能够排除执行的,人民法院应予支持。实践中对于查封前解除《商品房买卖合同》,查封后提出执行异议的情形争议不大,开发商能够通过解除《商品房买卖合同》这一事实排除对房屋的执行。(2)合同解除后,尚未履行的,终止履行;已经履行的,根据履行情况和合同性质,当事人可以请求恢复原状或者采取其他补救措施,并有权要求赔偿损失。《商品房买卖合同》尚处于预告登记或备案阶段,预告登记并不导致不动产物权的设立或变动,而只是使登记申请人取得一种请求将来发生物权变动的权利。我国《民法典》第 209 条也明确规定,“不动产物权的设立、变更、转让和消灭,经依法登记,发生法律效力;未经登记,不发生法律效力”。案外人与被执行人签订的《商品房买卖合同》已经法院判决或调解解除,案外人作为《商品房买卖合同》另一方当事人成为该房产的权利人,该权利能排除执行,故案外人异议请求成立予以支持。但少数法院认为金钱债权执行中,案外人依据执行标的被查封、扣押、冻结后作出的另案生效法律文书提出排除执行异议的,人民法院不予支持。(3)案外人虽已起诉解除与被执行人的《商品房买卖合同》,但现在还未解除,法院查封涉案房产于法有据,况且查封仅是控制措施,在该民事诉讼审理期间,法院对涉案房产只要不采取处分措施,并不侵害其权益。另外,即使双方的《商品房买卖合同》解除,在双方结算完毕后,被执行人的购房款若有剩余,法院应从案外人处提取。若未解除《商品房买卖合同》,法院当然可以执行涉案房产,故案外人要求解除对涉案房产查封的理由不成立,不予支持。由上述裁判规则可知,《商品房买卖合同》解除后,开发商可以通过提起执行异议的方式解除查封措施，在大部分情形下能够得到法院的支持。

2. 开发商作为被执行人时，房屋买受人获得救济的途径

当开发商因其他案件，作为被执行人时，在司法机关查封开发商相关楼盘房屋时，房屋买受人对此有异议的，可以向法院提起案外人执行异议。其主要依据有以下三点：

(1)根据《查封规定》第 17 条，被执行人将其所有的需要办理过户登记的财产出卖给第三人，第三人已经支付部分或者全部价款并实际占有该财产，但尚未办理产权过户登记手续的，人民法院可以查封、扣押、冻结；第三人已经支付全部价款并实际占有，但未办理过户登记手续的，如果第三人对此没有过错，人民法院不得查封、扣押、冻结。

在上述规定中，原则上对于开发商将其所有的需要办理过户登记的财产出卖给第三人且并未过户的房屋可以进行查封、扣押、冻结。但是当满足一定条件时，人民法院不得查封、扣押、冻结，这也就为买受人提起案外人异议提供了依据。具体需满足以下条件：①第三人已经支付全部价款；②第三人实际占有该房屋；③第三人对未办理过户登记手续没有过错，当事人对办理房屋过户手续无过错，是指未办理过户登记手续是由于当事人主观意志以外的原因造成的，包括被执行人不予协助、办理登记存在客观障碍、登记机关不予协助等原因。在当前房地产市场存在限购政策的背景下，房屋买受人对房屋所在地的限购政策应当知道，在其知道或应当知道自己无购房资格的情况下还购买房屋，导致未能按约过户，应当认定房屋买受人有过错，房屋买受人不得依据该条的规定排除对标的房屋的执行。

(2)《最高人民法院关于人民法院办理执行异议和复议案件若干问题的规定》(以下简称《异议规定》)第 28 条规定："金钱债权执行中，买受人对登记在被执行人名下的不动产提出异议，符合下列情形且其权利能够排除执行的，人民法院应予支持：(一)在人民法院查封之前已签订合法有效的书面买卖合同；(二)在人民法院查封之前已合法占有该不动产；(三)已支付全部价款，或者已按照合同约定支付部分价款且将剩余价款按照人民法院的要求交付执行；(四)非因买受人自身原因未办理过户登记。"

其与《查封规定》第 17 条相比，增加了"在人民法院查封之前已签订合法有效的书面买卖合同"这一条件，且增加了"已按照合同约定支付部分价款且将剩余价款按照人民法院的要求交付执行"这一情形。

(3)《异议规定》第 29 条规定:“金钱债权执行中,买受人对登记在被执行的房地产开发企业名下的商品房提出异议,符合下列情形且其权利能够排除执行的,人民法院应予支持:(一)在人民法院查封之前已签订合法有效的书面买卖合同;(二)所购商品房系用于居住且买受人名下无其他用于居住的房屋;(三)已支付的价款超过合同约定总价款的百分之五十。”

通过对上述三条的分析可知,在房屋买受人运用上述条款寻求救济时,第三种方式在要求上最容易实现。表现为不要求房屋买受人实际占有房屋及支付全部价款。但第三种方式限定“所购商品房系用于居住”,并不适用于商铺等商业地产。在这里需要指出的是,如果房屋买受人购买开发商开发的住宅,在实际占有且已经支付全部价款,但名下存在其他用于居住的房屋的情况下,是否可以援用第二种方式进行救济呢?亦即《异议规定》第 28 条与第 29 条的关系问题。

针对两者的关系,有以下两种观点:(1)根据规定内容择一适用,在符合第 29 条规定的情况下,排除第 28 条的适用。(2)第 28 条和第 29 条存在竞合,可选择适用,满足其一即可。在最高人民法院(2017)最高法民终 278 号案件中,最高人民法院采用了第一种观点。最高人民法院认为,第 28 条与第 29 条相同之处为申请执行的债权都是金钱债权,均要求在人民法院查封之前已签订合法有效的书面买卖合同。不同之处在于,第 28 条是买受人对登记在被执行人名下的不动产提出的异议,而第 29 条则针对的是买受人对登记在被执行的房地产开发企业名下的商品房提出的异议。应当说,第 29 条的规定是第 28 条规定的特殊情形,即专指房地产开发企业商品房出售的情形。根据本案查明的事实,案涉房屋系房地产经营者明丰公司开发的商品房,史某莹系向房地产开发企业明丰公司认购商品房,讼争的被执行的房屋即是登记于房地产开发企业名下的商品房,故本案依据史某莹诉讼主张的权利基础,应适用第 29 条之规定。

需要说明的是,在采用该种观点的情况下,《查封规定》第 17 条又能否使用呢?在两个规定都有效的情况下,笔者认为案外人可以选择适用《查封规定》第 17 条、《异议规定》第 28 条与第 29 条,以便更好地维护案外人利益。

三、预查封、查封下案外人的救济程序

开发商在解除与当事人签订的《商品房买卖合同》后,由于预查封的基础已经不存在,开发商需要向人民法院提出执行异议,要求人民法院解除预查封。

在房地产开发商作为被执行人时,房屋买受人也需要根据《民事诉讼法》的相关规定提起案外人执行异议。根据《民事诉讼法》第227条,执行过程中,案外人对执行标的提出书面异议的,人民法院应当自收到书面异议之日起15日内审查,理由成立的,裁定中止对该标的的执行;理由不成立的,裁定驳回。案外人、当事人对裁定不服,认为原判决、裁定错误的,依照审判监督程序办理;与原判决、裁定无关的,可以自裁定送达之日起15日内向人民法院提起诉讼。

作者简介

申道明律师,天津大学法学学士、中国政法大学法学硕士,房地产业务部律师;执业定位于房地产和投融资法律事务;曾在一汽—大众汽车有限公司法律事务部任职;为香港锦艺集团有限公司、中海地产郑州公司、远洋地产郑州事业部、河南振兴房地产(集团)有限公司、许昌辉润地产有限公司、郑州市大山教育集团有限公司等单位提供常年或专项法律顾问服务;代理大量房地产纠纷案件。

（五）商业地产

产权式商铺常见法律问题

姬　烨

产权式商铺是从分时度假和产权式纠纷的商业模式演变过来的，应用于商业地产领域，即是开发商将其开发建设的大型商业广场进行合理分割后，划分为较小的商铺并出售给投资者。因其符合房地产开发商快速回笼资金的要求，同时也有利于满足中小投资者以少量资金投资商业地产的目标，近年来新起的大型商业地产大都是用这种方式开发出来的。但随着时间的推移，近年来，国内一些城市纷纷出现产权式商铺群体性纠纷，严重影响了正常的经营秩序和社会稳定，并成为经济发展和社会治理的热点和难点问题，必须引起我们的高度重视。

一、产权式商铺的概念及类型

产权式商铺的实质是将该商铺中的所有权的权能进行分离，即将占有、使用、收益、处分四项权能进行分离，限制了所有权人占有、使用权能，仅保留收益、处分的权能。投资产权式商铺，其实质就是投资者主动放弃了部分所有权的权能，将其让渡于开发商或其他经营者，以保证将所投资商铺与商场整体进行统一规划经营后，可以达到最大的利用效果，以获得最大的利益。

我们通常说的产权式商铺包括独立产权式商铺和虚拟产权式商铺两种类型。独立产权式商铺，即开发商将商场内的商铺进行分割，小商铺之间用墙体等区分彼此空间;虚拟产权式商铺,即开发商只对开放式卖场进行概念上的分割,小商铺间无内墙分隔,但是能够根据房屋平面图、房屋面积、界限标识、细小的界桩或者特殊地钉等方式标记,也能准确地确定商铺的位置。商铺产权登记在投资者名下,购房者虽拥有独立产权,但不能独立使用,只能将商铺包租给开发商设立或指定的商业运营公司统一经营,商铺业主获得定期定额的投资回报。目前的产权式商铺以虚拟性产权式商铺为主。

二、产权式商铺的经营模式及法律关系分析

产权式商铺在我国经历了三个阶段的发展:第一阶段是售后返租阶段,卖铺者和租铺者是同一主体,即开发商在将商铺卖给商铺业主之后对所卖商铺进行承租;第二阶段是售后包租阶段,开发商与商铺业主签订合同,保证商铺在售出之后得以出租,但租铺者非开发商自己,而是第三方,即卖铺者和租铺者是两个主体,这实现了卖铺与租铺在法律上、经营上的分离;第三阶段是转租阶段,开发商只负责商铺的出售,而与业主们签订合同、负责管理商铺的主体则是第三方,一般是专门的管理公司,它负责将商铺出租给另一个主体,即经营方,也就是说,在这个阶段中,买卖、管理、经营分属三个主体,以便于整合资源,专业经营,规避风险,这是现代社会利益最大化需求的结果,也是产权式商铺发展至今的最高形式。在整个发展过程中,无论形式上如何改变,产权式商铺这种经营模式始终围绕着一个理念,那就是权利分离,从起初的所有权和经营权分离到后来的所有权、管理权和经营权相分离,商铺投资者作为商铺的所有权人,其没有对商铺直接经营管理的权利,仅享有对自己所购买商铺的回报收益权,这是产权式商铺相较于其他模式的特殊之处。

三、产权式商铺的常见法律风险分析

从实践来看,现实性产权式商铺由于可以独立经营使用,业主可以在租期届满后自由选择继续委托出租或者收回自营,相对风险较小;而虚拟性产权式商铺由于无法独立经营使用,商铺业主虽拥有独立产权,但不能独立使用,投资收益完全依赖于开发商或其指定的经营单位,容易引发开发商和承租人、业主间的冲突和纠纷。

(一)市场的不确定性风险

市场瞬息万变,由于国家政策的变化或市场竞争格局的演变,各行各业都

会面临一些难以预见的风险。产权式商铺所在的大型商城,往往具有较强的专业性,由于行业市场变化产生的风险往往会相对更加明显。

(二)托管收益从房款折抵导致商铺销售价格虚高的风险

同一个地段上的物业形态,从商业上考虑,采取产权式商铺的销售方式远比其他房产的售价要高得多,且投资回报在短期内即可实现。在同样的地段和开发环境下,商铺的销售价格往往远远高于住宅和写字楼。价格的反差,丰厚利润的诱惑力,吸引开发商投资开发产权式商铺。开发商在销售环节就已经在价格上透支了投资者和经营者的未来收益,而高价格就导致高租金,这又使项目高出周边商铺的租金水平,最终可能导致招商障碍,从而使项目无法获得应有的收益;或者当高租金导致商业机构无利可图时,商业机构就会关门退租使商铺处于闲置状态,这些都将导致置业者的收益无法保证。

(三)"售后返租"暗藏的风险

产权式商铺多采用售后返租的形式出售,即在商铺销售伊始,开发商即承诺对商铺进行统一经营,并给予业主一定年限的稳定的租金收益,使业主获得较高的租金回报,从而吸引投资者置业。目前,多数虚拟性产权式商铺都承诺8%以上的年回报率,远远高于同期银行贷款利率和正常零售利润率。"售后返租"虽然在法律上是禁止的,但是在现实中却从未被消灭,经过改头换面以带租约方式销售再度出现。两种方式的差别点在谁与业主签订租约。前者是开发商直接与业主签订,而后者则是入驻的主力商家与业主签订一个协议,然后主力商家再与开发商签订一个默契协议,开发商将部分销售获得的丰厚利润摆渡给主力商家。

(四)业主产权分割不清和无法自主经营的风险

虚拟性产权式商铺,无实体间隔,一般是开放式卖场布局,签订委托经营协议或返租协议后,产权式商铺已被商业管理公司或主力商家统一改造装修,经营的铺位与销售分割的铺位完全不一致,售后返租期间一旦出现问题,会出现产权式商铺位置难以确定以及业主无法自主经营使用的困局,商铺业主难以收回商铺自主经营。有的铺位即使可以收回归小业主自主经营,却又会因小业主们各自为政而导致整个商场缺少商业主题和统一的商业形象品牌,严重影响业态分布、整体布局和对外经营,从而导致投资者的租金收益无法实现。在租约期满后,经营权重新分散归各个所有权人(业主),对是否继续委托租赁以及租金的数额等难以形成一致意见,极易发生冲突。

四、产权式商铺常见法律风险的防控

综上所述，产权式商铺的运作模式隐藏着巨大风险，在当前经济下行压力加大和电商冲击频频的新常态下，在商铺投资者盲目性和商铺开发商或代理商逐利性的催化下，其内在矛盾可谓一触即发，一些城市纷纷出现产权式商铺纠纷爆发的态势。产权式商铺风险大，矛盾深，化解难，能否事先防范、正确处置、妥善化解产权式商铺纠纷，事关经济发展大局，事关群众利益，事关社会和谐稳定。

（一）产权式商铺业主的权利保护应以不损害其他业主权益保护为前提，加强对承租人的权利保护

实践中，业主购买了商铺后，由开发商或者其指定的管理公司进行整体返租，有的业主购买的商铺四至不清，有的仅为概念面积，无法具体确定。开发商或者指定的管理公司在对外整体出租过程中，有小部分业主主张未经其同意，要求停止侵害、恢复原状、赔偿损失，如何处理？实践中存在不同观点：第一种观点认为，小部分业主无权要求停止侵害、恢复原状。在以产权式商铺为标的物的买卖合同中，买方对商铺享有的权利，不同于独立商铺。为保证物业整体功能的发挥，个别业主的权利必须受到其他商铺业主整体意志的限制。在扬州阳光城商铺案中，一审法院认为管理公司已经获得95%业主的同意，其他业主应当予以服从。第二种观点认为，小部分业主有权主张停止侵害、恢复原状、赔偿损失。《民法典》第114条第2款规定，物权是指权利人依法对特定标的物享有直接支配和排他的权利，包括所有权、用益物权和担保物权。作为商铺的所有权人对于专有部分应当拥有独立、排他的所有权，有权独立处分属于自己的专有部分。其他任何主体未经其合法授权不能决定将商铺出租并改变用途获得收益。大部分业主的授权不能剥夺其他未同意业主的决定权。开发商或者管理公司在未取得所有业主合法授权的情况下将业主商铺整体出租没有合法依据。我们同意第一种观点，理由是：从个人利益与整体利益的平衡角度看，整体出租商铺符合整体利益。产权式商铺作为一种新型的产权形式，法律、行政法规虽无明文规定，但应符合物权法的一般规律。产权式商铺的特点决定了整个市场只有统一规划、统一布局、统一经营、统一管理，业主才能更好地获得利益，单个商铺的利益必须服从广大业主的共同利益，接受整个市场规划布局的限制和约束，业主才能获得稳定的投资回报。当个人利益与整体利益发生冲突时，更多地需要从商场整体性上考虑，个人利益应当服从整体利益。《民法典》第272条规定，业主对其建筑物专有部分享有占有、使用、收

益和处分的权利。业主行使权利不得危及建筑物的安全,不得损害其他业主的合法权益。该法第288条规定,不动产的相邻权利人应当按照有利生产、方便生活、团结互助、公平合理的原则,正确处理相邻关系。据此,产权式商铺的业主在行使专有部分权利时不得损害其他业主的合法权益。所有权的行使具有谦抑性,产权式商铺因其特殊性,谦抑性更加明显。对于商铺的经营管理人在期满后要求续约,或者因经营困难要求调整租金支付标准的,参照《民法典》第278条第2款的规定,经商铺面积占建筑物总面积三分之二以上的业主且总人数三分之二以上的业主参与表决,并经参与表决专有部分面积四分之三以上的业主且参与表决人数四分之三以上的业主同意,其续约约定或者调整租金的方案有效。未经同意的业主主张终止合同或者不适用新租金标准的,不予支持。对于开发商或商铺的经营管理人与业主约定一定期限予以回购,期限届满时,业主主张回购的,开发商或经营管理人应当予以回购。

(二)合理设计合同条款,明确托管经营期间各方的权利义务

从契约当事人的角度来看,要完善合同内容,明确双方的权责。在国家和地方立法不明确的情况下,通过契约的形式对产权式商铺业主、开发商、运营商的权利义务予以明确,是防范风险保护业主合法权益的有效途径。政府相关部门可以通过制定示范文本,针对产权式商铺的风险点在契约中加以明确规制,防止开发商利用格式合同规避风险加大投资者的风险。

(三)建立开发商自有产权担保制度

产权式商铺在开发商与业主的租赁合同有效期内,开发商有合同义务管理和经营商场向业主按期足额支付合同约定的租金,如果开发商或者管理者在合同期限内退出经营的话,则要承担由此带来的违约责任。另外一种情况则是合同到期,开发商或管理者的合同义务消失,如果开发商或管理者直接走人,产权式商铺的业主就承担着巨大的风险,一般而言,业主在购买时交付的是商铺的全部购房款,但租赁合同是有期限的,5~10年不等,如果商铺经营良好,收益可观,开发商或管理者必然会持续经营,那么业主的投资回报便有保障;如果商场运营不良,那么合同到期不再续签的情况就会时常发生,作为业主来说,其购买的商铺面积小,且有可能根本不能自主经营,如果不约束开发商,其商铺一旦出售成功,风险就会全部转移给业主,明显不符合公平正义的法律原则,针对这样的情况需要出台相应的规范。

自有产权担保，是指开发商开发产权式商铺的商业地产后，必须保留20%～30%的自有店铺，因此，开发商为了不使自有商铺资源闲置，必然会想从经营商铺中获得利润，开发商必定要对商城进行妥善管理和持续经营，避免发生合同到期就拔腿走人的现象，同时，自有商铺作为固定资产也是对其他购买产权式商铺的业主收益的担保，一旦开发商违约，其他业主有担保的执行财产，能够很好地牵制各方，使整个商场有更好的发展。

（四）发挥业主委员会的管理角色

业主委员会作为产权式商铺运营管理中的一个重要角色，在产权式商铺运营存续问题上发挥着决定其未来走向的作用，尽管业主委员会决议的范围超出了相关法律的规定，但可以从民法上理解为意思自治行为，因此要尊重多数业主意思自治的表现，同时也要保护少数业主的合法权利。但对于没有参加业主大会也没有签署承诺书的其他业主而言，通过参会业主的投票表决就限制未参会业主的权利显然是不妥当的，在此情形下要注意明确产权式商铺的物理属性，对于虚拟产权式商铺的业主而言，其购买的商铺实际上是一种投资，无法自主经营，或者自主经营必定会损害到其他业主和整个商业广场的利益，那么如前文所分析的一样，当业主自主经营与商场统一经营发生矛盾的时候，必须限制商铺所有者的权利；如果是独立产权式商铺，自主经营完全是行使自己的合法权益，自主经营完全可行也不会影响商场其他业主的权益，那么此时的业主大会对其是没有约束力的，独立产权式商铺是完全的物权，必须予以保护。

作者简介

姬烨律师，上海大学法律硕士，房地产业务部副主任、女工委主任；执业定位于房地产诉讼和非诉讼法律事务；为香港锦艺集团有限公司及关联公司、远洋地产郑州公司、荣盛发展河南公司、阳光城集团郑州公司、河南中建地产有限公司等二十多家单位提供常年及专项法律服务，涉及住宅、商业地产、养老地产、文旅地产、物业服务等领域，掌握全流程法律风险管理，熟悉土地一级开发、城中村改造、旧城改造、棚户区项目改造等房地产项目转让、并购、重组、合作开发等业务；参与大量房地产运营及项目开发诉讼仲裁案件。

托管型商业地产运营“变更”的法律后果

姬 烨

一、托管型商业地产及其运营种类

托管型商业地产,是指开发商将商铺出售给投资者(业主)后,投资者作为商铺的所有权人委托第三方商业管理公司对商铺进行托管经营的模式。托管型商业地产的实质,是将商铺中的所有权的权能进行分离,即将占有、使用、收益、处分四项权能中的占有、使用权能让渡给开发商或其他商业经营管理公司。其优势在于开发商或第三方商业管理公司可以充分发挥其强势的地位,对商业广场进行整体包装、招商、运营和管理,使整体商业广场可以发挥其最大的效益,保障投资者的预期利益,从而避免了由于投资者自身的弱势而导致商场无法良好的运营,最终成为烂尾楼而血本无归。

根据投资者与第三方商业管理公司或承租商户计租方式的不同,托管型商业地产在运营过程中主要有如下类型:(1)保底式托管,即无论投资者的商铺实际是否招租成功,均由第三方商业管理公司向投资者支付固定的托管收益;(2)服务式托管,是第三方商业管理公司按照商业地产的统一定位,积极向投资者推荐商源、引导对接,但不对租赁结果负责,投资者的收益取决于商铺是否在租;(3)联营式托管,即按照约定的比例抽取承租商户的营业收入作为投资者的托管收益。实践中,该种方式也经常会与第(1)种类型结合,出现保底加联营的托管运营方式。

二、托管型商业地产运营的“变更”

一般而言,无论是哪种具体的运营方式,投资者在购买托管型的商铺时,首先，在《商品房买卖合同》中以附件或补充协议的形式与投资者明确约定，投资者统一选择托管经营的方式，将其购买的商铺交由第三方商业管理公司进行统一的托管经营。在签订《商品房买卖合同》的同时，投资者也会同时与第三方商业管理公司签署《托管经营协议书》，就托管经营的范围、方式等具体事项进行详细约定。其次，由开发商或其指定的物业公司自行或通过第三方经营管理公司对整个商业广场进行统一的规划招商和经营管理。再次，第三方商业管理公司或投资者与承租商户就该商铺签订《租赁协议》，就商铺的计租方式及支付方式等进行约定。最后，由承租商户或第三方商业管理公司按约定向投资者支付托管收益。

可以说，托管型商业地产是开发商、投资者（业主）、承租商户、商业管理公司等多种利益的结合体。由于涉及主体的多元性以及商业运营的复杂性，笔者认为，托管过程中商业地产运营的变更主要包括投资者的变更、承租商户的变更、第三方商业管理公司的变更、运营方式的变更、商铺现状的变更等，但根据托管期限届满前与届满后时间节点的不同，会有不同的法律后果。

三、“变更”后的法律后果分析

（一）托管期限届满前的变更

基于上述流程，笔者对托管期限届满前“变更”的法律后果分析如下。

1. 对于投资者的变更

根据“买卖不破租赁”的法律规定，在租赁协议合法有效、商铺已交付承租商户使用且商铺不存在出租前已设立抵押权，抵押权人为实现抵押权发生所有变动的或者商铺在出租前已被人民法院依法查封的情形下，原租赁合同对承租商户和新业主继续有效。

2. 对于承租商户的变更

这种情况需结合不同的运营方式区别对待。如是保底式托管，则不会对投资者收取托管收益产生任何影响，第三方管理公司仍应正常支付托管收益；但在服务式托管的情形下，投资者会面临暂停获取托管收益、重新签订租赁协议以及向原承租商户追责等情形。同时，一个商户的变更可能会影响几个、十几个甚至几十个投资者的托管收益情况。

3. 对于第三方商业管理公司的变更

如果仅是名称的变更，则无碍整个托管经营模式；如是商业管理公司主体的变更,则是将托管期限届满后续期产生的法律风险暴露于前端,笔者将在后文中详细论述这种变更导致的后果及风险。

(二)托管期限届满后的变更

1. 托管运营方式的变更

托管型商业地产中,基于投资者的授权,第三方商业管理公司可以根据商业经营的需要自由调换商铺、确定租金,享有高度的统一经营、统一管理的权限。但是托管期限届满,投资者作为商铺的所有权人,有权决定是选择继续托管运营,还是不托管、自主经营的模式,即决定权在于投资者,而非第三方商业管理公司。这是考验第三方商业管理公司托管期限内经营管理能力、协调能力的问题,也关系到项目后期运营成败的问题。一旦投资者自主经营,则必然会出现投资者各自放租、不受约束,令项目出现定位混乱、管理不善、收益下降等局面。

2. 对于承租商户的变更

一般而言,为避免出现多重违约,承租商户的租赁期限与托管期限保持一致。即托管期限届满后,承租商户的租赁期限也届满,此时商户的变更一般不涉及商户违约的问题。但在托管期限届满后,承租商户需与第三方商业管理公司或投资者就租金标准、支付方式等达成新的约定,并签订新的租赁协议。

3. 对于投资者的变更

投资者与开发商的房屋买卖合同关系不因托管期限是否届满而发生变更,在此不再赘述。

4. 对于第三方商业管理公司的变更

托管期限届满后的商业管理公司变更,主要分为在原商业管理公司主导下的变更和投资者主导下的变更。

一般来说,商业地产项目前期的培育期需要 3 ~ 5 年,之后才慢慢有收益。实践中,第一个托管期限往往是 3 年或者 5 年,该期限届满后,除非出现严重的亏损或者烂尾等情形,原第三方商业管理公司都会选择继续托管经营,或者在其主导下引进新的第三方商业管理公司进驻。但是,托管经营的前提是取得该商业地产项目投资者的授权。

如托管收益无法达到投资者的预期或投资者认为商业管理公司未尽管理职责的,托管期限届满前投资者或不同意委托原第三方商业管理公司继续托管经营,或另行选择新的第三方商业管理公司托管经营。

投资者分散且众多是商业地产项目统一托管运营的主要原因,这一特点也决定了商业地产项目的投资者难以形成完全一致的意见。托管经营的虚拟产权式商铺,其业主除受到一般所有权形式的限制外,还应受到业主之间基于共同关系而形成的共同利益和共同利益体的影响和制约。是否继续委托经营、委托原商业运营管理公司还是选择新的商业运营管理公司托管运营等事项,是有关全体业主共同管理权利的重大事项。根据法院对单独虚拟产权式商铺是否应返还问题的裁判规则,法院认为业主对商铺行使权利时,不仅要考虑其自身利益,还要顾及其他业主的利益以及整体物业功能的发挥。

5. 对商铺现状的变更

由于托管经营的商铺面积相对较小,故单个出租其经营业态、种类、范围等均会受到很大限制。基于投资人的授权,托管期间的商业管理公司需根据招商情况、业态布局以及承租人的要求,对商铺的空间尺寸进行一定的调整,也可能会根据情况将原商铺变成通道、洗手池等。托管期限届满后,一旦业主不再托管经营,商铺现状的变更问题是业主拒绝与商业管理公司办理交接的主要抗辩理由。

四、托管型商业运营“变更”的法律风险管理

为规避托管型商业运营“变更”后的法律主体变更、违约责任及商铺交还中的法律风险,除了商业管理公司应加强自身制度建设、规范其经营管理行为外,重点建议做到如下几点:

1. 合理设计协议条款,严加把控风险点

在涉及的托管、租赁等协议中,要注意就投资人对商业管理公司的授权范围、托管模式、托管收益支付、托管起止时间、商铺返还的标准、交接手续办理等风险点进行明确约定。

2. 全面把握商铺交还的标准

商铺交接过程中,商业管理公司和业主应根据托管协议的约定返还商铺,即或将商铺按照届时现状返还,或是按约定进行一定的恢复后返还,如商铺变更后的现状与其购买商铺的合同目的不符,即使约定按照届时现状返还,商业管理公司也应适当予以恢复,以确保业主购买商铺的合同目的实现。对恢复的标准,在司法实践中,一般以可以明显看出商铺的四至为衡量标准。

3. 妥善做好托管到期后的续期工作

托管协议、委托经营协议一般会明确约定在该项目专有建筑面积占总建筑面积且占总业主人数达到一定比例同意继续托管经营的情形下服从大多数业主的意见。对托管经营协议中的该约定，根据笔者检索的关于虚拟产权式商铺能否返还的相关案例，虽有江苏高院(2015)苏审三民申字第00727号案例的支持，但也有最高人民法院认为业主公约或者章程中限制业主专用部位所有权的约定无效的裁判规则，因此仍需要商业管理公司提前妥善做好与投资人的续期工作，征得同意托管续期的专有面积及业主人数比例建议均为三分之二以上。按照该裁判观点，在《民法典》施行后，该比例应相应调整为经商铺面积占建筑物总面积三分之二以上的业主且总人数三分之二以上的业主参与表决，并经参与表决专有部分面积四分之三以上的业主且参与表决人数四分之三以上的业主同意。

作者简介

姬烨律师，上海大学法律硕士，房地产业务部副主任、女工委主任；执业定位于房地产诉讼和非诉讼法律事务；为香港锦艺集团有限公司及关联公司、远洋地产郑州公司、荣盛发展河南公司、阳光城集团郑州公司、河南中建地产有限公司等二十多家单位提供常年及专项法律服务，涉及住宅、商业地产、养老地产、文旅地产、物业服务等领域，掌握全流程法律风险管理，熟悉土地一级开发、城中村改造、旧城改造、棚户区项目改造等房地产项目转让、并购、重组、合作开发等业务；参与大量房地产运营及项目开发诉讼仲裁案件。

商业地产消防法律风险管理

彭科科

商业地产建筑具有结构复杂、装修不一、火灾负荷大、人员高度密集等特点，一旦发生火灾极易造成群死群伤事故。因此，建立科学、合理的消防法律风险管理机制是预防火灾事故、减少火灾损失、降低责任承担的固守之本。

一、各责任主体之相关法律规制

对各消防责任主体的法律规制，主要见于《消防法》《建设工程消防监督管理规定》《河南省建筑消防设施管理规定》《河南省消防条例》等中，鉴于商业地产消防可能存在的责任主体众多，本文仅对建设单位、施工单位、运营单位的消防责任法律规制进行梳理。

对于这三个责任主体的统一性规定，主要是《消防法》第 9 条“建设工程的消防设计、施工必须符合国家工程建设消防技术标准。建设、设计、施工、工程监理等单位依法对建设工程的消防设计、施工质量负责”、《建设工程消防监督管理规定》（已废止）第 3 条“建设、设计、施工、工程监理等单位应当遵守消防法规、建设工程质量管理法规和国家消防技术标准，对建设工程消防设计、施工质量和安全负责。公安机关消防机构依法实施建设工程消防设计审核、消防验收和备案、抽查，对建设工程进行消防监督”。以及《河南省建筑消防设施管理规定》第 4 条“建筑消防设施的建设单位、设计单位、施工单位、工程监理单位、检测单位按照各自的职责依法对消防设施工程的质量负责。建筑消防设施的建设单位、施工单位和管理单位应当积极采用安全控制与报警逃生等先进消防设备和产品,安装、配置的消防设备和产品质量必须符合国家标准或者行业标准,提供消防设备和产品的单位应当保证质量,并按照有关售后服务的规定搞好服务”。

(一)建设单位

建设单位可谓商业地产消防的第一责任主体,《建设工程消防监督管理规定》第8条规定,建设单位不得要求设计、施工、工程监理等有关单位和人员违反消防法规和国家工程建设消防技术标准,降低建设工程消防设计、施工质量,并对其责任进行细化:第一,依法申请建设工程消防设计审核、消防验收,依法办理消防设计和竣工验收消防备案手续并接受抽查;建设工程内设置的公众聚集场所未经消防安全检查或者经检查不符合消防安全要求的,不得投入使用、营业。第二,实行工程监理的建设工程,应当将消防施工质量一并委托监理。第三,选用具有国家规定资质等级的消防设计、施工单位。第四,选用合格的消防产品和满足防火性能要求的建筑构件、建筑材料及装修材料。第五,依法应当经消防设计审核、消防验收的建设工程,未经审核或者审核不合格的,不得组织施工;未经验收或者验收不合格的,不得交付使用。

(二)施工单位

施工单位作为商业地产消防的又一重大责任主体,《建设工程消防监督管理规定》第10条对其禁止性行为进行了规定,并对其责任进行细化:第一,按照国家工程建设消防技术标准和经消防设计审核合格或者备案的消防设计文件组织施工,不得擅自改变消防设计进行施工,降低消防施工质量;第二,查验消防产品和具有防火性能要求的建筑构件、建筑材料及装修装饰材料的质量,使用合格产品,保证消防施工质量;第三,建立施工现场消防安全责任制度,确定消防安全负责人。加强对施工人员的消防教育培训,落实动火、用电、易燃可燃材料等消防管理制度和操作规程。保证在建工程竣工验收前消防通道、消防水源、消防设施和器材、消防安全标志等完好有效。

另外,《河南省消防条例》第28条还对施工单位在建筑构件、建筑材料、室内装修、装饰材料、外墙装饰、装修及广告牌设置等进行了强制性规定。

（三）运营单位

运营单位主要是商业地产运营公司及物业服务企业，这是消防责任的直接责任主体。《消防法》第16条、第29条规定建筑物的使用单位对消防负有直接管理责任，负责公共消防设施维护管理，应当保持消防供水、消防通信、消防车通道等公共消防设施的完好有效。

就河南省来说，《河南省建筑消防设施管理规定》对商业地产运营单位的消防设施配置、安装、检查、维护、档案管理以及消防组织与演练等提出明确要求。

《河南省消防条例》第17条则非常明确地规定了运营单位的五大主要职责："综合楼、商住楼和居民住宅区的物业服务企业或者管理单位应当履行下列消防安全职责：（一）制定消防安全制度，落实消防安全责任，开展消防安全宣传教育；（二）开展防火检查，消除火灾隐患；（三）保障疏散通道、安全出口、消防车通道畅通；（四）保障共用消防设施、器材以及消防安全标志完好有效；（五）组织本单位员工和居民每年至少开展一次消防演练。"

二、各责任主体之常见法律风险

（一）建设单位

（1）盲目追求设计低成本，出现一些设计单位设计水平低、施工图设计差，未严格执行工程建设强制性规范条文，导致后期消防图纸审核时存在消防图纸审核多条不合格，从而使后期消防设计变更太多，对消防工程的开展造成一定影响。

（2）商业建筑普遍具有空间庞大、人员密集程度高的特点，防火分区、消防设施及安全疏散设计为整体设计的难点，多数开发商在未充分了解建筑结构特点及使用功能的情况下直接引用国家规范进行设计，导致系统功效背离设计初衷。

（3）消防施工单位成品移交不及时，而建设单位为了按合同交房，通知商家、业主等进场装修，导致谁损坏了消防设施责任不明确，而业主在装修过程中不配合消防施工单位，导致后期业主装修的房间消防存在严重隐患且整改很困难。

(4)忽视消防工程验收过程,导致消防工程未实质合格的情况下竣工备案,埋下承担消防责任的隐患。

(二)施工单位

(1)对消防施工单位、人员的甄选不当。违法转包、分包,或招标阶段未对消防施工单位进行详尽的考察,误选资质不合法、施工水平较差、人员专业素质较低的施工队伍,造成工程施工的先天性不足。

(2)为控制成本,追求利益,选用质量较差、价格低廉、不符合国家消防技术标准的设备产品,如消火栓、消防水带、防火卷帘等,严重影响火灾时消防设备功能的发挥。

(3)未依照图纸施工,擅自变更设计。

(4)一味追求工程进度,未按要求建立健全施工质量管理体系和工程质量检验制度,未指派专人或第三方评估单位对施工过程进行监管。

(三)运营单位

(1)未落实消防安全管理责任制,物业管理单位、工程、安全监管、运营等部门消防安全管理责任含糊不清。

(2)为节约运营成本,在不具备消防设施维护保养的专业能力下自我维保,或选聘资质不达标、业务能力低下的维保单位实施维保,导致消防设施可靠性堪忧。

(3)商业建筑内部二次装修频繁,更改原始使用用途、增扩面积、拆分店铺等都将破坏原始消防设计,影响消防设施的初设功能。

(4)建筑消防设施属于预防性设施,动作频次低,磨合性差,设施淘汰速率较快,开发商为节约成本,未及时更换老化、过时的设施从而影响初始灭火效率。

三、法律风险管理对策

解决消防安全管理的顽疾要有大局观念,必须放眼消防全生命周期,从设计、招标、采购、施工、运营各个环节着手,具有前瞻性地解决各阶段存在的问题,将每一个阶段的质量控制在最佳程度,环环相扣,如此才能最大限度地提高商业建筑的消防安全管理水平。

1. 设计阶段

(1)在国家规范、标准基础之上建立适用于企业的内部设计标准,对国家规范未明确的内容进行深化设计,确保整体设计有章可循。

(2)对设计图纸中消防系统关键部分的设计进行严格把关。具体来说,就是对火灾自动报警系统、消防给水系统、自动灭火系统、防排烟系统、消防疏散设施、消防应急照明系统进行把关,确保设计的合理性和可行性。其中自动报警与自动灭火系统是非常重要的自救设施,一定要确保其设计的准确无误。同时,要确保疏散路线、安全出口等逃生设施的正确性与科学性。

2. 施工阶段

(1)设立消防安全管理部门或指派专人全程监督消防施工质量,同时,建立对各专业工程师的消防质量责任制,形成一岗双责、齐抓共管的局面。

(2)严格招标准入管理,确保施工单位资质达标,选聘业内声誉较好,人员专业素质较高的队伍。同时,过程中加强对其施工质量的监管,发现问题立即返工处理,将问题隐患扼杀在摇篮。

(3)不得随便变更设计图纸,如确需变更,须经法定程序通过后再行实施。

(4)严格验收管理,尤其是在质量验收判定环节被判定为不合格项的要立即返工整改。同时,建议开发商聘用第三方专业公司参与验收,以求验收结果的客观公正性。

3. 运营阶段

(1)建立健全消防安全管理责任制,实现"一岗双责",定期对各部门消防安全履责情况进行考核评比,确保各尽其责。

(2)建立适用于企业的内部装修消防设计标准,确保二次装修符合消防设计要求。

(3)加强消防设施的检测、维保力度。同时,聘请第三方评价公司定期对消防设施状态功能及管理状况进行评估,使消防安全管理工作更具方向性。

(4)依据建筑特点不断完善消防专项应急预案,并定期开展演练,着重提高相关方的参与程度,每次演练后要进行评估、改进,不断提升消防应急能力。

四、结语

随着发展，商业综合体建筑的消防安全问题也越来越突出，片面化的管理模式已然过时，研究建立囊括设计、招标、施工、运营全流程的全生命周期消防法律风险管理机制对于商业地产开发商意义重大。

作者简介

彭科科律师，上海大学法律硕士，房地产业务部律师；郑州市律师协会房地产法律业务委员会委员；河南省律师行业优秀党员律师；执业定位于房地产、建筑、国资等领域的诉讼和非诉讼法律事务；在房地产建筑领域，先后为锦艺集团、瀚海大观地产、远洋地产（郑州）、新田置业、神火建筑/房产、郑州华商汇等提供常年或专项法律服务；在国资运营领域，先后为省国土中心、省新华书店、省立医院、河南科学技术出版社、省公路工程物资公司、许昌神火矿业集团等提供常年或专项法律服务；在诉讼领域，代理十多起5000万元以上大标的案件。

商业地产租约签署及清铺相关法律问题

彭科科

在商业地产租赁管理中，租户拖欠租金、管理费、水电费及其他费用的现象时有发生，部分租户恶意拖欠，拖欠时间长、催收难度大，严重影响出租人对商业运营的有效管理。从法律层面来讲，出租人如何更为有效地维护自己合法权益？本文旨在从合同签署、合同履行以及依法清铺若干角度，提供相应法律应对措施。

一、合同签署

《民法典》第十四章对租赁合同有系统性规定，一份良好的租赁合同是保障各方权益的前提。租赁合同应对租户的履约能力及欠费后的违约责任有较为完善的约定，这样将有效免去当事人之间不必要的争议，使整个合同的履行过程变得相对顺畅。相反，如合同约定不明确甚至未作约定，将加大出租人催交租金的难度，所以，从出租人角度来讲，在签署租赁合同时建议注意以下几点。

（一）履约保证金

租赁合同履约保证金具有债权担保功能且约定方式较为灵活，可根据租户的履约能力及保证金的担保功能进行约定，常用的保证金种类有：履约保证金（一般相当于1～3个月的租金）、装修保证金、质量保证金等，租赁双方可根据合同租期、租赁面积灵活掌握相应金额的保证金作为担保。

对于具体的内容，如双方当事人可在合同中明确约定：缴存履约保证金的金额及时间、适用履约保证金抵扣条款的条件（如出现如欠费等违约行为时可以适用履约保证金抵扣条款），以及适用履约保证金抵扣条款的后果（如出现约定的违约行为时，一次扣除多少履约保证金，何时补足等）。

（二）履约担保方

如租户履行能力不明或较弱，为保证租户欠费后有财产可执行，签订租赁合同时，出租人可要求租户提供履约担保方，若租户为个人，可约定其配偶、亲属等提供连带责任保证；如租户为公司，可约定其控股股东或实际控制人提供连带责任保证。不过在当前招商形势下，要求提供履约担保方的可操作性并不强。

（三）合理配置违约责任

1. 延期支付违约金

租赁合同中约定延期支付违约金是维护出租人租金利益的基本条款，但违约金设定应避免过高的情况，一般可参照民间借贷年利率标准不宜超过年利率24%，否则反倒存在被酌减至更低的可能。2020年12月23日最高人民法院修改后的《关于审理民间借贷案件适用法律若干问题的规定》，将民间借贷利率的司法保护的上限调至15.4%。

2. 约定停水停电权

作为商业租赁，出租人一般均直接与自来水公司和电力公司签订了相关用水和用电协议，而租户与这些主体并没有直接签约。在这种情况下，可在合同中约定在租户欠租或水电费等超过一定数额或天数标准的，出租人可在通知后对商铺采取停水停电措施。如果没有此类约定，则擅自停水停电不具备合法性。

3. 约定适当的解约标准

关于欠付租金及其他费用的比例、数额及期限达到何种程度，可以作为解除合同的事由，一般均由双方在合同中自行约定，此谓约定解除权。但约定解除权也必须具备一定合理性，建议租赁合同中明确欠付比例、数额及天数等解约标准，以便出租人届时判断解约标准是否已达到，并在确认达到后及时行使该等权利。

（四）对清铺作出明确约定

合同解除后面临的就是清铺问题。针对租赁合同已解除但租户延期退铺的情况，可在租赁合同中约定：如租户未按时将租赁场地恢复原状的，出租人可进行强制清铺，如出租人有权在公证机关的公证下或在物业公司、公安部门、居民委员会的见证下将该商铺内的一切动产搬离该商铺，并将该商铺内的一切装修、附属设施、设备拆除，并收回商铺，因此产生的拆除费、清运费、保洁费、修理费、公证费、律师费等一切费用和开支由租户负担；同时，租户对其在商铺内遗留的任何装饰装修、设施设备、物品等均视为其放弃了所有权等一切权利，出租方有权自行予以处置，而无需给予租户任何补偿。

二、合同履行

欠租纠纷具有突发性及持续性特点，为防止出现租户肆意欠租或者陷入诉讼后无财产可供执行的情况，出租人应尽量做到纠纷预防与处理相结合，并在合同履行过程中注意如下要点：

1. 及时收取保证金及其他保证类文件

业务人员应按合同要求及时收取租户履约保证金，对于履约能力较弱的公司租户应合同要求其控股股东（或实际控制人）提供连带责任担保书。如租户逾期支付合同应付款项的，出租人应及时通知租户并根据合同约定在履约保证金中扣除，并要求租户及时补足，或要求担保人承担连带清偿责任。

2. 按租户欠费程度分类催缴

租户付款节点前，业务人员可通过邮件、电话、短信等方式进行租金支付的温馨提示，如租户未按时交纳租金，业务人员需及时预警并发送催款函，并同时上门查看商铺现状。对于正常经营、有支付能力的租户，租金催缴应以尽快收回租金为宗旨；对于不正常经营或经营困难无力支付租金的租户，租金催缴应以尽快收回商铺、重新出租降低出租人损失为宗旨。

3. 适当停水停电

对于租户欠租超过约定天数或合同解约后仍继续经营的商铺，出租人可根据合同约定实施停水、停电等合理的强制措施，此类措施的使用应在租赁合同中加以约定，并在实施前书面通知租户。但若租户作为物业使用人直接与供水、供电单位签订了相关合同,即使合同约定了相应措施,出租人也无权采取上述措施。

4.及时解约防止损失扩大

如租户拖欠费用程度达到解约条件且租户经营困难无力支付租金或以实际行动明确表示拒付的,可在已送达过催款函的基础上,及时送达租赁合同解除通知。

三、依法清铺

无论是因租赁期届满、租赁合同解除,还是合同无效或被撤销,在租赁关系终止后,承租人都应将租赁商铺返还出租人。但在实践中,出租方往往会遇到有些商户不仅欠租,而且还拒绝腾退商铺,还有些商户把门一锁,中途弃场。

从实践操作上,由于从起诉到法院强制执行的时间长、过程复杂,商铺不可能长时间闲置,为了避免损失扩大,有不少出租方不选择诉讼,而是采取强行收铺的措施,自行处理商户遗留的物品。这样就面临着有些商户以丢失贵重物品为由反咬一口的风险,因此,建议出租方在收铺时尽量做到以下几点。

1.及时留置租户遗留财产

《民法典》第447条规定,债务人不履行到期债务,债权人可以留置已合法占有的债务人的动产,并有权就该动产优先受偿,该条已取代原《担保法》第84条留置权限于保管合同、运输合同、加工承揽合同的规定,所以,基于租赁关系可以产生留置权。因此,针对租户发生欠费、私自逃场等违约情形的,业务人员应及时在现场采取租户内财产保全措施,如对商铺进行封铺等,并监管租户不得自行搬离理遗留物品。

2.清铺流程合法有序

在合同解除后,如租户不在解除函限定时间内搬离的,为避免双方损失进一步地扩大,出租人可对商铺进行清场、盘点,以减少欠租占用场地时间。强制清场、盘点的过程应当做好证据保全:(1)协调有一定公信力的主体当见证方,如公证机关、公安部门、街道办事处、居民委员会等相关人员;(2)清铺全程要进行录像和拍照;(3)租户遗留物品经清点登记后,将物品移至存放地妥善保管,避免物品出现损坏、遗失或被随意变卖的情况;(4)确认后的录像、照片、物品明细等清铺资料交由专人保管,做好交接记录。

3. 清铺后的诉讼处理

如出租人通过以上合法途径催缴后仍无法弥补出租人损失的,出租人可提起诉讼等公力救济措施,届时可将担保人作为共同被告一并起诉,并在申请执行阶段将租户遗留物作为执行对象的一部分进行妥善处理。

作者简介

彭科科律师,上海大学法律硕士,房地产业务部律师;郑州市律师协会房地产法律业务委员会委员;河南省律师行业优秀党员律师;执业定位于房地产、建筑、国资等领域的诉讼和非诉讼法律事务;在房地产建筑领域,先后为锦艺集团、瀚海大观地产、远洋地产(郑州)、新田置业、神火建筑/房产、郑州华商汇等提供常年或专项法律服务;在国资运营领域,先后为省国土中心、省新华书店、省立医院、河南科学技术出版社、省公路工程物资公司、许昌神火矿业集团等提供常年或专项法律服务;在诉讼领域,代理十多起5000万元以上大标的案件。

未履行消防义务导致租赁纠纷判例研究

周丹丹

一、案情简介

甲公司与乙于2015年3月10日签订《房屋租赁合同》,合同第1条对标的物业的定义为,乙方根据本合同承租位于某某的办公物业;合同第2条约定物业坐落位置为乙方承租甲方位于某某的办公物业。甲方将租赁物交付于乙方后,乙方对租赁物进行装修并用于经营酒店。后因租赁物系写字楼性质,导致消防机关进行消防检查时无法经过消防验收,消防机关对乙作出停止营业、罚款3万元的行政处罚。于是,乙对甲公司提起诉讼,以签订合同时,甲公司明知乙的租赁用途为经营酒店,甲公司交付的租赁物无法实现合同目的为由,要求甲公司赔偿乙装修、物业费、消防罚款等损失。

二、本案争议焦点与判例来源

(一)争议焦点

本案的争议焦点为:(1)甲公司是否明知涉案房屋将用于经营旅馆业;(2)甲公司交付的租赁物是否具备经营旅馆业的功能;(3)装修费、物业费、消防罚款等损失应由谁承担以及数额。

(二)判例来源

郑州市中原区人民法院(2018)豫0102民初5008号民事判决书。

郑州市中级人民法院(2019)豫01民终4901号民事判决书。

河南省高级人民法院(2019)豫民再681号民事判决书。

三、裁判观点

原一审、二审法院经审理认为:

1. 诉讼中,乙提交《装饰装修管理服务协议》《房屋装修施工备案证》《室内精装施工图纸》,欲证明甲公司明知租赁房屋用途为经营旅馆。甲公司称,双方签订的租赁合同明确约定用途为办公,后期才得知乙方租赁该房屋经营酒店,且装修管理协议、施工备案证系涉案房屋的物业公司出具,物业公司与甲公司系相互独立的企业法人,不能以此推定甲公司明知租赁物的用途为经营旅馆。法院结合显示"某某项目专用章"印鉴、落款日期为2015年3月的《房屋装修施工备案证》,认定甲公司至迟在2015年3月知晓乙租赁用途是经营旅馆。

2. 甲公司交付的房屋是否具备用于经营旅馆业的功能。根据原《合同法》第216条的规定,确保租赁物符合约定的用途系出租人的法定义务。甲公司系向乙交付符合合同用途房屋的法定义务人,应当对交付的租赁物符合约定用途承担举证责任。甲公司未提供证据证明其交付的房屋能够用于经营旅馆,应当承担举证不能的法律后果,本院认定涉案房屋无法用于经营旅馆。

3. 造成本案合同无法继续履行的根本原因系甲公司交付的租赁房屋不具有经营旅馆业的功能。对此,甲公司作为从事房地产开发与经营、房屋租赁的专业公司,应当知道该事实而仍与他人签订租赁用途为旅馆经营的租赁合同,其为追求租金收益而放任无法实际履行结果的发生,主观上系为间接故意。乙在签订租赁合同前亦应当充分尽到勤勉调查和注意的合同附随义务而未尽到,主观上存在较大过失。结合本案实际情况,本院酌定甲公司与乙的责任比例为7∶3。

本案再审判决认为:

1. 原审法院认定甲公司交付的房屋不符合约定错误。《旅馆业治安管理办法》并没有对开办宾馆的房屋性质进行规定,目前也没有其他法律法规明确对涉案房屋开办宾馆作出禁止性规定。本案租赁合同是甲乙自愿签订,内容不违反国家法律规定,是依法成立并有效的合同,双方均应该按照合同约定履行自己的义务。该租赁合同第 3 条“合同标的物基本情况”仅约定了涉案房屋的坐落位置、房号及面积，并且明确说明为“办公物业”，双方并没有对标的物的性质和用途等进行其他特别的约定，甲公司已经按照该约定将房屋交付给乙使用，交付的房屋也是合同约定的标的，原审法院认定甲公司交付的房屋不符合经营旅馆用途，进而推定该房屋不符合合同约定没有法律根据与事实依据。

2. 原审认定甲公司对乙的装修损失应该承担主要责任不当。首先，本案乙承租的涉案房屋装修工程属于《建设工程消防监督管理规定》的监管范围，乙在对涉案房屋装修工程施工前，本应该首先向消防部门办理消防设计审核，并按照审核通过的设计方案要求，组织消防工程的施工，施工完成后再依法办理竣工验收消防备案手续并接受抽查。正是因为乙违反法定义务，没有依法办理相关手续，才被消防部门依法责令停业，导致其经营酒店的合同目的不能实现，进而引发双方纠纷并解除了涉案租赁合同。其次，双方租赁合同第 1 条和第 3 条均明确说明，乙承租的涉案房屋属于“办公物业”，由此可见，乙对承租的房屋性质及用途应该是知道的。乙作为酒店旅馆业的经营者，对涉案房屋能否用于开设宾馆，以及应该如何办理消防手续，应该比常人更专业，对自己的投资经营应该具有更多的注意义务。综上所述，乙对合同的解除及装修损失的产生存在重大过错，应该承担相关损失的主要责任。

四、判例分析

随着《民法典》的生效，上述判决依据的原《合同法》、《建设工程消防监督管理规定》等法律、法规相应废止，因此，笔者根据《民法典》等现行有效的法律、法规做以下分析：

1. 甲公司交付的租赁物是否符合约定用途

根据《民法典》第 704 条，租赁物用途是租赁合同中的必要条款。本案租赁合同第 1 条、第 2 条有两处明确记载租赁物系“办公物业”，一处记载租赁物所在的楼宇系“办公房地产物业”。本案租赁合同关于租赁物用途的约定是明确的，出租和承租租赁物用于“办公”使用是当事人双方在租赁合同上的真实意思，该真实意思被明确无误地以书面形式记载在租赁合同上。由于关于租赁物用途的约定是明确的，无需暗示或者推定，一审法院在依据不足的情况下先认定甲公司于租赁合同签订后、物业公司签发《房屋装修施工备案证》时应当知晓乙的租赁用途，后又在没有依据的情况下认定甲公司于签订租赁合同时应当知道乙的租赁用途，两个认定本身相互矛盾，不仅存在逻辑错误，更重要的是与书面租赁合同明确记载的租赁物用途不符。

2. 装修改建的消防义务应当由谁承担

根据住房和城乡建设部《建设工程消防设计审查验收管理暂行规定》第 9 条"建设单位应当履行下列消防设计、施工质量责任和义务：……（二）依法申请建设工程消防设计审查、消防验收，办理备案并接受抽查"，因此，装修改建的建设单位（乙）应当承担消防设计和竣工验收的审查或者备案义务。

3. 未履行消防义务导致的损失应由谁承担

根据《建设工程消防设计审查验收管理暂行规定》第 32 条、第 34 条的规定，乙应当在装修工程施工前依法申请施工许可证或申请批准开工报告。申请施工许可或者申请批准开工报告时，应当提供满足施工需要的消防设计图纸及技术资料，并在建设工程竣工验收合格之日起 5 个工作日内，应当报消防设计审查验收主管部门备案。乙在明知租赁物为办公物业，应知其应当依法办理施工许可和消防备案的情况下，不履行法定义务。若果真是由于消防的原因导致，那么假如其履行了相应的法定义务，则不至于继续违法施工，造成装修费用的继续投入，其继续违法施工更能证明其在扩大损失方面的过错。依照《民法典》第 591 条确定的"防止损失扩大原则"，乙也不应当就其扩大的损失要求赔偿。

4. 谁对租赁物符合租赁用途具有更多的审查义务

甲公司是经营房地产开发和房屋租赁的企业法人，乙是酒店旅馆业经营者。按照乙的诉称，其在订立本案租赁合同时自己已具有开办旅馆的目的，就开办和经营旅馆而言，乙是专业的商人。为开办旅馆进行选址是一项复杂的商业活动，需要做出专业的商业决策，而做出该项决策需要乙尽到充分的调查和注意义务。在明知租赁物系办公物业的情况下，能否实现开办旅馆的目的，乙应当比甲公司更加专业。

5. 不应将经营损失转嫁于甲公司

乙基于获取经营利润的目的承租并装修租赁物，但是，受外部市场环境、内部管理条件等多重复杂因素影响，经营活动并不必然获得利润，乙还应当承担经营损失的风险。但是乙违反诚实信用原则，将其选址、经营以及装修损失转嫁于甲公司，不应得到支持。

作者简介

周丹丹律师，郑州大学经济学学士、河南大学法律硕士，诉讼仲裁业务部律师；执业定位于商事诉讼、非诉讼业务以及婚姻家事诉讼业务；先后为中国工商银行股份有限公司郑州分行及各支行、中国东方资产管理股份有限公司河南省分公司、上海尚诚消费金融股份有限公司、北京乐乎财富物业管理有限公司、深圳中海集锦投资管理有限公司、广州中浦股权投资基金管理有限公司、河南新田置业有限公司、郑州翰园置业有限公司、河南嘉图置业有限公司、河南圣世嘉业房地产开发有限公司、河南锦艺轻纺发展有限公司、郑州锦艺物业服务有限公司、郑州佳潮物业服务有限公司等单位提供诉讼及非诉法律服务，代理大量诉讼仲裁案件。